Jennifer Eckhardt
Spannungsfeld Nichtinanspruchnahme

Wissenskulturen

Herausgegeben von Reiner Keller und Angelika Poferl

Die Reihe trägt der gewachsenen Bedeutung der Untersuchung, Befragung und Kritik von wissenschaftlichen und gesellschaftlichen Wissenskulturen Rechnung. Wissenskulturen umfassen abgrenzbare Weisen der Herstellung von Erkenntnis und Wissen. Veröffentlicht werden theoretische und empirische Beiträge zur Soziologie der Wissenskulturen, die sich auf sozial- und naturwissenschaftliche Wissenskulturen, aber auch auf die Wissenskulturen anderer gesellschaftlicher Handlungsfelder und unterschiedlicher soziokultureller Kontexte beziehen.

Jennifer Eckhardt

Spannungsfeld Nichtinanspruchnahme

Wenn Bedürftige auf den Sozialstaat verzichten

BELTZ JUVENTA

Die Autorin

Dr. Jennifer Eckhardt ist Sozialwissenschaftlerin an der Sozialforschungsstelle der TU Dortmund, Fakultät Sozialwissenschaften. Ihre Arbeitsschwerpunkte sind Teilhabe- und Ungleichheitsforschung sowie Subjektivierungsforschung.

Dissertation in der Fakultät Sozialwissenschaften, TU Dortmund

MIX
Papier aus verantwortungsvollen Quellen
FSC® C089473

Dieses Buch ist erhältlich als:
ISBN 978-3-7799-7208-2 Print
ISBN 978-3-7799-7209-9 E-Book (PDF)

1. Auflage 2023

Herstellung: Ulrike Poppel
Satz: Helmut Rohde, Euskirchen
Druck und Bindung: Beltz Grafische Betriebe, Bad Langensalza
Beltz Grafische Betriebe ist ein klimaneutrales Unternehmen (ID 15985-2104-100)
Printed in Germany

Weitere Informationen zu unseren Autor:innen und Titeln finden Sie unter: www.beltz.de

Für Fritzi

Mit Dank an die Interviewten,
an Prof. Dr. Angelika Poferl, Prof. Dr. Gaby Flößer
und in Gedenken an Prof. Dr. Axel Groenemeyer.

Inhalt

Abbildungsverzeichnis

Tabellenverzeichnis

Vorwort

Die Reihe Wissenskulturen zielt darauf ab, der gewachsenen Bedeutung der Untersuchung, Befragung und Kritik von wissenschaftlichen und gesellschaftlichen Wissenskulturen Rechnung zu tragen. Wissenskulturen umfassen, wie im Vorwort der Reihe insgesamt festgehalten, abgrenzbare Weisen der Herstellung von Erkenntnis und Wissen. Die Reihe richtet ihr Augenmerk hierbei auf theoretische und empirische Beiträge zu einer Soziologie der Wissenskulturen. Damit ist – vor dem Hintergrund einer multidisziplinär breiten Forschungslandschaft – ein fachlich klarer Fokus gesetzt. *Soziologisch*e Wissenskulturforschung kann sich auf sozial- und naturwissenschaftliche Wissenskulturen, aber auch auf die Wissenskulturen anderer gesellschaftlicher Handlungsfelder und unterschiedlicher soziokultureller Kontexte beziehen.

Die von Jennifer Eckhardt vorgelegte Studie setzt das Konzept der Wissenskulturen nicht explizit ein. Wir haben uns dennoch entschieden, die Arbeit in die Reihe aufzunehmen. Ihr Gewinn liegt in der Sache selbst, in der Beforschung einer Materie, die durch und durch aus Wissen besteht: Hervorbringungen von Wissen, Verteilungen von Wissen, Verwendungen von Wissen, historische Lagerungen, aktuelle Entwicklungslinien, sozialstrukturelle und politische Hintergründe, Institutionalisierungen von Wissen ebenso wie lebensweltliche Aneignungen, Umformungen, Figurationen und Re-Konfigurationen. Sie alle spielen in die spezifische Konstruktion von Wirklichkeit durch den Sozialstaat hinein, den die Verfasserin, im Anschluss an den verstorbenen Dortmunder Kollegen Axel Groenemeyer, den „Ort der Ordnung und Um-Ordnung gesellschaftlicher Verhältnisse" (S. 15) nennt. Vorgelegt wird eine subjektivierungs- und dispositivanalytische Untersuchung des Verzichts auf Sozialleistungen, die sich zum einen auf das Feld der (wohlfahrtsstaatlich-institutionellen) Armutsbekämpfung, zum anderen auf (je individuelle, gleichwohl diskursiv und politisch-kulturell gerahmte wie auch typische) Formen der Armutsbewältigung sowie die Verflechtung beider Seiten bezieht. Die Besonderheit des Forschungsthemas liegt darin, gerade die ‚aktive' bzw. selbst gewählte *Nicht*inanspruchnahme wohlfahrtsstaatlicher Unterstützung durch potentielle Empfängerinnen und Empfänger zu beleuchten. Noch gibt es hierzu vergleichsweise wenig gesicherte Erkenntnisse, obwohl vor dem Hintergrund des nationalen und internationalen Forschungsstandes davon auszugehen ist, dass der gewollte Nichtbezug von Leistungen kein seltenes Phänomen ist. Die Ausrichtung der Untersuchung auf die Adressatinnen und Adressaten und die Wahl eines subjektivierungs- und dispositivanalytischen Ansatzes nimmt zugleich eine nicht nur thematisch instruktive, sondern auch theoretisch und methodologisch-methodisch anspruchsvolle Weiterführung vor.

Historisch und gegenwartsdiagnostisch setzt die Studie am Wandel der Leitbilder von Wohlfahrstaatlichkeit und hier insbesondere an der seit den 1980er Jahren diskutierten ‚neoliberalen Wende' hin zu einem Verständnis von Sozial- als Eigenverantwortung an. Diese Verschiebung wird als Aktivierungszumutung gefasst. Sozialverantwortung gerät mithin zu einer Angelegenheit der Individuen selbst, die auf entsprechend aufgebaute institutionelle und politische Erwartungshorizonte hypothetisch aus einem Spektrum sehr unterschiedlicher und auch konträrer Motivlagen heraus reagieren können (von der bewussten Zurückweisung der Aktivierungserwartung bis hin zu affirmativen Handlungsorientierungen). Das Forschungsinteresse knüpft an den aufgeworfenen Problemzusammenhang von sozialstaatlichen Transformationen, diskursiven Zuschreibungen und individuellem Handeln an. Untersucht werden gleichermaßen die subjektiven Gründe und die strukturellen Hintergründe des Verzichts auf Leistungen. Ausdrücklich wird damit an europäische Forschungslagen angeschlossen: „Als politisch-kulturelles Phänomen bündeln sich im so verstandenen Verzicht der jeweils vorherrschende und historisch gewachsene gesellschaftliche und sozialstaatliche (Norm-)Kontext und die damit im Wechselverhältnis stehenden subjektiven Dispositionen der Verzichtenden." (S. 20) Allerdings seien die „sozialstrukturellen und subjektiven Perspektiven der Bedürftigen" (S. 20) nur selten Gegenstand der Forschung. Genau dieser Forschungslücke wendet sich die Verfasserin zu. Einen zentralen Stellenwert nimmt hierbei das Zusammenspiel von Adressierung, Positionierung, Fremd- und Selbstresponsibilisierung ein, aus dem heraus die Frage der Subjektivierung ihren eigentlichen spannungsgeladenen Charakter erhält.

Auf der Basis von Einzelfallanalysen biographischer Erzählungen und mithilfe interpretativer Methoden der Sozialforschung arbeitet Jennifer Eckhardt verschiedene Muster des Verzichts, deren jeweilige Einbettung in die Lebenszusammenhänge Betroffener sowie die strukturellen und kulturellen Bedingungen eines spezifischen Bedürftigkeitsdispositivs der Nichtinanspruchnahme heraus. Thematisch werden so die Konturen, filigranen Verästelungen und Binnenstrukturierungen eines ganz eigenen, teils vorgegebenen, teils aktiv modulierten Verantwortungsgeflechts sichtbar. Es speist sich aus institutionell und diskursiv ‚angebotenen' – oder eher auferlegten? – Subjektformationen, darauf bezogenen Formierungsversuchen ebenso wie aus ‚tatsächlichen' Subjektivierungsweisen der adressierten Individuen selbst, das seine Zuspitzung in der Negation – der Nicht-Inanspruchnahme – erfährt. Die wohlfahrtsstaatlich zentrale Kategorie der Hilfsbedürftigkeit wird von den Betroffenen auf je eigene Weise ausbuchstabiert und umdefiniert. Jennifer Eckhardt gelingt es, nicht bei der bloßen Deskription stehen zu bleiben. Sie wirft auch die Frage der Folgen und Nebenfolgen der Nichtinanspruchnahme von Sozialleistungen für das Prinzip und die Entwicklungen von Wohlfahrtsstaatlichkeit auf.

Faktisch wird bei alldem ein ‚Wissen um Wohlfahrt' relevant, das, über die vorliegende Arbeit hinaus, weiterführend zu verfolgen und mit der Frage nach neuartigen Verständnissen von Bürgerrechtlichkeit und Rechtssubjektivität zu verbinden wäre: So kann die Nichtinanspruchnahme nicht zuletzt in die paradoxe Figur des Verzichts auf Leistungen in emanzipatorischer Absicht münden und als Akt der selbstbewussten, sich ‚dem Staat' nicht ausliefern wollenden Ermächtigung gedeutet werden. Klärungsbedürftig würde damit das Verhältnis von Wissen, Wohlfahrstaatlichkeit und Bürgerrechten, dies auf eine neue, historisch nicht vorhersehbare und für die Gegenwart politisch wie gesellschaftsanalytisch höchst herausfordernde Weise.

Angelika Poferl
Dortmund/Collioure, im Oktober 2022

1 Einleitung

„Also es ist grundsätzlich erstmal gut, zur Eigenverantwortung erzogen zu werden. Aber das sollte auf gar keinen Fall ein Grund sein, Leuten zu erzählen, du bist eine Schande, weil du es nicht geschafft hast, dich selber über Wasser zu halten. Weil, das ist menschlich einfach nicht möglich. An irgendeinem Punkt brauchen wir immer die Hilfe von anderen. Und das sollte ein ganz fester Teil sein davon, wie eine Gesellschaft aufgebaut ist und wie Leute erzogen werden. [...] Du bist ein Mensch, du hast Bedürfnisse, ist doch klar."
(Anna Schnuck, 20 Jahre, Köln)

Sozialstaatlichkeit als Strukturprinzip des deutschen Rechtsstaats ist heute darauf ausgelegt, die gesellschaftliche Teilhabe Einzelner sowie die Aufnahmefähigkeit der Gesamtgesellschaft unter der Maxime der Menschenwürde zu sichern. Konstitutives Element sind die politischen Freiheits-, Gleichheits- und Sicherheitsversprechen, über die nicht zuletzt die demokratische Grundordnung mit legitimiert wird. Das individuell erreichbare Ausmaß gesellschaftlicher Teilhabe indiziert in diesem Sinne die Funktionalität der Sozialpolitik und die Qualität der Demokratie im Gesamten. Dabei bleibt der Sozialstaat grundsätzlich justierbar und die Anpassungen seines Leistungsspektrums und seiner institutionellen wie organisationalen Ausgestaltung gehen Hand in Hand mit Prozessen des gesellschaftlichen Wandels. Er ist Ort der Ordnung und Um-Ordnung gesellschaftlicher Verhältnisse, in ihm werden Norm- und Wertevorstellungen sowie Sozialisationsweisen geprägt und auch „die Form, in der gesellschaftliche Herausforderungen als Ordnungsproblem konstruiert und in der auf diese reagiert wird" (Groenemeyer 2008, 90), wird durch seine Ausgestaltung mit vorgegeben.

Eine zentrale Aufgabe organisierter Sozialstaatlichkeit ist die Konstitution von Kategorien, die über Positionszuweisungen an die Bürger*innen die soziale Ordnungsstruktur mit begründen. Die Kategorie der *Hilfebedürftigkeit* bildet im Rahmen des Sozialrechts die vielleicht wichtigste Zuschreibung, denn sie formalisiert anhand objektiver Parameter, ob ein Anrecht auf soziale Mindestsicherung besteht. Durch ihre Inanspruchnahme können Bedürftige das verfassungsrechtlich garantierte Existenzminimum erreichen und gelten in der Folge nicht mehr als arm oder armutsgefährdet. Personen, die Leistungen trotz formaler Bedürftigkeit nicht abrufen, sind demnach per sozialstaatlicher Definition als ‚arm' anzusehen, denn sie haben weniger Geld zur Verfügung, als das definierte sozio-kulturelle Existenzminimum festlegt.

Aus den unterschiedlichen Berechnungen und Simulationen dieser „verdeckten Armut" (Becker/Hauser 2005) ist bekannt, dass die Nichtinanspruchnahme in Deutschland keine Randerscheinung ist, sondern „erhebliche Ausmaße" (Becker 2015, 309) aufweist und Erwerbstätige, Nichterwerbstätige, erwerbsfähige und erwerbsunfähige Menschen gleichermaßen betrifft (vgl. Becker, 2015; Eurofund 2015). Allein bezogen auf die Leistungen nach dem zweiten Sozialgesetzbuch (SGB II – „Hartz IV") ist bekannt, dass mehr als jede*r dritte Bedürftige auf die Mindestsicherung verzichtet und unter den Erwerbstätigen, die ein Anrecht auf aufstockende Leistungen hätten, liegt die Quote noch höher (vgl. Deutscher Bundestag 2018). Die Motive des Nichtbezugs sind vielfältig und liegen z. B. im Nichtwissen über den eigenen Anspruch oder in persönlichen Abwägungen und Ängsten vor Stigmatisierung bzw. bürokratisch-administrativen Hürden begründet (vgl. Hernanz et al. 2004; Stuber/Schlesinger 2006; Bruckmeier/Wiemers 2011; Eurofund 2015). Im Gegensatz zu den systematischen Erhebungen, die in vielen Ländern der Europäischen Union durchgeführt werden und den dortigen politischen Bemühungen zur Reduktion der Nichtinanspruchnahme wird das Phänomen in Deutschland sowohl in der Forschung wie im politischen Tagesgeschäft randständig behandelt. In den letzten Jahren mehren sich aber kritische Stimmen und vor allem Vertreter*innen der Wohlfahrtsverbände und Akteur*innen aus dem System der sozialen Arbeit problematisieren die Thematik auch medial. Dabei wird zuweilen auch auf die gesellschaftspolitische Sprengkraft verwiesen, die mit der Nichtinanspruchnahme einhergeht. Wie internationale Forschungsbemühungen nahelegen, indiziert insbesondere der bewusste Verzicht auch einen Legitimitätsmangel sozialer Politiken, verweist auf die Ablehnung der gegebenen sozialstaatlichen Verhältnisse und legt einen gesellschaftlichen Desintegrationseffekt nahe (vgl. Tabin/Lereche 2016; Warin 2016; Goedemé/Janssens 2020).

Dabei ist die Problematik nicht losgelöst von der neoliberalen Wende der Arbeitsmarkt- und Sozialpolitik zu betrachten, im Zuge derer seit Mitte der 1980er Jahre Leitbilder der Aktivierung und Eigenverantwortung zur Sozialverantwortung als doppeltes Verantwortungsgeflecht die Interaktionsstrukturen zwischen staatlichen Einrichtungen und ihren Adressat*innen neu konfigurieren. Der Verzicht kann in diesem Sinne auch als Möglichkeit marginalisierter Personen gelesen werden, ihren Unwillen gegenüber neoliberalen Zumutungen zu äußern und gegebene Verhältnisse für sich zu negieren. Genauso ist es aber denkbar, dass affirmative Handlungsorientierungen zugrunde liegen, mit denen die Verzichtenden den Logiken des aktivierenden Sozialstaats zu entsprechen suchen. Dies zu klären und die Erkenntnisse dazu in einen übergeordneten Kontext zu stellen, ist eine empirische Aufgabe, die mit dieser Forschungsarbeit aus einer subjektorientierten Perspektive angegangen werden soll. Damit soll dieses Forschungsprojekt auch dazu beitragen, die in der sozialwissenschaftlichen Sozialpolitikforschung häufig untererfasste Adressat*innenperspektive zu stärken und darüber hinaus

aus dieser Perspektive heraus Aussagen zu den strukturellen Gegebenheiten des Verzichts zu ermöglichen.

Die nachstehenden einleitenden Ausführungen dienen dazu, einen Überblick über die Problematik des Verzichts auf Sozialleistungen zu geben und die Perspektive und das Ziel der Untersuchung zu begründen. Hierzu findet sich in Kapitel 1.1 einerseits eine Begründung der Problemhaftigkeit des Phänomens und andererseits eine Aufarbeitung des Forschungsstands. In Kapitel 1.2 wird die subjektorientierte Perspektive der empirischen Untersuchung erläutert und gleichermaßen die damit verbundene Zielstellung offengelegt. Das Kapitel schließt mit einem Wegweiser durch die Arbeit (Kapitel 1.3).

1.1 Problemfeld Verzicht auf Sozialleistungen

Sozialstaatliche Interventionen zielen immer auf den Einzelnen wie auf die Gesamtgesellschaft, also das Gemeinwesen, ab, wobei ihr übergeordneter Sinn auch darin besteht, die gesellschaftliche Akzeptanz für existierende Ungleichheitsrelationen und die politische Grundordnung herzustellen (vgl. Simmel 1908; Marshall 1950/1992; Offe 1984, 2000; Vobruba 1997). Der Sozialstaat verspricht Teilhabe und ein ‚letztes soziales Netz', auf das jeder potenziell Anspruchsberechtigte sich im Bedarfsfall verlassen kann. Für diese Versprechungen setzen die Bürger*innen ihre Arbeitskraft ein und akzeptieren die erwerbsförmige Lebensform als Normalmodus ihrer Existenz. Staatliches Markt- und individuelles Teilhabestreben stehen hier konträr zueinander und werden in eine sich gegenseitig verpflichtete Wechselwirkung gesetzt, die darauf abzielt, soziale Sicherheit und Teilhabe sowie wirtschaftliches Wachstum gleichermaßen zu befördern und in Balance zu halten. Das Paradox des modernen nach dem Zweiten Weltkrieg expandierten Sozial(versicherungs)staats ist damit durch die parallele Gegensätzlichkeit und Untrennbarkeit von individueller Teilhabesicherung und den kapitalistischen Grundsätzen Marktsteuerung, Gewinnmaximierung und Wettbewerbsorientierung bestimmt. Dabei unterliegen die sozialpolitischen Paradigmen, die eingesetzten Mittel und die sozialpolitischen Vollzüge „den Wandlungen der politisch-ökonomischen Rahmenbedingungen" (Wolf 2007, Absatz 2), sodass sich die Ausrichtung der Sozialpolitik in Wellen „der Erzwingung (Kommodifizierung), der temporären Suspendierung (De-Kommodifizierung) und der Rückkehr zur Erzwingung (Re-Kommodifizierung) des Tausches Arbeitskraft gegen Lohn" (Wolf 2007, Absatz 2) bewegt. Die Legitimationsbasis des Sozialstaats gerät in Gefahr, wenn diese Verhältnisse außer Balance geraten, sozialstaatliche Versprechungen nicht eingelöst werden und eine kritische Masse der Bevölkerung die sozialpolitische Ausrichtung als ‚ungerecht' oder die eingesetzten Maßnahmen als unverhältnismäßig bewertet. Dabei muss beachtet werden, dass sich etwaige

Legitimitätsprobleme nicht nur aus „wirtschaftlichen oder sozialen Dysfunktionalitäten oder Ungerechtigkeiten" (Kneip et al. 2020, 6) speisen, sondern immer auch durch „politisch-kulturelle Komponenten" (ebd.) mit bedingt werden. Dies sind z. B. Vertrauensverluste in das soziale Sicherungssystem oder in staatliche Institutionen insgesamt, individuelle Kontrollverlustängste der Bürger*innen oder Zweifel an der Repräsentationsfähigkeit und Glaubwürdigkeit von „demokratischen Kerninstitutionen" (Merkel et al. 2020, 393).

Im Allgemeinen lässt sich die demokratische Legitimität des Sozialstaats theoretisch-normativ als grundsätzliche Frage und empirisch mit Bezug auf die Legitimitätsurteile der Bürger*innen begründen (vgl. Lüders/Schroeder 2020, 342 f.). Während auf der theoretisch-normativen Ebene die Ausrichtung und das Design des Sozialstaats mit seinen Neujustierungen im Zuge sozialer Wandlungsprozesse im Fokus stehen, sind es auf empirischer Ebene die Urteile der Bürger*innen, die zum Thema werden (vgl. ebd. 360). Hier legen Forschungsergebnisse nahe, dass die Urteile der Bevölkerung negativer ausfallen, je eher es um existentielle Fragen des Lebens geht, denn vor allem bei finanziellen Problemen, Arbeitslosigkeit, Behinderung und Pflegebedürftigkeit zeigen sich die Befragten unzufriedener als jene, die z. B. umziehen wollen oder KFZ-Angelegenheiten zu erledigen haben.[1] Zwar lässt sich insgesamt keine „politisch grundsätzliche Delegitimierung des gegenwärtigen Sozialstaats" (Lüders/Schröder 2020, 360) beobachten, allerdings scheint das Maß der partiellen Unzufriedenheit und der defizitären Wahrnehmung einzelner Leistungsbereiche durchaus bedenklich für die Aufrechterhaltung des positiven „Legitimationsbeitrags" (ebd. 361) des Sozialstaats für die Demokratie.

Die eingangs umrissene Nichtinanspruchnahme von Sozialleistungen, die neben dem Sozialleistungsmissbrauch auch als „Achillesferse des Sozialstaats" (Goul Andersen 1999, 20; Roosma et al. 2016, 178) bezeichnet wird, tritt in diesem Zusammenhang als ein Ausdruck sozialstaatlicher Dysfunktionalität hervor. Aufgrund der unsystematischen und inkonsistenten Erhebungen in Deutschland weiß man hier noch wenig über das Phänomen. Vorhandene Studien verweisen aber auf ungünstige Nebenfolgen für die Umsetzung sozialstaatlicher Versprechen und das inhärente gesellschaftliche Konfliktpotenzial (vgl. Becker/Hauser 2003; 2005, Bruckmeier/Wiemers 2011, Becker 2015, Buslei et al. 2019). Im europäischen Vergleich wird außerdem deutlich, dass die Problematik in

1 Vgl. z. B. IAB/SOFI/BMAS (2015): Evaluation der bundesweiten Inanspruchnahme und Umsetzung der Leistungen für Bildung und Teilhabe; verschiedene Publikationen des Instituts für Arbeits- und Berufsmarktforschung ab 2003; Statistisches Bundesamt (2015): Zufriedenheit der Bürgerinnen und Bürger in Deutschland mit behördlichen Dienstleistungen. Ausgewählte Ergebnisse der Zufriedenheitsbefragung. Wiesbaden.

Deutschland untererfasst und so in ihren Ausmaßen unterschätzt wird.[2] Der Paritätische Gesamtverband führt das Fehlen empirischer Grundlagen in seinem Armutsbericht 2018 darauf zurück, dass ein politisches Interesse daran besteht, Armut und die aus ihr entstehenden realen Handlungsbedarfe im Unsichtbaren zu belassen (vgl. Der Paritätische 2018, 57). Bis erste Untersuchungen zu den Motivlagen der Nichtinanspruchnahme stattgefunden haben, war in Deutschland die Annahme verbreitet, dass es nur in Einzelfällen zu einem Verzicht kommen würde, da niemand bewusst einen finanziellen Vorteil ausschlüge. Studien ab den frühen 1980er Jahren konnten diese Annahme widerlegen und aufzeigen, dass die Konstellationen, die dazu führen, dass Leistungen nicht bei den vorgesehenen Rezipient*innen ankommen, sehr viel differenzierter zu betrachten sind, mehrheitlich zumindest teilbewusst bis absichtsvoll ablaufen und auch auf den sozialen Normkontext zurückgeführt werden müssen (vgl. Hartmann 1981, 1985; Kayser/Frick 2000).[3]

Insgesamt ist die europäische Forschungslandschaft durch ganzheitlichere Perspektiven auf die Nichtinanspruchnahme von Sozialleistungen geprägt und ‚non-take-up' ist in vielen Ländern als Problemfeld anerkannt. Aus den vorhandenen qualitativen Ansätzen wird deutlich, dass den oben erwähnten politisch-kulturellen Komponenten als Strukturbedingungen der Nichtinanspruchnahme auch empirisch eine höhere Wertigkeit zukommen sollte (vgl. z. B. Hümbelin 2016, 7). Phillipe Warin, wissenschaftlicher Direktor des nationalen französischen Forschungsinstituts CRNS, arbeitet im Anschluss an die wegweisenden Arbeiten von Wim Van Oorschot (Van Oorschot 1996, 2002; Van Oorschot et al. 2014) an einem Erklärungsmodell, das die Nichtinanspruchnahme in der defizitären Beziehung „between the potential recipient and the public service and institutions which offer" (Warin 2014, 5) verortet und aufzeigt, dass die Bezugsvoraussetzungen vielfach mit den persönlichen Lebensumständen der Adressat*innen kollidieren können und nicht losgelöst von den politisch-kulturellen Kontexten zu betrachten sind (vgl. ebd.). Er sieht in der Zurückweisung der Hilfeleistungen auch die Möglichkeit einer aktiven Kritik, die Indifferenz mit oder Ablehnung des bestehenden Systems ausdrückt (vgl. dazu auch Tabin/Lereche 2016). Vor allem in diesem absichtsvollen *Verzicht* auf Sozialleistungen

2 Dies liegt auch daran, dass sich die erfasste Rate lediglich auf das Arbeitslosengeld II als die Transferleistung bezieht, die die primäre Finanzierungsquelle für erwachsene erwerbslose Menschen darstellt, während in anderen EU-Staaten auch ergänzende Unterstützungsleistungen in die Quote einfließen.

3 In diesem Sinne weisen z. B. Studien aus Österreich darauf hin, dass die Rate der Nichtinanspruchnahme in ländlichen Regionen höher ist als im städtischen Bereich, was zum einen auf die höhere soziale Kontrolle in kleinen Gemeinden und zum anderen auf die „Sozialisationsbedingungen in der Herkunftsfamilie" zurückgeführt wird (vgl. Dimmel 1989; Böhm/Schoibl 2002; Chassé 1995; Jacobi 2003, 34; zit. n. Dimmel 2008, 306). Eine extensive Literaturaufarbeitung findet sich weitergehend in Engels/Sellin (2000) sowie Engels (o.J.).

wird mitunter ein Ausdruck des Legitimitätsmangels sozialstaatlicher Leistungen vermutet, der auf individueller Ebene auch als Möglichkeit der Individuen „to express their disagreement and their rejection of the system" (Warin 2016, 15) Bedeutung gewinnt.

Als politisch-kulturelles Phänomen bündeln sich im so verstandenen Verzicht der jeweils vorherrschende und historisch gewachsene gesellschaftliche und sozialstaatliche (Norm-)Kontext und die damit im Wechselverhältnis stehenden subjektiven Dispositionen der Verzichtenden. In der Literaturschau fällt auf, wie selten diese sozialstrukturellen und subjektiven Perspektiven der Bedürftigen selbst tatsächlich in der Forschung berücksichtigt werden. Eine solche Perspektive bietet aber angesichts der aufgezeigten Problematiken Chancen, Erkenntnisse zum Verzicht Bedürftiger auf Sozialleistungen zu generieren und diese in einen weiteren gesellschaftstheoretischen Kontext einzuordnen. Mutmaßlich rücken hier Handlungsorientierungen und Subjektivierungsweisen in den Vordergrund, die die herrschende Gesellschaftsordnung und dominante Normen des Seins mal mehr, mal weniger explizit in Frage stellen können. Eine subjektorientierte, qualitativ-interpretative Untersuchung des Verzichts auf sozialstaatliche Unterstützung führt so mitunter in Zonen am Rand der Gesellschaft und zu Handlungspraxen, die hegemoniale sozialstaatliche Kategorisierungen und die Ergebnisse der sozialstaatlichen Aushandlungsprozesse unter Umständen explizit ablehnen. Genauso können sich im Verzicht auch affirmative Haltungen verbergen, die die Logiken des aktivierenden Sozialstaats aufnehmen und im alltäglichen Handeln regelmäßig und regelhaft als Ordnungsmuster festigen.

1.2 Perspektive und Ziel der Untersuchung

In dieser Arbeit wird davon ausgegangen, dass die subjektorientierte Untersuchung des Verzichts auf sozialstaatliche Leistungen Chancen bietet, traditionelle Sozialpolitik und ihr Zustandekommen auf einen Prüfstein zu stellen und reale Handlungsbedarfe im Feld der Armutsbekämpfung zu ermitteln. Hiermit ist ein Vorgehen bestimmt, das die Wechselwirkung von Individuum und Gesellschaft zum Gegenstand hat und nach einer systematischen Verbindung zwischen gesellschaftlichen Phänomenen (wie zum Beispiel dem sozialen Sicherungssystem, Erscheinungen sozialer Ungleichheit oder gesellschaftlicher Desintegration), individuellen Handlungsorientierungen (wie zum Beispiel der Verzicht auf Sozialleistungen) und deren wechselseitigen Bedingungsverhältnissen sucht (vgl. Bolte 1997, 35). Als subjektorientiert ist eine Forschungsarbeit demnach dann zu bezeichnen, wenn „Menschen und gesellschaftliche Strukturen in ihrer Einwirkung aufeinander analysiert" (Bolte 1997, 35) werden. Seit der Ausformulierung dieser Forschungsperspektive in einem Sonderforschungsbereich an der Universität

München von 1973 bis 1996 wurde die ursprünglich im Bereich der Arbeits- und Industriesoziologie verortete subjektorientierte Forschung zunehmend auch im Rahmen vieler weiterer Forschungsinteressen verfolgt.

Ein Ansatz, der zwar nicht explizit auf die subjektorientierte Soziologie rekurriert, mit seinem Forschungsprogramm aber eben jene aufgeworfenen Gegenstände aufgreift, ist die wissenssoziologisch basierte interpretative Subjektivierungsforschung (vgl. Bosančić 2013; 2014; 2016; 2017; 2019). Hier werden unter dem Einfluss poststrukturalistischer Theorieansätze Wege erschlossen, die (diskursive) Situiertheit von Akteur*innen zwischen gesellschaftlich vermittelten Anforderungen und den Rezeptionen und Aushandlungsweisen dieser Anforderungen im Rahmen der alltäglichen Lebensvollzüge und Selbstverhältnisse der Menschen zu ergründen. Mit dem Ansinnen, den Verzicht Bedürftiger relational zu begreifen, scheint diese Forschungsperspektive ein vielversprechender Ansatz, da er gleichermaßen die gesellschaftsstrukturelle Ebene wie das Mitgestaltungsvermögen der Individuen betont. In dieser Untersuchung wird in diesem Sinne explizit in der Diskrepanz zwischen wahrgenommenen sozialstaatlichen Formierungsversuchen als „normative Vorgaben" (Bührmann/Schneider 2008, 69) eines idealen Seins und tatsächlichen Subjektivierungsweisen als Auskleidung dieser Formierungsversuche im Sinne eigener biografischer Pfade und gegenwärtiger Selbstverständnisse ein Erkenntnisgewinn hinsichtlich der strukturellen Bedingungen des Verzichts vermutet. So rücken die „gesellschaftlichen Hintergründe[n] und Voraussetzungen" (Poferl 2010, 300), die „Erscheinungsformen, Folgen, Reibungs- und Konfliktpotentiale[n]" (ebd.), die mit der Praxis des Verzichts einhergehen, in den Mittelpunkt. Zurückgegriffen wird dabei auf wissenssoziologisch basierte und poststrukturalistisch informierte Annahmen aus der Subjektvierungsforschung und der Dispositivanalyse, die beide betonen, dass die Subjektivierungsweisen der Akteur*innen selten vollständig dem entsprechen, was die zeitlich, kulturell und situativ abhängigen Normen des Subjekt-Seins vorgeben (vgl. Bührmann/Schneider 2008; Keller 2012; Bosančić 2014; Geimer et al. 2019). Vielmehr nehmen sie eine Variationsbreite ein, deren Untersuchung an die empirische Aufgabe heranführt, das wechselseitige Bedingungsverhältnis zwischen den objektiven Strukturelementen und deren Rezeption, Verarbeitung und Ausdeutung durch die Subjekte zu erhellen. Sie erscheinen

> „als bemühte Einnahme der gewünschten Subjektposition, als ihre Subversion, als Fehlinterpretation, als Adaption in Teilen, als Umdeutung, als Ignorieren, als hochreflexive Auseinandersetzung oder naiver Vollzug usw. Diese Feststellung führt einerseits zur Grenze der sozialwissenschaftlichen Diskursforschung und andererseits zu der in der sozialkonstruktivistischen Wissenssoziologie angelegten Herausforderung, gerade der Komplementarität und Dialektik zwischen objektivierter Wirklichkeit und subjektivierter Wirklichkeit der Gesellschaft Rechnung zu tragen." (Keller 2014, 90 f.)

Wie in diesem Zitat von Reiner Keller deutlich wird, lenkt diese Perspektive den Fokus einerseits auf das Potenzial der Subjekte, als Akteure aktiv Gesellschaft mitzugestalten, indem sie nicht von vorneherein als strukturell/machtvoll determiniert bestimmt werden. Ansatzpunkt sind hier die tatsächlich vorfindbaren Lebenswelten, die alltäglichen Sinnwelten und Areale des Einwirkens der Menschen auf ‚ihre' Welt. Andererseits liegt darin auch der Anspruch begründet, Strukturen in dieser Lebenswelt aufzuzeigen, die im Wechselverhältnis mit Prozessen des sozialen Wandels soziale Ungleichheit (re-)produzieren und perpetuieren.

Damit ist die Zielstellung der Untersuchung auf zwei Ebenen zu verorten. Den Untersuchungsgegenstand des Verzichts auf Sozialleistungen durch formal Anspruchsberechtigte betreffend soll das Phänomen im wissenschaftlichen Diskurs platziert und problematisiert werden. In der Einsicht, dass der *Faktor Nutzer*in/Adressat*in* nur selten in den Konstruktionsprozessen sozialer Politiken mitgedacht wird, soll ferner verdeutlicht werden, welches Potenzial in einer adressat*innenorientierten Gestaltung von Sozialpolitik liegt, und aufzeigen, inwiefern dieser Weg als ein ‚den Zeiten' angemessener erscheint. Hiermit ist auch ein kritischer Anspruch der Forschungsarbeit verbunden, die Angewiesenheit der Aktivierungspolitik

> „auf die Kooperation der Subjekte zu thematisieren, die diskursiven Überschüsse einer die Passivität des Publikums unterstellenden Aktivierungsprogrammatik zu registrieren, aktivgesellschaftliche Zustände als stets prekäre Prozesse zu problematisieren und das aktivierungspolitisch Selbstverständliche als sozial Produziertes zu dechiffrieren" (Lessenich 2008, 140).

Darüber hinaus sollen die Ergebnisse des Forschungsvorhabens auch etwas dazu aussagen können, was sie in einem übergreifenden gesellschaftstheoretischen Kontext meinen: Was bedeutet der Verzicht angesichts eines sich wandelnden Sozialstaats? Was bedeutet er für die Subjektkonstitutionsweisen, inwiefern wird durch sozialstaatliche Regulation eigentlich in die Art und Weise eingegriffen, wie Menschen zu Subjekten werden?

Als empirischer Zugriff wurde eine Interviewstudie angelegt. Über 11 episodische Interviews (Flick, 2007; 2011) mit Verzichtenden zwischen 21 und 69 Jahren wurde zunächst in Einzelfallanalysen rekonstruiert, wie sie auf der Grundlage ihrer biografischen Dispositionen und gegenwärtigen Lebenslagen sozialstaatliche Formierungsversuche, insbesondere die inhärenten Adressierungen, Positionierungsversuche und Verantwortungszuschreibungen wahrnehmen und auslegend bearbeiten. Anschließend werden in fallvergleichender Analyse im steten Bezug auf die Praxis des Verzichts die übergreifenden Motive herausgearbeitet, um aus diesen in einem weiteren Schritt „Muster des Verzichts" zu ermitteln. Wesentlicher Bezugspunkt sind dabei die Dispositive, die von den Verzichtenden selbst in Anschlag gebracht werden, die letztlich abstrahierend in einen größeren

Zusammenhang gesetzt werden. Hier wird als gemeinsamer Bezugspunkt des gesamten Datenmaterials das kategoriale Wissen zu Bedürftigkeit extrahiert und zusammenfassend als *Bedürftigkeitsdispositiv* beschrieben.

1.3 Wegweiser durch die Ausführungen

Die Darstellung des Forschungsprojekts erfolgt in vier Schritten. In den Kapiteln zwei und drei werden erstens der Problemzusammenhang und damit auch die theoretischen Konzepte, die als Basisannahmen dienen, erläutert. Die Kapitel vier, fünf und sechs formalisieren zweitens das Forschungsvorhaben grundlegend hinsichtlich der verfolgten Forschungsfragen, der methodisch-methodologischen Grundpfeiler und des Designs der Studie, um dann in den Kapiteln sieben und acht in einem dritten Schritt die Studienergebnisse zu präsentieren und im Lichte der Theorie und der gewählten Methodik zu diskutieren und zu reflektieren. Kapitel neun bildet den Abschluss. Hier werden die Ergebnisse zugespitzt, theoretische Implikationen formuliert und praktische Schlussfolgerungen dargelegt.

Im Detail dient das zweite Kapitel zunächst der Beschreibung der Begriffsgenese von Bedürftigkeit, die als sozialstaatliche Klassifizierung nicht losgelöst von den jeweiligen kulturellen und gesellschaftspolitischen Hintergründen verstehbar ist. Hier wird auch aufgezeigt, welche Linien der Kontinuität in der gesellschaftlichen Verhandlung von Arbeit, Armut und Bedürftigkeit zu beobachten sind und an welche Norm- und Wertevorstellungen der sogenannte gegenwärtige aktivierende Sozialstaat anknüpfen kann. Soziale Ausgrenzung wird hier als gesellschaftliches Bezugsproblem bestimmt und in einen Zusammenhang mit der Transformation des absichernden Sozialstaats gebracht.

Das dritte Kapitel trifft grundlegende Annahmen zur Herausbildung von Selbstverhältnissen, die gemäß der verfolgten subjektivierungstheoretischen Perspektive im Mittelpunkt stehen. Hierzu werden im Rückgriff auf das begriffliche Instrumentarium Michel Foucaults und den rezipierenden gouvernementalitätstheoretischen, diskurs- und dispositivanalytischen Arbeiten die Rahmenbedingungen von sozialstaatlichen Subjektivierungsprozessen dargelegt. In Kapitel 3.2 werden dann die Konzepte erläutert, die notwendig sind, um die interessierenden Zusammenhänge für die empirische Untersuchung zugänglich zu machen (Subjektivierung, Formierungsversuche, tatsächliche Subjektivierungsweisen). Das Kapitel schließt mit einer Übersicht über Theorien, die dazu geeignet sein können, die Beziehung zwischen Sozialstaaten und ihren Adressat*innen im hier fokussierten Sinn zu charakterisieren.

Von diesen theoretischen Annahmen ausgehend, präzisiert das vierte Kapitel das empirische Vorhaben, ergänzt den in der Einleitung grob gesetzten Rahmen um die konkrete Ausgestaltung der Forschungslandschaft und entwickelt nach einem Zwischenfazit (Kap. 4.1) die konkrete Forschungslücke, die die Untersuchung füllen soll. Anschließend werden die abzuarbeitenden Forschungsfragen formuliert, um so eine Überleitung zu schaffen, die theoretischen Annahmen mit den empirischen Ausführungen zu verbinden (Kap. 4.3). In Kapitel 5 wird der methodologisch-methodische Rahmen der Untersuchung offengelegt. Dabei geht es zunächst darum, die methodologischen Konsequenzen aus dem rekonstruktiv-lebensweltorientierten Zuschnitt, der das Forschungsvorhaben prägt, auf die Adressat*innenperspektive zu explizieren. Außerdem wird die der Untersuchung eigene Kombination aus biografischem Zuschnitt und subjektivierungs- bzw. dispositivanalytischem Herangehen erklärt (Kap. 5.3).

Die Kapitel 7 und 8 sind der Ergebnisdarstellung in der Logik des Forschungsdesigns gewidmet. Während die Ergebnisse der Einzelfallanalysen Gegenstand von Kapitel 7 sind, werden die generierten Erkenntnisse in Kapitel 8 kontrastierend-analytisch aufeinander bezogen und sukzessive abstrahiert. So werden die komparativen Beschreibungen aus Kapitel 8.1 anhand ihrer auffindbaren Gleichförmigkeiten und Differenzierbarkeiten zu *Mustern des Verzichts* (Kapitel 8.2) verdichtet, um dann, in Kapitel 8.3 den übergreifenden Sinngehalt des Bedürftigkeitsdispositivs als eine mögliche abschließende Interpretation zu präsentieren und mit Bezug zu den theoretischen Vorannahmen zu diskutieren.

Kapitel 9 fasst die wesentlichen vorgefundenen Ergebnisse in einem Fazit zusammen und reflektiert die theoretischen Implikationen, die mit ihnen einhergehen. Hieraus wird letztlich ein weiterer Forschungsbedarf ermittelt und es werden einige Schlussfolgerungen für die praktische Handlungsebene im Feld der Armutsbekämpfung gezogen.

2 Bedürftigkeit, Wandel und Konflikte sozialer Sicherung

Durch die sozialstaatliche Konstitution von Kategorien und die darauf basierenden Positionszuweisungen entsteht ein spezifischer Orientierungsrahmen, in dem die Menschen ein Verhältnis zu sich selbst entwickeln und in dem sie sich zu von ihnen wahrgenommenen Erwartungshaltungen positionieren. Der Begriff der *(Hilfe-)Bedürftigkeit* ist eine zentrale Kategorie der deutschen Sozialpolitik und birgt hinsichtlich der Unterscheidung zwischen würdigen und unwürdigen Armen „zahlreiche praktische, ideologische und symbolische Implikationen" (Jütte 2000, 7). Heute ist Bedürftigkeit ein feststehender Rechtsbegriff, über den erfasst wird, ob eine Person zum Erhalt sozialstaatlicher Leistungen berechtigt ist und welche Leistungshöhe sie erwarten kann.[4]

Bei der Zuerkennung einer Sozialleistung spielen zum einen festgelegte Parameter (z. B. vorhandenes Einkommen, Vermögen) und zum anderen individuell erbrachte Leistungen auf dem Arbeitsmarkt vor Eintritt des Bedarfsfalls eine Rolle. Per Kausalitätsprinzip ist zudem die Hauptursache der Bedarfslage relevant. Diese Verteilungsprinzipien und -normen sind kulturell gewachsen und durch gesellschaftliche Vorstellungen und Aushandlungen darüber bedingt, inwiefern jemand sozialstaatliche Unterstützung ‚verdient'.[5] Sie sind nicht losgelöst von gesellschaftlichen Veränderungsprozessen zu betrachten und führen mitunter zu Widersprüchen und Konflikten, die im hiesigen Kontext als relevanter Problemzusammenhang angenommen werden. Dieses Kapitel dient dazu, diese Verhältnisse als Grundlage für die empirische Untersuchung darzulegen. Kapitel 2.1 gewährleistet zunächst einen Überblick über die Herausbildung von Bedürftigkeit als sozialstaatliche Kategorie in Deutschland und zeigt die Kontinuitätslinien im Feld der gesellschaftlichen Verhandlung und Definition von Bedürftigkeit auf. Diese Punkte werden in Kapitel 2.2, wo die unmittelbaren

---

4 Die Begriffe *Bedürftigkeit* und *Hilfebedürftigkeit* werden häufig synonym benutzt, juristisch findet der Bedürftigkeitsbegriff aber eher im Unterhalts- und Familienrecht, Hilfebedürftigkeit im Bereich der Grundsicherung (SGB II und SGB XII) Anwendung. Da sie im Grunde dasselbe meinen, nämlich die formale Anspruchsberechtigung auf eine existenzsichernde einkommensersetzende Leistung, wird in dieser Untersuchung vorwiegend der kürzere Begriff ‚Bedürftigkeit' verwendet.

5 Hieraus hat sich ein eigener Forschungszweig, die „Deservingness-Forschung" entwickelt, in deren Fokus gesellschaftliche Auffassungen dazu stehen, wer welchen Anteil an den Leistungen eines Sozialstaats haben sollte (vgl. van Oorschot, 2000, 2006; van Oorschot et al. 2017; Laenen et al. 2019).

Effekte einer Bedürftigkeitszuerkennung im Sinne heute vorherrschender komplexer Armutsdefinitionen näher beschrieben und vor dem Hintergrund einer Theorie sozialer Ausgrenzung reflektiert werden, aufgegriffen. Letztlich wird in Kapitel 2.3 die Transformation des absichernden Sozialstaates nachgezeichnet und eine Analyseperspektive auf sozialstaatliche Wandlungsprozesse mit dem Schwerpunkt auf die politisch-kulturellen Fragmentierungen „jenseits des Systembruchs“ (Bogedan et al. 2009, 102) erläutert, die die Lebenswelt der Adressat*innen in den Mittelpunkt rückt.

2.1 Bedürftigkeit als soziale Kategorie

Aus der Literatur lassen sich grob sechs Entwicklungslinien herausarbeiten, die Bedürftigkeit als sozial konstituierte Kategorie in ihrem Entstehungsprozess beschreiben. Zunächst ist die *Moralisierung von Armut* im Zuge der spätmittelalterlichen Christianisierung und die damit einhergehende aufkommende Trennung zwischen würdigen und unwürdigen Armen zu nennen. Zweitens ist im Übergang zur Neuzeit die beginnende *Institutionalisierung* von Bedürftigkeit und die *Disziplinierung* der Armen beobachtbar. Drittens wird zu Industrialisierungszeiten eine *Demoralisierung von Armut* durch zunehmende Wahrnehmung ‚fleißiger Armer‘ evident, die mit der *Vergemeinschaftung von Risiken* durch die Sozialversicherung einherging. Als vierte Entwicklungslinie werden hier *Narrative der Entmenschlichung* von Armen und die Aufweichung der Kategorie Bedürftigkeit im Nationalsozialismus aufgeführt. Fünftens zeigt sich die Festigung der sozialpolitisch regulierten Lohnarbeitsgesellschaft nach dem Zweiten Weltkrieg und die parallele *Konsolidierung von (Hilfe-)Bedürftigkeit als Rechtsbegriff* zu Zeiten der Initiierung des Bundessozialhilfegesetzes (BSHG). Letztlich werden durch das Ende des ‚goldenen Zeitalters‘ des Sozialstaats ab den späten 1970er Jahren eine Reihe von Redefinitionen im Bereich der Bedürftigkeit wirksam, die auf die *Aktivierung der Bedürftigen* ausgerichtet sind.

1. *Moralisierung und Klassifizierung*

Die Verhältnisse zwischen Armen und Reichen waren in der vormodernen Ständegesellschaft des 13. Und 14. Jahrhundert dadurch geprägt, dass es keine formalisierten Hilfeleistungen gab und das Almosenwesen der einzige Weg der Armutsbekämpfung war. Mit Umgreifen des christlichen Glaubens im späten Mittelalter erfuhr die Gruppe der Menschen Zulauf, die in selbst gewählter, spirituell motivierter Armut leben wollten, um „Gott in Demut zu verehren“ (Schäfer 2012, 224). Freiwillige, selbstgewählte Armut wurde als „geistiger Wert“ (ebd.) hoch angesehen und die Gabe an diese Personen wurde zum Modus der „Abbüßung von Sünden [und] Erlösungschance für die Reichen“ (Schäfer 2012,

224). Elemente der Armutsächtung, wie sie schon in der Antike bestanden, blieben vor allem in Bezug auf jene bestehen, die nicht in freiwilliger, sondern in erzwungener Armut lebten, und bezog sich so vor allem auf Menschen geringen Standes, die den Großteil der Armutsbevölkerung ausmachten. Auch weitere Differenzierungslinien (z. B. ehrliche und betrügerische, unverschuldete und selbstverschuldete Arme) verstetigten sich in diesem Zuge. Vor allem Ehrlichkeit „auf Grund von Herkunft, Beruf oder Stand“ (von Hippel 2013, 36) wurde ein wichtiger moralischer Bezugspunkt, der ein Mindestmaß an sozialem Ansehen sicherte und darüber entschied, ob jemand als unterstützungswürdig anerkannt wurde. Wer als ‚unehrlich‘ eingestuft wurde, schwebte in steter Gefahr, von der Gesellschaft ausgeschlossen zu werden. Neben Kriminalität wurden z. B. Unfreiheit, eine mobile Lebensform oder ein durch Müßiggang geprägtes Berufsleben zu Kriterien der Unehrlichkeit (vgl. von Hippel 2013, 37).[6]

Die Spende der Reichen, die bei der Bekämpfung von Armut die wichtigste Konstante war, beruhte auf der Reziprozitätsnorm im Sinne einer Dankbarkeitserwartung. Der Hilfenehmende sollte, da er nicht in der Lage war, gleichwertige Ersatzleistungen zu erbringen, den Gebenden in seine Gebete einschließen und auf Gewalttätigkeiten verzichten (vgl. Groenemeyer/Ratzka 2012, 373). Hilfeleistungen waren so vornehmlich von persönlicher Interaktion und damit davon abhängig, ob die Spender*innen die Armen als ihrer Hilfe würdig einordneten und ob bei ihnen selbst eine intrinsische oder extrinsische Notwendigkeit zur Spende bestand. Formalisierte Kriterien der Bedürftigkeit existierten zu dieser Zeit noch nicht. Angefangen mit Umgreifen der Pest (1348–1350), die die „Scheidelinie zwischen mittelalterlicher und neuzeitlicher Armutsgeschichte“ (Schäfer 2012, 265) markiert, stieg der Formalisierungsdruck und führte zu einer Institutionalisierung bereits bestehender Klassifizierungen und zu neuen Reaktionsweisen auf Armut als soziale Problemlage.

Die Klassifizierung der von Armut Betroffenen als der Hilfe würdig oder unwürdig konstituierte sich zunehmend über das individuelle Verhältnis, das heißt über das Vermögen, den Willen und die Fähigkeit zur (körperlichen) Arbeit. Analog dazu wandelten sich die Einstellungen zur Möglichkeit, Arme per Zwang zur Arbeit verpflichten zu können, da die Arbeit als Wert an sich und „gottgewollte Pflicht“ eines jeden Menschen neu gedacht wurde (vgl. Jütte 2000, 264). Arbeit – und nicht mehr das Betteln – galten nun als das Mittel, um der Armut zu entkommen, und bereits im 16. Jahrhundert gab es frühe Formen von Arbeitsbeschaffungsmaßnahmen (vgl. ebd.).

6 Auch eine große Anzahl von Berufen, die mit Körpern (z. B. Chirurgen) oder Schmutz (z. B. Gassenkehrer) in Berührung kamen, wurde als unehrlich angesehen und so war es durchaus möglich, gesellschaftlich als unehrlich zu gelten, aber wirtschaftlich auskömmlich zu leben.

Zu den Auslösern der Wandlungsprozesse zu Beginn der Neuzeit gehörten unter anderem die vordringende Geldwirtschaft, das Bevölkerungswachstum und die Zunahme der Marktimperative im ausgehenden Mittelalter, die die Verhandlungsweisen von Armut und Bedürftigkeit neu konfigurierten (vgl. Groenemeyer/Ratzka 2012; Schäfer 2012). Unter dem Credo ‚Stadtluft macht frei' kamen arme Menschen vom Land in die Städte, um der Leibeigenschaft zu entfliehen und dort zu arbeiten. Alte Äquivalenzbedingungen der Hilfegewährung erodierten in diesem Zuge vor allem durch die zunehmende Sichtbarkeit von Armut in den Städten. In Folge mussten die Verteilungsprinzipien von Hilfeleistungen definiert und vereinheitlicht werden, um einem Kontrollverlust entgegenzuwirken.

Für die Formalisierung der Verhältnisse können die folgenden Maßnahmen und Entwicklungen, die bis in die industrielle Moderne des frühen 18. Jahrhunderts reichen, an dieser Stelle als besonders bedeutsam hervorgehoben werden:

- Verpflichtung der Städte, für die ‚eigenen' Armen zu sorgen (‚Heimatrecht'), verbunden damit Versagen der Freizügigkeit – Unterstützung gab es nur in der Heimatstadt;
- Einrichtung von Organisationen als Mittler zwischen Staat und Gesellschaft und damit eine Rekonfiguration der Beziehung zwischen Individuum und Staat;
- erste ordnungspolitische Maßnahmen (z. B. Armenmarken; Armenlisten) (vgl. Groenemeyer/Ratzka 2012, 374); dadurch zunehmende schriftliche Erfassung, damit Verdatung der anspruchsberechtigten Bedürftigen;
- Teilausschluss grundsätzlich erwerbsfähiger Personen von der Hilfegewährung; Kopplung staatlicher Hilfe an die Bereitschaft zur Arbeitsaufnahme;
- Ausweisung (sogenannte ‚Bettlerfuhren') und Jagd auf ‚herrenloses Gesindel', Abwanderung der Armen und Vagierenden in Randgebiete (vgl. von Hippel 2013, 36, 49), d. h. schärfere Sanktionierung und punitive Politik, auch ausgedrückt durch:
- Ausweitung von Zucht- und Arbeitshäusern, um „Vorbeugung und Verwahrung, Strafe und Resozialisierung, Erziehung und Fürsorge" (ebd. 50) zu verbinden; dadurch Rationalisierung und Zentralisierung.

Insgesamt verweisen die aufgeführten Wegmarken auf eine aufkommende Bürokratisierung und Rationalisierung und damit auf eine administrativ-bürokratische Definitionsmacht, die durch neuartige Organisationen an die Bevölkerung vermittelt wurde. Es kann erstmals von einer kriteriengebundenen Zuerkennung von Bedürftigkeit gesprochen werden, bei der die ehemals moralische, sozial geprägte und in menschlichen Interaktionen vermittelte Kategorie zu einer bürokratisch-konsolidierten Klassifikation wurde, inklusive klarer – *nachzulesen-*

der – Abgrenzungen. Alte subjektive Konzepte der Anerkennung individueller Bedürftigkeit wurden so zunehmend verdrängt und durch objektive, formale Kennzeichen ersetzt, wobei die grundsätzliche Arbeits(un)fähigkeit sowie die Notlagenursache eine immer größere Bedeutung bei der Anerkennung des Bedarfs gewannen. Es erfolgten erste Bedürftigkeitsprüfungen, es wurde zwischen selbstverschuldeter und anderer Armut unterschieden und durch eine Begrenzung des Bettelns wurden faktisch Leistungshöhen festgelegt.[7] Die zum Betteln Befugten erhielten ein sichtbar zu tragendes Zeichen, Betteln ohne diese Erlaubnis zog Strafen nach sich (vgl. Waldau 1789 zit. n. Sachße und Tennstedt 1980, Bd. 1, 63 f.). Ein weiterer Ausdruck fand sich auch in dem bereits zu diesen frühen Zeiten wahrnehmbaren Lohnabstandsgebot, das dafür Sorge trug, die Höhe der sozialen Hilfen nicht über den niedrigsten ausgezahlten Löhnen anzusiedeln. Klar erkennbar war zudem das Streben nach erzieherischer Normierung, also der ordnungspolitische Gedanke, Abweichung durch Sanktion zu beseitigen, um eine als angemessen erachtete Ordnung zu wahren (vgl. von Hippel 2013, 47) und grundsätzlich arbeitsfähige Personen zur Arbeitsaufnahme zu erziehen.

Der Armutsdiskurs wurde pädagogisiert und war vor allem vor dem Hintergrund des Aufkeimens der industriellen Revolution von einem „euphorische(n) Glaube(n) an die armutsüberwindende Kraft der Arbeit, der ‚Industrie' " (von Hippel 2013, 52) geprägt. Hier konnte an seit der Reformation bestehende Konzepte zur gesellschaftlichen Bedeutung von regulärer, das heißt abhängiger Arbeit in Vollzeit, als individuelle Pflicht angeknüpft werden. Die kulturelle Fixierung auf den ‚Arbeitsbürger' als ‚Normalbürger' wurde bereits um die Jahrhundertwende herrschaftlich normalisiert, die Grenzen um die untere Schwelle der Normalität wurde zunehmend enger geführt und Personen, die die Erwerbsarbeitsnorm nicht erfüllten, wurden sozial exkludiert (vgl. Tennstedt 1985, 76 ff.).

3. *Demoralisierung von Armut und Vergemeinschaftung von Risiken*

Der Glaube an die Industrie hat sich angesichts der Nebenfolgen der Industrialisierung zunehmend als Trugschluss erwiesen und es wurde klar, dass die „Problematik gesellschaftlicher Armut und Unterversorgung [...] nicht mehr im Sinne der klassischen Reaktionsmuster von Moralisierung und Disziplinierung zu individualisieren" (Pankoke/Sachße 1992, 150) war. Die Gruppe der ‚fleißigen' Armen wuchs rasant und mit den ‚untätigen' Armen und nicht arbeitsfähigen

7 Die ‚Nürnberger Bettelordnung', die auf das Jahr 1370 zurückgeht, ist ein Beleg dafür, wie sich die Kommunen auf die belastenden Folgen von Bevölkerungswachstum, Agrarkrise und Landflucht durch Rationalisierung einzustellen suchten. Hier wurden Regularien zum Betteln getroffen, die das Betteln an sich aber nicht als Lebensform grundsätzlich verboten oder in Frage stellten. Ihre Neuauflage von etwa 1478 ist von dreifachem Umfang. Hier werden auch normale Bürger*innen dazu angehalten, nicht länger als drei Tage in der Stadt Halt zu machen, und das „bürgerliche Arbeitsethos (Wer essen will, muss auch ...) tritt verstärkt in den Vordergrund" (vgl. Krampitz 1999, Abs. 2).

Personen entstand eine neue Massenarmut, die „auf eine aktive Politik der gesellschaftlichen Reform“ (ebd.) drängte.

1871 wurde zudem die jahrhundertealte Regelung aufgegeben, dass Unterstützung ausschließlich von der Heimatgemeinde an die Armen gewährt wurde, und durch den sogenannten ‚Unterstützungswohnsitz‘ ersetzt (vgl. Tennstedt 1991, 412). Ausschlaggebende Kriterien, um Hilfen zu erhalten, waren nunmehr die „Dauer der Niederlassung und wirtschaftlicher Tätigkeit an einem Ort“ (Tennstedt 1991, 412), wobei das Recht, in der Heimatgemeinde Unterstützung zu erhalten, nach einer Zeit der Abwesenheit verloren ging. Gemeinsam mit dem Gesetz zur Freizügigkeit, das „jedem Deutschen“ rechtlich zusicherte, „sich an jedem Orte des Reiches aufzuhalten oder niederzulassen, sofern er nur nachwies, dass er in dem Anzugsorte eine Wohnung oder ein Unterkommen sich zu verschaffen imstande war“ (ebd.), wurde so ein frühes auf wirtschaftliche und regionale Flexibilität sowie auf die Verpflichtung zur eigentätigen Existenzsicherung abzielendes Maßnahmepaket erschaffen. Parallel entwickelte sich das Wohlfahrtswesen aus der Tradition der christlichen Armenfürsorge weiter, das auf Erziehung abzielte und insgesamt nach wie vor von repressivem Charakter war (vgl. Huster 2018, 349 f.). Besonders nach Einführung des Unterstützungswohnsitzes oblag es den Kommunen und Verbänden, für jene zu sorgen, die keinen örtlichen Unterstützungswohnsitz vorweisen konnten (vgl. Tennstedt 1991, 412). Im Allgemeinen war kirchliche wie kommunale Armenpolitik darauf ausgelegt, „soziale Anpassung an bürgerliche Normen [zu] erzwingen, wobei eindeutige hierarchische Zuteilungs- und Verweigerungsstrukturen eingesetzt wurden“ (ebd.). Aus Mangel an verfügbaren Arbeitsplätzen waren die Arbeitshäuser bald übervoll, und obwohl es noch immer das Bestreben gab, „den arbeitenden Armen vom müßiggehenden Pauper zu trennen“ (Kronauer 2002, 84), konnte der Masse an nun formal Bedürftigen nicht mehr durch die alten Lösungen begegnet werden.

Abseits der Armutspolitik entstanden in der Arbeiterschaft zunehmend selbstorganisierte Arbeiterkassen, die im Fall von Unfall, Krankheit und Tod griffen, und gleichzeitig entwickelten sich weitere sozialistische wie liberale Konzepte, die auf die Förderung von Selbsthilfe ausgelegt waren. Die umfassenden Reformen der Bismarck'schen Sozialversicherung in den 1880er Jahren zielten in ihrer Doppelstrategie auf diese beiden Entwicklungsstränge: Zum einen sollten die Arbeiter*innen mit den eingeführten Versicherungen dazu bewegt werden, den Staat als sorgende, soziale Einrichtung anzusehen und im Tausch dafür ihre Arbeitskraft zur Verfügung stellen.[8] Zum anderen sollte die „Organisationsfähigkeit der Arbeiterbewegung“ (Pankoke/Sachße 1992, 156) gebrochen werden,

8 Zitat Otto von Bismarck: „Mein Gedanke war, die arbeitenden Klassen zu gewinnen, oder soll ich sagen zu bestechen, den Staat als soziale Einrichtung anzusehen, die ihretwegen besteht und für ihr Wohl sorgen möchte“ (Otto von Bismarck: Gesammelte Werke. Friedrichsruher Ausgabe. 1924/1935, Band 9) S. 195/196.

wobei vor allem die aufstrebende sozialistische Arbeiter*innenbewegung für Bismarck die nationale Einheit und damit den entstehenden Nationalstaat gefährdeten (vgl. Berner 2009, 86 f.). Ein weiteres strukturgebendes Element des entstehenden deutschen Sozialversicherungsstaats war dann die Aufspaltung der Sozialpolitiken für Arbeitnehmer*innen und Arme. Mit der Herauslösung der Arbeiter*innenpolitik aus der Armenfürsorge wurde eine institutionelle Differenzierung getroffen, die auch für die Kategorie der Bedürftigkeit und die Frage, wann wem wie viel an kollektiver, sozialstaatlicher Unterstützung zuzustehen ist, folgenreich war. Es gab nunmehr zwei ‚Bedürftigkeiten': Im Sinne der Sozialversicherungen waren es die Arbeiter*innen, die Sorge für die Armen hing hingegen weiter vom Engagement der bürgerlichen und kirchlichen Akteur*innen ab. Nach der Verabschiedung des Reichsgesetzes über den Unterstützungswohnsitz von 1871 war die Armenfürsorge – wie sich historisch bereits im ausgehenden Mittelalter andeutete – zudem eine kommunale Angelegenheit mit entsprechend vielfältigen Erscheinungs- und Bearbeitungsformen.[9]

Nach einer Zeit des Ausbaus und der Konsolidierung kam das Sozialversicherungssystem, welches „implizit einen funktionierenden Arbeitsmarkt" (Pankoke/Sachße 1992, 163) voraussetzte, unter dem Eindruck der Kriegsfolgen des Ersten Weltkrieges in den letzten Jahren der Weimarer Republik nahezu zum Erliegen und erfuhr erste Rückbautendenzen. Dazu gehörten „die Kürzung von Leistungen", die „Demontage individueller Rechtsansprüche" und der „Rückbau demokratischer Partizipationschancen" (Sachße/Tennstedt 1992, 420), die vor allem für Fürsorgeempfänger*innen gerade erst im Kaiserreich durch Zuerkennung des Wahlrechts eingeführt worden waren. Gleichzeitig kam es zu einer „Ausweitung und Ausdifferenzierung der Armenfürsorge", die „schließlich zu einer starken *Professionalisierung* in Ausbildung und Praxis" (Huster 2018, 355, Herv. i. Org.) führte und ihren Ausdruck in der Gründung der konfessionellen und nicht-konfessionellen Verbände der freien Wohlfahrtspflege fand (vgl. ebd.).

4. Entmenschlichung: Asozial, arbeitsscheu, überflüssig

Die nationalsozialistische Diktatur konnte an diese strukturellen Rückbautendenzen in der Armutsversorgung ebenso anknüpfen wie an die bereits in der Kaiserzeit in die Gesellschaft diffundierten rassenhygienischen Grundideen, die in der Weimarer Republik den Status einer sozialpolitischen Bewegung erreichten (vgl. Ayaß 1995, 13 ff.). Die Errungenschaften des Sozialstaats wurden zunehmend außer Kraft gesetzt, wobei die Muster von Abwertung und Individualisierung

9 Das Ausführungsgesetz zum Reichsgesetz über den Unterstützungswohnsitz (1873, Art. 1) bestimmte, dass jedem hilfsbedürftigen Deutschen „von dem zu seiner Unterstützung verpflichteten Armenverbande Obdach, der unentbehrliche Lebensunterhalt, die erforderliche Pflege in Krankheitsfällen und im Falle seines Ablebens ein angemessenes Begräbnis zu gewähren" war.

von Bedürftigkeit mit dem Vernichtungswillen und der Ideologie des Nationalsozialismus gekoppelt wurden.

Demnach wurden individuelle Rechtsansprüche auf Fürsorge vollständig dem Ziel einer ‚gesunden' Volksgemeinschaft untergeordnet und die gesellschaftsweit bereits anerkannte Trennung in würdige und unwürdige Arme zur Entscheidungsgrundlage über Wert und Unwert der Existenz. Der Beweis der eigenen Arbeitswilligkeit wurde endgültig zum zentralen Zugehörigkeitskriterium zur Gesellschaft. Ein „erzieherischer Fürsorgefanatismus" (Sachße/Tennstedt 1992, 423) führte zu einer umfassenden Redefinition der bis dato geltenden Bilder der Bedürftigkeit, die „radikal mit den humanistischen und demokratischen Traditionen des Wohlfahrtsstaates" (ebd. 426) brachen.

Insbesondere das konstruierte Bild des *Asozialen* zog neue Grenzen im Diskursfeld um Armut und Bedürftigkeit. „Minderwertige Ballastexistenzen" (Ayaß 1995, 13) sollten keinesfalls zu Lasten der „vollwertigen Arbeitslosen" (ebd.) Sozialleistungen erhalten und es galt, die Ausbreitung ‚asozialer Eigenschaften' zu verhindern. Dementsprechend war die Sozialpolitik dafür zuständig, die als asozial Klassifizierten durch Internierung, Sterilisation oder Vernichtung von der Fortpflanzung auszuschließen (vgl. Ayaß 1995, 13). Der rassenhygienische Glaube, dass „Generationen von Säufern, Prostituierten und Verbrechern von einem einzigen minderwertigen Stammelternpaar" (vgl. ebd.) abstammen konnten, war eine Grundlage hierfür.[10] Im weiteren Verlauf wurde das Etikett ‚Asozialität' zunehmend für sämtliche, sonst nicht näher zu beschreibende abweichende Verhaltensformen verwendet und dabei bewusst so offen gehalten, dass prinzipiell jeder der Gruppe zugeordnet werden konnte. Neben Adressat*innen des alten Fürsorgesystems (Wohnungslose, Alkoholkranke, psychisch Erkrankte) sowie Menschen, denen ein ‚kriminelles Gen' attestiert wurde, wurden zunehmend auch Arbeiter*innen der Kriegsindustrie, „denen ungenügende Arbeitsleistung und häufige Fehlzeiten am Arbeitsplatz vorgeworfen wurde" (Wissenschaftliche Dienste des Bundestags 2016, 6; Zbick 2017), als asozial identifiziert. Vor allem für abweichend lebende und unangepasste Frauen war die Gefahr der Stigmatisierung und damit einhergehender Verfolgung groß.

Während bis 1938 die auf Erfassung und Katalogisierung der Betroffenen beruhende Zwangsfürsorge (z. B. Zwangsarbeit, Internierung) überwog, änderte sich dies mit dem Übertragen der Entscheidungsgewalt von den Institutionen der Fürsorge an das Reichskriminalpolizeiamt. Der Übergang zur systematischen

10 Fachkreise der Fürsorgevertreter (z. B. Wohlfahrtsverbände) forderten lange Zeit ein „Bewahrungsgesetz", das ihnen den alleinigen Zugriff auf die Klientel gewähren sollte, in dem Vagabondage und Prostitution entkriminalisiert und das System der öffentlichen und privaten Fürsorge mehr Befugnisse erhalten sollte (vgl. Ayaß 1995, 15). Strafrechtliche und fürsorgerische Maßnahmen sollten durch einheitliche ‚zwangsfürsorgerische Maßnahmen gegenüber erwachsenen Personen' ersetzt werden, die in modernen Bewahrungsanstalten umgesetzt werden sollten.

Ermordung war fließend, wobei die Bewahrungsanstalten, Fürsorgeheime und Arbeitshäuser zum Teil selbst zu Konzentrationslagern wurden oder von ihnen ergänzt wurden. Wolfgang Ayaß (1995, 225) resümiert, dass das professionelle Fürsorgesystem und ihr „inhumanes Plädoyer für eine Aussonderung und ‚Bewahrung' unerziehbarer und unangepasster Personen [...] [den] Weg in die Gaskammern geebnet" haben, wobei prägendstes Selektionsmerkmal stets die Orientierung am ‚Gebrauchswert' der Person für das Arbeitssystem war. Die Diffamierungen als „asozial(-es Element)" oder „für die menschliche Gesellschaft [...] minderwertiges Subjekt" (Allex 2017, 213) wurden in der Nachkriegszeit in der Behörden- und Justizsprache unkritisch übernommen und einige behördliche und justiziable Entscheidungen und Urteile wurden bis in die 1960er (in der DDR bis in die 1980er) Jahre hierauf gegründet (vgl. Zur Nieden 2009). Insgesamt distanzierten sich die öffentlichen Stellen nicht von dem nationalsozialistischen Vorgehen gegen diese Personengruppen bzw. bestätigten es sogar eher noch und vermeintlich ‚Asoziale' galten bis Februar 2020 nicht als Opfergruppe des Nationalsozialismus.

5. *Konsolidierung von (Hilfe-)Bedürftigkeit als Rechtsbegriff*

Mit dem Wirtschaftswunder ging ein massiver Wiederauf- und ausbau des alten Sozialversicherungssystems einher. Die Vollbeschäftigungspolitik war auf einen „fordistischen Teilhabekapitalismus" (Busch/Land 2013, 111 ff.) ausgelegt, der die Differenzen zwischen Kapital und Arbeit nahezu zum Verschwinden brachte (vgl. ebd.). Prägende Elemente dieser „nivellierten Mittelstandsgesellschaft" (Schelsky, 1965) waren Massenproduktion, produktionsorientierte Lohnentwicklung und der dadurch ermöglichte Massenkonsum sowie die weltmarktbezogenen Vorteile, die für die Bevölkerung als positive Rückkopplung zwischen den Elementen wahrnehmbar wurde (vgl. Busch/Land 2013, 17 ff.). Volkswirtschaftlich ermöglichte die „Verbindung fordistischer Massenproduktion und produktivorientierter Lohnentwicklung" (ebd.) die Weiterentwicklung und den Ausbau des Sozialstaates und erforderte zugleich eine veränderte Rolle und eine Reform der Sozialpolitik (vgl. Busch/Land 2013, 19). Die „lohnarbeitsgesellschaftliche Lebensweise" (Lessenich 2010, 559) wurde zur Norm und hatte für die „Durchsetzung, Stabilisierung und Regularisierung" (ebd.) des Arrangements zwischen Bürger*innen, sozialstaatlichen Institutionen und Staat eine selbstverstetigende Funktion. Der Begriff der Bedürftigkeit wurde im öffentlichen Diskurs und in bürokratischen Bezügen zunehmend verwendet, vermutlich auch, um den negativ konnotierten Begriff der (materiellen) Armut zu umgehen (vgl. Haunschild 2018).[11]

---

11 Insbesondere war dies in der DDR der Fall, da es Armut im Sozialismus offiziell nicht gab. Hier wurden Familien als ‚würdig' und ‚unwürdig' eingeteilt und von Amts wegen nach wie vor mit den Zuschreibungen asozial oder dissozial versehen. (Vgl. Tagungsbericht *Armut, Sozialpolitik und soziale Ungleichheit seit 1945*; online unter https://www.hsozkult.

Neben einer weiterhin existierenden Unterschicht konnten auch ältere Menschen, Kriegsverletzte und Witwen nicht am Wohlstand teilhaben und so wurde die Forderung nach sozialer Sicherheit und Teilhabe für alle lauter. 1954 entschied das Bundesverwaltungsgericht dementsprechend, dass jede Staatsbürgerin und jeder Staatsbürger im Fall der Bedürftigkeit einen Rechtsanspruch auf soziale Unterstützungsleistungen bzw. Fürsorge hat, und betonte hier vor allem die Rolle des Bürgers/der Bürgerin als Träger*in von unantastbarer Menschenwürde, deren Sicherung und Schutz auch an der Gewährung eines „notwendigen Lebensbedarfs" (BVerwGE 1, 161) hänge.[12] Gesetzliche Entsprechung fand das Recht auf Fürsorge zunächst jedoch nicht. Erst mit dem Bündel von aufeinander bezogenen Neuregelungen, die schließlich anstelle einer umfassenden Reform der Sozialpolitik beschlossen wurden, hat das Urteil mit dem Bundessozialhilfegesetz (BSHG) von 1961 auch Eingang in die Politikgebung gefunden. Politisch waren mit der Verabschiedung des BSHG nicht zuletzt auch Bestrebungen verbunden, das System der Fürsorge bundesweit einheitlich zu gestalten, den rechtlichen Status quo gegenüber alliierten Reformplänen zu sichern, einen länderübergreifenden Fürsorgelastenausgleich zu schaffen und die „Verflechtung von Personen und Interessen in Exekutive, Legislative, Spitzenverbänden der freien Wohlfahrtspflege und Wissenschaft" (Föcking 2009, 507) aufrechtzuerhalten (vgl. Föcking 2009, 499 f.). Außerdem ging man weithin davon aus, dass angesichts des allgemeinen Wohlstands das Recht auf Sozialhilfe langfristig ohnehin an Bedeutung verlieren werde. Die neuen Leitbilder im Feld der Fürsorge und deren Wechselwirkungen mit gesellschaftlichen Vorstellungen von Armut und Bedürftigkeit waren insgesamt u. a. von den folgenden Aspekten geprägt:

- Eine Mischung aus „sozialpädagogischem und ökonomischem Optimismus" (Föcking 2009, 514) verbunden mit bürgerlicher Anerkennung individueller Problemlagen jenseits materieller Armut und einem neuen Glauben an das soziale Dienstleistungssystem;
- Glaube an den Aufschwung, an die Kraft der Wirtschaft und daran, dass es langfristig nicht viele Anspruchsberechtigte geben wird;
- weitere Normalisierung der „lohnarbeitsgesellschaftlichen Lebensweise" (Lessenich 2010, 559), ‚Gebrauchswert' der Person als weiterwirkendes Motiv;

de/conferencereport/id/tagungsberichte-4547, zuletzt abgerufen 25.01.2020).

12 In der Begründung heißt es im Wortlaut: „Der Einzelne ist zwar der öffentlichen Gewalt unterworfen, aber nicht Untertan, sondern Bürger. Darum darf er nicht lediglich Gegenstand staatlichen Handelns sein. Er wird vielmehr als selbstständige sittlich verantwortliche Persönlichkeit und deshalb als Träger von Rechten und Pflichten anerkannt. Dies muss besonders dann gelten, wenn es um seine Daseinsmöglichkeit geht. (…) Die unantastbare, von der staatlichen Gewalt zu schützende Würde des Menschen verbietet es (…), ihn lediglich als Gegenstand staatlichen Handelns zu betrachten, soweit es sich um die Sicherung des ‚notwendigen Lebensbedarfs', (…) also seines Daseins überhaupt handelt" (BVerwGE 1, 161).

- das weiterhin bestehende und nun auch massenmedial verbreitete „Idealbild des würdigen Armen“ (Haunschild 2018, 422), der unverschuldet in Not geraten in Dankbarkeit und Demut das Gegebene annimmt;
- das Bild des ‚Asozialen‘, das sich im Nationalsozialismus festgesetzt hat und nach dem Personen, „die ihr Recht auf Unterstützung einforderten“, leicht in den Verdacht gerieten, unverschämt und ‚asozial‘ zu sein“ (Haunschild 2018, 422).

6. *Die Aktivierung der Bedürftigen*

Bereits ab Mitte der 1980er Jahre nahmen angesichts internationaler Krisen, zunehmender Massen- und Langzeitarbeitslosigkeit, der demografischen Entwicklung und der nationalen Vereinigungskrise und der Standortdebatte der 1990er Jahre Zweifel an der weiteren Finanzierbarkeit des Sozialstaats zu. Zunehmend stand auch das System der öffentlichen Arbeitsverwaltung in ihrer institutionellen Ausrichtung sowie Funktions- und Leistungsfähigkeit in der Kritik, wobei auch der internationale Impetus neuer Steuerungsinstrumente (z. B. unter den Schlagworten New Public Management, schlanker Staat bzw. ‚lean state‘, Staat als Dienstleister, Empowerment) eine wesentliche Rolle spielte. Die internationalen Erprobungen dieser Instrumente, vor allem in den neoliberalen Regierungen Großbritanniens und den USA und die nationale Verschärfung der allgemeinen Lage auf dem Arbeitsmarkt, mündeten schließlich in das Reformpaket der vier „Gesetze für moderne Dienstleistungen am Arbeitsmarkt“ (Hartz-Gesetze), deren Auswirkungen auf den Sozialstaat, seine Leitbilder und Anwendungsweisen ein Schwerpunkt in den Ausführungen des weiteren Kapitels sind (siehe Kap. 2.3). Im Hinblick auf das gesellschaftliche Verständnis von Hilfebedürftigkeit ist hier vorab festzuhalten, dass Gedanken der sozialen Sicherung durch die Reformen der sogenannten Agenda 2010 zunehmend in den Hintergrund traten und sich die Bemühungen in der Bearbeitung von Armut auf die Arbeitsmarktintegration fokussierten. Damit ist jedem Hilfebedürftigen erst einmal eine grundsätzliche Arbeitsfähigkeit unterstellt, die es durch geeignete Maßnahmen zu *aktivieren* gilt.

Der Überblick über die Entwicklung von Bedürftigkeit als zentrale sozialstaatliche Kategorie offenbart bemerkenswerte Linien der Kontinuität im Feld der Armutspolitik, wobei insbesondere das Bestreben, ‚würdige‘ von ‚unwürdigen‘ Armen zu trennen, zeitüberdauernd dominant ist. Mit dem Ausgang aus der Ständegesellschaft des Mittelalters, dem Entstehen der kapitalistischen Industriegesellschaft und dem damit einhergehenden Formalisierungsdruck wurde Bedürftigkeit als sozialstaatliche Kategorie zunehmend institutionalisiert und bürokratisiert. Erste Bedürftigkeitsprüfungen suchten nach der Festschreibung von Merkmalen selbstverschuldeter und unverschuldeter Armut, wobei den grundsätzlich Arbeitsfähigen eher unterstellt wurde, ihre Notlage selbst verschuldet zu haben. Vor allem jene Personen hatten schon zu diesen Zeiten

Mitwirkungsbereitschaft bei der Arbeitsaufnahme zu demonstrieren und den Nachweis zu erbringen, grundlegend arbeitswillig zu sein. Außerdem wurde dafür Sorge getragen, dass einer Arbeit nachzugehen insgesamt unbeschwerlicher war als auf Unterstützung zu setzen. Ausdruck findet dies unter anderem im Nachrang der Armenpolitik gegenüber der Politik für Arbeiter*innen, die gesellschaftlich schon lange vor ihrer institutionellen Manifestierung in der Sozialversicherung anerkannt war und noch heute fortbesteht. Diese Kontinuitäten müssen Berücksichtigung finden, wenn die vieldiagnostizierte Transformation des sozialstaatlichen Arrangements betrachtet wird, in den der hier zu fokussierende Forschungsgegenstand einzuordnen ist und die am Ende dieses zweiten Kapitels näher umrissen wird. Zunächst soll jedoch die soziale Ausgrenzung bzw. Exklusion als heute bestimmender Bezugspunkt des Nachdenkens über Armut und somit als „neue soziale Frage" (Kronauer 1996; 2002; Mohr 2007) beschrieben werden.

2.2 Sozialer Ausschluss als neue soziale Frage

Das heutige Verständnis von Armut ist geprägt von der Verbindung zum Konzept der sozialen Ausgrenzung als unmittelbarem Armutseffekt. Dem zugrunde liegt ein „*komplexeres Armutsverständnis*" (Huster et al. 2018, 4, Herv. i. Org.), das neben den Merkmalen und „Folgen von durch materielle Unterversorgung gekennzeichneten Lebenslagen" auch „den Prozess der Entstehung benachteiligender Lebenslagen" und deren Effekte auf Teilhabeoptionen erfasst (vgl. ebd.). Gemeint sind hier ungleiche Zugänge und ungleiche Nutzungsmöglichkeiten gesellschaftlicher Ressourcen und Systeme. Soziale Ausgrenzung als Bezugspunkt politisiert in diesem Sinne die Armutsdebatte und weist darauf hin, wie normative Setzungen ihrerseits ausgrenzend wirksam werden können. Soziale Ausgrenzung oder Exklusion kann somit als eine sichtbare Komponente gesellschaftlicher Ungleichheit beschrieben werden. So gerahmt ist sozialer Ausschluss zugleich als „*Krisenbegriff*" (Ludwig-Mayerhofer 2009, 5, Herv. i. Org.) zu verstehen, der „auf das beschädigte Soziale" (ebd.) verweist und anzeigt, dass der moderne Sozialstaat seinen Versprechungen von sozialer Teilhabe und sozialer Sicherung offenbar nicht (mehr) nachkommen kann (vgl. ebd.). Dabei wird die sukzessive Implementierung aktivierungspolitischer Leitbilder heute in einen unmittelbaren Zusammenhang mit der Produktion neuer Mechanismen des sozialen Ausschlusses gebracht, unter anderem, da sie die strukturellen Zugangsbarrieren zum Sozialleistungssystem verschärfen (vgl. Mohr 2007, 234 f.) und das fixierte sozio-ökonomische Existenzminimum (der ‚Regelsatz') weithin als zu niedrig angenommen wird.

Dieser Regelsatz stellt das unterste soziale Leistungsspektrum des Sozialstaats dar und greift bei Erwerbslosigkeit (nach dem SGB II, Arbeitslosengeld II bzw. Hartz IV) und bei voller Erwerbsminderung sowie im Alter (Grundsicherung nach dem SGB XII) und soll ein sicheres Existenzminimum garantieren.[13] Darüber hinaus sollen soziokulturelle, das heißt immaterielle Bedürfnisse, nach sozialem Kontakt und Teilhabe am gesellschaftlichen und kulturellen Leben gewährleistet werden (vgl. Baecker 2020). Bei vollem Anspruch liegt der Regelsatz in allen Leistungsarten bei demselben Grundbetrag (446 Euro im Januar 2021), dessen Berechnung seit den 1990er Jahre auf dem sogenannten *Statistik-Modell* beruht. Demnach wird der Leistungssatz „an den durchschnittlichen, statistisch erfassten Ausgaben- und Verbrauchsverhalten von Personen mit geringen Einkommen ausgerichtet“ (ebd.):

> Im Zuge der Berechnungen werden die unteren 15 % der Einpersonenhaushalte und die unteren 20 % der Mehrpersonenhaushalte berücksichtigt. Um Zirkelschlüsse zu vermeiden, werden Personen, die ausschließlich von Transfers nach dem SGB XII oder nach dem SGB II leben, von den weiteren Berechnungen ausgeschlossen. Nicht mit veranschlagt werden außerdem eine Reihe von Ausgaben, die vom Gesetzgeber nicht zu den grundlegenden Bedarfen gezählt werden. Personen, die aufstockende Grundsicherungsleistungen empfangen und Personen, die unter die Armutsgrenze fallen, aber keinerlei Transferzahlungen beantragen („verdeckte Arme“) gehen in die Berechnung jedoch mit ein. (Baecker 2020, 4. Abs.)

Dem Grundprinzip des Statistik-Modells nach werden also die Lebenslagen der statistischen Referenzgruppe des untersten Einkommensquintils und deren Ausgaben als maßgeblich für die Berechnung der Grundsicherung angenommen. Als Grundlage dienen hier die Sonderauswertungen der Einkommens- und Verbraucherstichprobe (EVS) des Statistischen Bundesamts. Zugrunde gelegt werden ferner definierte Bedarfsbereiche, die mit weiteren Abschlägen versehen werden, weil sie z. B. als „nicht existenzsichernd“ angesehen werden oder weil angenommen wird, dass die Kosten durch eine andere Stelle übernommen werden können (vgl. ebd.). Die Kritik am Statistik-Modell bezieht sich vor allem auf die Art seiner Umsetzung. Hier werden die Bestimmung der Referenzgruppe,

13 Berechtigt sind nach SGB II erwerbsfähige (d. h. mind. 3 Stunden pro Tag arbeitsfähige) Personen, die ihren eigenen und den von Mitgliedern ihres Haushalts (bzw. ‚Bedarfsgemeinschaft‘) notwendigen Lebensunterhalt aus eigenen Ressourcen nicht oder nicht ausreichend sichern können und die die erforderliche Unterstützung nicht von anderen (z. B. Partnerpersonen oder Angehörigen) oder aus anderen Sozialleistungen erhalten. Per SGB XII (Grundsicherung bei Erwerbsunfähigkeit/Alter) gelten dieselben Grundsätze, allerdings für Personen, die weniger als drei Stunden pro Tag arbeiten können. Ferner ist hier auch die ‚Hilfe zum Lebensunterhalt‘ einzuordnen, die z. B. bei befristeter, voller Erwerbsminderung, bei Aufenthalt in einer stationären Einrichtung und für EU-Ausländer*innen und Asylbewerber*innen greift.

die „systemfremden Streichungen bei den Konsumausgaben“ (Der Paritätische 2020) und der Einbezug der verdeckten Armut in die Berechnung, durch die der Regelsatz künstlich vermindert wird, bemängelt (vgl. Becker 2014). Würde der Regelsatz sachgerecht und in konsequenter Anwendung des Statistik-Modells erfolgen, so kommen die Alternativberechnungen auf einen Betrag von etwa 600 Euro im Monat, der mindestens notwendig wäre, um die Bedürftigen aus dem Armutsbereich herauszuheben (vgl. Becker 2016, Lenze 2015, 2017).[14]

Elementarer als die Kritik an der Höhe der Regelsätze ist die Kritik an den indikatorengestützten Berechnungsgrundsätzen und den damit einhergehenden normativen Setzungen selbst, wie sie zu Beginn des Kapitels bereits angedeutet wurden. So leitet z. B. Oliver Krüger aus der Gerechtigkeitstheorie von Michael Walzer ab, dass Sozialstaaten unmöglich einen normativen Bedürfnisbegriff voraussetzen können, da Bedürfnisse immer auch ein Produkt ihrer Zeit und gesellschaftlich-kulturellen Einbettung sind (vgl. Krüger 2019, 131 ff.). Zugespitzt wird diese Annahme von Vertreter*innen der postkolonialen Studien, die hier eine „fragwürdige kulturelle Fiktion“ (Kapoor 2008, 22, zit. n. Dübgen 2010) mit „stark paternalistischen Zügen“ (ebd.) verorten. Franziska Dübgen (Dübgen 2010, 473), die die postkoloniale Kritik zusammenfasst, zeigt auf, dass hegemoniale ökonomisch-politische Macht- und Asymmetrieverhältnisse auf diese Weise unerkannt und somit unbehandelbar bleiben:

> Die auf den jeweiligen normativ hegemonialen Vorstellungen basierende Armutsbekämpfung kann andere Wissensformen und alternative Gesellschaftsmodelle verdrängen, indem sie das Selbstbewusstsein marginalisierter Menschen unterhöhlt und der Gesellschaftsformation zusätzlich moralische Legitimität verleiht. Damit stabilisiert sie eine ökonomische Überlegenheit auf der Ebene der Wissensproduktion (ebd).

Wenn Bedürfnisse von einer objektiven Instanz als solche identifiziert werden und die offizielle Sozialpolitik darauf ausgerichtet wird, dann werden demnach all jene Formen der Armutslinderung und Armutsbewältigung gefährdet, die aus den Kreisen der marginalisierten *bedürftigen* Gesellschaftsmitglieder selbst entstehen. Ihre Strategien und die Wissensvorräte, auf denen diese Strategien beruhen, werden so nicht mehr als legitim anerkannt und die herrschenden Meinungen davon, wie Armut am besten zu begegnen sei, verfestigen sich.

Übergreifend sieht Heinz Bude (2008, 28) in der Aktivierungslogik des modernen Sozialstaats den „unvermeidbare[n], perverse[n] Effekt“ begründet, dass eine „Restkategorie von Menschen, die sich trotz aller Angebote und Anreize nicht aktivieren und mobilisieren lassen“ (ebd.), produziert wird, die droht, sich permanent in den unteren gesellschaftlichen Schichten festzusetzen. Eine ganze

14 Auch die von der Europäischen Union festgelegte Armutsrisikogrenze liegt i. d. R. höher als das durchschnittliche Niveau der Mindestsicherungsleistungen (vgl. Hauser 2018, 170).

Reihe von theoretischen und empirischen Forschungsarbeiten beschäftigt sich mit den Erscheinungsformen dieser Ausschlussmechanismen und sucht nach Begriffen für diese „Restkategorie": Exkludierte (Castel 2008), Verworfene (Bauman 2006), Überflüssige (Kronauer 2002, Chassé 2008) oder Prekariat (Bourdieu 2000; Castel/Dörre 2009). Den Ansätzen ist gemein, dass sie einen Unterschied der *neuen* Ausgeschlossenen von den ausgegliederten Randgruppen der Vergangenheit, wie sie in Kapitel 2.1 beschrieben worden sind, ausmachen. Nikolas Rose sieht mit der Entstehung des ‚Underclass'-Begriffs in den USA eine zunehmende Rekodierung gesellschaftlicher Ausgrenzungen, in dem „das gesellschaftliche Modell *quantitativer* Abstufungen von ‚Anständigkeit' im Sinne einer *qualitativen* Unterscheidung" (Rose 2000, 100; Herv. i. Org.) neu gefasst wurde. So scheint sich ein Wandel in den Ausgrenzungsprozessen abzuzeichnen: Während früher vor allem randständige Personen Stigmatisierung ausgesetzt waren und als der Hilfe unwürdig erachtet wurden, sind zunehmend auch jene betroffen, die kein ‚klassisch' abweichendes Verhalten aufweisen und durch ihre Lebensform auffallen. Es genügt, nicht in korrekter Weise auf die dargebotenen Partizipations-, Empowerment- oder Kompetenzbildungsangebote zu reagieren oder reagieren zu können und die sich scheinbar reichhaltig bietenden Chancen nicht zu nutzen.

Die Betroffenen sind zwar formal Träger*innen gleicher sozialer und bürgerlicher Rechte (z. B. Recht auf ein Existenzminimum, aktives und passives Wahlrecht), in ihrer Teilhabe am gesellschaftlichen Leben aber dadurch ausgeschlossen, dass ihnen die Ressourcen fehlen, ihre Teilhabeansprüche geltend zu machen (vgl. Kronauer 2010, 114 f.) – zum Beispiel aufgrund fehlender Zugänge zum Sozialleistungssystem oder unzureichender Regelsätze. Ihr Status ist gleichzeitig durch „rechtliche Einschließung und soziale Ausgrenzung" (Kronauer 2002, 146; 204) charakterisiert und kann je nach Blickrichtung als inkludierende Exklusion (einschließender Ausschluss) oder exkludierende Inklusion (ausschließender Einschluss) bezeichnet werden. Dies verweist auf die als Wechselverhältnis zu verstehende Beziehung zwischen den theoretischen Konzepten Inklusion und Exklusion als ko-konstitutiv mit jeweils sowohl inkludierenden als auch exkludierenden Effekten.[15]

Im Rekurs auf Robert Castels Zonenmodell führt Kronauer aus, dass in der *Zone der Exkludierten* „weder Markt noch Staat" (Kronauer 2014, 442) einen Le-

15 Georg Simmel hat dieses Verhältnis bereits 1908 mit Verweis auf die „moderne Armenhilfe" beschrieben (vgl. auch Kronauer 2002). Ähnliche Grundlagen finden sich im Paradox des normalistischen Kontinuitätsprinzips nach Jürgen Link wieder, nachdem eine Normüberschreitung nie auf ein Feld gänzlich außerhalb der Normalität führen kann. Der Norm-Überschreitende bleibt Teil eines normalistischen Kontinuums (vgl. Link 2013). Auch Reckwitz kommt in seiner Analyse der spätmodernen „Drei-Klassen-Gesellschaft" (Reckwitz 2019, 72) zu einem ähnlichen Ergebnis, wenn er als ihre wesentlichen Merkmale die „Gleichzeitigkeit von sozialen Aufstiegs- und Abstiegsprozessen" und Parallelität von „kulturellen Prozessen der Aufwertung und Abwertung" feststellt. Demnach unterscheidet sich die spätmoderne Gesellschaft von der Nachkriegsgesellschaft der Wirtschafts-

bensstandard ermöglichen, der soziale Teilhabe garantiert, und benennt die Form der „Individualisierung in dieser Zone" als „eine des Mangels, des Verlusts, der Vereinzelung" (ebd.). Die dazu im Wechselverhältnis stehende Entstehung sozialen Ungleichheiten unterscheidet sich von ‚alten' eher statischen Ungleichheiten, die von der Zugehörigkeit zu einer Klasse oder Schicht dominiert wurden (vgl. Kronauer 2010, 259). Nicht mehr nur die Herkunft, die persönliche Einstellung zur Erwerbsarbeit, die mangelnde Anerkennung von Erwerbsarbeitsnormen oder ein Abweichen von der Norm zieht demnach gesellschaftliche Stigmatisierung nach sich, sondern auch die (unterstellte) Unfähigkeit, sich selbst im Sinne der aktivierungspolitischen Imperative ‚selbst-verantwortlich' zu verhalten. Kronauer spricht in diesem Zusammenhang von einer „neuartigen Überlagerung von Klassenungleichheiten, Teilhabeungleichheiten und Individualisierungsformen" (Kronauer 2014, 431), die eine andere Qualität des gesellschaftlichen Ausschlusses und der sozialen Ungleichheit als *neue soziale Frage* produziert. Es ist also auf der einen Seite eine Loslösung, eine Entschichtung zu beobachten, im Zuge derer zwar von einer „Differenzierung und Diversifizierung von Soziallagen" (Geißler 2013, 75 f.) sowie von Individualisierung und Pluralisierung der Lebensstile gesprochen werden kann, jedoch treten neue Exklusionsmechanismen neben die fortbestehenden und produzieren neue Ausschlüsse und Unsicherheiten.

Angesichts dieser Überlagerungen rücken die Zusammenhänge zwischen gesellschaftlichen Produktionsweisen sozialer Ausschließung unter aktivierungspolitischen Voraussetzungen und der Individualebene der persönlichen Dispositionen sowie der Verarbeitungs- und Deutungsweisen sozialer Ausschließung und deren Wechselwirkungen in den Vordergrund. Die Betrachtung sozialer Ungleichheit mit dem Fokus Sozialstaat erfordert somit die Identifizierung von objektiven und subjektiven Exklusionsgefahren, tatsächlichen Exklusionsprozessen sowie die Erhebung von deren Folgen, die in den Beschäftigungsverhältnissen der Menschen, in ihrer sozialen Absicherung und auch in ihren alltäglichen Bezügen zu verorten sind. Armut von ihren Effekten der sozialen Ausgrenzung her zu verstehen impliziert in diesem Sinne neben einem genaueren Hinsehen auf die Lebenslagen (Wer wird wann wovon wodurch ausgeschlossen?) auch die Frage nach der Entstehung normativer Setzungen im Bereich der Zuerkennung von Bedürftigkeit und deren individuellen Rezeptionsweisen im Rahmen einer Perspektive auf Prozesse des sozialen und sozialstaatlichen Wandels. Nachdem die historisch-kulturelle Entstehung von Bedürftigkeit als sozialstaatliche Kategorie im vorangegangenen Kapitel bereits dargestellt wurde, wird im Folgenden eine Analyseperspektive auf diese sozialstaatlichen Transformationsprozesse präsentiert, die explizit auch die Seite der Individuen in ihrer Relation zur Trans-

wunderzeit, die bis in die 1980er Jahre durch eine „relativ egalitäre Wohlstandsverteilung" (ebd.) gekennzeichnet war, vor allem auch durch den Verlust des bürgerlich-patriarchalen, nach Normalität strebenden Mittelstandes (vgl. Reckwitz 2019, 76 f.).

formation der sozialstaatlichen Paradigmen, Politikgebung und Politikausführung mit einbezieht.

2.3 Transformation des absichernden Sozialstaats

Dass mit den Megatrends Individualisierung, Pluralisierung, Globalisierung und Ökonomisierung etwa seit den 1970er Jahren ein Wandel des Sozialen einhergeht, der auch die Transformation des deutschen Sozialstaats maßgeblich mit bedingte, kann heute als wissenschaftlicher Konsens angesehen werden.[16] Zeitdiagnostisch wird das Ergebnis der Ablösung der industriellen Moderne durch eine ‚andere' Gesellschaft auch als Spätmoderne bzw. reflexive oder Zweite Moderne benannt, deren geteilte Annahme in einer Potenzierung, Radikalisierung und Globalisierung der Charakteristika der kapitalistischen Moderne liegt (vgl. Beck 1986; Giddens 1992; Beck/Giddens/Lash 1996). Ein Strukturelement dieser anderen Gesellschaft liegt darin, dass sie mit den eigenen ‚modernen' Postulaten und Institutionen sowie den durch sie bedingten Problemen und Nebenfolgen regelhaft konfrontiert wird und diesen entgegentreten muss. Weitere gesellschaftsdiagnostische Ansätze richten ihren Fokus z. B. auf den Wandel der Industriegesellschaft zur Wissensgesellschaft oder betonen den Übergang vom fordistisch organisierten zum postfordistischen Staat (vgl. Bührmann 2012, 147). Die Gesellschaftsdiagnosen stimmen insbesondere darin überein, dass man erstens, „weiterhin von einer kapitalistisch strukturierten Gesellschaft mit der grundsätzlichen Dynamik ökonomischer Profitmaximierung auszugehen hat" und dass, zweitens, die Institutionen, „die in der organisierte Moderne als Trias von Arbeitsmarkt, Sozialstaat und Familie relational aufeinander bezogen (gewesen) sind, zunehmend unter Druck geraten" (Bührmann 2012, 147):

> Die bisher scheinbar fest gefügte Institutionenstruktur westlicher Industriegesellschaften, die sich seit dem Ende des 19. Jahrhunderts formiert und seinen [sic] Höhepunkt wohl in den Jahren nach 1945 erfahren hat, weist mit dem Ende des 20. Jahrhunderts immer mehr Friktionen, Reibungen und Verwerfungen auf. Setzten sich zuvor die Institutionen Arbeit, Sozialstaat und Familie in ihrer Eigenlogik wechselseitig voraus und stützenden [sic] sich gegenseitig, so manifestieren sich nun zunehmend Fissuren, Risse und Brüche in diesem institutionellen Gefüge (Bührmann 2012, 147).

Im politischen Feld werden die übergeordneten Wandlungsprozesse und ihre Effekte häufig mit dem Schlagwort *Neoliberalisierung* zusammengefasst, womit

---

16 Bis in die 2000er Jahre galt hingegen die These der Statik des Bismarck'schen Sozialversicherungsstaats, der aufgrund seiner „institutionellen Stabilität und Lock-in-Effekte" (vgl. Bogedan et al. 2009) trotz der Individualisierungs-, Globalisierungs- und Ökonomisierungsschübe in seinem Kern unverändert bliebe.

der international vollzogene Paradigmenwechsel vom Keynesianismus zu einer Politik der deregulierten, globalisierenden Märkte gemeint ist. Hier bündeln sich „philosophische, rechts- und politikwissenschaftliche, soziologische und historische Stränge zu einer auf das Ökonomische zulaufenden, umfassenden Rationalität" (Mönch 2018, 230), deren Wurzel ein „globaler Kapitalismus" (Reckwitz 2019, 264) ist, der die „einzelne Nation, die einzelne Stadt, die einzelne Firma, die einzelne Arbeitnehmerin in eine permanente Situation des Wettbewerbs versetzt" (ebd.). In diesem Sinne kann der Neoliberalismus als *„transnationales politisches Projekt"* (Wacquant 2009, 309, Herv. i. Org.) aufgefasst werden, das im Rahmen einer Top-down-Strategie die Interrelationen zwischen „Markt, Staat und Staatsbürgerschaft" grundlegend rekonfiguriert (vgl. ebd.). Die politische Implementierung dieser Vermarktlichungsbestrebungen in Deutschland wird in den Reformen ab den 1990er Jahren verortet, mit denen nun auch eine Neuregelung und Neuausrichtung der sozialpolitischen Institutionen, Organisationen und sozialstaatlichen Praxen einsetzte. Als „konsequente Fortschreibung" (Bauer et al. 2016, 9) dieser Umordnungsprozesse gesellschaftlicher Verhältnisse mit entscheidendem „Einfluss auf die Lebenslagen und die subjektive Erfahrung von Menschen in prekären Lebensbedingungen" (ebd.), das heißt auch auf als bedürftig definierte Personengruppen, gelten vor allem die bereits umrissenen Hartz-Reformen und damit die Einführung des SGB II im Zuge der Agenda 2010.

Um sozialstaatliche Modelle und ihre Wandlungsprozesse beschreiben zu können, sucht die vergleichende Wohlfahrtsstaatenforschung nach Distinktionsvariablen, mit denen Systeme sozialer Sicherung komparativ eingeordnet werden können. Hier werden Sozialstaatstypen klassifiziert und in ihren Ausrichtungen beschrieben (vgl. Esping-Andersen 1990, 1998; de Swaan 1993). In der Forschung haben diese Modelle einen Wendepunkt eingeläutet, da der Sozialstaat hier nicht mehr als „institutioneller *Endpunkt*" begriffen, sondern „als institutionalisierter *Ausgangspunkt* gesellschaftlicher Entwicklung und sozialen Wandels" (Lessenich 1998, 91, Herv. i. Org.) gefasst wird. Sozialstaatlichkeit und ihre jeweilige Auslegung wird so nicht mehr als abgeschlossene und statisch-vorgängige, quasi-naturalistische Tatsache angesehen, sondern zu einem sozial konstituierten aktiven Akteur, dem eine gestaltende Rolle, eine „active force in the ordering of social relations" (Esping-Andersen 1990, 23) zukommt. Esping-Andersen grenzt liberale, konservativ-korporatistische und sozialdemokratische Typen des Wohlfahrtsstaats voneinander ab und beschreibt sie grundlegend anhand dreier Variablen:

1) Grad, zu dem einkommensersetzende Transferleistungen an die individuelle Arbeitskraft gekoppelt sind *(De-Kommodifizierung)*
2) Ausmaß der möglichen Umverteilungswirkung (*Stratifizierung*, d. h. Entschichtung) der dargebotenen sozialen Sicherheiten
3) Das Bedingungsverhältnis der Sphären Individuum, Familie, Gesellschaft, Markt und Staat

Im liberalen Modell, das er regional Großbritannien und den USA zuordnet, spielt der Markt eine starke Rolle und die Abhängigkeit von staatlichen Leistungen ist gesellschaftlich negativ konnotiert. Dadurch wird private und familiäre Absicherung zur Maxime und die soziale Fürsorge durch den Staat erfolgt nach strikter Bedarfsprüfung individueller Vermögens- und Einkommenssituationen. Die Sozialsysteme dieser Staaten sind auf „Treffsicherheit", bzw. „Targeting" als den „operative(n) Arm der Bedürftigkeit" (Schenk 2009, 1) ausgelegt. Das eigenverantwortliche Individuum ist das prägende Menschenbild dieses Regimetypus. Ein Umverteilungsansinnen, das die Reduktion sozialer Ungleichheit zum Ziel hat, spielt eine geringe Rolle. Bei der Herstellung gesellschaftlicher Ordnung nimmt der Staat hier eine vergleichsweise marginale Funktion ein und setzt eher auf „eine erfolgreiche individuelle Disziplinierung und Selbstkontrolle" (Groenemeyer 2008, 92). Demgegenüber sind die Logiken der konservativ-korporatistischen (z. B. Deutschland) und sozialdemokratischen (z. B. Schweden) Typen des Wohlfahrtsstaats entscheidend geprägt durch eine traditionelle und nachhaltig gewachsene Struktur der öffentlichen Wohlfahrtspflege und die Sozialstaatlichkeit ist wesentlich stärker in der Gesellschaft verankert.

Der vor allem Deutschland zugeschriebene konservativ-korporatistische Typus zeichnet sich durch eine steuernde Staatsrolle aus, wobei der Markt, im Vergleich zum liberalen Modell, eine untergeordnete Position einnimmt. Das Sozialversicherungswesen ist der Kern staatlicher Fürsorge und das Subsidiaritätsprinzip dominierender Leitgedanke. Die starke Rolle des Staates kommt auch in einer ‚Strafkultur' zum Ausdruck, die an „kulturelle und moralische Grundorientierungen einer Vergemeinschaftung [...] appelliert" (Groenemeyer 2008, 91), wobei der Gradmesser abweichender Verhaltensweisen der „Werteverfall" ist (vgl. ebd.). Diese Vergemeinschaftung ist gekennzeichnet durch das Bewusstsein eines ‚Aufeinander-Angewiesen-Seins' innerhalb der Zivilgesellschaft, deren Ursprung wiederum im Wesen der Sozialversicherung liegt. Schließlich ist im sozialdemokratischen Modell, welches in den nordeuropäischen Ländern verortet wird, der Grad öffentlicher Daseinsvorsorge stark institutionalisiert, die Gewährung von Sozialleistungen erfolgt universalistischer und unabhängiger vom sozialen Status des sozialversicherten Staatsbürgers. Obwohl das Modell von Esping-Andersen auch Anlass zu Kritik bietet, da es die Binnenstrukturen und Wechselwirkungen der Sozialstaatlichkeit auf Ebene der Individuen und damit auch Dimensionen sozialer Ungleichheit (v. a. bezogen auf die höheren Armutsrisiken von Frauen) weitestgehend unberücksichtigt lässt, bildet sein Vokabular auch heute noch ein Kernelement der sozialwissenschaftlichen Betrachtung sozialstaatlicher Transformation. Diese Theorien adaptieren mehrheitlich die Vergleichsdimensionen und kleiden sie im Sinne verschiedener Herangehensweisen und Fragestellungen aus. Grob können sozialwissenschaftliche Beobachtungen des sozialstaatlichen Transformationsgeschehens dabei mit Monika Götsch und Fabian Kessl (2017, 179) institutionentheoretisch als ‚welfare to workfare', regulationstheoretisch als Transformation des bisherigen keynesianisch geprägten fordistischen (Wohlfahrts)Staats in einen ‚Schumpeterianischen-Workfare-Staat' (Jessop 1993; Sauer/Wöhl 2011), verwaltungswissenschaftlich als Umbau des bisherigen Leistungsstaats in einen Gewährleistungsstaat (Dingeldey 2006), staatstheoretisch als Ablösung des aktiven Sozialstaats durch einen aktivierenden Sozialstaat und eine ‚aktive Gesellschaft' (Wohlfahrt 2003; Butterwegge 2011) oder steuerungs- und governancetheoretisch als Etablierung neuer Steuerungsinstrumente (Lamping et al. 2002, S. 129)

gefasst werden. Innerhalb dieser Ansätze untersuchen theoretische und empirische Vorhaben z. B. die Effekte der neuen sozialpolitischen Ausrichtung auf die Beziehungen zwischen staatlichen, nichtstaatlichen und privatwirtschaftlichen Akteuren, auf den Dienstleistungsbereich der Sozialen Arbeit, auf die Beziehung zwischen Bürger*innen und Staat im Allgemeinen oder nehmen spezifische Ungleichheitsrelationen ins Visier. Auch die Auswirkungen auf die Akteur*innen und Adressat*innen des Sozialleistungssystems werden mit unterschiedlichen Schwerpunkten und in verschiedenen Fachdiskursen ausgeleuchtet.

Eine integrative Analyseperspektive, die die Veränderungen des Sozialstaats „jenseits des Systembruchs" Bogedan/Bothfeld/Leiber 2009, 102) beleuchtet, ist die Fragmentierungsperspektive nach Claudia Bogedan, Silke Bothfeld und Simone Leiber (2009). Ihnen geht es darum, Inkohärenzen und Inkonsistenzen zwischen den sozialpolitischen *Paradigmen*, der Art und Bereiche der Politik-Gestaltung (*Policy-Regime*) und den beobachtbaren *Sozialen Praktiken* und *Identitäten* auf der Ebene der Subjekte zutage zu fördern, wobei sie sich spezifisch auf den konservativ-korporatistischen Sozialstaatstypus Bismarck'scher Prägung beziehen. Demnach äußert sich seine Transformation im Bereich der sozialen Sicherungssysteme durch die Parallelität von Strukturerhalt und Anlagerung neuer, zum Teil systemfremder Institutionen, die zu einer Hybridisierung der Systeme und zu horizontaler wie vertikaler Fragmentierung führt (Bogedan et al. 2009, 102). Ansatzpunkt sind hier einerseits „kleinteilige Brüche und Widersprüche zwischen institutionellen (Teil-)Logiken)" (Bogedan et al. 2009, 103), die als Inkonsistenzen bezeichnet werden, und andererseits ein „Mangel an Passförmigkeit zwischen institutioneller Ausgestaltung und den normativen Leitbildern der sozialen Praktiken" (ebd.), der als Inkohärenz beschrieben wird. Hier wird also davon ausgegangen, dass die Transformationsprozesse in den Leitbildern und Teilsystemen des Sozialstaats auch dazu führen, dass die Adressat*innen der Sozialpolitik ambivalenten Adressierungen und Inpflichtnahmen ausgesetzt sind, die in die Sozialstaatsforschung einzubeziehen sind.

Mit der Fragmentierungsperspektive lassen sich die benannten Zusammenhänge zum Komplex um Bedürftigkeitsdefinitionen im gegenwärtigen Sozialstaat und die unterlegenen Wandlungsprozesse noch einmal explizit hinsichtlich ihrer Rahmenbedingungen auffächern. Zunächst muss auf ***Ebene der Paradigmen*** von einer grundsätzlichen Abwendung von kollektiven Prinzipien hin zur Betonung von Leistungsgerechtigkeit und Wettbewerb ausgegangen werden. Die Neuausrichtungen führen innerhalb der Sozialbeziehungen zu Responsibilisierungsschüben, die es auf individueller Ebene notwendig machen, das eigene Handeln und die eigenen Entscheidungen in einem Beck'schen Sinne als „Planungsbüro" (Beck 1986, 217) des eigenen Lebenslaufs vorausschauend auf etwaige Risiken zu überprüfen.[17] Auf diesem Weg werden ehemals sozial gebundene Sicherheiten aus den Sozialbezügen und dem kollektiven (Ver-)Sicherungssystem der öffentlichen Verantwortlichkeit herausgelöst und zu Privatangelegenheiten erklärt. Stephan Lessenich zeichnet eben diese Verlagerung der öffentlichen „Sorge um das Soziale [...] in die Verantwortung der Subjekte" (Lessenich 2009, 166) als *„neosoziale[n]* politische[n] Gouvernementalität" (Lessenich 2009, 166. Herv. i. Org.) nach und macht damit deutlich, dass sich die Regierungsweisen des Sozialstaats nun auf die gesamte Gesellschaft richten, und nicht mehr nur die einzelnen Bedürftigen Ziele der sozialpolitischen Maßnahmen sind (siehe dazu auch Kapitel 3.2.1). Ute Klammer et al. (2017) kondensieren diese Verlagerungen in drei Leitbildern, die den transformierten Sozialstaat prägen: Das Aktivierungs-, das Eigenverantwortungs- und das Autonomieparadigma. Während das Aktivierungsparadigma darauf abzielt, Menschen möglichst schnell in den Arbeitsmarkt zu (re-)integrieren (Stichwort ‚*workfare vor welfare*'), geht es innerhalb des Eigenverantwortungspostulats darum, „die Verantwortung zur Vorsorge in Bezug auf die Gesundheit, die Erwerbsintegration oder auch die Altersvorsorge auf das einzelne Individuum" (ebd., 10) zu übertragen. Im Rahmen des Autonomieparadigmas werden „den Adressat*innen Partizipationsangebote gemacht" und Optionsmöglichkeiten aufgezeigt, die wiederum die Verinnerlichung der erstgenannten Paradigmen erfordern.

Politisch – auf Ebene der funktionalen Implementierung der Paradigmen in den ***Policy-Regimes*** – rücken hier Regierungsprogrammatiken in den Fokus, die über eine spezifische „Freiheitssemantik an Regierungsziele" (Bosančić 2014, 125) gekoppelt werden und die sich in die Selbstverhältnisse der Menschen einschreiben (vgl. ebd.). Wie schon zu BSHG-Zeiten bestehen die sozialstaatlichen Verfahrensweisen auf der Policy-Ebene aus all jenen ordnungspolitisch motivierten „repressions-, sozialisations- und sicherungspolitischen Maßnahmen, Strategien und Institutionen" (Borchert/Lessenich 2004, 576), die auf Kommodifizierung ausgelegt sind und aus dekommodifizierend wirkenden, auf die Reproduktion der Arbeitskraft, Rehabilitations- und Pflegearbeit ausgerichteten Maßnahmen bestehen (vgl. ebd.). Erstere umfassen zum Beispiel das Lohnabstandsgebot und

17 Demnach muss der Einzelne „bei Strafe seiner permanenten Benachteiligung lernen, sich selbst als Handlungszentrum, als Planungsbüro in Bezug auf seinen eigenen Lebenslauf, seine Fähigkeiten, Orientierungen, Partnerschaften usw. zu begreifen. ‚Gesellschaft' muss unter den Bedingungen des herzustellenden Lebenslaufs als eine ‚Variable' individuell gehandhabt" werden (Beck, 1986: 217; Herv. im Orig.).

Sanktionen bei Pflichtverletzungen, zu der zweiten Kategorie zählen Versicherungs- und Fürsorgeleistungen, die unabhängig von der Leistung auf dem Arbeitsmarkt an die Bezieher*innen ergehen. Seit der Umsetzung der Agenda 2010 haben sich diese Praxen in entscheidenden Punkten gewandelt, von denen einige nachstehend exemplarisch herausgegriffen werden. Zunächst steht nunmehr die Sozialhilfe (SGB XII) nur noch Personen zu, die weniger als drei Stunden täglich arbeiten können und die daher voll erwerbsgemindert sind. Das ursprüngliche Arbeitslosengeld, das sich in seiner Höhe am Bruttogehalt des letzten Jahres vor Eintritt des Bedarfsfalls bemisst und aus der Arbeitslosenversicherung finanziert wird, kann nach der Reform von unter 50-Jährigen, die mindestens zwei volle Jahre erwerbstätig waren, höchstens ein Jahr bezogen werden.[18] Demgegenüber erhalten grundsätzlich erwerbsfähige Personen ohne Anspruch auf Arbeitslosengeld nach SGB I die *Grundsicherung für Arbeitssuchende* nach SGB II (Hartz IV). Die Arbeitsleistung spielt nun nach Auslaufen des Arbeitslosengeld I (ALG I) keine Rolle mehr und es gelten rigidere Grenzen hinsichtlich vorhandener Vermögenswerte bzw. erworbenen Besitzes. Die Statussicherheit für langzeitarbeitslose Personen wurde aufgegeben, womit auch eine bedürftigkeitsgeprüfte „Re-kategorisierung der als ‚arbeitslos' definierten Personen" (Dingeldey 2010, 20) einherging. Auf organisationsstruktureller Ebene orientieren sich die Träger der Leistungen an ‚Outputprinzipien' im Sinne einer Dienstleistungskultur, die die Mitarbeit der Betroffenen zwingend zur Voraussetzung macht. Damit einher geht auch ein Wandel der Begrifflichkeiten und Narrative in der Arbeitsvermittlung. Empfänger*innen von Sozialleistungen werden als ‚Kund*innen' bezeichnet und die Institutionen sind nun ‚Center' und ‚Agenturen' und die Sachbearbeiter*innen ‚Fallmanager'. Verschiedene Instrumente der neuen Steuerung sollen dabei dazu dienlich sein, potenziell Bedürftige in das Konzept des Förderns und Forderns als zentralen Grundsatz des SGB II einzubeziehen. Wichtig sind hier die Zusammenarbeitsverträge, die zwischen Kund*innen und Organisation als ‚Eingliederungsvereinbarungen' geschlossen werden, und die Sanktionen, die schrittweise zu einem (teilweisen) Entzug der Unterstützungsleistung führen können.[19] Weiterhin dienen regelmäßige Termine bei den Arbeitsvermittler*innen und Sachbearbeiter*innen dazu, zur Mitarbeit zu motivieren und zur Übernahme von Eigenverantwortung anzuhalten. Die ‚Kund*innen' stehen in der Pflicht,

18 Ab 50 Jahren steigt die Höchstdauer des Bezugs in mehreren Schritten auf bis zu 24 Monate an, wobei die höchste Bezugsdauer für arbeitslose Menschen ab 58 Jahre gilt. Die Voraussetzung ist hier eine mindesten 48-monatige versicherungspflichtige Beschäftigung (vgl. https://www.arbeitsagentur.de/finanzielle-hilfen/arbeitslosengeld-anspruch-hoehe-dauer, Zugriff 05.04.2020).

19 Mit Urteil vom 05. November 2019 „Sanktionen zur Durchsetzung von Mitwirkungspflichten bei Bezug von Arbeitslosengeld II (Grundsicherung im SGB II)" wurden die Sanktionspraxen als teilweise verfassungswidrig beurteilt. Demnach dürfen die Leistungen über 25-Jähriger nur noch um 30 % gekürzt werden. Die Kürzungen bei unter 25-Jährigen waren kein Gegenstand des Verfahrens (AZ: 1 BvL 7 16).

an verordneten Maßnahmen (Ein-Euro-Jobs, Bewerbungstrainings etc.) teilzunehmen und jede zumutbare Arbeit anzunehmen. Während es einen ähnlichen Grundsatz auch schon im BSHG gab, wird nun „stärker als je zuvor [...] unter dem Grundsatz ‚Fördern und Fordern' die Reziprozitätsnorm ‚keine Leistung ohne Gegenleistung' betont" (Groenemeyer/Ratzka 2012, 418) und es werden „schärfere Sanktionsmöglichkeiten bei mangelnder Kooperation im Vermittlungsprozess und fehlender Bereitschaft, eine Beschäftigung aufzunehmen, gerechtfertigt" (ebd.). Dazu gehören auch die „Offenlegung der Privatsphäre bei der Bedürftigkeitsprüfung" und die „ausgeweiteten Möglichkeiten, Ansprüche bei Mitgliedern der Bedarfsgemeinschaft geltend zu machen" (ebd.). Die Bedürftigen werden in den Verfahrensabläufen der Jobcenter Kategorien zugeführt und nach dem „Grad ihrer Nützlichkeit bzw. ökonomischen Verwertbarkeit" (ebd.) sortiert – so gibt es spezielle Abteilungen und Teams für erwerbsarbeitslose Akademiker*innen oder für langzeitarbeitslose Personen.

Außerdem unterliegen die Maßnahmen und Handlungsweisen weiter den informellen Ermessensspielräumen der untersten Verwaltungsebene der Arbeitsvermittlung.[20] Durch diese informellen Praktiken ergeben sich Modifikationen ursprünglicher politischer Intentionen, die z. B. in Routinen und alltäglichen Simplifikationen begründet liegen und die den ursprünglichen Intentionen der Politikgebung zuweilen zuwiderlaufen (Lipsky 2010, 230). Den Adressat*innen bleibt so oft unklar, warum Entscheidungen getroffen werden und „ob ihnen Leistungen verwehrt werden, weil das Gesetz sie nicht vorsieht, weil die Verwaltung ihr Ermessen (allzu streng) ausübt oder weil die Verwaltung gar gesetzeswidrig Ansprüche zu Unrecht verwehrt" (Welskop-Defaa 2015, 71).

Das Zusammenspiel der Paradigmen mit den Policy-Regimes in seiner Auswirkung auf die Adressat*innen und Nutzer*innen des sozialpolitischen Gefüges ist dabei wohl bisher am wenigsten beforscht und steht im Fokus der von Bogedan et al. beschriebenen Ebene der ***sozialen Praktiken*** (hier verstanden als empirisch beschreibbare Alltagshandlungen) und der ***Identität als Staatsbürger*in***.[21] Auf

---

20 Auf dieser Ebene, die nach dem US-amerikanischen Soziologen und Politikwissenschaftler Michael Lipsky als „Street-Level Bureaucracy" (Lipsky, 1980; 2010) bezeichnet werden kann, wird politische Entscheidungsgewalt ausgeübt und unmittelbar gestaltet. Die dort professionell tätigen Personen stehen an der untersten Verwaltungsebene im direkten Bürger*innenkontakt und haben besondere Ermessenspielräume in ihren Entscheidungsabläufen (vgl. Lipsky 2010, xvii): „Street-level bureaucracy is a public service employment of a certain sort, performed under certain conditions. [...] street-level bureaucrats interact with citizens in the course of the job and have discretion in exercising authority; in addition, they cannot do the job according to ideal conceptions of the practice because of the limitations of the work structure" (Lipsky 2010, xvii).

21 Vor allem in Forschungsbemühungen der Sozialpädagogik und der Sozialen Arbeit findet sich eine ganze Reihe von Ansätzen, die akteursbezogen vorgehen und die die Lebenswelten und Alltagserfahrungen der potentiellen Nutzer*innen mit der neuen Sozialstaatlichkeit untersuchen (vgl. zusammenfassend Oelerich/Schaarschuch 2005; Bitzan/Bolay/Thiersch 2006; Graßhoff 2013; Van Rießen/Jepkens 2020).

dieser Ebene ist auch das Unterlaufen von Grundprinzipien zu verorten, das nicht automatisch auch das bestehende Sozialleistungssystem an sich gänzlich in Frage stellen muss (vgl. Bogedan/Bothfeld/Leiber 2009, 103). Hier werden zum Beispiel die Fragmentierungen relevant, die sich aus einem mangelnden Passungsverhältnis der sozialen Praktiken mit den vorherrschenden sozialstaatlichen Paradigmen ergeben.[22] Als „vertikal fragmentiert (inkohärent)" wird das System in diesem Sinne dann beschrieben, wenn „konkrete institutionelle Regulierungen [...], die sich aus einem politischen Paradigma ableiten" (ebd.), wie z. B. die Maßnahmen der Arbeitsvermittlung, nicht zu den individuellen Dispositionen (Erwartungen, Ressourcen, Selbstverständnissen) der Adressierten passen. Hieraus leiten sich wiederum Legitimitätsprobleme und Schwächen der „normativen Integration eines Sozialstaates" (ebd.) ab, nämlich z. B. dann, wenn größere Bevölkerungsgruppen diesen Mangel an vertikaler Kohärenz verspüren. Denn abgesehen vom Aktivierungsparadigma sind es auch die ‚alten' Ideen des Sozialstaats und seine Versprechungen, die mitunter mit den neuen Paradigmen kollidieren können und zu weiteren Friktionen auf Ebene der Art und Weise führen, wie sich die Menschen im Sozialstaat anhand seiner Anforderungen selbst herstellen und in ihn zurückwirken. Entlang der subjektorientierten Perspektive, die diese Untersuchung leitet, werfen die bisherigen Ausführungen die Frage auf, wie sich die Adressat*innen des Leistungssystems angesichts der ihnen entgegengebrachten kategorialen Zuweisungen verhalten und wie sich kollektive Bezugnahmen auf sozialstaatliche Leitbilder und Policy Regimes in den Handlungsorientierungen niederschlagen und diese ihrerseits in strukturelle Verhältnisse rückwirken. Um diese Ebene der Fragmentierungsperspektive ausleuchten zu können, benötigt es zunächst ein grundlegendes Verständnis davon, wie das Zusammenwirken von Paradigmen, Policy Regimes und deren Aufnahme und Verarbeitung auf Ebene der Subjekte denkbar wird. Das nachstehende Kapitel widmet sich daher der Subjekt-Werdung im Sozialstaat im Rahmen ‚sozialstaatlicher Subjektivierungsweisen'.

---

22 Eine differenzierte Auseinandersetzung zum Begriff der sozialen Praktik in Abgrenzung zu den Begriffen der sozialen Praxis und zum subjektiv sinnhaften/sozialen Handeln findet sich im folgenden Kapitel.

3 Sozialstaatliche Subjektivierungsweisen

Nachdem der Problemzusammenhang, in dem der Verzicht auf Sozialleistungen im Rahmen dieser Arbeit behandelt werden soll, in seiner historischen Genese und Gegenwärtigkeit beschrieben wurde, ist dieses Kapitel dem Aufspannen einer theoretischen Sichtweise darauf gewidmet, wie Individuen entlang ihrer Selbst- und Weltdeutungen überhaupt zu ‚sozialstaatlichen Subjekten' werden können. Das Individuum wird hier als gesellschaftliches Produkt angesehen, aus dem in Gesellschaft ein Subjekt wird, indem es „jene Kompetenzen, Wunschstrukturen und Mentalitäten verinnerlicht, welche die jeweilige Gesellschaftsform voraussetzt" (Reckwitz 2019, 207), und auslegend auf diese reagiert. Damit einher geht die Annahme, dass individuelle Bearbeitungsweisen gesellschaftlicher Rahmenbedingungen und der inhärenten Anforderungen überhaupt *möglich* sind. In diesem Sinne wird der Mensch bzw. das Individuum zum Subjekt, indem es in „historisch und sozial entwickelte Routinen und Deutungen" (Hitzler et al. 1999, 13) „hineingestellt und sozialisiert" (ebd.) wird und sich in diesen auch selbst entwirft, indem es die ihn umgebende Welt rezipieren, bearbeiten und in Auseinandersetzung mit anderen „immer wieder neu ausdeuten" (ebd.) muss. Das Subjekt ist in diesem Verständnis weder vollständig autonom noch von Machtstrukturen gänzlich dominiert, sondern besitzt eine gesellschaftlich konstituierte Handlungsmacht, die historisch formiert den Bedingungen der Gegenwartsgesellschaft unterliegt und in diese hineinwirkt. Diese Prozesse der Hineinstellung, der Sozialisierung inklusive der Selbst-Entwürfe und Ausdeutungen der Fremd-Entwürfe im Lichte eigener biografischer Dispositionen in gegebenen Verhältnissen wird hier als Subjektivierung gefasst, die es im Rahmen einer empirischen Subjektivierungsforschung (vgl. Bosančić, Pfahl, Traue 2019) zu analysieren gilt.

Im Folgenden wird in Kapitel 3.1 zunächst ein Herangehen an die ‚gegebenen' Rahmenbedingungen im Rückgriff auf das begriffliche Instrumentarium Michel Foucaults beschrieben, indem die Hintergründe der Subjektivierungsforschung in den Gouvernementalitätsstudien und der sozialwissenschaftlichen Diskurs- wie Dispositivforschung erörtert werden. Kapitel 3.2 ist den Akteur*innen gewidmet und entwickelt die theoriesprachlichen Grundsätze zur Untersuchung tatsächlicher Subjektivierungsweisen zwischen wahrgenommenen (sozialstaatlichen) Formierungsversuchen und den Stellungnahmen dazu. Abschließend werden diese theoretischen Vorannahmen auf eine praktische Ebene heruntergebrochen und im Rückbezug auf existierende Theorien zum Dissens zwischen Bürger*innen und Staat wird eine theoretische Annäherung an den Verzicht Bedürftiger versucht.

3.1 Gouvernementalität, Diskurs, Dispositiv

Es wurde bereits deutlich, dass der gegenwärtige Sozialstaat auf Grundlage einer Semantik aus Aktivierung, Eigenverantwortung und Autonomie *in* Sozialverantwortung operiert. Ungeklärt geblieben ist aber bisher, wie die Subjekte durch den Sozialstaat adressiert, von ihm formiert und positioniert werden und wie sie sich selbst dazu in Stellung bringen. Eine Art begrifflichen Setzkasten, dessen Elemente dazu geeignet sind, diese Semantik analytisch zu fassen (jedoch keinen Analyseansatz oder eine eigene Methodik), bieten hier die (gesellschafts-)theoretischen Konzepte von Michel Foucault, der in seinen Studien das Ineinandergreifen von Techniken der Regierung und Techniken des Selbst untersucht und als Macht-Wissen-Dispositiv beschrieben hat. Aus dem Foucault'schen Theoriegebäude sind, je nach Forschungsinteresse, -perspektive und forschungspraktischer Ausrichtung, zahlreiche Analyseansätze entstanden, die eben jene Verwobenheit von regierungspraktischen Führungstechniken und Selbsttechniken der Regierten im Kontext des Übergangs zur Moderne fokussieren. In Kapitel 3.2.1 wird ausgehend vom Konzept der Gouvernementalität und den daraus entstandenen Gouvernementalitätsstudien zunächst beschrieben, wie mit Foucault Regierungsrationalitäten als rahmengebende Programme der Subjektwerdung im modernen Sozialstaat analysiert werden können. Der Diskursbegriff und die darauf aufbauenden Ansätze zur sozialwissenschaftlichen Diskursanalyse, insbesondere der Wissenssoziologischen Diskursanalyse, in ihrem Verhältnis zu den Gouvernementalitätsstudien sind Gegenstand von Kapitel 3.1.2. Letztlich wird das für die empirische Untersuchung dieser Arbeit zentrale Dispositiv-Konzept und die in ihm wurzelnde Dispositivanalyse erläutert (Kapitel 3.2.3).

3.1.1 Gouvernementalität des neosozialen Staats

Die Ausführungen zur Transformation des Sozialstaats im vorigen Kapitel verdeutlichen, dass der aktivierende Staat darauf abzielt, „marktgängige *und* gesellschaftsfähige Subjekte zugleich" (Lessenich 2008, 85, Herv. i. Org.) zu produzieren, wobei die Aufgabe, das Wohlergehen aller aufrechtzuerhalten, in den Verantwortungsbereich der Subjekte verlagert wird (Responsibilisierung). Ein sozialpolitisches Kernanliegen ist es daher, die Bedürftigkeit der Hilfeempfänger*innen zu beseitigen, wobei die dazu eingesetzten Machtmittel auf die Beförderung der freiheitlichen Selbstführung der Individuen abzielen und sie „anleiten, sich und seine [ihre] Existenz auf eine bestimmte Weise zu ‚verstehen' " (Reckwitz 2008, 38) und so „ein dem entsprechendes Verhältnis zu sich selber herzustellen" (ebd.). Die spezifischen Regierungstechniken, die dazu nötig sind, stehen im Fokus der Gouvernementalitätsstudien, die auf Basis des namensgebenden Gouvernementalitäts-Konzepts nach Michel Foucault moderne Herrschaftsweisen in ihrer strategischen Ausrichtung und Wirkung betrachten. Der Begriff setzt sich aus dem französischen *gouverner*, das heißt ‚Regieren' bzw. die Regierung betreffend, und *mentalité* (Denkweise, Mentalität) zusammen und verweist damit auf das umfassende Zusammenspiel von Technologien der *Fremdsteuerung*, die in Techniken der *Selbststeuerung* übersetzt werden. Damit ist nicht nur das Verhalten, sondern auch das Denken und das Fühlen des Menschen Ansatzpunkt der gourvernementalen Regierungsform, die Foucault zusammenfassend als „Kunst" bezeichnet, „menschliches Gewissen und die Seelen zu führen" (Foucault 2006, 185). Im Rahmen dieses „Analyseraster[s] für die Machtverhältnisse" (Foucault 2004, 26) zeichnet Foucault historisch die Herausbildung des Neoliberalismus von der Antike über die Entstehung des christlichen Pastorats nach und legt die damit verbundenen neuartigen Formen der Regierung als „kalkulierte und überlegte politische Praxis" (Foucault 2004, 241) zugrunde. Die Basis seiner Überlegungen bildet dabei ein Machtkonzept, das nicht gleichzusetzen ist mit der unterdrückenden Unterwerfung der Regierten und das auch für die Gouvernementalitätsstudien grundlegend ist:

> Studien zur Gouvernementalität gehen [...] davon aus, dass Macht keineswegs nur einen solchen negativen Begriff meinen muss und vor allem auch nicht meinen sollte. Vielmehr verstehen sie die analytische Rekonstruktion sozialer Zusammenhänge als konstitutiv machtförmige Strukturen erstmal als Hinweis darauf, dass diese Zusammenhänge immer als Kräfteverhältnisse erfasst werden müssen. Macht ist *in diesem Sinne* überall. In dem Sinne nämlich, als in sozialen Zusammenhängen strategische Handlungen vollzogen werden, die Einfluss nehmen auf die Möglichkeiten, wie wir Wirklichkeit begreifen und wie wir diese konstruieren (*„Wahrheitsspiele"*). Das bedeutet aber nicht, dass Macht alles umfasst im Sinne einer totalen Determination – das soll der Begriff der Kräfteverhältnisse zeigen. Es geht vielmehr darum, *wie* diese Verhältnisse *zu welchem historischen Zeitpunkt* bestimmt, beeinflusst und reguliert werden *und* beeinflusst und reguliert werden können. (Kessl 2007, 218, Herv. i. Org.)

Diese Konzeption von Macht ermöglicht es, erstens „Herrschaftsformen als geronnene Machtverhältnisse" (Kessl 2007, 218) zu begreifen und damit – zweitens – die „Macht als Ensemble reversibler Beziehungen" (Foucault 2009, 314) zu analysieren. Dadurch geraten einerseits die dominanten (politisch-kulturellen) Denkweisen in ihrer Herausbildung, institutionellen Einbettung und sozialen Formierungskraft in den Blick und andererseits verbleibt eine Offenheit für deren grundsätzliche Veränderbarkeit und Unabgeschlossenheit. Die Studien zur Gouvernementalität versuchen dementsprechend politische Rationalitäten zu rekonstruieren und Aufschluss darüber zu gewährleisten, wie „historisch-spezifische[n] Machtpraktiken (*Fremdführung*) und Subjektivierungweisen (*Selbstführung*)" (Kessl 2007, 209) sich als „historische[n] Artikulation" (ebd.) präsentieren und wechselseitig ineinander übergehen. Die Untersuchung der Regierung und ihrer Rationalitäten mit Foucaults Begriff der Gouvernementalität knüpft demnach sowohl an der Ebene der politisch-kulturellen Regierungspraxis als auch an deren Vermittlungsweisen und Rezeption durch die subjektive Ebene ihrer Adressat*innen an.

Der Sammelband *Gouvernementalität der Gegenwart*, herausgegeben von Ulrich Bröckling, Susanne Krasmann und Thomas Lemke (2000), gilt als Ausgangspunkt deutscher Gouvernementalitätsforschung. In seinem Beitrag dazu zeichnet der britische Soziologe Nikolas Rose die Regierungsart, die von Stephan Lessenich wie bereits beschrieben als *neosozial* benannt wurde, als eine „Regierung durch Communities" nach, innerhalb derer die Menschen über ihre „Zugehörigkeit zu besonderen Überzeugungs-, Werte- und Identitätsgemeinschaften" (Rose 2000, 88) mittels neuer Machtmittel wie zum Beispiel die Bestimmung und Abgrenzung kleiner Gemeinwesen (‚gated communities'), Präventionspolitiken oder Partizipations- und Empowermentpraktiken regiert werden.[23] So wird über das Soziale, das „zu einer Art *Apriori* des politischen Denkens" (ebd. 76) des 20. Jahrhunderts wurde, die Gemeinschaft in den Verantwortungsbereich der Einzelnen gestellt, „die selbst einen *aktiven* Part bei diesem ihrem Regiertwerden zu übernehmen hatten" (ebd., 78, Herv. i. Org.). Die eingesetzten Regierungsprogramme, Techniken und Praktiken sind dementsprechend darauf ausgelegt, an diese Verantwortungsübernahme für die jeweilige Gemeinschaft zu appellieren, indem die „persönlichen Loyalitätsbeziehungen" (vgl. Rose 2000, 81) instrumentalisiert werden. Im Bereich der Sozialpolitik wird in diesem Sinne zuvorderst an die Identität als Sozial(staats)bürger*in appelliert, die ihre Zugehörigkeit zur sozialstaatlichen Wertegemeinschaft durch die Demonstration von Eigenverantwortung, Eigenaktivität und Selbstoptimierung sichern müssen, dabei aber als grundsätzlich ‚frei' angesprochen werden. Die sozialstaatlichen Paradigmen werden dabei politikfeldübergreifend durch geeignete Techniken gestützt und an die Regierten vermittelt.

Das Paradigma der (Wahl-)freiheit (oder Autonomie) im Versicherungssystem verweist beispielsweise auf die Möglichkeit oder Pflicht des Einzelnen, privat für die eigene Rentenzeit (z. B. durch die Riester-Rente) vorzusorgen und Zusatzversicherungen im Bereich der Gesundheitsvorsorge abzuschließen (vgl.

23 Vgl. auch Deetz (1992, 151) – demnach stellen Partizipation und Empowerment die neuen Kernbegriffe im sozialen Dienstleistungsspektrum dar, durch die ein „gläserner Käfig" von den Beteiligten selbst produziert wird.

Chiapello/Knoll 2020, 22).[24] Der Eingang der Leitbilder in die Kinder- und Jugendpolitik führt auch in der Vorerwerbsphase dazu, dass die Integration in den Arbeitsmarkt betont wird. Für armutsbetroffene Jugendliche heißt das oft, dass Qualifikation nachrangig ist und die Aufnahme einer Erwerbstätigkeit forciert wird. Auf Ebene sozialer (Hilfe-)Beziehungen wird die ‚moralische Qualität' moderner Individuen im Nachgang daran bemessen, inwiefern „sie die Kosten und Nutzen eines bestimmten Handelns in Abgrenzung zu möglichen Handlungsalternativen rational kalkulieren" (Lemke 2000, 38) und im Sinne der Markrationalität ausrichten können. So werden ehemals auf die Erwerbsarbeit beschränkte Qualitätsmerkmale wie Effizienz, Verfügbarkeit und Produktivität auch zum Erfolgsanzeiger im alltäglichen privaten Leben und betreffen auch jene nicht-arbeitenden Menschen, die zwar arbeitsfähig sind, aber aus verschiedensten Gründen keiner Erwerbsarbeit nachgehen. In den Handlungsorientierungen dieser sozialpolitischen „Problemträger" (Vobruba 2009, 146) sollen „vorauseilende Anpassungsleistungen" manifest werden, die darauf ausgelegt sind, die Gestaltung des eigenen Lebensverlaufs stets dahingehend zu überprüfen, ob er mit den „Funktionsbedingungen von Ökonomie und Sicherheit" des Sozialstaats kompatibel ist, um ihn gegebenenfalls zu adaptieren und zu optimieren. Dabei setzt die „Moral einer Lebensstil-Optimierung, an die sich eine Logik anschließt, nach der ein Schuldiger für alles gefunden werden muss, was die ‚Lebensqualität' des Einzelnen zu gefährden droht" (Rose 2000, 98), einen in alle Lebensbereiche hineinreichenden „unerbittlichen Imperativ des Risikomanagements frei" (ebd.). In dessen Konsequenz werden marginalisierte Lebenslagen, aus denen Armut und Bedürftigkeit und soziale Ausgrenzung resultieren können, gesellschaftlich als verantwortungslos und als Ausdruck mangelnder Fähigkeit zum rationalen Handeln und zur Übernahme gesellschaftlicher Normen abgeurteilt und individualisiert.

Es entsteht eine Sozialfigur, die im deutschen Forschungszusammenhang als „unternehmerisches Selbst" (vgl. Bröckling 2001, Bührmann 2005) oder – früher und ohne Bezug zu Foucault – als „Arbeitskraftunternehmer" (Voß/Pongratz 1998) Bekanntheit erlangt hat. Ob mit oder ohne Anlehnung an die Foucault'sche Begriffsbildung zeichnet sich diese Figur durch stete Tätigkeit und Selbstkontrolle, Selbst-Ökonomisierung und Selbst-Rationalisierung aus und entspricht

24 Eve Chiapello und Lisa Knoll beobachten die Transformationen aus wirtschaftswissenschaftlich geprägter Perspektive als Finanzialisierung aller Lebensbereiche: „A whole range of public policies is redefined as investment policies relying on human capital theory. Education has become an investment into human capital in order to help people increase their competencies, find a job, and earn a living. Health, too, became an investment in good quality personnel able to work longer and with increased productivity. A further step is to invent business models based on the welfare investment paradigm: if it is true that welfare investments pay off in the future, why not share the gained profits with private investors who could pre-finance the service?"

damit den dominanten Anforderungen an die Führung des Selbst (vgl. Voß 2020, 28 f.). Aus diesem Typus sind eine Reihe weiterer Selbst-Verhältnisse beschrieben worden, deren gemeinsamer Bezugspunkt im Denken, Fühlen und in den Handlungsorientierungen in der Ausrichtung an neosozialen und ökonomischen Leitlinien liegt. Diese Subjekt-Modelle erhellen, wie umfassend die neoliberale Regierungsrationalität funktioniert und wie die Technologien der Regierung sich die Selbsttechniken der Individuen und ihre Bedürfnisse (z. B. nach Sicherheit und Gemeinschaft) auf welcher Basis (z. B. Institutionen der Bildung und Erziehung, „Reklame- und Werbetechniken" [Rose 2000, 97], TV, Social Media) zunutze machen. Sie machen auch deutlich, wie sich die Technologien der Machtausübung als spezifische Formationen von Macht und Wissen in sozialstaatlichem und subjektivem Handeln manifestieren. Sie erlauben allerdings keine Einsicht in die gestaltende Wirkung von Diskursen und in das, was die Menschen eigentlich ‚daraus' oder ‚damit' machen, und sollen dies von ihrer Anlage her auch gar nicht, denn untersucht wird hier „ein Regime der Subjektivierung, nicht was die diesem Regime unterworfenen und in dieser Unterwerfung sich selbst als Subjekte konstituierenden Menschen tatsächlich sagen oder tun" (Bröckling 2013, 10–11) oder wie „wirkmächtig das Postulat, unternehmerisch zu handeln, ist" (ebd.). Hierdurch wird auf einen weiteren wesentlich von Michel Foucault geprägten Begriff verwiesen, den es hier in seinen konzeptuellen Grundlagen zu erläutern gilt: den Diskurs, der als Träger und Mittler der historisch-spezifischen Macht-Wissen-Komplexe verstanden werden kann und dessen Untersuchung einen solchen weitergehenden Aufschluss über die Herausbildung, Festigung oder den Niedergang dieser Komplexe verspricht, ohne sich explizit nur auf die Regierungsrationalitäten zu beziehen.

3.1.2 Diskurse und (nicht) diskursive Praxis

Seit den 1990er Jahren wird der Foucault'sche Diskursbegriff zunehmend in den deutschsprachigen Sozialwissenschaften auch unter dem Ansinnen rezipiert, soziale Verhältnisse nicht als vorgängig rahmengebend, sondern als prinzipiell unabgeschlossen und veränderbar zu verstehen (vgl. Angermüller 2005, 26). Sowohl die gouvernementalitäts- als auch die diskurstheoretische Perspektive verfolgen dabei den Kerngedanken, „einer in machtdurchsetzten, sozialen und symbolischen Praktiken konstruierten Welt" (van Dyk/Angermüller 2010, 11), legen jedoch ihren jeweiligen Untersuchungsfokus auf unterschiedliche Aspekte. Während die Studien zur Gouvernementalität nach Möglichkeiten suchen, neoliberale Regierungsrationalitäten zu identifizieren, zu beschreiben und deren Folgen zu fassen, richtet sich in der Diskursanalyse der Blick allgemeiner auf die kommunikativen Vermittlungsweisen und sprachlichen Regelhaftigkeiten, mit denen Wissen und Wahrheit überhaupt erst produziert und damit rezipierbar werden. Die zuzuordnenden *sozialwissenschaftlichen* Ansätze lassen sich in „wissenssoziologische, strukturale, diskurspragmatische, dekonstruktivistische und hegemonietheoretische Zugänge" (Angermüller 2005, 23) differenzieren und „in einem Spannungsfeld zwischen einem „verstehend-handlungstheoretischen (‚rekonstruktiven')" und einem „zeichen- bzw. differenztheoretisch informierten (‚dekonstruktiven') Pol" (Angermüller 2005, 23 f.) verorten. Insbesondere die hier relevanten wissenssoziologischen Ansätze nehmen eine vermittelnde Position zwischen den Polen ein, indem sie – *dekonstruktiv* – die Existenz jeglicher Vorgängigkeit (z. B. von einem Wesenskern menschlicher Akteur*innen, von Strukturen, von Kategorien aller Art) negieren und deren diskursive Konstitution in der Forschungspraxis – *rekonstruktiv* – sichtbar machen wollen. Entstanden sind sie unter anderem auch in der Wahrnehmung einer gewissen „Erschöpfung der Gouvernementalitätsforschung" (Keller 2010a, 43), die aus ihrer forschungspraktischen Limitierung auf das Regierungshandeln und die damit einhergehenden Präskriptionen des Forschungsgegenstands resultiert (vgl. Lemke 2000; Keller 2010, 44 f.). Dadurch, dass die Gouvernementalitätsforschung ihren Gegenstand eng umrissen beschrieben hat, droht sie sich demnach in Folgeuntersuchungen zu wiederholen oder aber ihre Geltung selbst zu widerlegen. Eine sozialwissenschaftliche Diskursforschung fokussiert hingegen nicht auf einen speziellen Gegenstand, wie den der neoliberalen Regierungsvollzüge, deren Erscheinungsweisen und gesellschaftliche Folgen, sondern verbleibt in ihrer Ausrichtung auf spezifische Gegenstände offen. So kann sie „die Arenen, Protagonisten und Orte der entsprechenden Diskurse, ihre interne Differenziertheit sowie mögliche Gegenspieler/-innen in mehr oder weniger umfassender zeitlicher, räumlicher und sozialer Tiefenschärfe zu Wort kommen lassen bzw. diese kartographieren" (Keller 2010, 47) und setzt mit den diskursiven Produktionsweisen bestimmter Macht-/Wissensrelationen auf einer Ebene vor der Gouvernementalitätsforschung an.

Der *Wissenssoziologischen Diskursanalyse*, die sich unter anderem explizit der Beseitigung der ausgeführten Engführung gouvernementalitätstheoretischer Ansätze widmet, wird dabei zugeschrieben, „das Ergebnis der Einführung von Foucaults Diskurstheorie in die qualitative Sozialforschung" (Angermüller 2005, 29) darzustellen. Sie wurde maßgeblich von Reiner Keller geprägt und fußt auf der Verbindung der hermeneutischen Wissenssoziologie (Hitzler/Reichertz/Schröer 1999), die ihrerseits auf den sozialtheoretischen Ideen von Alfred Schütz (1932), Peter L. Berger und Thomas Luckmann (Berger/Luckmann 1987) aufbaut, mit dem diskurstheoretischen Impetus und verfolgt die Annahme einer „diskursiven Konstruktion von Wirklichkeit" (Poferl 2004; Keller 2005; zit. n. Bosančić/Keller 2016, 2). In der systematischen Ausarbeitung des individuellen und intersubjektiv geteilten Wissens, das den Aussagefunktionen des Diskurses zugrunde liegt, verortet die Wissenssoziologische Diskursanalyse den Erklärungsgehalt für die Emergenz von gesellschaftlichen Debatten, sozialem Handeln, menschlichen

Selbstverhältnissen, kulturellen Tendenzen oder deren mikrologisch vorliegenden spezifischen Rahmenbedingungen. Im Mittelpunkt steht dabei Foucaults Diskursbegriff als eine „Menge von Aussagen" (Foucault 1981, 170), die „zur selben diskursiven Formation gehören" (ebd.) und sich in ihrer historischen Spezifität jeweils durch eine definierbare „Menge von Existenzbedingungen" (ebd.) auszeichnen. Diskurse bringen dabei unter der Nutzung von Zeichen systematisch Gegenstände hervor, indem sie sie sprachlich bilden, und verleihen ihnen ihre Bedeutungen. In diesem Sinne sind Diskurse nach Foucault immer als „diskursive Praxis" (Foucault 1981, 171) zu verstehen und als Ensemble von Praktiken zu behandeln, die jedoch nicht gleichzusetzen sind mit tatsächlichen Akten menschlicher Seins-Äußerungen:

> Man kann sie nicht mit dem expressiven Tun verwechseln, durch das ein Individuum eine Idee, ein Verlangen, ein Bild formuliert, noch mit der rationalen Aktivität, die in einem System von Schlußfolgerungen verwandt wird; noch mit der ‚Kompetenz' eines sprechenden Subjekts, wenn es grammatische Sätze bildet. Sie ist eine Gesamtheit von anonymen, historischen, stets im Raum und in der Zeit determinierten Regeln, die in einer gegebenen Epoche und für eine gegebene soziale, ökonomische, geographische oder sprachliche Umgebung die Wirkungsbedingungen der Aussagefunktion definiert haben. (Foucault 1981, 171)

Die Vorstellung des Diskurses als Zusammenspiel von diskontinuierlichen, „bestimmten Regeln gehorchende[n] Praktiken" (Foucault 1981, 198) hebt die Schlüsselposition hervor, die die ‚Praktiken' bei Foucault und damit auch in den zeitgenössischen sozialwissenschaftlichen Ansätzen zur Diskursanalyse einnehmen. Wie Hilmar Schäfer anmerkt, stellt sich im Umgang mit dem Praxis- und Praktikenbegriff im Werk Foucaults dabei die grundsätzliche Herausforderung, dass Foucault in den unterschiedlichen Phasen seiner Arbeit die Termini mit verschiedenen Bedeutungen versehen hat (vgl. Schäfer 2013, 121). Während diskursive Praktiken in Foucaults Frühwerk gegenüber den nicht-diskursiven Praktiken eine prioritäre Stellung einnehmen, fasst er dieses Verhältnis später neu. Diskursive Praktiken sind demnach in der *Archäologie des Wissens* all jene Aussagen, die tatsächlich diskursrelevant werden und stellen hier das interessierende „organisierende Prinzip" (Schäfer 2013, 132) dar, welches den nicht-diskursiven Praktiken, das heißt Praktiken, die nicht mit Diskursen in Berührung stehen, gegenübersteht. Später hebt Foucault diese stringente Priorisierung und Auftrennung des Diskursiven vom Nicht-Diskursiven auch unter der Weiterentwicklung seines produktiven Machtkonzeptes, wie es im vorangegangenen Kapitel erläutert wurde, auf (vgl. Schäfer 2013, 132 ff.).

Insbesondere in dem soziologisch-kulturwissenschaftlichen Strang, der seit Ende des 20. Jahrhunderts in der Soziologie als *practice turn* diskutiert wird, kommt den Praktiken ein herausragender Stellenwert zu. Die zuzuordnenden

Ansätze präsentieren – auch unter der Berufung auf Foucault – praxistheoretische Ideen, denen zum Teil voneinander abweichende Verständnisse vom Gehalt einer ‚sozialen Praktik' zugrunde liegen. Sie eint einerseits der Fokus auf „sozial[e] relevante Tätigkeiten, die auf implizitem Wissen beruhen und konstitutiv nichtintentional oder regelgeleitet sind" (Bongaerts 2008, 223) und andererseits die Kritik an den klassischen Sozialtheorien, mit denen derlei Äußerungsmodalitäten nicht erfassbar seien. In den so verstandenen Praktiken sollen sich Kultur und Soziales verbinden und hergebrachte Dichotomien, zum Beispiel zwischen Individualität und Kollektivität, Wiederholung und Veränderung oder Bewusstem und Unbewusstem, auflösen lassen. Karl Hörning und Julia Reuter (Hörning/Reuter 2004; Reuter/Hörning 2004) bezeichnen soziale Praktiken daher auch als die pragmatische Seite von Kultur, als „doing culture", wobei soziale Wirklichkeit als „interaktive Sache des Tuns" (Hörning/Reuter 2004, 10) erscheint. Forschungsfeld sind hier Tätigkeiten aller Art, im Zuge derer sich durch „häufiges und regelmäßiges Miteinandertun [...] Handlungsgepflogenheiten [herausbilden], die sich zu Handlungsmustern und Handlungsstilen verdichten und damit bestimmte Handlungszüge sozial erwartbar machen" (Hörning 2004, 19). Inwiefern sich soziale Praktiken hier von sozialem Handeln in einem sozialphänomenologischen Sinne unterscheiden, erscheint jedoch nicht immer eindeutig.

Die wissenssoziologisch geprägten Rezeptionen des Diskursbegriffs und die darauf aufbauenden empirischen Herangehensweisen definieren Praktiken im Anschluss an die hermeneutische Wissenssoziologie. So bietet die Wissenssoziologische Diskursanalyse den Ansatzpunkt, unter Praktiken zunächst allgemein „sozial konventionalisierte Arten und Weisen des zeichen- und nicht-zeichenförmigen Handelns, also typisierte Routinemodelle für Handlungsvollzüge, die von unterschiedlichsten Akteuren mit mehr oder weniger kreativ-taktischen Anteilen aufgegriffen, ‚gelernt', habitualisiert und ausgeführt werden", (Keller 2008, 100) zu verstehen. Keller differenziert die Praktiken nun weiter in „*Praktiken der Diskurs(re)produktion*" (Keller 2008, 100, Herv. i. Org.), „*diskursgenerierte Modellpraktiken*" (ebd. Herv. i. Org.) und „*diskursexterne Praktiken*" (Keller 2008, 101). Die diskursproduzierenden bzw. -reproduzierenden Praktiken meinen dabei all jene Reglementierungen der Sprache und die Art und Weise, wie den Dingen innerhalb von „Mustern[n] legitimer Äußerungsformen und Handlungsweisen" (Keller 2008, 100) im jeweiligen Diskurs Bedeutungen gegeben werden (z. B. „[Regeln für] die Verfassung wissenschaftlicher Texte, legitime Vortragsstile, den Einsatz visueller Zeichenformate, Kleidungsstile, Anredeweisen u. a., auch die Schrift- oder Sprach-Genres bzw. kommunikative Gattungen auf institutionell-organisatorischer Ebene" [ebd.]). Im Feld des Verzichts sind es zunächst all jene Praktiken, die mit der Hervorbringung der Kategorie und Klassifikation von Bedürftigkeit verbunden sind, die als diskursproduzierende Praktiken hervortreten. Dazu können einerseits unmittelbar Bedürftigkeit als logische Kategorie konstituierende Diskurse zählen, wie zum Beispiel Ermittlungen von Bedürftigkeitsgrenzen im Statistikmodell (s. Kap. 2.2) oder medizinische Kategorisierungen in arbeitsfähig und arbeitsunfähig. Im Bereich der Alltagsdiskurse im Anschluss an die Ausführungen zu Bedürftigkeit als moralische Kategorie stehen zum Beispiel Fragen der Hilfe(un-)würdigkeit im Vordergrund.

Die Ebene der diskursgenerierten Modellpraktiken adressiert die nicht-diskursiven Felder und beschreibt „Muster des Handelns", die in Diskursen für die Praxis angeregt und konstituiert worden sind. So können Vertreter*innen eines spezifischen Diskurses eine spezifische Praxis für nicht aktiv am Diskurs beteiligte Adressierte herstellen, die durch geeignete (Regierungs-)Techniken an einen Adressatenkreis vermittelt wird. Die „diskursiv generierten Modelle" (Keller 2008, 101) leiten die Adressierten im Nachgang an, sich auf eine bestimmte Art und Weise zu verhalten, zu handeln. Wesentlicher Vermittlungsort der Sozialpolitik sind dabei all jene Institutionen, die die sozialstaatlichen Vorgaben an ihre Adressat*innen, die zunächst keinen direkten Anteil an der sozialstaatlichen Diskursproduktion haben, vermitteln. Dazu gehören in erster Linie die Verwaltungen und Bürokratien, die Sozialleistungen distribuieren und im Rahmen von Behördenkontakten (Erstkontakte, Termine, Beratungsgespräche) sozialpolitische Gegebenheiten vermitteln.

Letztlich benennt Keller noch die diskursexternen Praktiken, mit denen ‚hergebrachte' und ‚eingefahrene' Handlungsarten beschrieben werden und die „zunächst eine von Diskursen unabhängige Ebene der Handlungsvollzüge" (Keller 2008, 101) bilden. Gemeint sind hier die habitualisierten Arten, den (kulturellen) Alltag zu leben, sich im Raum zu bewegen, sich zu begrüßen oder zu verabschieden oder zu lesen. Auch die informellen Praktiken der Street-Level-Bureaucracy (siehe Kapitel 2.3) sind diesen diskursexternen Praktiken, die auf „Erfahrungsbildung in entsprechenden Handlungskontexten und Berufstraditionen" (Keller 2008, 101) gründen, zuzuordnen. Gerade die letzten beiden Formen diskursiver Praktik sind dabei nicht leicht voneinander zu differenzieren, wie Keller anhand polizeilicher Verhörpraktiken, die heute nicht mehr diskurszugehörig sind, ursprünglich aber „diskursiv als Modell zur Verbesserung der Verhörpraxis eingeführt wurden" (Keller 2011, 257), zeigt. Diskursexterne Praktiken wären empirisch zudem eine ethnographisch zu klärende Frage wobei sie weitere Hinweise auf die „taktische Kreativität der Akteure im Umgang mit Diskursen" (Keller 2011, 257) liefern könnten.

Da in dieser Untersuchung der Verzicht Bedürftiger auf Sozialleistungen per zugrunde gelegter Definition als gerichtete Tätigkeit im Fokus steht, sind es insbesondere die beiden erstgenannten diskursiven Praktiken, die hier von Relevanz erscheinen. Da Reiner Keller in Bezug auf diese diskursproduzierenden und diskursgenerierten Praktiken selbst von ‚Handeln' oder von ‚Mustern des Handelns' spricht, wird in dieser Arbeit im Anschluss an Schütz und Berger/Luckmann der Begriff des Handelns dem der Praktiken vorgezogen. Taucht der Begriff der Praktiken auf, dann in der ausgeführten Bedeutung der Wissenssoziologischen

Diskursanalyse, um die aufgeführten diskursiven Praktiken in der Analyse differenzieren zu können, oder aber dort, wo unter Umständen tatsächlich explizite Hinweise auf diskursexterne Praktiken zu vermuten sind.

Die Operationalisierungen der wissenssoziologischen Diskursanalyse – wie die Unterscheidungen diskursiver Praktiken – sind darauf ausgerichtet, die Hervorbringung und Regelhaftigkeiten der Diskurse und damit von spezifischen Macht-Wissens-Komplexen zu untersuchen. Als Bezugsfeld treten neben den Produktionsweisen und Diskursorten auch die Akteur*innen und Protagonist*innen der Diskurse, mit denen sie selbst produzierend oder von ihnen adressiert – mehr oder weniger eng verbunden – in Beziehung stehen, in Erscheinung. Hiermit ist eine analytische Grenze der Diskursforschung markiert, da sie in ihrem Programm nicht darauf ausgerichtet ist, die Binnenstrukturen der Diskursvermittlung und Diskurseffekte auf seine Akteur*innen zu untersuchen. Mit dem Begriff des Dispositivs finden die diskurstheoretischen Ansätze in diesem Sinne eine Weiterentwicklung bzw. Ergänzung, durch die die „Infrastruktur der Diskursproduktion und Problembearbeitung" (Keller 2008, 101) und damit „die tatsächlichen Mittel der Machtwirkungen eines Diskurses" (ebd.) in den Blick geraten. Mit den Dispositiven als

> der institutionelle Unterbau, das Gesamt der materiellen, handlungspraktischen, personellen, kognitiven und normativen *Infrastruktur* der Produktion eines Diskurses und der *Umsetzung* seiner angebotenen ‚Problemlösung' in einem spezifischen Praxisfeld (Keller 2008, 101, Herv. i. Org.)

zielen wissenssoziologisch geprägte, dispositvanalytische Untersuchungsansätze darauf ab,

> das Zusammenspiel von diskursiven Aussage-Praktiken, die Diskurse reproduzieren oder verändern, mit den alltagsweltlich-situierten nicht-diskursiven Praktiken des alltäglichen Vollzugs oder Widerstands bzw. Unterlaufens diskursiv vermittelter Handlungsvorgaben unter den je gegebenen institutionell-organisatorischen Bedingungen sowie den damit verbundenen Prozessen der Konstitution und Formierung von Selbsten (Keller/Schneider 2020, 57 f.)

zu erfassen. Dementsprechend fragt das Dispositivkonzept auch danach, wie Individuen sich in ihren Lebenswelten selbst sehen, wie sie gesehen werden möchten, welchen Selbst-Zwängen sie sich ausgesetzt sehen und wie sie versuchen, sich dazu (z. B. ignorierend, wehrhaft, affirmativ) in Stellung zu bringen. Im Bezug auf den Verzicht rücken auf diese Weise – neben den gourvernementalen Regierungsrationalitäten, die das sozialstaatliche Arrangement an ihre Adressat*innen vermitteln, und den diskursiven Herstellungsweisen der zugrunde liegenden Kategorien in den spezifischen Arenen – auch das Netz zwischen diesen Elementen und die Rezeptionsweisen auf der Ebene der Identitäten und alltäglichen Handlungsvollzüge in den Fokus. Nachstehend wird die dispositivanalytische Herangehensweise und ihr in Relation zu den Gouvernementalitäts- und Diskursforschungen erweiterter Analyserahmen beschrieben.

3.1.3 Zur Untersuchung von Dispositiven

Während die Wissenssoziologische Diskursanalyse Diskurse als erkenntnisleitend markiert, macht die zum Dispositiv ausgerichtete Forschung das ‚unsichtbare Netz', das Diskurse und zum Beispiel „Institutionen, architektonische Einrichtungen, reglementierende Entscheidungen, Gesetze, administrative Maßnahmen, wissenschaftliche Aussagen, philosophische, moralische oder philanthropische Lehrsätze" (Foucault 1978: 119) verbindet, zum Gegenstand. Somit ist sie immer noch als ein Teil der sozialwissenschaftlichen Diskursforschung zu bezeichnen, widmet sich jedoch mit den „Wechselbezügen zwischen normierenden Wissensordnungen, ihren konkreten handlungspraktischen Wirksamkeiten im sozialen Austausch von Menschen sowie den damit einhergehenden Selbst-bezügen und Subjektivitätsformen" (Bührmann/Schneider 2008, Klappentext) stärker auch der subjektiven Ebene der Diskursakteur*innen, ohne aber die Ebene von Strukturen und Handlungen zu vernachlässigen. Durch die Analyse von Dispositiven geraten demnach auch die gesellschaftlichen Prozesse von Exklusion und Inklusion, von Normierung, Normalisierung und De-Normalisierung menschlicher Verhaltens- und Existenzweisen in den Blick, wobei sie systematisch die subjektiven Potenziale einfassen, Wirklichkeit durch alltägliche Auslegungen diskursiv hervorgebrachter Anforderungen zu verändern. Weil die Gesellschaftsmitglieder mit unterschiedlichen Voraussetzungen und Ressourcen ausgestattet sind, sind auch die Potenziale, in die Wirklichkeit einzugreifen, unterschiedlich ausgeformt, womit durch das Dispositivkonzept auch Produktionsweisen gesellschaftlicher Ungleichheitsrelationen in den Fokus rücken:

> Diese alltagspraktische Bezugnahme erfolgt selbstredend auf potentiell ganz unterschiedliche, keineswegs determinierte, mehr oder weniger angepasste bzw. kreative Arten und Weisen, z. B. je nach zugewiesenen oder erreichten sozialen Positionen – konkret: ob es bspw. bei den betreffenden menschlichen Handelnden um Disponierende oder Disponierte, um „Erfüller" oder „Setzer" von Erwartungen, um Widerständige usw. geht. (Keller/Schneider 2020, 58)

Die Dispositivanalyse nach Andrea Bührmann und Werner Schneider (2008) bildet dabei eine Forschungsperspektive, die sich vor allem durch ein systematisch ausgearbeitetes Vokabular und begriffliches Instrumentarium auszeichnet, um die komplexe Vorstellung eines Dispositivs empirisch bearbeitbar zu machen.

Im Zentrum steht Foucaults Dispositivbegriff, innerhalb dessen Dispositive mehrdeutig als „Diskurs-Infrastruktur" (Bührmann/Schneider 2008, 51), als Netz zwischen infrastrukturellen Gegebenheiten, als „Möglichkeitsräume für gültiges, ‚wahres' Wissen" (ebd. 53) und damit als „Problemlösungsoperator" (ebd.) für eine zu einer spezifischen Zeit hervortretende sozio-kulturelle Herausforderung verstanden werden können. Das Dispositiv ist damit zwar als intentional bestimmt, jedoch keineswegs als strategische Intervention von bestimmten Akteur*innen zu denken (vgl. Bührmann/Schneider 2008 53 f.). Illustrierbar ist dieser Aspekt durch Foucaults Bezugnahme auf die französische Sozialversicherung im Gespräch mit Robert Bono 1983, in dem er die Sozialversicherung selbst als Machtdispositiv beschreibt, welches zunächst eingerichtet wurde, um die sozio-kulturellen Herausforderungen der Nachkriegszeit zu lösen. Die spezifische Form der Sicherheit auf der einen und der Vergrößerungen von Abhängigkeiten auf der anderen Seite und deren Konsequenzen waren mutmaßlich nie das strategisch erdachte Ziel spezifischer Akteur*innen und auch die Nebenfolgen und unintendierten Effekte konnten zunächst nicht klar vorhergesehen werden. Heute tragen sie aber durchaus zu seiner Funktionalität und zum Erhalt bei:

> Man kann herausstellen, was für die funktionalen Mechanismen des Dispositivs typisch ist: Auf der einen Seite gibt man den Leuten mehr Sicherheit, und auf der anderen vergrößert man ihre Abhängigkeit. Nun sollte man doch eigentlich von dieser Sicherheit erwarten können, dass sie jedem gegenüber den Gefahren und den Situationen, die geeignet wären, ihn zu erniedrigen oder zu unterwerfen, seine Autonomie verleiht. (Michel Foucault im Gespräch mit Robert Bono 1983; Foucault 2005, 441)

Mit dem Dispositivkonzept müsste in Bezügen der Sozialversicherung nun nach dem Netz gefragt werden, das im Stande ist, dieses spezifische Spannungsfeld zwischen Sicherheit, Abhängigkeit und Autonomie, seine ‚funktionalen Mechanismen' wie Nebenfolgen und machttypische Durchdringung zu verbinden und aufrechtzuerhalten. Wenn die zugrunde liegenden Wertvorstellungen, die Normativitäten und Regelmäßigkeiten, die dem Dispositiv zugrunde liegen, entschlüsselt werden, dann könnten die Bedeutungen für den gesellschaftstheoretischen Kontext erhoben werden:

> Somit zielt der Analyseprozess im Kern auf die Rekonstruktion der Regeln und Muster der in und mittels Diskursen erfolgenden, institutionalisierten Hervorbringungen und Prozessierungen von Sinnmöglichkeiten/-unmöglichkeiten und die damit einhergehenden Handlungschancen/-grenzen für die jeweiligen Diskursadressaten. Die Interpretation zielt letztlich auf das Erkennen der Kulturbedeutung als Vorausgelegtes hinsichtlich seiner Relevanz für die Bearbeitung der jeweiligen aktuellen Handlungsprobleme der Menschen. (Keller/Schneider 2020, 61)

Es ist also einerseits die sozialwissenschaftliche Erforschung von den Formierungen und Transformationen von Dispositiven eingebettet in spezifische Macht-Wissens-Relationen, die im Rahmen der Dispositivanalyse auf der empirischen Agenda steht. Andererseits sind es die gesellschaftlichen Konsequenzen der intendierten wie nicht-intendierten (Neben-)Folgen und deren Ausmaß für bestimmte Akteur*innen, die durch die jeweiligen zugrunde liegenden Diskurse hervorgebracht werden. Die Herausforderung der interpretativen Bearbeitung einer solchen Analyse liegt letztlich darin, eine Abstraktionsschleife zur Erkenntnis tieferliegender Sinnstrukturen zu ziehen, die auf eine zeitdiagnostische Schlussfolgerung hinauslaufen. Um eine solche Analyse handhabbar zu gestalten, systematisieren Bührmann/Schneider das Dispositivkonzept anhand von vier analytisch differenzierten Leitfragen: Sie stellen

- *erstens* die Analyserichtung der (nicht-)diskursiven Praktiken als Modi der Aussagefunktionen und automatisierten wie regelgeleiteten Handlungsweisen voran;
- beziehen sich *zweitens* auf die Subjektivierungen der Menschen als bestimmter Ausdruck der Selbst-Werdung in einer bestimmten historisch-kulturellen Gegenwart;
- fragen *drittens* nach den symbolischen und materiellen Objektivationen des Dispositivs im Sinne von einem vergegenständlichten Wissen, das das Handeln der Akteur*innen anleitet und
- ziehen *viertens* den Schluss auf die gesellschaftstheoretische Kontextualisierung in Bezugnahme auf Prozesse des sozialen Wandels, die in dem und durch das beschriebene Dispositiv beobachtbar werden.

Im Feld der Praktiken steht das in Diskursen – Bührmann/Schneider unterscheiden Spezial-, Inter- und Elementardiskurse – generierte Wissen im Vordergrund sowie die Art und Weise, wie mittels (nicht) diskursiver Praktiken darauf zugegriffen wird. Die von Reiner Keller differenzierten Praktiken der Diskurs(re)produktion und diskursgenerierte Modellpraktiken können dabei sowohl in den Spezialdiskursen, in denen Expert*innenwissen produziert, prozessiert und diskursbildend wirksam wird, als auch in den Interdiskursen der Diskursvermittlung vorgefunden werden. So sind in den Spezialdiskursen (z. B. Medizin, Recht) diverse Regulationen auszumachen, die die Diskursproduktion bestimmen und als „Mustern legitimer Äußerungsformen und Handlungsweisen“ (Keller 2008, 100) erkennbar werden. Und auch die Interdiskurse, in denen spezialdiskursiv hergestelltes Wissen z. B. durch Medienproduktion vermittelt wird, unterliegen spezifischen (Il-)Legitimitäten. Nun wurde der Begriff der Praktiken bereits im letzten Kapitel problematisiert und für die Untersuchung des Verzichts Bedürftiger im verfolgten Fokus zugunsten des Handlungsbegriffs verworfen, insbesondere, da automatisierte Handlungsvollzüge, die sich mit dem

Verzicht unter Umständen verbinden können, hier nicht im Fokus stehen.[25] Als reine Aussagemodalitäten im Sinne von Gesagtem und Ungesagtem gewinnen sie dennoch insofern Bedeutung, als sie Hinweise auf als legitim oder illegitim erachtetes Wissen, auf Sinnunmöglichkeiten und Handlungsgrenzen anhand der Analyse des Gesagten und Ungesagten ausweisen können:

> Denn das Gesagte verweist immer auch auf etwas Ungesagtes, das als das Verschwiegene [...] das Verhältnis zwischen dem Normalen, Erwarteten, Gewöhnlichen und dem Unnormalen, Unerwarteten, Ungewöhnlichen markieren kann. Das Ungesagte kann aber – im Gegensatz zum Verheimlichten – ebenso das nicht notwendig zur Sprache zu bringende sein, weil es als Unhinterfragbares, als Selbstverständliches keiner Artikulation bedarf [...] Das Unsagbare hingegen wäre jenes, wovon in der Tat nur geschwiegen werden kann, nicht weil es infolge von Normen bzw. Tabus nicht sagbar wäre (und vielleicht gerade deshalb Gegenstand vielfältiger Kommunikationen ist), sondern weil es als Sagbares dem jeweiligen (Alltags-)Denken (eines bestimmten Kollektivs) gar nicht zur Verfügung steht. (Bührmann/Schneider 2008, 98)

Je nach Forschungsrichtung erlaubt es diese Dimensionierung, die Einzelelemente des Dispositivs in den Blick zu nehmen und in ihren Verhältnissen untereinander zu bestimmen. Die Trennung der vier Leitfragen ist so eine rein analytisch-heuristische und Bührmann/Schneider betonen an verschiedenen Stellen das Wechselverhältnis zwischen den aufgeworfenen Dispositiv-Elementen. Es ist hier insbesondere die Leitfrage nach den Subjektivationen als Prozesse der durch die diskursive Praxis hergestellten Subjekt- (oder Selbst-)Werdung, die im Zuschnitt dieses Forschungsvorhabens als erkenntnisleitend herausgestellt werden kann. So gewinnt vor allem die eingeführte Differenzierung zwischen in den Dispositiven hervorgebrachten Subjektformierungen und den in Reaktion darauf ausgebildeten Selbstverständnissen der Akteur*innen als tatsächliche Subjektivierungweisen Bedeutung. In der Dispositivanalyse ist demnach schon ein weitreichender Rahmen zur Analyse tatsächlicher Subjektivierungsweisen angelegt, wobei hier ein spezifisches Subjektverständnis als „sinnkompetent agierende Akteure und Akteurinnen" (Keller/Schneider 2020, 64) vorausgesetzt wird. Da es insbesondere die tatsächlichen Subjektivierungsweisen als Ausle-

25 Wie die wissenssoziologische Diskursanalyse sehen auch Andrea Bührmann und Werner Schneider in den (nicht-)diskursiven Praktiken ein hohes Erkenntnispotential verortet. Auch bei ihnen müssen sie nicht zwingend einem Diskurs zugehörig sein und sie sehen die grundsätzliche Schwierigkeit, diskursiv-situierte Praktiken von den diskursexternen zu trennen. Sie greifen auf das Verständnis sozialer Praktiken von Theodore Schatzki (1996) zurück und bezeichnen hiermit „die Gesamtheit verbaler und nonverbaler Aktivitäten, an der unterschiedliche Akteure beteiligt sein können, die ihr Handeln sowohl an impliziten Ablaufroutinen als auch an expliziten Regeln orientieren" (Bührmann/Schneider 2013, 24), wobei sie als konkrete Effekte von Handlungsorientierungen „spezifische Objektivationen und/oder Subjektivationen" (Bührmann/Schneider 2013, 25) implizieren, durch die „bestimmte Objekte oder Subjekte wirklich werden" (ebd.).

gungen der objektiven (Subjekt-)Ordnungen sind, die im weiteren Verlauf der Arbeit fokussiert werden, wird im folgenden Kapitel dieses Subjektverständnis grundlegend entfaltet.

3.2 Subjektivierung zwischen Formierung und Positionierung

Wie über die Entwicklung der Foucault-Rezeption in der deutschen wissenssoziologisch ausgerichteten Diskursforschung deutlich geworden ist, ist das Verständnis zur Art und Weise, wie Individuen zu Subjekten werden, ein Dreh- und Angelpunkt der Forschung, an dem sich mitunter auch ihre Gesamtausrichtung entscheidet. Da die fachsprachlichen Bezeichnungen dementsprechend weit ausdifferenziert sind, soll in diesem Kapitel zunächst für begriffliche Klarheit gesorgt werden, um eine einheitliche Verständnisgrundlage für die die empirische Untersuchung leitenden Begrifflichkeiten zur Subjektivierung zu schaffen. In Kapitel 3.2.1 wird dazu ein historisch-spezifisches, relationales Subjektverständnis begründet. Dieses erlaubt es nachstehend, sozialstaatlich relevante, diskursiv vermittelte Formierungsversuche zu formulieren, die die moderne Subjektkonstitution unter neosozialen gourvernementalen Bedingungen anleiten. Analytisch davon abzugrenzen sind die empirisch beobachtbaren Bearbeitungen dieser Formierungsversuche durch die Akteur*innen im Sinne der bereits eingeführten tatsächlichen Subjektivierungsweisen. Diese werden in Kapitel 3.2.3 fokussiert betrachtet und im Rahmen des hiesigen Erkenntnisinteresses nutzbar gemacht.

3.2.1 Subjektivierung und Positionalität

Die Prozesse menschlicher Rezeption und Bearbeitung äußerer Struktur, deren Implementierung in die Selbstverhältnisse und die einhergehenden Rückkopplungseffekte in die Gesellschaft finden heute rege Beachtung in der qualitativ-interpretativen Forschung und versprechen eine Einsicht in die Formen, mit denen „Akteur*innen auf unterschiedliche Ordnungen eines idealen Subjekt-Seins […] Bezug nehmen" (Geimer et al. 2019, 3). Diese *Subjektivierungsforschungen* lassen es zu, „aktuelle Formen des Regierens unter Bedingungen zeitgenössischer Neoliberalisierung" (Geimer et al. 2019, 1) vom Subjekt her zu beschreiben, und suchen nach einer Systematisierung der Aushandlungspraxen objektiver Wirklichkeit. Als theoretisches Konstrukt scheint die Subjektivierung die ‚alten' Begrifflichkeiten zur Beschreibung der Prozesse, in denen Individuen sich vor dem Hintergrund gesellschaftlicher Institutionen, Strukturen und Sozialbeziehungen selbst herstellen, von ihnen hergestellt werden und in sie zurückwirken (wie z. B. den

Sozialisationsbegriff), um einige Elemente zu erweitern. Insbesondere wird die Wahrnehmung gesellschaftlicher Codes und Wertesysteme und deren individuell vergangenheitsbezogene wie zukunftsgewandte Verarbeitung und affektive Verankerung hinzugefügt, wobei eine prinzipielle Unabgeschlossenheit des Prozesses betont wird. Auch dem so verstandenen Prozess der Subjektivierung muss aber irgendeine Art der frühen Einführung in „die Symbolordnung einer Gesellschaft“ (Bosančić 2019, 46) vorausgehen, innerhalb derer „die grundlegenden Symbolnutzungs- und Selbststeuerungskompetenzen“ (ebd.) erworben werden, die die Grundlage zur Wahrnehmung der gesellschaftlichen Zeichensysteme bilden. Wenn dieser Prozess allgemein als Sozialisation verstanden wird, wird es möglich, individuelle Sozialisationsprozesse (z. B. den Wissenserwerb über gesellschaftliche Strukturen) und die Sozialisationsbedingungen in den Blick zu nehmen, Dimensionen der Ungleichheit zu betrachten und diese weitergehend in ihren spezifischen historisch-situativen Verwobenheiten bzw. diskursiv hervorgebrachten Kontexten und dispositiver Verankerung zu analysieren.

Um eine solche Perspektive für diese Untersuchung theoretisch fundiert begründen zu können, muss zunächst auf die Herausbildung der Vorstellung eines *werdenden* Subjekts und damit auf die Überwindung des kartesischen Subjektverständnisses, wie es das Denken bis ins 18. Jahrhundert geprägt hat, eingegangen werden.[26] Seit der damaligen Annahme eines grundsätzlichen Körper-/Geist-Dualismus, einhergehend mit der Gleichsetzung des Subjekts „mit Begriffen wie Autonomie, Emanzipation und Mündigkeit“ (Beer/Sievi 2010, 4), ist die Verortung des Subjekts ein gewichtiges „Problem der gesellschaftlichen Ordnung und der wissenschaftlichen Forschungspraxis“ (ebd.). Die geteilte Basisannahme der Subjektphilosophie von Descartes über Kant bis zur deutschen Romantik setzt das „Ich“ als „eine sich selber transparente, selbstbestimmte Instanz des Erkennens und des – moralischen, interessengeleiteten oder kreativen – Handelns“ (Reckwitz 2008, 11). Dieses souveräne, mit einem universellen, dem Sozialen vorgängigen *common sense* ausgestattete Subjekt ist jederzeit dazu in der Lage, die Welt bei vollem Bewusstsein und Wissen über die eigenen Handlungen und deren Konsequenzen eigenverantwortlich mitzugestalten und zeichnet sich durch eine innere, unveränderliche „Einheit und Homogenität des Ensembles seiner Positionen“ (Laclau/Mouffe 2000, 153) aus. Dieser Auffassung steht die zeitgenössische sozialwissenschaftliche Negierung einer naturalistischen und universalen Struktur des Subjekts entgegen, deren Wurzeln im symbolischen Interaktionismus und dem interpretativen Paradigma der Soziologie der 1930er

---

26 Der Fokus liegt dabei auf den für dieses Forschungsvorhaben relevanten Entwicklungen und nicht darauf, einen erschöpfenden Überblick über die subjektphilosophischen und wissenschaftstheoretischen Basisannahmen zu gewährleisten. Als Grundlage der Ausführungen dienen hier insbesondere die Ausarbeitungen in Laclau/Mouffe (2000); Angermüller (2005); Beer/Sievi (2010); Reckwitz (2008; 2019); Bosančić (2014); Poferl/Schröer (2014; 2020); Geimer et al. (2019).

Jahre auszumachen sind. Max Weber wird zugeschrieben, den Subjektbegriff in die Soziologie eingeführt zu haben, indem er in seinem Werk „Wirtschaft und Gesellschaft. Grundriss der verstehenden Soziologie" (1921) den *subjektiven Sinn* als Basis menschlichen Handelns ausmachte. Vergesellschaftungsformen, explizit benennt Weber die „geldwirtschaftliche Vergesellschaftung" (Weber 1980, xxii), stellen hier einen subjektiven Sinnbereich dar, innerhalb dessen soziale Institutionen (z. B. das Geld) einen objektiven Sinnbereich bilden (vgl. ebd.). Für die weitere Verbreitung des Subjektbegriffs in der Disziplin sorgte insbesondere Alfred Schütz, der die schon im vorangegangenen Kapitel ausgeführte Formel des subjektiven Sinns bzw. des sinnhaft strukturierten Handelns weiterentwickelte und später – gemeinsam mit Thomas Luckmann – Überlegungen zu den unveränderlichen Strukturen der Lebenswelt angestellt hat (Schütz 1932; Schütz/Luckmann 1975).

Peter L. Berger und Thomas Luckmann (1969) haben in ihrem sozial-konstruktivistischen Ansatz wesentliche Elemente der dort getroffenen Annahmen rezipiert und im Rahmen ihrer Wissenssoziologie fruchtbar gemacht. Auf der Suche nach dem Zustandekommen einer geteilten Wirklichkeit treffen sie die Unterscheidung zwischen objektiver Wirklichkeit, die durch gemeinsam genutzte Symbole (insbesondere Sprache) entsteht und gewahrt wird, und subjektiver Wirklichkeit, die die subjektive Dimension von Gesellschaft, in der die menschlichen Akteur*innen die vorgefundene Struktur internalisieren, reproduzieren und verändern, darstellt. Die Umgangsweisen der Akteur*innen, ihre Internalisierungen, Ausdeutungen und Reproduktionen sind dabei maßgeblich davon bedingt, auf welches Deutungs- und Handlungswissen sie zugreifen und aus welchen (gesellschaftlich konstituierten) Wissensvorräten ihr Wissen stammt. Die „unabänderliche Wirklichkeit" (Berger/Luckmann 1969, 81) der Einzelnen formt sich hier im Gespräch mit „signifikanten Anderen" im Rahmen von Internalisierungs- und Sozialisationsprozessen, wobei an dieser Stelle noch keine weitere Betrachtung der Einzelheiten der Verflechtungen mit den Lebenswelten der Akteur*innen erfolgte.

Wirklichkeit wird demnach historisch situiert, im konkreten Handeln durch kollektiv sinnhafte Deutung objektiviert und in Reproduktion stabilisiert, die es in der empirischen Praxis zu *rekonstruieren* gilt, und Identität entsteht in einem stetigen Aushandlungsprozess zwischen dem Subjekt, seiner veränderlichen Umgebung und anderen. Diese frühe Dezentrierung der subjektiven Einheit bedingt ein Subjekt, das immer zugleich Gesellschaft konstituiert und von ihr konstituiert wird, wobei es keine statische „Symmetrie zwischen objektiver und subjektiver Wirklichkeit" (Berger/Luckmann 1980, 144) geben kann. Es ist insbesondere diese Konzeption der Gleichursprünglichkeit und Untrennbarkeit der menschlichen Akteur*innen mit ihren Wissens- und Wahrnehmensgegenständen in steter Produktion und Reproduktion, die einer Neuerfindung der Wissenschaft vom Sozialen gleichkam. Vorgängig bleibt das Subjekt zwar weiterhin insofern, als es als *positionale Einheit* gegeben sein muss, um kollektiven, sozialen Sinn herstellen zu können, jedoch wird auch deutlich, dass das Subjekt der Wissenssoziologie „empirisch immer schon ein in gesellschaftliche Vortypisierungen eingebettetes Handlungssubjekt" (Pofer/Schroer 2020, 168) war. Dennoch haben der poststrukturalistische Impetus und insbesondere die Subjektphilosophie Michel Foucaults mit seiner Betonung des *Vielklangs an Positionen*, die ein Individuum zugleich einnehmen kann, „die Theorieachse hin zur Betonung des sozio-historischen Apriori verschoben" (ebd.).

Unter dieser Prämisse „verweist Sinn auf kein intersubjektiv geteiltes Wissen, welches das Subjekt im Laufe des Sozialisationsprozesses internalisieren muss" (Angermüller 2005, 29). Vielmehr haben die Akteur*innen bzw. Handlungssubjekte keinen „originären, sinnkonstitutiven Ort[es] in der sozialen Welt" (ebd.) mehr und sind als historische Erscheinungen oder diskursive Produkte einer je gegenwärtigen Gesellschaft zu denken. Dementsprechend gilt das Interesse nicht dem Ausmaß an Vernunft, Kompetenz, Handlungsfähigkeit oder den leistbaren Konstruktionsleistungen der Subjekte *als Individuen* bzw. welche subjektiven Motivationen bestimmten Handlungen zugrunde liegen, sondern fragt primär nach den Arten der Herausbildung bestimmter Macht-/Wissensrelationen, der Einbettung von Deutungs- und Relevanzsystemen in ihnen und deren spezifische Legitimationszusammenhänge.[27] Dabei wird die Möglichkeit und Sinnhaftigkeit der Rekonstruktion individueller Sinnzusammenhänge in der empirischen Forschung eher in Frage gestellt als zum Ziel erklärt und es geraten die „historisch-spezifischen Ereignisse, auf die Prozesse und Verbindungen im Sagbaren und Denkbaren" (Kessl 2013, 309) unter der Maxime der Gleichursprünglichkeit von Subjekt und Diskurs in den Untersuchungsfokus.

Das Subjekt wird so zur diskursiv hervorgebrachten historischen Subjekt*position*, der das Potenzial, eine Vielzahl von Positionen einzunehmen, inhärent ist, und die Dekonstruktion der Möglichkeitsstrukturen dieser Einnahmeprozesse kann Rückschlüsse auf gegebene Verhältnisse bieten. Angelika Poferl und Norbert Schröer verweisen in diesem Sinne in ihrer Reformulierung des Subjektbegriffs

27 Foucault erläutert dies in einem Interview damit, dass er dem Subjekt den Status einer Substanz generell abspricht und macht so deutlich, dass die Analyseperspektive eines so verstandenen Subjekts die Sicht auf zeitliche Gegebenheiten freilegt: „Es ist keine Substanz. Es ist eine Form, und diese Form ist weder vor allem noch durchgängig mit sich selbst identisch. Sie haben zu sich selbst nicht dieselbe Art von Verhältnis, wenn Sie sich als politisches Subjekt konstituieren, das zur Wahl geht oder das in einer Versammlung das Wort ergreift, als wenn Sie versuchen, Ihr Begehren in einer sexuellen Beziehung zu verwirklichen. Es gibt zweifellos Beziehungen und Interferenzen zwischen diesen verschiedenen Formen des Subjekts, aber man steht nicht demselben Typus von Subjekt gegenüber. In jedem dieser Fälle spielt man mit verschiedenen Formen der Beziehung zu sich selbst oder bildet sie aus. Und gerade die historische Konstitution dieser unterschiedlichen Formen des Subjekts und ihre Beziehung zu den Spielen der Wahrheit ist es, die mich interessiert." (Foucault 2005, 888).

für die hermeneutische Wissenssoziologie auf die „exzentrische Positionalität" (Poferl/Schröer 2020, 170) des Menschen, nach der er in seiner natürlichen Unbestimmtheit danach streben muss, sich nach innen und außen formgebend zu positionieren:

> Mit der exzentrischen Positionalität des Menschen wird die Bedeutung der Entwicklung von Kultur als orientierendem Halt in der Welt und damit die Bedeutung der Subjektivierung erst verständlich. Überdies lassen sich der geschichtliche Wandel und die historischen Formen der Subjektivierung anthropologisch fundieren. Denn: Das Konzept der exzentrischen Positionalität ist nicht essentialistisch gefasst, es beschreibt vielmehr die den Wandel antreibende thematisch leere ‚Unruhe'. (Poferl/Schröer 2020, 170)

Die Dezentrierung des Subjekts bedeutet so auch eine Hinwendung zur „Untersuchung der historisch-gesellschaftlichen Herausbildung von modernen Subjekten […] durch die Analyse von institutionellen Praktiken, Diskursen und Dispositiven im Hinblick auf die darin konstituierten Subjektpositionen und die dadurch hervorgerufenen Subjektivierungsweisen" (Keller 2012, 89). Somit rücken die „Formationen, Formierungen und Technologien des Selbst, seine diskursive und praktische Erzeugung und Führung im Rahmen von Selbstverhältnissen" (Poferl/Schröer 2020, 168) in den analytischen Blick, die zusammengenommen für die „Konstitution von Subjektformationen (als jeweiliger Rahmen für das intersubjektive Handeln)" (ebd.) und daraus hervorgehend für die „spezifischen Subjektivierungsweisen" (ebd.) und „Selbst-Positionierungen" (Bosančić 2014; 2019) verantwortlich sind. Sowohl die Wissenssoziologische Diskursanalyse wie auch die Dispositivanalyse nach Bührmann/Schneider beziehen sich auf dieses Subjektverständnis, indem sie die Akteur*innen der sozialen Welt aus ihren Positionen begreifen, die sie in Auseinandersetzung mit den diskursiv hervorgebrachten und an sie gerichteten Subjektpositionen einnehmen und andererseits auch systematisch die Möglichkeit eindenken, dass tatsächliche Subjektivierungsweisen nicht zwingend den vorgegebenen Bahnen entsprechen müssen. Allerdings fehlt es bislang an systematischen Zugängen zu diesen tatsächlichen Subjektivierungsweisen.

Die neuere *Subjektivierungsforschung* bzw. *Subjektivierungsanalyse* tritt nun mit durchaus unterschiedlichen methodisch-methodologischen Basisannahmen dazu an, die Umsetzung herrschender Subjektnormen in tatsächliche alltägliche Lebensvollzüge oder auch deren Bearbeitung, Umdeutung und Zurückweisung zu untersuchen (vgl. Pfahl 2011; Pfahl, Traue 2012; Schürmann 2013; Bosančić 2013, 2014, 2016, 2019; Geimer 2014; Amling, Geimer 2016; Geimer et al. 2019). Die Herausbildung einer eigenen Subjektivierungsforschung kann dabei mit Saša Bosančić (2016, 96) als wissenssoziologisch fundierte „Weiterführung von und Auseinandersetzung" (ebd.) mit dem poststrukturalistischen Impetus verstanden werden, wobei sie auch aus der Unzufriedenheit einiger Forscher*innen verschiedener Fachrichtungen angesichts des empirischen Desiderats resultiert, dass in den tatsächlichen Subjektivierungsweisen liegt (vgl. Bosančić 2016, 96). Im Unterschied zur Wissenssoziologischen Diskurs- und Dispositivanalyse, die die diskursiven Produktionsweisen von Wirklichkeit und deren dispositive Situiertheit in den Mittelpunkt stellt, will die wissenssoziologisch basierte Subjektivierungsforschung wieder vermehrt die subjektiven Wirklichkeiten zum Fokus ihrer Analyse machen. Ihnen wendet sie sich zu, in dem sie die Positionierungen und Rollen, die Handlungen, Biografien und Identitäten der je nach Forschungsschwerpunkt interessierenden Personen nachgeht.

Um dabei eine ‚Rezentrierung' von Subjektivität zu vermeiden, bauen Subjektivierungsanalysen auf theoretischen Basisannahmen auf, die ein damit zu vereinbarendes Akteurskonzept des Subjekts als „*mehr oder weniger frei*" (Bosančić 2016, 105, Herv. i. Org.) im Anschluss an Berger/Luckmann in Verbindung mit dem begrifflichen Instrumentarium von Michel Foucault und dessen Weiterentwicklungen, insbesondere durch Judith Butler, vertreten. Die Untersuchung von Subjektivierungsprozessen braucht demnach als Subjektkonzept nicht mehr als die Annahme, „dass Menschen ihre Handlungsfähigkeit stets vor dem Hintergrund der Einbettung in sozio-historische Kontexte verliehen bekommen" (Bosančić 2016, 105), womit die Existenz der Handlungsfreiheit nicht erst theoretisch rekonstruiert werden muss, denn:

> Freiheit und Widerstand gegen ‚Machtwirkungen' sind für die Soziologie vorfindbare Gegenstände der empirischen Forschung; das gilt auch für die Erscheinungsformen ihrer Unterdrückung. Die Möglichkeit ihrer Existenz muss nicht umfassend theoretisch begründet werden, solange nicht eine umfassende, sei es genetisch-biologistische, sei es gesellschaftliche (diskursive) Determination menschlicher Handlungsweisen, Welt- und Selbstverhältnisse behauptet wird. (Keller 2012, 87)

Die Subjektivierungsforschung zielt daher darauf, die Erscheinungsformen der Handlungsfähigkeit angesichts der Machtwirkung von Subjektnormen empirisch zu entschlüsseln und auf die Möglichkeiten ihrer Entstehung hin zu untersuchen. Die Subjektformationen, Subjektnormen und damit auch die gesellschaftlich konstituierten Sozialfiguren in ihrer Ausdifferenzierung in der individualisierten Gesellschaft bleiben auf diese Weise im Blick, bekommen aber als Untersuchungsfeld eine ‚subjektive Seite' der Aneignung, Umdeutung oder Zurückweisung in alltäglichen Lebensvollzügen gegenübergestellt. In den vorherrschenden Subjektformationen spiegelt sich dabei das je zeitangemessene Verständnis davon, wie ein Individuum sich in die hegemoniale Wissensordnung integrieren soll und welche Selbstverhältnisse idealerweise auszubilden sind. Dabei ist ein fester subjektiver Wesenskern mit dem Verweis auf die Unabschließbarkeit des Prozesses der Identitätsbildung als fortdauernde Selbstpositionierung zurückzuweisen. Menschen, ‚hineingestellt' in Kontexte, nehmen vielmehr Bezug auf vorherrschende Subjektformationen, bringen sich dazu in Stellung und tragen ihre Formen der Selbstkonstitution auch durch die Auseinandersetzung mit anderen in die Kontexte hinein. Aufgrund seiner zu Individualität, Aktivität und Eigenverantwortung ausgerichteten Vergesellschaftung im modernen Sozialstaat bezieht sich das Subjekt gegenwärtig vor allem „eigeninitiativ" und „solitär präpariert" (Poferl/Schroer 2020, 170) auf herangetragene Formierungsversuche, die nachstehend begrifflich und inhaltlich als *Adressierungen*, *Fremdpositionierungen* und *Responsibilisierungen* weiterentwickelt werden, um sie für die empirische Untersuchung fruchtbar zu machen.

3.2.2 Adressierung, Positionierung, Responsibilisierung

Es stellt sich nun die Frage, wie die angeführten Formationen und Formierungen des Selbst konkret an die Individuen herangetragen und überhaupt rezipierbar, bearbeitbar und subjektivierend wirksam werden können. Im Folgenden wird im Anschluss an die Subjektivierungsforschung argumentiert, dass die hier im Fokus stehenden sozialstaatlichen Subjektformierungen vor allem auf Adressierungen, Positionierungen und Responsibilisierungen aufbauen, die sich aus dem Zusammenspiel der gegenwärtigen sozialstaatlichen Paradigmen, ihrer Vermittlung durch Policy Regimes und der individuell-gesellschaftlichen Absorption im Sinne einer Aufnahme und Reflexion durch die Akteur*innen ergeben. Bei Michel Foucault und Judith Butler gehen der Entstehung von Subjektpositionen (bei Butler als *Subjektivationen* bezeichnet) Adressierungen voraus, im Rahmen derer „Individuen durch Blicke, an sie gerichtete Worte oder auf sie einwirkende soziale Praktiken in soziale Prozesse oder Strukturen einbezogen und zum Gegenstand von Kommunikation" (Dederich 2020, 3. Kapitel) werden. Der Ursprung dieses Gedankens liegt dabei in den Verständnissen von Kommunikation und Beziehung, die auf die nordamerikanische Tradition des Pragmatismus und Martin Bubers philosophischen Ansatz zurückzuführen sind (vgl. Reichertz 2020, 47). Jo Reichertz weist darauf hin, dass für „die französischen Philosophen" (Reichertz 2020, 47), auf die sich Foucault und Butler später beziehen, Martin Bubers Ideen, innerhalb derer „die Beziehung der Anfang" aller Kommunikation ist, da erst in ihr das ‚Ich' zum ‚Du'– also *wirklich* – werden kann, konstitutiv sind. Neben Buber spielt dann auch der Pragmatismus (u. a. nach Strauss, Garfinkel, Mead und Goffman) eine fundamentale Rolle, der in der Kommunikation eine identitätsbildende Funktion verortet (vgl. Reichertz 2020, 47).

Für die Frage nach sozialstaatlichen Adressierungen, Positionierungen und Responsibilisierungen ist insbesondere die Konzeptualisierung von Anrufung durch Louis Althusser und auch Emmanuel Lévinas als theoretischer Bezugspunkt relevant. Althusser (1970) zeigt, wie Individuen durch wiederholte Anrufung (oder eher ‚Zwischenrufe'; *Interpellation*) zu den Subjekten werden, als die sie angerufen werden, und ihnen dadurch Positionen innerhalb der gesellschaftlichen Ordnung zugewiesen werden. Durch eine zugewandte, initial spontane Reaktionsweise auf eine Anrufung als das, „was es ohnehin sein soll", zeige das Individuum, dass es das Gefühl hat, gemeint zu sein und konstituiert sich dadurch im Sinne der ihm zugetragenen Position. In der Wiederholung ritualisiert sich diese (auch körperliche, performative) Reaktion und sowohl die zugewiesene Position wie auch die aufkeimende Identifizierung der Angerufenen mit dieser Position verfestigen sich. Im weiteren Verlauf wird eine Wiederholung des Anrufungsprozesses zunehmend obsolet. Die spontan ausgeführte Handlung gilt als Hinweis darauf, dass die gesellschaftlich transportierten Erwartungen, die in der Anrufung liegen, bereits im Individuum vorhanden sind. Diese „doppelte Spiegelstruktur" (Althusser 1970, 147) vermag es parallel, Subjekte als solche zu konstituieren, sie gleichzeitig aber auch durch das so konstituierte Subjekt beherrschbar zu machen, wodurch langfristig die herrschenden politisch-kulturellen Codes verfestigt werden.

Judith Butler knüpft hier an, indem sie betont, dass es zur Subjektwerdung unerlässlich sei, diskursiv begründete Positionen zu übernehmen, da diese eine Ansprache überhaupt erst möglich machen würden. Die Akteur*innen passen sich damit in ein präexistentes System von Sagbarem und Machbarem ein, welches durch die alltägliche Praxis, in konkreten Situationen der Ausgestaltung Bestätigung erfährt, weiterentwickelt und umgeschrieben wird. So erlangen sie durch die Unterwerfung unter die Zumutungen der Ansprache durch andere und ihre „fordernde Alterität" (Butler 2004, 165) eine Anerkennung als Subjekt und damit einen Subjektstatus:

> „Das Subjekt ist genötigt, nach Anerkennung seiner eigenen Existenz in Kategorien, Begriffen und Namen zu trachten, die es nicht selbst hervorgebracht hat, und damit sucht es das Zeichen seiner eigenen Existenz außerhalb seiner selbst." (Butler 2001, 25)

Es zeigt sich, dass nach Butler die Subjektivation maßgeblich davon abhängt, wie die Subjekte auf die bestehende Ordnung und die existierenden logischen und moralischen Kategorien in einer spezifischen Gesellschaftsformation Bezug nehmen. Hierauf reagieren sie, werden durch die wirksam werdenden Diskurse als Subjekte überhaupt erst hervorgebracht und im Nachgang bewertet und (re-)kategorisiert. Durch ihre Lévinas-Rezeption fügt Butler der Subjekt-Werdung durch Anrufung außerdem noch eine spezifische Ebene der ‚vorausgehenden Verantwortung' hinzu, eine Ebene, die bei Lévinas der eigentlichen Hervorbringung von Subjekten vorgeschaltet ist. Bei Lévinas (1987, 131) ist Subjektivität gleichzusetzen mit Verletzlichkeit, und da das Subjekt nur in Beziehung zu anderen sein kann, ist die Verantwortung für den anderen vor allem eine Verantwortung für dessen Verletzlichkeit, die anthropologisch verankert wird, und da jeder dieselbe Erfahrung von Verletzlichkeit besitzt, ist die Verantwortung der Beziehung voraus. Butler zeigt in diesem Sinne mit Lévinas auf, dass jedem Sein Verantwortlichkeit *absolut* vorausgeht und damit auch das „Ausgeliefertsein an den Anderen, die Verletzbarkeit durch den Anderen, die Verletzungsmächtigkeit gegenüber dem Anderen und daraus folgend die Verantwortung für den Anderen [...] unauflösbar miteinander verschränkt" (Dederich 2020, 4. Abschnitt) sind. Die Anrufung des anderen, die bei Althusser maßgeblich in der Sprache liegt, ist dabei bei Lévinas bereits durch die Gegenwart des ‚radikal Anderen' in seiner Verletzbarkeit gegeben, die zur Antwort – oder zur unabweisbaren Verantwortungsübernahme und auf diese Weise auch zur eigenen ‚Verletzbarmachung' – auffordert.[28]

Derlei Adressierungen sind bei Butler stets auch mit ihrer potenziellen Umwendung durch die Adressat*innen verbunden. So verweist sie im Anschluss an Foucaults Machtkonzeption nachdrücklich darauf, dass ein solcher *Widerstand* notwendigerweise im Wechselspiel zwischen Unterwerfungs- und Freiheitspraxen begründet liegt und jede empirische Untersuchung von Subjektivationen auch die Möglichkeit zum Dissens bedenken muss:

> Zu einer kritischen Analyse der Subjektivation gehören: (1) eine Darstellung der Art und Weise, wie die reglementierende Macht Subjekte in Unterordnung hält, indem sie das Verlangen nach Kontinuität, Sichtbarkeit und Raum erzeugt und sich zunutze macht; (2) die Einsicht, daß das als kontinuierlich, sichtbar und lokalisiert hervorgebrachte Subjekt nichtsdestoweniger von einem nicht anzueignenden Rest heimgesucht wird, einer Melancholie, die die Grenzen der Subjektivation markiert; (3) eine Erklärung der Iterabilität des Subjekts, die aufweist, wie die Handlungsfähigkeit sehr wohl darin bestehen kann, sich zu den gesellschaftlichen Bedingungen, die sie erst hervorbringen, in Opposition zu setzen und sie zu verändern. (Butler 2001: 32 f.)

Die Untersuchung des Subjektivierungsgeschehens benötigt mit Butler demnach eine strukturelle Analyse der Regierungsrationalitäten, wie sie in den Gouvernementalitätsstudien im Vordergrund stehen, muss aber auch die Grenzen der Regierungswirkungen, die durch die subjektiven (Nicht-)Aneignungen und die „Grenzen der Subjektivität" bedingt sind, mit beachten. Sie hebt demnach deutlich auf die tatsächlichen Ausformungen der spezifischen Anforderungshaltungen der gesellschaftlichen Kontexte durch die Akteur*innen ab. Butlers Verständnis der Subjektwerdung ist demnach immer mit einer potenziellen Umwendung und Umdeutung der an die Akteur*innen herangetragenen Normen verbunden. In ihrer Auseinandersetzung mit Bourdieus Konzept der Mimesis expliziert sie diese

28 Lévinas legt dabei kein ontologisches, sondern ein ethisches Subjektverständnis zugrunde, innerhalb dessen „Verantwortung die grundlegende Struktur der Subjektivität ist" (Dederich 2020).

Umdeutungen zunächst als Zurückbleiben hinter die herangetragenen Normen, die in dem in der „Polysemie und Iterabilität von Normen und Subjektpositionen" (Bührmann 2012, 157 f.) angelegten „ ‚Fehlerpotential' " (ebd.) begründet liegt, das zwingend Normabweichungen nach sich zieht. Etwaige Widerständigkeiten lassen sich auf diese Weise auch „aus der inneren Instabilität der zu reproduzierenden sprachlichen Realitäten erklären, ohne dass dabei eine Intention oder gar ein aus sich selbst heraus widerständiges Subjekt vorausgesetzt werden müsste" (Bührmann 2012, 158). Bestehendes (Orte, Handlungen, Machtverhältnisse, Normen) ist demnach in sich als fragil und veränderbar zu verstehen und vor allem in der Iteration ist die beständige Modifikation herrschender Verhältnisse eingelassen.

In der Empirie sozialwissenschaftlicher Diskurs-, Dispositiv- und Subjektivierungsforschungen werden Adressierungen insbesondere dann als Bestandteil einer möglichen methodischen Herangehensweise gefasst, wenn die Subjektivierung entlang versprachlichter Wirklichkeitskonstitutionen im Interessenschwerpunkt liegt. Nadine Rose und Norbert Ricken (2018) fassen sogar jegliche Subjektivierungsforschungen als Adressierungsanalyse und umreißen damit ein Konzept, in dem die „ ‚Adressierbarkeit' und ‚Adressabilität' […] als eine grundsätzliche Struktur in und von Sozialität und Interaktion verstanden und dabei gleichzeitig als die basale Operation der Subjektivierung aufgefasst" (Rose 2019, 73) wird. Tatsächliche Subjektivierungsweisen sind innerhalb dieses Zugangs in der Aufeinanderfolge und Verschränkung von Adressierungs- und Readressierungsakten vorfindbar, die es gilt, durch geeignete methodische Zuschnitte sichtbar zu machen. Betrachtet werden auf diese Weise jene „Mikroprozesse […], in denen Menschen anderen Menschen bedeuten, wer sie in ihren Augen sein können und soll(t)en" (Rose 2019, 73), wobei im Anschluss an Butler auch immer die Reaktionsweisen auf die Adressierungen, die als Readressierungen bezeichnet werden, mit in die Adressierungsanalyse einbezogen werden. Als relevante Bezugsfragen der Adressierungsanalyse verweist Nadine Rose auf drei grundsätzliche Fragen, die es empirisch zu klären gilt:

> (1.) wie im Rahmen je spezifischer Praktiken jemand von wem vor wem als wer angesprochen bzw. explizit oder implizit adressiert wird und (2.) zu wem der- oder diejenige dadurch von wem und vor wem gemacht wird und sich ggf. selbst macht ebenso wie (3.) interessiert, inwieweit ihre oder seine re-adressierende Reaktion darauf diesen Prozess mitbestimmen und ihrerseits den oder die andere subjektivieren kann. (Rose 2019, 74)

Die Analyse verspricht so insbesondere ein Einsehen in die kommunikativen Konstruktionsweisen von ‚meinenden Ansprachen' und Formen der Auslegung dieser Ansprachen als spezifisches ‚Angesprochen-Sein' in konkreten Situationen der Interaktion.

Ein Aspekt, der in der Adressierungsanalyse zwar anklingt, aber nicht in der Tiefe ausdifferenziert wird, ist die Frage nach den Positionszuweisungen, die sich an die Adressierungen anschließen bzw. mit ihnen über die Ebene der Interaktion hinaus verbunden sind. In der vor allem von Saša Bosančić geprägten Forschungsperspektive der Interpretativen Subjektivierungsanalyse, die ihren Ausgangspunkt in der hermeneutischen Wissenssoziologie, der wissenssoziologischen Diskurs- und Dispositivanalyse sowie dem interpretativen Paradigma der Soziologie hat, wird die aufgeworfene empirische Doppelperspektive auf die Herausbildung und sozio-kulturelle Festigung von Subjektnormen und deren (Nicht-)Integration in das Subjektivierungsgeschehen tatsächlich handelnder Individuen mit einer Subjektivierungsheuristik erhoben, die insbesondere auf die Fremd- und Selbstpositionierungen der Akteur*innen abhebt.

> Subjektivierung ist, wenn man den theoretischen Grundlegungen über Foucault und Butler bis zum Interpretativen Paradigma folgt, ein komplexer Prozess der Fremd-Identifizierung durch die diskursive Wahrheitsproduktion von vielschichtigen, oft widersprüchlichen Identitätsmodellen und -erwartungen. Die davon beeinflussten Selbst-Positionierungen sind wiederum komplexe Auseinandersetzungen mit diesen Subjektpositionen und Identitätsvorgaben. Die betreffenden Individuen befinden sich zudem am Schnittpunkt von zahlreichen Fremd-Positionierungen und Diskursen, haben ungleiche sozialstrukturelle Positionen inne und sind biographisch unterschiedlich geprägt. (Bosančić 2016, 112)

Das Konzept der Positionierung als die „individuellen Auseinandersetzungen mit Subjektpositionen" (Bosančić 2016, 106) geht so über die Adressierungen hinaus, indem es nach den persönlichen Dispositionen, dem biografischen Gewordensein, den Identitäten der Adressierten fragt und herauszustellen versucht, welche Bedeutungen die Adressierungen und Readressierungen in einem weiteren gesellschaftlichen Kontext haben und wie sie in der sozialen Ordnung sichtbar werden. Bosančić entwickelt im Rückgriff auf das Identitätskonzept des amerikanischen interpretativen Paradigmas nach Mead (1973) und Goffman (1980) ein ganzheitliches Verständnis von den angesprochenen ‚persönlichen Dispositionen der Adressierten' als „Grundannahmen zum Selbst" (Bosančić 2016, 106), das er als Kernstück seiner Subjektivierungsanalyse beschreibt. Demnach ist „Subjektivierung auf der Ebene tatsächlich lebender Menschen [...] als *Selbst-Positionierungsprozess*" und damit als

> tentativer, prekärer, dynamischer und unabschließbarer Prozess der Auseinandersetzung mit den Fremd-Identifizierungen durch diskursiv konstituierte Subjektpositionen, die im weitesten Sinne als Identitätserwartungen und Identitätsmodelle verstanden werden können (Bosančić 2016, 108)

zu konzipieren. Die Fremdpositionierungen, die damit als Teil der Subjektformierungen verstanden werden können, sind dabei empirisch überall dort zu finden, wo Menschen sich bewegen und mit anderen – und damit auch unweigerlich mit diskursiv hergestellten Subjektpositionen – in Berührung kommen. Als konstitutiv für die Subjektpositionen gilt dabei die Annahme, dass sie normalisierend wirken, eine Differenz zum Nicht-Erwünschten markieren. Diese „Negativmodelle" (Bosančić 2014, 128) entfalten ihre eigene Machtwirkung und können als „eine Art Drohung gesehen werden, die die Subjekte zur Aneignung der positiven Subjektpositionen anhält" (ebd.), wobei die Drohung deshalb funktioniert, weil die Subjekte „in ihren Selbstverhältnissen ein Scheitern möglichst zu vermeiden suchen" (Bosančić 2014, 128).

Letztlich scheinen Adressierungen und Positionierungen die spezifische Art der neosozialen Verantwortungsübertragung, die im Kontext des (spät-)modernen Sozialstaats Eigenverantwortung in Sozialverantwortung fordert, nicht ganz erfassen zu können. Die Schuldzuweisungen und Verantwortungsübertragungen, die in den letzten zwei Jahrzehnten mit Responsibilisierung überschrieben werden, sind zwar eng mit wirksam werdenden Adressierungen sowie den Fremd- und Eigenpositionierungen verbunden, jedoch können die „rückwärtsgewandte Zuweisung von Verantwortung und Schuld für die eigene aktuelle Lebenssituation" auf der einen und die „Zuweisung einer zukunftsgewandten Aufgabenverantwortung" (Mohr et al. 2014, Abs. 1) auf der anderen Seite noch mit weiteren spezifizierten Aspekten unterlegt werden. Wie bereits ausgeführt wurde, handelt es sich bei den Responsibilisierungstendenzen um Verantwortungsverlagerungen, innerhalb derer die Individuen dazu aktiviert werden sollen, eigenverantwortlich verantwortungsvoll mit der ihnen in die Hände gelegten Autonomie unter der Maxime des Allgemeinwohls umzugehen. In sozialwissenschaftlichen Betrachtungen der sozialstaatlichen Transformation im Allgemeinen und auch in den Gouvernementalitätsstudien spielen Fragen der Verantwortungsübertragung eine gewichtige Rolle und werden insbesondere als Machtmittel und Regierungstechnik analysiert (vgl. Bröckling 2003; Krasmann 2003; Pieper 2007; Oelkers/Richter 2009; Oelkers 2013; Nadai 2017). In der Subjektivierungsforschung ist die Frage nach spezifischen Verantwortungszuweisungen und subjektiven Bearbeitungen dieser Zuweisungen im Rahmen von Subjektivierungsprozessen nicht systematisch eingelassen. Im Anschluss an Emmanuel Lévinas und Judith Butler kann hier geschlussfolgert werden, dass diese Verantwortungsübertragungen ebenso wie die Adressierungen und Positionierungen auf individueller Ebene Anschluss an das finden können, was ‚ohnehin vorhanden ist' und was demnach im Rahmen einer subjektivierungstheoretischen Forschungsperspektive rekonstruiert werden kann. Den Fragen nach den Adressierungen und Readressierungen im Interaktionsgeschehen sowie den darauf aufbauenden Fremd-Identifizierungen und -positionierungen im Kontext sozialer Zuschreibungsprozesse sind in diesem Sinne im sozialstaatlichen Kontext Fragen der Verantwortungsübertragungen

(Fremdresponsibilisierung) und Verantwortungsübernahmen wie Verantwortungsablehnungen (Selbstresponsibilisierung) zur Seite zu stellen:[29]

- Auf welcher Grundlage nehmen Akteur*innen von wem ausgehend Verantwortungszuschreibungen (Fremdresponsibilisierungen) wahr?
- Wie werden diese Zuschreibungen wodurch auslegend bearbeitet?
- Wie wirken diese Bearbeitungsformen in den gesellschaftlichen Zusammenhang zurück?

Zusammenfassend lassen sich sozialstaatlich relevante Formierungsversuche an dieser Stelle vorerst an drei wesentlichen Schnittstellen festmachen, die im Zuge einer empirischen Betrachtung als leitende Konzepte anzunehmen sind: Adressierungen und die inhärente sequentielle Abfolge von (Re-)Adressierungsakten, die Fremdpositionierungen, im Zuge derer die Adressierten auf Grundlage ihrer Selbst-Identifizierung und biografischen Prägungen Selbstpositionierungen vornehmen, und die Fremdresponsibilisierungen, zu denen sie sich auf Grundlage der Readressierungsakte und Selbstpositionierungen zukunftsgewandt, situationsbezogen oder in die Vergangenheit gerichtet durch Selbstresponsibilisierung verhalten.

3.2.3 Subjekte zwischen Formierung und Subjektivierungsweisen

Die Arbeiten, die unter dem Schlagwort Subjektivierungsforschung subsumiert werden können, eint das grundsätzliche, empirische Interesse daran, „wie Akteur_innen auf unterschiedliche Ordnungen eines idealen Subjekt-Seins (auch jenseits ökonomischer Appellstrukturen und Aktivierungsmuster) Bezug nehmen" (Geimer et al. 2019, 3), und auch die Kritik an einer einseitigen Betrachtung gesellschaftlicher Strukturen und ihrer „sozio-kulturellen Mechanismen" (ebd.) ist ihnen gemein. Der Untersuchungsfokus richten sich je nach Forschungsfragen zum Beispiel auf die Adressierungen in institutionellen Bildungssystemen (Kuhlmann et al. 2017; Kuhlmann/Sotzek 2019) die (Selbst-)Positionierungsweisen von Akteur*innen angesichts normativer Vorgaben des Seins (Bosančić 2014; 2016) oder die produktiven und reproduktiven Aneignungsprozesse von Medienprodukten (Geimer 2011) bzw. sozialpolitischen Reformen (Globisch/Madlung 2017). Wie ausgeführt wurde, ist die Vorstellung, dass Menschen sich nicht entlang der zugedachten „normativen Skripts der Normalität und Einge-

29 Die Begriffe Fremd- und Selbstresponsibilisierung finden sich in der Studie von Anett Steinführer zu *Bürger in der Verantwortung. Veränderte Akteursrollen in der Bereitstellung ländlicher Daseinsvorsorge* (2015). Hier betont die Autorin, dass neben den staatlichen Verantwortungsübertragungen auch die Seite der Bürger*innen und was sie aus den Verantwortungszuweisungen ‚machen', Beachtung finden muss.

passtheit" (Bührmann 2012, 157) verhalten, sondern ein „ ,verworfenes' oder/ und ,widerständiges' Selbst-Verständnis und Selbst-Verhältnis" (ebd.) entwickeln, für diese Forschungsrichtung konstitutiv. Ein maßgeblicher Ausgangspunkt der Denkmöglichkeit tatsächlicher Subjektivierungsweisen ist also die Annahme, dass Formierungsversuche, mit denen hier Adressierungen, Positionierungen und Responsibilierungen der neosozialen Gouvernementalität umfasst worden sind, nicht automatisch übernommen werden, sondern dass viel eher regelhaft mit einer Abweichung von ihnen zu rechnen ist. Diese Abweichung kann bewusst oder unbewusst ablaufen und mit kreativen, auch eigensinnigen, Umdeutungen, gezieltem Unterlaufen oder einer Abwendung durch die Individuen einhergehen. Die vorgestellten Forschungsperspektiven der wissenssoziologischen Diskursanalyse, der interpretativen Subjektivierungsforschung und auch die Dispositivanalyse sind nun darauf ausgelegt, empirisch nach den gesellschaftlichen Bedingungen zu fragen, unter denen diese Abweichungen – und die damit zusammenhängenden Handlungsspielräume – möglich werden. So geraten insbesondere auch „Fragen der gesellschaftlichen Desintegration, der sozialen Ungleichheit, der Diskriminierung und Stigmatisierung" (Poferl/Schröer 2020, 186) in den Blick wissenssoziologischer Untersuchungen. Mit dem beschriebenen Begriffspaar der Formierungsversuche und der tatsächlichen Subjektivierungsweisen wird dabei ersichtlich, dass auch unter restriktiven Bedingungen – wie zum Beispiel im Armutsbereich – Handlungsorientierungen nicht immer den vorgegebenen politisch-kulturellen Bahnen entsprechen müssen und Biografien und Lebensläufe immer auch ,anders möglich' sind. Die entstehenden Spielräume können als eine Beobachtungseinheit für Gegenbewegungen zu hegemonialen Verhältnissen gelesen werden, wobei es theoretisch nicht erst einer Vorabbegründung ihrer Existenz bedarf. Es gilt demnach zunächst, jene vorfindbaren Strategien und Bezugnahmen auf die sozialstaatlich relevanten, diskursiv-dispositiv hergestellten und vermittelten Adressierungen, Positionierungen und Responsibilisierungen in den empirischen Fokus zu nehmen. In dieser Untersuchung richtet sich dieser Fokus auf den Verzicht Bedürftiger auf finanzielle, sozialstaatliche Unterstützung und hat somit einen klar umrissenen Forschungsgegenstand. Im Sinne einer Subjektivierungsforschung, wie sie bisher beschrieben wurde, ist es dabei nicht von Priorität, den Verzicht als Handlungsorientierung danach zu beforschen, ob er sich z. B. als Adaption, Affirmation oder Äußerung von Dissens angesichts hegemonialer Subjektnormen darstellt. Allerdings ist derlei Klassifikationen schon ein gewisser Informationsgehalt hinsichtlich der zugrundeliegenden Strukturen von Desintegration, Benachteiligung oder Ungleichheit zuzusprechen. So ließe sich die Frage stellen, unter welchen Voraussetzungen Menschen je unterschiedlich (affirmativ, negierend, eigensinnig etc.) auf sozialstaatliche Formierungen Bezug nehmen, welche persönlichen Dispositionen diesen Unterschiedlichkeiten zugrunde liegen und welche gesellschaftsstrukturellen Gegebenheiten zum Tragen kommen.

Ein Vokabular, das nicht auf eine Verhaltenskategorisierung auf einem Spektrum zwischen Widerstand und Affirmation abzielt, präsentieren Ellen Bareis und Helga Cremer-Schäfer, die sich in ihren Untersuchungen auf all jene Tätigkeiten und Aktivitäten beziehen, die (potenziell) Bedürftige ausüben, um ihre Teilhabe an der Gesellschaft sicherzustellen (vgl. Bareis/Cremer-Schäfer 2008; Bareis 2012, Bareis/Cremer-Schäfer/Klee 2015). Um den Prozessen der „faktischen und symbolischen Grenzziehung […] insbesondere durch gesellschaftliche Institutionen" (Bareis/Cremer-Schäfer/Klee 2015, 310) zu begegnen, müssen von Ausgrenzung bedrohte Personen demnach permanent *gegenarbeiten* und Wege finden, nicht in die Zone der Exkludierten abzurutschen. Vor dem Hintergrund ihrer persönlichen Dispositionen und gegebener Umstände müssen sie mit den politisch-kulturellen Anforderungen zurechtkommen und in ihrem Alltag konkrete Strategien zur Vermeidung von Marginalisierungen finden. Bareis/Cremer-Schäfer/Klee (2015) versehen diese Tätigkeiten mit dem Oberbegriff „*Arbeitsweisen* am Sozialen" (ebd., 310, Herv. i. Org.) und kennzeichnen so in der bürokratischen Vergesellschaftung ein Gegenfeld zur eher geläufigen Fokussierung auf die marktförmige, arbeitsbezogene Vergesellschaftung:

> Im Weiteren möchten wir begründen, dass auch die Arbeit an den gesellschaftlich erzeugten und wohlfahrtsstaatlich verwalteten Ressourcen in einen erweiterten Arbeitsbegriff aufzunehmen ist, da deren In-Gebrauchnahme zunehmend erschwert bis blockiert wird. Wir sprechen von *Arbeits*weisen (nicht nur von Arbeit), um die Tätigkeiten in Relation zu der historischen Abfolge von „Produktionsweisen" einer kapitalistischen Gesellschaft zu setzen. […] „Arbeits*weisen* am Sozialen" verstehen wir dementsprechend immer bezogen auf eine historisch und räumlich durchgesetzte kapitalistische Produktionsweise. (Bareis/Cremer-Schäfer/Klee 2015, 310)

Demnach reicht es nicht aus, sich im Rahmen der sozialwissenschaftlichen Betrachtung des Sozialstaats mit der Vergesellschaftung zur Arbeit auseinanderzusetzen, sondern ergänzend dazu muss es auch darum gehen, Prozesse der persönlichen Nutzbarmachung sozialstaatlicher Ressourcen im Bedarfsfall zu berücksichtigen. In einen erweiterten Arbeitsbegriff aufgenommen, wird es möglich, der In-Gebrauchnahme und allen Tätigkeiten und Werthaltungen, die damit verbunden sind, eine spezifische „Arbeitsmoral" zuzuschreiben (vgl. ebd., 311 f.). Hiermit beschreiben sie im Rekurs auf Heinz Steinert (1985; 2007) die gesellschaftlichen Verhandlungsweisen über die Verteilung von Rechten und Verpflichtungen und deren Einbettung in je spezifische Herrschaftsverhältnisse und „ökonomische, politische und soziale (Un-)Gleichheitsverhältnisse zwischen Klassen, Geschlechtern, Bürgerschaftszugehörigkeiten und Generationen" (Bareis/Cremer-Schäfer/Klee 2015, 312). Um an den bedingungsgebundenen Ressourcen eines Sozialstaats teilhaben zu können, benötigt es demnach „sekundäre (Zugangs-)Ressourcen" (ebd. 320), die zwar zum Teil in Form von Bildung, Beratung, Mitbestimmungsrechten und politischen Partizipationsmöglichkeiten institutionalisiert sind, deren Inanspruchnahme aber wiederum voraussetzungsvoll ist. Eine so verstandene Arbeitsmoral wird maßgeblich von der Ausrichtung der Arbeits- wie Sozialpolitik moderiert, angeregt und durchgesetzt, wobei Bareis/Cremer-Schäfer/Klee den „Widerstand von unten" als regelhafte (aber keine zwingende) Erscheinung beschreiben.

Welche Formen die Arbeitsweisen am Sozialen einnehmen und welche Rolle sie hinsichtlich eines weiterführenden Kontexts spielen, führt zu einer Perspektive, die in der Analyse auf das Alltagshandeln der Betroffenen verweist und die darauf ausgelegt ist, die „Ordnung und Routiniertheit" von defensiven „Strategien des (Über-)Lebens" als „Sicherung der Subsistenz" und von „expansiven Strategien" (ebd., 318), die zum Ziel haben, in den gesellschaftlichen Kontext einzugreifen, herauszuarbeiten. Insgesamt zeigt die Betrachtung von Arbeitsweisen am Sozialen auf, unter welchen Bedingungen es verschiedenen Menschen gelingen kann, den neosozialen, aktivierenden Sozialstaat für sich nutzbar zu machen und „zu einem Angebot mit ‚Gebrauchswert' umzuarbeiten" (ebd., 330). Die Entstehungskontexte der (Zugangs-)Ressourcen wie Strategien lassen sich im Anschluss an Bührmann/Schneider empirisch in der individuellen Sozialisationsgeschichte, in Erfahrungswissen und Elementarwissen verorten und sollten sich in den in Anschlag gebrachten Dispositiven wiederfinden lassen. Dabei ist davon auszugehen, dass der bewusste Verzicht auf Sozialleistungen, so eine Grundannahme dieser Untersuchung, in jedem Fall auch Ausdruck eines Konflikts der formal Anspruchsberechtigten mit dem Sozialleistungssystem des Sozialstaats oder seinen einzelnen Elementen ist. Im Anschluss an die bisherigen Ausführungen ist davon auszugehen, dass dieser Konflikt vor allem in der mangelnden Passung zwischen Prozessen der Subjektivierung und den komplexen, zum Teil widersprüchlich-fragmentierten Formierungsversuchen gegenwärtiger Sozialstaatlichkeit gelesen werden kann, worauf die Verzichtenden mit ihren Arbeitsweisen reagieren. Um die theoretischen Ausführungen in diesem Kapitel abzuschließen, wird im Folgenden die Beziehung zwischen dem Sozialstaat und seinen Adressat*innen weiter umrissen, um so das Feld für die empirische Untersuchung tiefergehend zu präzisieren und weitere hier relevante Konzepte zugrunde zu legen.

3.3 Theoretische Annäherungen an den Verzicht Bedürftiger

Ein Klassiker, der konflikthafte Beziehungen zwischen Akteur*innen und gegebenen institutionellen Kontexten konzeptualisiert, ist Albert O. Hirschmans Theorie von „Exit, Voice, Loyality" (1970; 1978; 1980). Hirschman geht davon aus, dass jede Organisationsstruktur und jede gesellschaftliche Institution fehleranfällig ist, von Zeit zu Zeit dysfunktionales Verhalten aufweist und an Leistung einbüßt, worauf die Konsument*innen und Adressierten mit Abwanderung, Widerspruch oder Loyalität reagieren (vgl. Hirschman 1970, 1).[30] Grundlegend dafür ist die der Annahme, dass Subjekte, Unternehmen und Organisationen unter allen denkbaren Umständen zu Ausrutschern (engl. *lapses*), das heißt zu Abweichungen von den gesellschaftlich-funktionalen Handlungsbahnen, disponiert sind:

> Under any economic, social, or political system, individuals, business firms, and organizations in general are subject to lapses from efficient, rational, law-abiding, virtuous, or otherwise functional behavior. No matter how well a society's basic institutions are devised, failures of some actors to live up to the behavior which is expected of them are bound to occur, if only for all kinds of accidental reasons. (Hirschman 1970, 1)

Freiheit und Widerstand gegen Machtwirkungen, die im vorangegangenen Kapitel im Anschluss an Michel Foucault und Judith Butler theoretisch als ko-konstitutiv konzipiert wurden, werden auch hier als (demokratische) Selbstverständlichkeit gefasst, die empirisch beobachtbar ist und deren Ursachen in einer Bandbreite von möglichen Gründen verortet werden können. Die Wahrnehmung von Fehlern, Versagen und unzureichenden Leistungen von Unternehmen oder Organisationen provoziert bei ihren Adressat*innen demnach zwei sich gegenüberstehende Reaktionsweisen, über die sich die Management-Ebene ihrer eigenen Fehler gewahr werden kann:

> (1) Some customers stop buying the firm's products or some members leave the organization: this is the exit option. As a result, revenues drop, membership declines, and management is impelled to search for ways and means to correct whatever faults have led to exit.
> (2) The firm's customers or the organization's members express their dissatisfaction directly to management or to some other authority to which management is subordinate or through general protest addressed to anyone who cares to listen – this is the voice option. As a result, management once again engages in a search for the causes and possible cures of customers' and members' dissatisfaction. (Hirschman 1970, 3 f.)

Es wird deutlich, dass sowohl Exit als auch Voice rationale Handlungsoptionen darstellen, in denen sich individuelle Handlungsabwägungen wiederfinden. Es

30 „Exit, Voice and Loyality. Responses to Decline in Firms, Organizations, and States" (1970) zur Ergründung der Bedingungen, wann Menschen ihre Unzufriedenheit mit offenem Protest oder durch selbstgewählten Ausschluss aus den von ihnen kritisierten Kontexten äußern. Jeder Kunde hat demnach in Marktbezügen stets die Wahl, ein Produkt zu konsumieren oder nicht und zu einem anderen Produkt zu wechseln.

geht in beiden Fällen darum, Kosten und Nutzen abzuwägen und gezielt auf gesellschaftliche Kräfteverhältnisse einzuwirken. Im ersten Fall, der Abwanderung, wird die Beziehung zwischen Adressat*in und Organisation/Institution/Staat abgebrochen, was sich zum Beispiel in einem Wechsel zur Konkurrenz, in einer Vertragskündigung oder der Auswanderung in ein anderes Land manifestiert. Ein Wiederaufbau der gestörten Beziehung ist nicht anvisiert. Beim Widerspruch, Voice, wird der eigenen Unzufriedenheit mit dem Produkt bzw. der Leistung der korporativen Akteure öffentlich Ausdruck verliehen. Langfristig ist die Widerspruchsoption darauf ausgelegt, die zerrüttete Beziehung der Parteien (neu) zu konsolidieren. Widerspruch zu leisten ist dabei kostenintensiver als die Abwanderung und hängt auch davon ab, welche Machtressourcen durch den Widerständigen in die Beziehung eingebracht werden (vgl. Hirschman 1970, 40). Hirschman versteht dabei jeden Versuch der Verbesserung oder des Wandels im Bestehenden als voice (ebd., 30). Prinzipiell werden Abwanderung und Widerspruch als gleichwertige Reaktionsweisen entworfen, die anzeigen können, inwiefern die Qualität einer Dienstleistung oder die allgemeine Leistungsfähigkeit einer Organisation zurückgeht. Auch ihr Wechselverhältnis spielt dabei insofern eine Rolle, als sie sich gegenseitig bedingen und befruchten können, zum Beispiel dann, wenn die Widerspruchsoption mit gleichzeitiger Androhung der Abwanderung verbunden wird (vgl. Hirschman 1970 30 ff.). Der Widerspruch kann ferner durch die Abwanderung wesentlicher Akteur*innen entscheidend geschwächt werden und kann dann keine korrektive Wirkung mehr entfalten. Loyalität als dritte Option ist einerseits als eine Art Übergangsstadium zwischen Exit und Voice anzusiedeln und wirkt damit zunächst als Bewertungsanzeiger von Transformationsprozessen, Reformen oder Leistungsadaptionen. Außerdem zeigt sie an, inwiefern die Adressat*innen einem korporativen Akteur (wieder) vertrauen und von einer integrativen Wirkung (des Staats) gesprochen werden kann. Auch hier sind Wechselverhältnisse zu Exit und Voice möglich und loyales Verhalten muss den Individuen keineswegs immer bewusst sein (vgl. Hirschman 1970, 76 ff.). Anfang der 1980er Jahre wurde Hirschmans Modell noch um die Variable ‚neglect' (Missachtung) ergänzt und den nun vier Reaktionsmöglichkeiten wurden eine aktivistische oder passive Grundhaltung und konstruktive bzw. dekonstruktive Elemente beigemessen (vgl. Rusbult et al. 1982). Exit und Voice bilden demnach tatsächliche handlungsunterlegte Aktivitäten, wobei Exit destruktive Auswirkungen zugeschrieben werden und Voice konstruktive Komponenten trägt. Neglect ist wiederum passiv und wird als eine dekonstruktive Version der Loyalität beschrieben.

Ein wichtiger Erkenntnisgewinn von Hirschmans Modell für diese Untersuchung liegt in der Betonung von Exit und Voice als Indikatoren für fehlerhafte Funktionen begründet. Besonders in staatlichen Bezügen nimmt Hirschman dadurch eine Perspektivenumkehr vor, indem er die Bürger*innen und deren Verhalten als korrektive Einheit konzipiert. Die Annahme, dass Rückzug und

Ablehnung als Korrektiv gelesen werden können, ist im Zusammenhang mit dem Verzicht auf staatliche Unterstützung eine Sichtweise, die Aufschlüsse über die Kontextbedingungen des Verzichts liefern kann. Nicht der zuteilende Staat würde hier als die maßgebliche Steuerungsinstanz gesetzt werden, sondern die Reaktionsweisen der Menschen, die in ihm leben, müssten vorsichtig in Betracht gezogen werden und haben ihrerseits einen eigenen Erklärungsgehalt.[31] Außerdem ermöglichen Hirschmans Analysen einen ersten Ansatzpunkt zu möglichen Klassifizierungen von Handlungsorientierungen zum Verzicht. Es wird aber auch deutlich, dass die begrifflichen Konstrukte, die hinter Hirschmans Dichotomie stehen, zu ihrer Engführung verleiten. Zwar betont Hirschman insbesondere im Hinblick auf Exit und Voice deren potenzielle Gleichzeitigkeit, jedoch scheinen vor allem jene Handlungspraxen, die nicht die offensichtlichen Formen des Protests, der Loyalität oder der Abwanderung annehmen, nicht erfasst werden zu können. Der Blick auf nicht öffentlich demonstrierte Kritik und weitere Kritikformen, zu denen vor allem marginalisierte Bevölkerungsgruppen primär fähig sind, wird so verstellt und auch die Entstehungsbedingungen der Handlungsoptionen in einem subjektivierungstheoretischen Sinne verbleiben im Dunklen.

Die alltäglichen, eher defensiven Widerstandsformen – jenseits von Exit und Voice – stehen zum Beispiel im Zentrum der empirischen Arbeit des US-amerikanischen Politikwissenschaftlers und Anthropologen James C. Scott. In seinem Buch „Weapons of the Weak. Everyday Forms of peasant resistance“ (1985) beschreibt Scott die Gemeinsamkeit der möglichen Widerstandsformen Abhängiger bzw. Bedürftiger als Handlungsweisen, die wenig oder keine Koordination untereinander verlangen und die den direkten Kontakt mit Autorität vermeiden:

> Most forms of this struggle stop well short of outright collective defiance. Here I have in mind the ordinary weapons of relatively powerless groups: foot dragging, dissimulation, desertion, false compliance, pilfering, feigned ignorance, slander, arson, sabotage, and so on. […] They require little or no coordination or planning;

31 Hirschman, der als deutscher Jude kurz nach der Machtübernahme der Nationalsozialisten nach Paris floh und 1941 in die USA emigrierte, verfasste zum Erscheinen der deutschen Ausgabe seines Buches ein deutschsprachiges Vorwort. Hier scheint es, als sei die angeführte Problem- bzw. Perspektivumkehr eines seiner theoretischen Kernanliegen: „Ein großer Teil des Buches kreist um die Besorgnis, dass durch die Abwanderung jener, deren Widerspruch unüberhörbar wäre, ein besonders wirksames Mittel gegen den Niedergang verloren gehen könnte. Es gibt wohl eine Verwandtschaft zwischen dieser Situation und dem ‚Schicksal‘ der Juden, die noch nach 1939 in Deutschland waren. Die meisten Jungen und Tatkräftigen wanderten, wie ich, in den ersten Jahren nach Hitlers Machtergreifung ab, und hinterließen eine ernstlich geschwächte Gemeinschaft. Sicher gab es damals praktisch keine Möglichkeit für einen wirksamen Widerspruch, wer immer auch ging oder blieb. Dennoch, der eigentliche Ursprung des Buches mag wohl ein sorgfältig unterdrücktes Schuldgefühl sein, das einfach da ist, wenn es auch verstandesmäßig absurd erscheint. Die deutsche Ausgabe dieses Buches ermöglicht es mir, diesen Nachgedanken zum Ausdruck zu bringen.“

they make use of implicit understandings and informal networks; they often represent a form of individual selfhelp; they typically avoid any direct, symbolic confrontation with authority. (Scott 1985, xvi)

Scotts Analysen zu alltäglichen Widersetzlichkeiten haben maßgeblich dazu beigetragen, dass sozialwissenschaftliche Definitionen gesellschaftlichen Widerspruchs im Sinne der im Zitat genannten Handlungsweisen erweitert wurden, der Blick für Alltägliches geöffnet wurde und damit insbesondere auch die unteren, „subordinate classes" (Scott 1985, xv) mit einbezogen wurden. Denn, so konstatiert Scott, es sind vor allem diese untergeordneten Klassen, denen im Lauf der Geschichte selten die Chance eröffnet wurde, an direkter und organisierter politischer Aktivität und damit an Formen des offenen Widerstands teilzunehmen. Da nach Scott die sichtbare und formalisierte politische Aktivität, „even if clandestine and revolutionary" typischerweise ein reserviertes Gebiet „of the middle class and the intelligentsia" sei, sei es notwendig, auch die „peasant politics" in die Überlegungen einzubeziehen. Ihnen blieben eben jene zitierten „ordinary weapons of relatively powerless groups", die in einen Bereich von Widerspruchsleistungen fallen, die aus der Wahrnehmung sozialer Ungleichheit oder delegitimer Herrschaftsverhältnisse entstehen (vgl. Moore 1966; 1978; E. P. Thompson 1971; Scott 1976).

Mit diesem weiter gefassten Widerstandsbegriff lassen sich demnach eben jene Formen der Bezugnahmen und Begrenzungsversuche von asymmetrischen Machtbeziehungen fassen, die darauf ausgelegt sind, sich angesichts unterdrückender Verhältnisse als handlungsfähig zu erleben, und die im vorangegangenen Kapitel als Arbeitsweisen am Sozialen beschrieben wurden.[32] Wie Foucault macht Scott nachdrücklich darauf aufmerksam, dass es eine stringente Dichotomie zwischen Macht und Widerstand nicht geben kann, sondern dass Widerstand wie Macht immer als Bestandteile des sozialen Lebens zu denken sind. Dabei zeigen insbesondere die alltäglichen Widersetzlichkeiten mitunter auf, wie Widerstand entsteht und warum er zuweilen unter der Oberfläche verläuft.[33]

32 Schon früher hat Erving Goffman ein solches weit ausgelegtes Verständnis von Widerständigkeit nachgezeichnet. In seiner Untersuchung der Wirkweise totaler Institutionen auf die Handlungsfähigkeit der Akteure, die sich innerhalb von Zwangssituationen bewegen und auf eine spezifische Art des Seins verpflichtet werden sollen, beobachtet er einen Absentismus der Akteur*innen, der sich vor allem in Praktiken des Selbst-Entzugs äußert (vgl. Goffman 1972/1961, 184 ff.). Als „sekundäre Anpassung" sind diese Strategien für die Insassen völlig angemessen und mitunter die einzig verbliebene Möglichkeit, sich nicht den institutionsimmanenten Zwängen zu unterwerfen.

33 Dieses Widerspruchspotential erkennt auch Michel de Certeau, wenn er in seiner „Kunst des Handelns" in Bezug auf Verbraucheraktivitäten aufzeigt, wie Individuen ihre Handlungen durch immer neue Möglichkeiten der Kombination und Rekonfiguration zu „listvollen Praktiken der Wiederaneignung eines durch Machtstrategien und funktionalistische Rationalität organisierten Systems" (Winter 2008, 310) werden lassen. Er setzt den Konsum der Verbraucher dem Apparat der Produktion entgegen und zeigt auf, dass im

Im deutschen Kontext soll an dieser Stelle noch auf die Arbeiten des Alltagsforschers und Historikers Alf Lüdtke (1993, 141) hingewiesen werden, der Widerstand im Sinne dieses weiten Verständnisses als wiederkehrende Alltagserfahrung zur (Ver-)Sicherung der eigenen Handlungsfähigkeit zum Gegenstand seiner Forschung machte. Er verortet einen spezifischen Eigensinn in „vereinzelten, gleichwohl beständig wiederholten Augenblicken der Aneignung" (Lüdtke 1993, 141), in denen das Individuum – in Lüdtkes Untersuchung die Arbeiter*innen – nach eigenen Regeln handelt, um Distanz zu Zwängen zu halten und um „Fähigkeiten zum individuellen, wie kollektiven Handeln" (ebd.) zu entwickeln. Lüdtke führt einen fließenden Übergang zwischen „Eigensinn und kalkuliertem Widerstand" (ebd., 142) an und zeigt auf, dass Eigensinn nicht gleichzusetzen ist mit der rationalen Verfolgung eigener Interessen und damit keineswegs einem Entschluss zur „strategischen Optimierung der Effizienz des eigenen Verhaltens" (ebd.) folgt, da „die Praxis des Eigensinns jegliche Risikokalkulationen" (ebd.) außer Acht ließe. In Lüdtkes gemeinsamen Ausführungen mit Thomas Lindenberger (2018) gibt es außerdem Hinweise darauf, dass in der Eigensinnigkeit auch eine gewisse Selbsttechnik verborgen liegt, die in einer Regierungstechnik wurzelt, nach der „das Nebeneinander von Formalität und Informalität, von Regelgebundenheit und individueller Nutzung von Gestaltungsräumen, nicht lediglich hingenommen, sondern an der Schnittstelle zwischen Staat und Bürgern durchaus gewollt ist" (Lindenberger/Lüdtke 2018, 20). Eigensinn als Selbstpraxis artikuliere so „Sehnsüchte und Wünsche von Gruppen wie Individuen, sowie deren Ängste" (ebd.) und bilde somit „eine bestimmte Erfahrung von Autonomie", die auch bloße Distanzierung ohne Willen zur Konfrontation beinhalten kann. Lüdtke sieht den Eigensinn als „Unterfall von Widerstand und Widerständigkeit", der „auf ein Verhalten ‚jenseits' solcher Entweder-Oder-Fixierungen" (Lüdtke 1993, 380) zielt. Die Verortung jenseits zielt auf eine Handlungsorientierung, die nicht zwischen den dichotomen Möglichkeiten Unterwerfung und Gegenverhalten anzusiedeln sei, sondern „ein Drittes" darstellt, das außerhalb der Logik von Herrschaft und Widerstand liegt (vgl. Lüdtke 1993, 380).

In Bezug auf die Subjektivierungsperspektive stellt sich hier die Frage, wie dieses ‚Dritte' in die herausgestellten Fragen nach der Art und Weise, wie Individuen Subjektformationen im Rahmen der Formation ihres Selbst bearbeiten, einzubetten ist und wo ein Erkenntnispotenzial liegen kann. Auf der Grundlage von Hirschmans Perspektivumkehr in der Betrachtung der Beziehung zwischen Sozialstaat und seinen Adressat*innen wird der Verzicht als Artikulation von

---

Gegensatz zur „rationalisierten, expansiven, aber auch zentralisierten, lautstarken und spektakulären Produktion" in den „*Umgangsweisen* mit den Produkten" (de Certeau, 1988, 13) eine List und Lautlosigkeit verborgen liegt, die häufig unbemerkt bleibt, aber keineswegs folgenlos ist. Diese Handlungsweisen beschreibt er als „abertausend Praktiken, mit deren Hilfe sich die Benutzer den Raum wiederaneignen" und das „Netz einer Antidisziplin" (de Certaeu 1988, 16) bilden.

Dissens verständlich, dessen Offenlegung als Korrektiv gegebener Machtverhältnisse gelesen werden kann und Hinweise darauf liefert, welche Normen und Werte in einer Gegenwartsgesellschaft dominieren, im Wandel sind oder in neue überführt werden. Die Betrachtung dessen, was „den Machtbeziehungen entgeht" (Foucault 1978, 204), jenes „Entwischen" (ebd.), das in Reaktion auf „jedes Vorrücken der Macht mit einer Bewegung antwortet", um „von ihr zu befreien" (ebd.), liefert demnach Aufschluss über a) neue „Entwicklungen von Machtnetzen" (ebd. 205), b) die zugrunde liegenden Bedingungen als Möglichkeitsräume für Handlungsfreiheit, Selbstermächtigung, Inklusion und Exklusion und c) die Folgen dieser Entwicklungen für Individuum und Gesellschaft im Sinne sozialer Ungleichheiten, Desintegration Diskriminierung und Stigmatisierung.

In diesem Sinne beleuchtet Angelika Poferl (2010) den ‚Eigensinn' indvidualisierungstheoretisch und fordert, „Phänomene einer ‚Einzelhaftigkeit' und ‚Eigen-Sinnigkeit' menschlicher Existenzweisen" als Ausdrücke eines individualisierten Seins „in ihrer *historisch spezifischen* Dimension zu erschließen und auf den Prüfstand empirisch-soziologischer Zugänglichkeit zu heben" (Poferl 2010, 300). So solle es über den heuristischen Einsatz der „Deutungs- und Handlungsfigur des individualisierten ‚Einzelnen' und seiner ihm zugedachten ‚Eigen-Sinnigkeit' " (Poferl 2010, 292, Herv. i. Org.) gelingen, „Fragen der *Konstitution* und *Genese* subjekt- und individuumszentrierter Deutungs- und Handlungsfiguren, der Zuschreibung von Handlungsmächtigkeit und Sinnstiftungskompetenz" (ebd. 300) in einem übergeordneten Kontext der sozialen Wandlungsprozesse zu analysieren. In der „ ‚Eigensinnigkeit' von Lebenspraxen" (Poferl 2010, 304) liegt demnach insofern analytisches Potenzial, als sie insbesondere dort vorzufinden ist,

> wo sie auf mehr oder minder gravierende Handlungsprobleme zurückgeworfen ist und auf (tatsächliche oder vermeintliche) Entscheidbarkeiten, auf von ‚außen' herangetragene oder sich den Akteuren ‚selbst' stellende Begründungspflichten und Legitimationszwänge trifft. Strukturell individualisierte Lebensweisen haben den Charakter eines – sei es freiwilligen, sei es unfreiwillige – *Experimentierens;* ihre ‚Reflexivität' zeigt sich in vielfach gebrochenen Rückspiegelungen und schließt sowohl Reflexion als auch vorreflexives Wissen bis hin zu (relativem) Nicht-Wissen ein. Entscheidend dafür ist allerdings die Frage der *Stellungnahme* und *Haltung*, die Akteure in und mit ihren jeweiligen Arten und Weisen des ‚Welterfassens' in Form von Denken, Fühlen, Handeln einnehmen.

Dieser Argumentation folgend, kann der Verzicht auf Sozialleistungen als Ausdruck von Eigensinn individualisierter Einzelner aufgefasst werden und die Perspektivübernahme der Verzichtenden weist sowohl auf Fehlentwicklungen sozialstaatlicher Intervention, auf Widersprüche und Integrationsschwierigkeiten hin als auch auf das gesellschaftliche Transformationsgeschehen und damit einhergehende Öffnungen und Schließungen von Handlungsspielräumen der

Akteur*innen. Ein empirisches Vorhaben, das auf dieser Grundlage entwickelt wird, geht mit einigen methodischen Herausforderungen einher, die unter anderem in der Notwendigkeit begründet liegen, einen geeigneten Forschungszuschnitt zu finden, um an das zitierte ‚Welterfassen' anderer zu gelangen. In den nachstehenden Kapiteln wird die empirische Untersuchung des Verzichts als Bestandteil einer individualisierten Lebensweise im Rahmen der in den letzten Kapiteln zugrunde gelegten theoretischen Grundannahmen präzisiert.

4 Präzisierung der empirischen Untersuchung

Anhand der dargelegten Konzepte und Vorannahmen wird nachstehend das konkrete empirische Herangehen an den Verzicht Bedürftiger verdeutlicht und in seinem Anschluss an bestehende Forschungen dargestellt, um daraus das Forschungsdesiderat und die leitenden Forschungsfragen zu entwickeln. Kapitel 4.1 fasst dazu noch einmal die theoretischen Kernannahmen der ersten Kapitel zusammen und bezieht sie aufeinander. Nachdem einleitend bereits der Forschungsstand zur Nichtinanspruchnahme von Sozialleistungen aufgearbeitet wurde, wird das Thema in Kapitel 4.2 in einen weiteren Kontext gesetzt, in dem die Nutzungsweisen von Sozialleistungen als Frage der Beziehung zwischen Bürger*innen und Sozialstaat und Gegenstand der empirischen Sozialforschung dargestellt wird. Hieraus wird ein dreigliedriges Desiderat entwickelt, das in Kapitel 4.3 mit Forschungsfragen unterlegt wird, die es im Rahmen der empirischen Untersuchung systematisch zu beantworten gilt.

4.1 Zwischenfazit und Problemstellung

In der Einleitung wurde der Verzicht auf Sozialleistungen als soziales Problem und Indikator für ein Legitimationsdefizit des Sozialstaats beschrieben und das Ausbleiben systematischer Forschung dazu thematisiert. Der Verzicht wurde als alltägliche, individualisierte Handlungspraxis gerahmt, deren gesellschaftliche Entstehungszusammenhänge, Strategien, Wirkungen und Nebenfolgen durch die empirische Betrachtung der Subjektivierungsweisen der Verzichtenden in Kontrast zu ihren wahrgenommenen sozialstaatlichen Formierungsversuchen zu erschließen sind. Im zweiten Kapitel wurde der Sozialstaat als Instanz der Vergesellschaftung beschrieben, innerhalb derer die Kategorie der (Hilfe-)Bedürftigkeit einen wesentlichen Rechtsbegriff darstellt. Es wurde gezeigt, dass die Bewertungskriterien zur Hilfe(un-)würdigkeit von stabilen Standards geleitet werden, die durch neue sozialstaatliche Programme und Paradigmen Konfigurationen und Verschärfungen erfahren. Als logische und moralische Kategorie ist Bedürftigkeit durch spezifische Kontinuitätslinien gekennzeichnet und spiegelt als soziale Ordnungskategorie die aktivierungspolitische Logik des Sozialstaats und die inhärenten neuen und alten Exklusionslinien wider. Die eingebrachte Fragmentierungsperspektive ist darauf ausgelegt, Friktionen zwischen herrschenden sozialpolitischen Ideen, der Gesetzgebungs- bzw. Gesetzumsetzungsebene, den beobachtbaren sozialen Handlungsorientierungen und Handlungsweisen sowie den Identitäten der Sozialstaatsbürger*innen zu identifizieren. Als besonders relevant für die angestrebte Untersuchung wurde die letztgenannten Ebenen erachtet, da durch sie die tatsächlichen Lebensvollzüge der Menschen in den Interessensmittelpunkt rücken.

Um theoretisch tiefer einzusteigen, wurden in Kapitel 3 die Grundlagen zur Beschaffenheit von Subjekten, zu den Prozessen der Subjektwerdung sowie deren Situiertheit in sozialstaatlichen Bezügen zwischen Unterwerfung und Handlungsmacht rekonstruiert. Im Rückgriff auf die sozialkonstruktivistische Denktradition und die Forschungsperspektiven der wissenssoziologischen Diskursanalyse sowie der neueren Subjektivierungsforschung wurden im Nachgang die leitenden Begriffe *Formierungsversuche* und *tatsächliche Subjektivierungsweisen* mit einem ersten heuristischen Herangehen unterlegt. Außerdem wurde der dispositivanalytische Ansatz nach Andrea Bührmann und Werner Schneider erläutert und als erkenntnisversprechende Perspektive beschrieben, die über die subjektivierungstheoretische Sicht auch einen weiteren gesellschaftstheoretischen Fokus erlaubt. Kapitel 3 abschließend wurden noch einige Hinweise auf die theoretische Verortung des Verzichts auf Sozialleistungen in der konflikthaften Beziehung zwischen Sozialstaat und seinen Adressat*innen gegeben. Der Verzicht wurde hier im Anschluss an Ellen Bareis, Helga Cremer-Schäfer und Angelika Poferl neutral als *Arbeitsweise am Sozialen* und *Ausdruck einer individualisierten Lebensweise* gefasst.

Der Verzicht auf Sozialleistungen wird hier in diesem Sinne als forschungspraktisches Beispiel gesehen, anhand dessen die aufgezeigten Zusammenhänge beobachtbar werden, da die tatsächlichen Subjektivierungsweisen der Verzichtenden mutmaßlich von den von ihnen wahrgenommenen sozialstaatlichen Formierungsversuchen abweichen. In diesem Sinne wird den Verzichtenden eine „subjekthafte Handlungsmacht" zugeschrieben, die im Verzicht „ausgeformt wird und performativ in Erscheinung tritt" (Alkemeyer et al. 2015, 39) und Schlüsse auf gesamtgesellschaftliche Zusammenhänge und Prozesse im Feld der Marginalisierung, der Exklusion und der sozialen Ungleichheit zulässt. Mit Bezug auf die herausgearbeiteten theoretischen Grundannahmen gilt es demnach, die biografisch und sozialisationsbedingten Selbst- und Weltdeutungsstrategien der Individuen zu untersuchen, aus denen sich alltagspraktische Orientierungen ergeben und die in Abhängigkeit von gesellschaftlichen bzw. kollektiven, diskursiv hervorgebrachten Symbol- und Wissensbeständen stehen. Im Folgenden wird dazu kurz der Forschungsstand an der Schnittstelle zwischen den (potenziellen) Adressat*innen der Sozialpolitik und ihrer Ausrichtung und Ausgestaltung sowie deren Wechselbezüge aufgearbeitet. Da die Forschungslandschaft zum Verzicht auf Sozialleistungen bereits im einleitenden Kapitel dargelegt wurde, werden hier die subjektivierend wirksamen vergesellschaftenden Effekte des Sozialstaats und die dem zugrunde liegenden Rahmenbedingungen und Produktionsweisen von sozialen Nebenfolgen wie Ungleichheit, Exklusion und Beziehungsstörungen zwischen Staat und Bürger*in und deren Rezeption in der qualitativen Forschung fokussiert.

4.2 Forschungslandschaft und Desiderat

Das Verhältnis zwischen Sozialstaat und Adressat*innen sozialpolitischer Interventionen und damit auch das Themengebiet der (Nicht-)Nutzung öffentlicher Politiken ist in Deutschland im Zuge der Expansion und Ausdifferenzierung des Sozialleistungssystems in den 1960er Jahren als Gegenstand der Sozialwissenschaften hervorgetreten. Als Pionier gilt der Rechtswissenschaftler Ernst Forsthoff (1902–1974), der früh eine rapide Ausweitung der „Versorgungsbürokratie" und die „Verrechtlichung" von Sozialleistungen vorhergesagt hat. Die Dynamiken zwischen Sozialpolitik und deren Auswirkungen auf die tatsächlichen sozialen Verhältnisse wurden dann unter anderem von Franz-Xaver Kaufmann und Christian von Ferber in den 1970er Jahren als „Verhältnis zwischen Bürgerrechten und Verwaltungsstaat" als Forschungsgebiet benannt. Kaufmann hat hier die Verbindung zwischen sozialpolitischen und soziologischen Fragestellungen gesehen und „die Wirkungen praktizierter Politik und ihre Bedingungen" und die Interdependenzen zwischen sozialpolitischen Entwicklungen und gesellschaftlichen Transformationen in sein Interessenszentrum gerückt. Erstmals breiter rezipiert wurde die soziologische Perspektive auf Sozialpolitik auf dem Bielefelder Soziologentag 1976, in dessen Sonderheft *Soziologie und Sozialpolitik* (Ferber/Kaufmann 1977) auch die Rolle der Adressat*innen sozialstaatlicher Leistungen und das Zustandekommen sozialpolitischer Güter thematisiert wird. Diese frühen Studien der 1970er und 1980er Jahre markieren einen Perspektivwechsel in der Betrachtung der Implementierung und Legitimation von (Sozial-) Verwaltungshandeln von einer Top-down-Steuerung hin zur Vorstellung eines gemeinsamen Lern- und Aushandlungsprozesses in Einsicht der Veränderbarkeit sozialer Verhältnisse. Damit einher ging die Annahme, dass ‚die' Verwaltung nicht allein von einer übergeordneten Instanz gesteuert wird, von der sie ihre Handlungsspielräume und Priorisierungen vorgegeben bekommt, sondern auch von ihren Akteur*innen und Adressat*innen im Rahmen einer verhandelnden bzw. kooperativen Verwaltung mitgestaltet wird.

Die Forschungsbemühungen seitdem lassen sich grob nach ihrem jeweiligen Ansatzpunkt „von unten" oder „von oben" differenzieren (vgl. Leibfried 2003, 3). Bei der Perspektive „von oben" stehen Fragen im Fokus, die das bestehende Regime, seinen Wandel und seine Eigenschaften beschreiben und in einem weiteren Kontext, auch international-komparativ, zu begreifen suchen. Nach Kaufmann ist es die Relation zwischen *social policies*, das heißt der Sozialgesetze in ihrer institutionellen Einbettung und kumulativen Entwicklung, den *social politics* als Frage der politischen Machtverhältnisse und dem zum Tragen kommenden sozialstaatlichen Denken als *socio-political ideas*, das von sozialwissenschaftlichem Interesse ist. Auf diesen Ebenen werden wiederum eine ganze Reihe weiterer Schwerpunkte gesetzt. In der soziologischen Verwaltungswissenschaft reflektiert zum Beispiel Dieter Grunow seit den 1980er Jahren (Grunow 1988; Grunow/Wollmann 1998; Grunow 2003; Grunow 2017) die Hinwendung deutscher Verwaltungen zur Bürgernähe und problematisiert insbesondere die persistent bestehende „fehlende Innovations- und Wandlungsfähigkeit" (Grunow 1988, 166). Heute werden im Feld der Sozialpolitikforschung auch interdisziplinär die Beteiligungsmöglichkeiten der Öffentlichkeit an der Gesetzgebung, den Entscheidungen und den Verwaltungsabläufen untersucht, wobei hier ebenfalls zuweilen darauf abgezielt wird, strukturelle Widersprüchlichkeiten und Fragmentierungen offenzulegen (Bakoben et al. 2019) oder grundsätzliche soziologische Kritik am Sozialstaat zu formulieren (vgl. Leisering/Voges 1992; Leisering 2001).

„Von unten", das heißt aus der Perspektive „der Leute" (Vobruba 2009), wird der Sozialstaat hingegen seltener betrachtet. Aus der Wahrnehmung, dass die Kultur eine vernachlässigte Kategorie in der Forschung zum Sozialstaat darstellt, plädiert Carsten G. Ullrich für eine kultur- und wissenssoziologisch informierte Forschung zum Sozialstaat als „Wohlfahrtskulturforschung" (Ullrich 2003, 14), in deren Fokus auf der Mikroebene „vor allem die sozialpolitisch relevanten Deutungsmuster und Handlungsweisen der wohlfahrtsstaatlichen" (ebd., 15) Adressat*innen stehen und die auf die „kulturellen Konstitutionsbedingungen von Handlungsorientierungen zielen" (ebd.) sollte. Ulrich misst solchen „historisch-soziologischen, oft diskursanalytisch angelegten Arbeiten" ein Korrektivpotenzial angesichts der Dominanz strukturalistischer und funktionalistischer Ansätze bei, weil hier die soziale Gewordenheit sozialstaatlicher Systeme betont wird und Untersuchungsebenen (z. B. Deutungsmuster der Adressat*innen und sozialpolitische Paradigmen) miteinander in Beziehung gesetzt werden können. Ähnlich wie bei Hirschmans Ansatz zu Exit, Voice und Loyality (siehe Kap. 3.3) geht es also auch hier um eine Umkehr der Perspektiven: Wenn aus Adressat*innensicht gegebene sozialpolitische Verhältnisse auf ihre Rezeption, Geltung und Reichweite in alltäglichen Bezügen geprüft würden, so ließen sich Aussagen zu ihrer Funktionalität treffen.

Georg Vobruba führt aus, dass in Deutschland seit Mitte der 1990er Jahre überhaupt erst sozialwissenschaftlich untersucht wird, wie „die Leute den Sozialstaat tatsächlich nützen, was sie auf seiner Grundlage machen und sich zutrauen" (Vobruba 2009, 120). Hierbei stünden die *strategische Nutzung* und der *Missbrauch* von Sozialleistungen mehrheitlich im Vordergrund, wohingegen freiheitsstiftende Effekte und Autonomiegewinne, die dem „Eigensinn der Leute […] einen gewissen Raum" (Vobruba 2014, 274) böten, vernachlässigt würden.

Eine entsprechende Leerstelle der Forschung markieren auch Fabian Kessl und Hans-Uwe Otto (2011, 394 f.), wenn sie einen Mangel der „Systematisierung des Erbringungsverhältnisses hinsichtlich der (Selbst-) wie Fremdpositionierung der beteiligten Akteure und der damit verbundenen (Re-)Produktion der dominanten Denkweisen durch institutionelle, professionelle wie Nutzerakteure" (vgl. ebd.) ausweisen. Es scheint auch an dieser Adressat*innenvergessenheit zu liegen, dass sozialpolitische Interventionen meist „jenseits der bisherigen biografischen Pfade und jenseits der Berücksichtigung sozialer Herkunft und anderer ermöglichender oder begrenzender gesellschaftlicher Kontexte" (Globisch 2018, 69) der potenziell Nutzenden konzipiert werden und im Nachgang zuweilen ins Leere laufen.

Forschungsarbeiten, die in diese Lücke stoßen, mehren sich vor allem seit Umsetzung der Agenda 2010, um die gesellschaftlichen Folgen aktivierungspolitischer Zumutungen der Sozialpolitik auszuloten, wobei zunehmend auch Fragen der Nutzung sozialpolitischer Angebote eine Rolle spielen. Vor allem in Forschungsarbeiten aus der Sozialarbeitswissenschaft sind die subjektiven Aneignungsformen und Folgeerscheinungen des aktivierungspolitischen Umbaus im Zusammenhang mit dem Nutzungsverhalten der Adressat*innen zu einem Schwerpunktthema geworden (vgl. zusammenfassend die Sammelbände von Graßhoff 2013 und van Rießen/Jepkens 2020). Im Mittelpunkt stehen hier vor allem die Nutzung sozialer Dienstleistungen und Angebote der Sozialen Arbeit, wobei sich eine Strömung dieser Arbeiten dezidiert auch der Nicht-Nutzung des Sozialsystems widmet (vgl. Bareis/Cremer-Schäfer 2008; 2013; van Rießen 2020; Herzog 2020). Weiterhin müssen hier Untersuchungen Erwähnung finden, die sich mit der Handlungsmacht von Akteur*innen befassen und hervorheben, dass normative Handlungsprogramme – wie sie von den erwähnten gouvernementalitätstheoretischen Ansätzen beschrieben worden sind – nicht zwingend auch den Handlungsorientierungen der Menschen entsprechen müssen. Verschiedenste Untersuchungen im Feld der sozialwissenschaftlichen Sozialpolitikforschung weisen darauf hin, dass subjektive Handlungsvollzüge stets von vorgegebenen Formen des Seins abweichen können und dadurch die Forderungskataloge des aktivierungspolitischen Paradigmas umgedeutet oder zurückgewiesen werden (Böhm et al. 2004; Rink, 2008; Jürgens 2009; Dörre et al. 2013). Wiederum im Nachgang des neosozialen Umbaus des Sozialstaats sind eine Reihe von Forschungsarbeiten entstanden, die sich dezidiert mit den Freiheits- und Autonomiegewinnen der Adressat*innen sozialpolitischer Leistungen befassen und explizit auch die Möglichkeit mitdenken, dass Individuen sich nicht entlang neoliberaler Zumutungen verhalten (vgl. Heiter 2008; Phillipps 2008; Lehnert 2009, Yollu-Tok 2010).

Schließlich zeigt sich, dass die gegenwärtigen Untersuchungen im Feld sozialwissenschaftlicher Betrachtung des Sozialstaats selten gesellschaftstheoretischen Anschluss erlangen. Dies liegt nach Georg Vobruba insbesondere daran, dass sie sich meist Detailproblemen des Sozialstaats widmen und es (mit Ausnahmen) auslassen, von diesen Detailproblemen auf den übergeordneten Kontext zu schließen:

> Überwiegend aber findet man heute Forschung, die sich methodisch elaboriert Detailproblemen widmet: Exklusionsprozesse bei 17- bis 25-Jährigen, Prekarisierung von Alleinerziehenden, Verweildauer im Sozialtransferbezug von speziellen Gruppen, Probleme der Interaktion in Job-Centern. All diese Themen sind wichtig, und zwar aus mindestens zwei Gründen: Sie behandeln Probleme, die für die Betroffenen von existenzieller Bedeutung sind; und man kommt nur über den Weg empirischer Erforschung konkreter arbeits- und sozialpolitischer Phänomene zu einem integrierten Verständnis von Arbeit und sozialer Sicherheit im heutigen Kapitalismus. Nur: Dieser zweite Schritt wird nicht getan, die Einbettung der Forschung in größere Zusammenhänge fehlt. (Vobruba 2014, 256)

Unter dem Verweis auf die „Gegenprobe“ (ebd.), nämlich die Relevanz von „Arbeit und sozialer Sicherheit in den gegenwärtigen Angeboten zu einer Theorie der Gesellschaft“ (ebd.) und der Feststellung, dass diese dort kaum eine Rolle spielten, fordert er dementsprechend, über einfache „Ziel-Mittel-Relationen“ (ebd.) hinauszugehen und auch in den Forschungen zu Detailproblemen des modernen Sozialstaats einen gesellschaftstheoretischen Anschluss zu suchen.

Die Subjektivierungsforschung verortet in der Untersuchung von Prozessen der Subjekt-Werdung ein solches Erklärungspotenzial, wobei die Ansätze, die sich unter ihr versammeln, „explizit die Seite der Adressat*innen von normativen Appellstrukturen in den Blick nehmen“ (Geimer et al. 2019, 3). Hierbei markieren sie eine Leerstelle der Forschung in „der Aushandlung und Aneignung jener normativen Bezugspunkte durch die Akteur_innen [, die] bislang – auch in der qualitativen Sozialforschung – weitgehend unsystematisch und sporadisch in gegenstandsbezogenen Kontexten behandelt“ (ebd.) wurde. Den verschiedenen Ausrichtungen der theoretischen und empirischen Forschungsarbeiten in diesem Feld ist gemein, dass sie die „einseitige Analyse von gesellschaftlichen Strukturen und entsprechenden soziokulturellen Mechanismen, die Akteur*innen bestimmte Verhältnisse zu sich selbst nahelegen“, ablehnen und „die Selbst-, Anderen- und Weltverhältnisse dieser Akteur*innen methodisch-methodologisch kontrolliert in den Blick“ nehmen wollen, ohne jedoch den Anspruch einer eigenen Methode selbst für sich zu beanspruchen. Je nach Forschungsfrage gilt es demnach, Zugänge dazu zu schaffen, wie sich kollektive Kategorien, Rationalitäten und Normativitäten als individualisiertes Alltagswissen und -bewusstsein ausbilden, wie Anpassungsanforderungen von Individuen rezipiert werden und an welche vorhandenen Wissensbestände diese Rezeptionen andocken können bzw. unter Umständen auch abgewehrt werden. Globisch/Madlung (2017) stellen dazu fest, dass insbesondere die Armutsforschung noch eher sporadisch innerhalb dieser subjektivierungstheoretischen Ansätze angebunden ist. In der Zusammenschau ergibt sich ein dreigliedriges Desiderat, welches die hier angestrebte empirische Untersuchung des Verzichts Bedürftiger auf sozialstaatliche Leistungen bearbeiten soll:

1) Auf inhaltlicher Ebene ist es der Verzicht auf Sozialleistungen selbst, der bislang vor allem aus der Perspektive der Verzichtenden kein Gegenstand der interpretativen Sozialforschung ist;
2) auf methodisch-methodologischer Ebene sind es die tatsächlichen Subjektivierungsweisen, die in Armutsdiskursen und der soziologischen Sozialpolitikforschung ein wenig beleuchtetes Forschungsfeld darstellen;
3) auf gesellschaftstheoretischer Ebene ist es letztlich die Verknüpfung zu einem übergeordneten Kontext, die im Feld der Untersuchung sozialer Sicherheitssysteme häufig keinen Eingang in die Forschungsvorhaben findet.

Das Forschungsanliegen speist sich aus diesem Desiderat und dem spezifischen Forschungsinteresse. Die Auseinandersetzung mit dem Verzicht Bedürftiger auf sozialstaatliche Unterstützung hat zum einen die Frage nach den Brüchen zwischen der Wahrnehmung sozialstaatlicher Formierungsversuche – verstanden als die sozialstaatlich relevanten Adressierungen, Responsibilisierungen und Positionierungen – und den tatsächlichen Subjektivierungsweisen, verstanden als deren Auskleidung vor dem Hintergrund vergangenheits- und gegenwartsbezogener wie zukunftsgewandter persönlicher Dispositionen, in den Fokus gerückt. Hierin wird die Chance gesehen, den Verzicht als Muster sozialen Handelns fassen zu können und die Ergebnisse in einen Zusammenhang zu den Bedingungen, unter denen der Verzicht möglich wird, gesellschaftstheoretisch einordnen zu können. Dazu wurde der subjektivierungstheoretischen Perspektive ein dispositivtheoretischer Blick zur Seite gestellt, um die über eine Analyse von Subjektivierungsweisen hinausgehende gesellschaftstheoretische Anbindung leisten zu können.

4.3 Forschungsfragen

Um das aufgeworfene Desiderat zu bearbeiten, soll der Verzicht subjektivierungstheoretisch gefasst werden und dispositivanalytisch als Bestandteil tatsächlicher Subjektivierungsweisen eingeordnet werden. Dieser Zuschnitt erfordert einerseits die Rekonstruktion von „vorfindbaren Identitätsvorgaben“ (Bührmann 2012, 157) und andererseits die Betrachtung der tatsächlichen Formen von deren „Aneignungen als empirisch rekonstruierbare Identitätsmuster“ (ebd.). Da dies aus der Perspektive der Adressat*innen geschehen soll, rückt die Rekonstruktion von Wahrnehmungs- und Deutungsmustern sozialstaatlicher Formierungsversuche und den Vergesellschaftungsmechanismen, die dem zugrunde liegen, in den

Blick. Dahinter liegt die Annahme, dass mit der Ermittlung der Funktionsweise sozialstaatlicher Adressierungen, Positionierungen und Responsibilisierungen aus Sicht der Adressanten auch danach gefragt werden kann, wie die Adressierungen *nicht* funktionieren und etwaige Gegenbewegungen hervorgebracht werden. Gesellschaftstheoretisch werden so auch die Strukturmomente sozialer Ungleichheit durch die Lagerung der Subjektpositionen im sozialen Raum sowie die machttheoretisch zu fassenden Verhältnisse des Zuerkennens von Kritikfähigkeit Marginalisierter in den Untersuchungsfokus gerückt, um eine weitere Analyse- und Interpretationsebene zu erreichen.

Die Fragestellung lautet daher „*Welche dispositiv-relevanten Strukturen werden für Menschen, die auf Sozialleistungen verzichten subjektivierend wirksam?*" Sie soll systematisch entlang der folgenden Subfragestellungen untersucht werden:

- Welche sozialstaatlichen Formierungsversuche nehmen die Verzichtenden auf welcher Wissensgrundlage wahr?
- Wie bearbeiten sie diese wahrgenommenen Formierungsversuche vor dem Hintergrund biografischer bzw. sozialisationsspezifischer Dispositionen und lebensweltlicher Eigenheiten?
- Welche tatsächlichen Subjektivierungsweisen zeigen sich?
- Welche Dispositive bringen die Verzichtenden auf dieser Grundlage in Anschlag und wie lässt sich dies kulturbedeutsam verorten?

5 Von der Theorie zur Forschungspraxis

Die theoretische Rahmung hat die Kluft zwischen den wahrgenommenen sozialstaatlich-relevanten Formierungsversuchen und den tatsächlichen Subjektivierungsweisen der Verzichtenden in den Fokus gerückt, die es nun empirisch zu fassen gilt. Hierzu müssen methodische Grundlagen gefunden und forschungspraktische Vorkehrungen getroffen werden, die ein stimmiges Verhältnis zwischen einem herzustellenden Datenkorpus und dem heuristischen Zugriff auf das Material gewährleisten. Dass diese Untersuchung einen qualitativen Ansatz verfolgen muss, um dem anvisierten Erkenntnisziel näher zu kommen, ergibt sich aus den bislang aufgeworfenen Grundannahmen und kann damit als hinlänglich begründet angesehen werden. Angesichts der Vielfältigkeit qualitativer Forschung, ihrer Ansätze, Methoden und Konzepte wird im Folgenden der methodologische Rahmen der Untersuchung expliziert. Zunächst wird dazu das Bezugsfeld der Empirie im Alltag und den ihm inhärenten Situationen verortet. Im Anschluss wird die Brücke von der Theorie zur Empirie weiter ausgeführt und in einer biografischen Herangehensweise begründet (Kap. 5.2), um letztlich in Kapitel 5.3 ein erstes Grundgerüst an Rahmenkonzepten und forschungspraktischen Bezügen darstellen zu können.

5.1 Alltag und Situation als Bezugsfeld der Empirie

Die Erforschung des Wechselverhältnisses zwischen den „Objektivierungen gesellschaftlicher Wirklichkeitskonstruktionen […] und deren subjektiven Aneignungen wie Re-Interpretationen im Rahmen sozialkulturell ausgebildeter persönlicher Identitäten“ (Poferl 2009, 243) benötigt eine Art Eintrittspunkt, der einen Zugriff auf die in Frage stehenden Phänomene gewährleistet. Dieser Eintrittspunkt wird in dieser Arbeit im Rückbezug auf die hermeneutische Wissenssoziologie im Alltagsleben der Verzichtenden und damit in ihrem alltäglichen Handeln und Wissen verortet.

Wie schon in Kapitel 3 umrissen wurde, gehen Peter Berger und Thomas Luckmann in ihrem wissenssoziologischen Ansatz davon aus, dass Wirklichkeit in routinisierten Alltagshandlungen produziert und reproduziert wird, wobei das Subjekt gleichermaßen Gesellschaft konstituiert und von ihr konstituiert wird. Die Wirklichkeit ist demnach als Wissensspeicher zu betrachten, dessen verschiedene Wissensarten, deren Charakter und Aneignungsformen durch die

Akteur*innen als erklärende Variablen angenommen werden. Als zugrunde liegende Denktradition ist hier auf die Phänomenologie Edmund Husserls (1859–1938) zu verweisen, der den Begriff der Lebenswelt als kritische Antwort auf die damals dominante alltagsentfremdete Wissensproduktion konzipiert hat. Husserl beschreibt in der Lebenswelt die Grundlage für wirkliche Erkenntnis und sieht in ihr die Bezugsquelle für wissenschaftliche Gedanken und Reflexion über den Menschen in der Welt, womit er gleichzeitig auch nach einer Möglichkeit suchte, „die subjektive Seite der erforschten Individuen mit in den Erkenntnisprozess einzupflegen und dem Umstand Rechnung zu tragen, dass jedes Individuum auch durch persönliche Hintergründe, Wahrnehmungsmuster und erlebte Biografie konstituiert ist" (Alkemeyer et al. 2015, 26). Husserl betont dabei insbesondere auch das permanente menschliche Streben nach Sinnhaftigkeit und beschreibt eine Veränderungsfähigkeit, die im Alltag gegeben ist:

> In der Welt leben ist auf eine wertvolle Welt hin leben, während die jeweils schon seiende Welt teils wertvoll, teils unwert, teils wertlos (gleichgültig) ist. Hinleben ist aber aktiv sein, verändern, und zwar verändernd (wo es möglich ist und dann eo ipso [wo es] Not tut) eingreifen, aus Wertlosem in dem doppelten Sinne positiv Wertes, aus Niederem Höherwertes schaffen. (Husserl 1930/31; 2008, 315)

‚Hinleben' oder ‚hineinleben' bei Husserl impliziert dabei im Grunde schon das, was hier als tatsächliche Subjektivierungsweise beschrieben wurde, und kann mit Husserls Worten als ein „ichlich sich richten, als Ich, auf etwas hin gerichtet, sich betätigen, in verschiedenen möglichen Weisen damit beschäftigt sein" (ebd., 324) gefasst werden. Aufbauend auf Husserls Phänomenologie beschreibt Alfred Schütz die Lebenswelt als „Ausschnitt des Universums", der die je subjektiv eigene „Welt" darstellt (vgl. Schütz 1971, 197). In ihr kumulieren aktuelle wie vergangene „Erfahrungen von bekannten Dingen" (ebd.) sowie die Beziehungen zwischen diesen Erfahrungen und Dingen. Dabei ist sie den Individuen einerseits selbst „in verschiedenem Ausmaß und in mannigfachen Graden der Klarheit, Deutlichkeit, Konsistenz und Kohärenz bekannt" und besteht andererseits zugleich auch aus dem, was noch nicht erfahren, noch nicht bekannt ist, aber „potentiell gewusst werden" (Schütz 1971, 179) könnte. Das macht sie prinzipiell unabgeschlossen und entwicklungsfähig. Der Alltag bildet innerhalb dieser Lebenswelt eine „Wirklichkeitsregion" (Schütz/Luckmann 1979, 25), einen Ort, in dem subjektiver Sinn und objektive Struktur in Wechselwirkung treten und jeweils aufeinander einwirken. An dieser Stelle betonen auch Schütz und Luckmann die bereits von Husserl konstatierten Veränderungspotenziale, die im Alltag liegen und folglich auch in ihm zu beobachten sind:

> Die alltägliche Lebenswelt ist die Wirklichkeitsregion, in die der Mensch eingreifen und die er verändern kann, in dem er in ihr durch die Vermittlung seines Leibes wirkt.

> Zugleich beschränken die in diesem Bereich vorfindlichen Gegenständlichkeiten und Ereignisse, einschließlich des Handelns und der Handlungsergebnisse anderer Menschen, seine freien Handlungsmöglichkeiten. Sie setzen ihm zu überwindende Widerstände wie auch unüberwindliche Schranken entgegen. Ferner kann sich der Mensch nur innerhalb dieses Bereichs mit seinen Mitmenschen verständigen, und nur in ihm kann er mit ihnen zusammenwirken. Nur in der alltäglichen Lebenswelt kann sich eine gemeinsame kommunikative Umwelt konstituieren. (Schütz/Luckmann 1979, 25)

Diese kursorischen Rückbezüge auf die Phänomenologie und den Sozialkonstruktivismus bzw. die wissenssoziologischen Grundannahmen nach Berger/Luckmann und Schütz/Luckmann machen deutlich, dass die Auslegung von Normen, Werten und Kollektivismen aller Art in der interpretativen Sozialforschung schon lange im Alltag verortet wird. Auch ein ganzer Strang poststrukturalistischer und marxistischer Theoretiker*innen macht den Alltag als *das* Beobachtungsfeld für jegliche An- und Umwendungen gesellschaftlicher Ordnung durch die Akteur*innen aus. So verortet Michel de Certeau seine Konzepte der Aneignung und des Widerstands in den alltäglichen Bezügen der bei ihm im Mittelpunkt stehenden Verbraucher*innen und zeigt in seiner *Kunst des Handelns* (1988), wie die „alltäglichen Handlungsweisen" als „Taktiken und Strategien, Poetiken und Rhetoriken, Tricks, Finten und Listen" (de Certeau, 1988, Klappentext) zu lesen sind. Henri Lefebvre stellt dar, wie das noch nicht kapitalistisch verwertete Arbeitsleben die „verschiedenartigen Lebensbereiche und Lebenszusammenhänge, das konkrete Zusammenleben" (Leithäuser 1976, 48 f.) umfasste und ein Garant für den gesellschaftlichen Zusammenhalt war. Mit Ausweitung der modernen Rationalisierung und Bürokratisierung wurde das Alltagsleben dann gewissermaßen in den kapitalistischen Produktionsprozess hineingezogen und „zum Objekt bürokratischer Verwaltung", wodurch es selbst zu einem Teilbereich wurde und seine „Funktion des sozialen Zusammenhalts auf bürokratische Lenkungsinstitutionen" überging (Leithäuser 1976, 48 f.). Thomas Leithäuser sieht im Anschluss daran den wichtigen „Reichtum" des Alltagslebens darin, dass in ihm stets der „Widerspruch gegen Verwertung, bloßes Runterschlucken und Autoritätsanmaßung" latent vorhanden sind und damit ein „Widerspruchspotential, das spontan und unerwartet aktuell werden kann" (Leithäuser 1976, 51) gegeben ist. Und auch bei Jacques Ranciére sind die „Szenen des Dissenses" (Ranciére 2009, 60, zit. n. Alkemeyer et al. 2015, 43), das heißt „Momente des Aufbegehrens, der Störung und Beunruhigung, der Unterbrechung und der Kritik" (ebd.), empirisch im Alltag zu suchen und können „nur dann beobachtbar gemacht werden, wenn an diesen Alltag ‚herangezoomt' und der Versuch unternommen wird, die Perspektiven der Teilnehmer zu rekonstruieren und zu verstehen" (Alkemeyer et al. 2015, 43). Innerhalb wissenssoziologischer Zugänge zentriert methodologisch insbesondere Hans-Georg Soeffner (2004) den Alltagsbegriff und Angelika Poferl

(2004) zeigt auf, wie er als Bindeglied Problematisierungen des öffentlichen Diskurses mit der sozialen Praxis des Alltagslebens verbinden kann.

Im Anschluss an diese Vorarbeiten sucht auch die sozialwissenschaftliche Diskurs-, Dispositiv- und Subjektivierungsforschung nach Möglichkeiten, subjektiven Sinn im Alltag für den empirischen Blick zugänglich zu machen. Vor allem die konflikthaften Momente der Zurückweisung und kreativen Umdeutung sozialstaatlicher Formierungsversuche scheinen hier rekonstruierbar zu werden, da es das Alltagsleben ist, in dem sie realisierbar und rezipierbar werden. Die Wirklichkeitskonstitution im Alltag und damit die Frage nach den Wissensbeständen der Bereiche des Alltagslebens rücken so ins Zentrum der analytischen Betrachtung, denn in ihnen ist eine Erklärung dafür zu vermuten, auf welcher Grundlage Menschen Gegebenes auslegen. Hiermit stellt sich die grundsätzliche wissenschaftliche Herausforderung, dem Problem des Fremdverstehens zu begegnen und eine Position dazu zu entwickeln, inwiefern die Rekonstruktion eines *subjektiven Sinns* überhaupt möglich ist.

Mit Bezug zur sozialwissenschaftlichen Betrachtung des Sozialstaats üben Ellen Bareis und Helga Cremer-Schäfer in ihrer Forschung Kritik an der „Verdinglichung und Verdopplung des Alltags durch die Wissenschaft" (Bareis/Cremer-Schäfer 2013, 139; vgl. auch Sünker 2018). Dem entgegen setzen sie den Ansatz einer „kritischen Alltagsforschung", die als sinnhaft zu deutende Alltagssituationen und Praktiken fokussiert (vgl. Cremer-Schäfer 2004; 2006). So sei es notwendig, „Handlungsweisen von sozialen Akteuren aus Definitionen zu verstehen, die einer Situation gegeben werden, und aus den Strategien, mit denen eine Situation bearbeitet wird" (Bareis/Cremer-Schäfer 2013, 141). Dies verspricht zum einen eine Einsicht in die Rahmenbedingungen, unter denen gesellschaftliche Ressourcen verteilt werden, und in die politisch-gesellschaftlich-kulturellen Ideen und machtförmigen Strukturen, die diesen Verteilungsmodi zugrunde liegen. Zum anderen werden auf diese Weise Alltagshandlungen fokussiert, die sonst eher nicht in Erscheinung treten, wie zum Beispiel der Verzicht Bedürftiger auf sozialstaatliche Leistungen. Die Autorinnen zeigen auf, wie sozialstaatliche Politik ‚von oben' mitunter dazu führt, dass die Adressat*innen ihrer alltäglichen Routinen und ihrer Alltagskompetenz „nachhaltig enteignet" (ebd. 152) werden. Dabei plädieren sie dafür, den Blick konsequent auf die „Bedingungen, unter denen gesellschaftlich erzeugte Ressourcen zugänglich werden", zu richten und damit die „herrschaftsförmigen institutionellen Blockierungen" (Bareis/Cremer-Schäfer 2013, 152) sichtbar zu machen. Ihre „(Nicht-)Nutzungsforschung" schaut deshalb auf den Alltag der (Nicht-)Nutzendenden, weil hier die Strategien der Leute aufscheinen, selbst für sich gesellschaftliche Teilhabe herzustellen, und Momente der Bearbeitungsweisen sozialer Exklusionstendenzen offenkundig werden (vgl. Bareis/Cremer-Schäfer 2013). Sie fassen die Strategien der Leute im Anschluss an Steinert/Pilgram (2003) als *„social policy from below"* und markieren so ein Gegenfeld zu den üblicherweise im Fokus stehenden Sozialpolitiken von oben. Wie bei Bareis/Cremer-Schäfer wird auch in der interpretativen Subjektivierungsanalyse nach konkreten (Alltags-)Situationen gefragt, in denen soziale Phänomene beobachtbar werden. Und auch Saša Bosančić rückt Situationen in den Betrachtungsfokus, indem er an die Situationsanalyse nach Adele Clarke (2005) anschließt, nach der Diskurse immer als ein Element von Situationen zu denken sind, denen spezifische Bedingungen zugrunde liegen, die durch entsprechend passgenaue Analysemethoden zu erschließen sind.

Die Komplexität der Konzepte verlangt es dabei, Wege zu finden, die in ihnen verborgenen Sachverhalte für die Empirie zu operationalisieren. Andrea Bührmann und Werner Schneider schlagen als empirischen Ansatzpunkt eine Kopplung von diskurstheoretischen Fragen mit den Methoden der Biografieforschung vor, die darauf ausgelegt ist, „dass Interviewte (im Sinne von Biografizität) präsentieren, wie sie sich erleben, deuten und wahrnehmen und auch in der Subjektvierungsforschung sind biografische Zugänge geläufig (vgl. Geimer et al. 2019, 7 f.). Autobiografische Erzählungen können dabei als in der Interviewsituation ko-produktiv hergestellte Präsentationen von Selbstdeutungen und -wahrnehmungen in Auseinandersetzung mit – ebenfalls wahrgenommen und präsentierten – Formierungsversuchen verstanden werden, deren Erhebung einen Zugang zu den interessierenden Phänomenen bietet. Im Folgenden wird eine solche Verbindung von Biografieforschung und Subjektivierungs- bzw. Dispositivforschung dargestellt, die als Brücke zwischen den theoretischen Voramnahmen und der empirischen Untersuchung gelten kann.

5.2 Von der Biografie zur Subjektivierung zum Dispositiv

Die Einsicht in den durch Modernisierungsprozesse ausgelösten gesellschaftlichen Wandel und die dadurch bedingten Individualisierungen, wie sie in den einleitenden Kapiteln beschrieben wurden, kann als ein wesentlicher Ausgangspunkt der sozialwissenschaftlichen Biografieforschung angesehen werden (vgl. Lutz et al. 2018, 3). Konstituierend dafür ist die Annahme einer gesellschaftlichen Bedingtheit des Lebenslaufs, der „unter Einfluss von Rechten, Pflichten, Institutionen, Normen und Normierungen, und Möglichkeiten des biographischen Handelns“ (ebd.) als „eigenständige soziale Strukturdimension“ (Kohli 1985, 2) hervorgebracht wird. Lebenslauf und Biografie beziehen sich so auf unterschiedliche Ebenen – während Ersterer die objektive Lebenswelt meint, schließt die Biografie die mikrosozialen Prozesse der individuellen Selbstkonstitutionsprozesse mit ein. Über die Erforschung der Biografie kann so ein Zugriff auf die alltagsweltlichen „Orientierungsmuster“ (Fischer/Kohli 1987, 26) gelingen, die Aufschluss über die strukturellen, kulturell und soziohistorisch abhängigen Rahmenbedingungen liefern können, die zum Beispiel dem Verzicht auf Sozialleistungen zugrunde liegen. Als „vergesellschaftete Erzählungen über Lebenswelten" (Lutz et al. 2018, 5) sind Biografien Zeugnis der Entstehung und Verarbeitung von lebenslauf- und biografiestrukturierenden Normen, denen von vorneherein das Potenzial inhärent ist, „Anstöße von außen auf eigensinnige Weise zur Selbstentfaltung zu nutzen" (Alheit 2010, 240).

Die Biografieforschung bietet demnach einen Weg, „über die subjektiven Konstruktionen von Menschen soziale, kulturelle und gesellschaftliche Räume zu explorieren", um „ein sozialwissenschaftlich fundiertes Wissen über [...] neue soziale Phänomene in der (Post-)Moderne" (vgl. Marotzki 2006, 24) zu erzeugen. Biografien als prozessuale und in Interaktion entstandene ‚Schriften des Lebens' verweisen so über die Erfahrungs- und Handlungszusammenhänge der einzelnen Erlebenden auf gesamtgesellschaftliche Transformationen und Kontinuitäten.

Die lebenszeitliche Perspektive des Lebenslaufs konstituiert hingegen eine gesellschaftliche Institution und begründet ein objektives Ordnungsprinzip, das „individuelle Betroffenheit, die Wirkungsweise von Institutionen und gesellschaftlichen Wandel simultan in einem gesamtgesellschaftlichen Rahmen" (Mayer 1987, 53) reflektiert. Sozialstaatliche Interventionen stellen dabei eine eigene lebenslaufkonstituierende und ordnungspolitische Entität dar, indem sie durch ihre Zugangsvoraussetzungen Altersphasen bestimmen und Leistungssätze an Lebensphasen koppeln. Auf diese Weise werden Lebensstadien und zu erreichende Meilensteine sichtbar, die durch „mehr oder weniger verbindliche Verhaltenserwartungen, internalisierte Normen und Werte [...] und implizit wirkende Verhaltensregeln" (Weidekamp-Maicher 2010, 178) im sozialstaatlichen Arrangement geprägt werden. Insbesondere der Begriff des ‚Normallebenslaufs' spiegelt den normativen Gehalt des Lebenslaufregimes und weist auf eine zeitökonomische Komponente hin: Es ist *normal*, dass zu einem bestimmten Zeitpunkt im Lebenslauf bestimmte Dinge geschehen. Qualitativ darüber hinaus geht dann wiederum das Konzept der „Normalbiographie" (Levy 1977), das nicht nur die objektiv beobachtbaren und voneinander abtrennbaren Sequenzen des ‚normalen Lebensverlaufs' betrachtet, sondern auch die Binnenmerkmale der implizit wirkenden Normalitätserwartungen beinhaltet, die sich aus den Verschränkungen des gesellschaftlichen Kontextes und mit den subjektiven Verarbeitungsweisen ergeben. Werden die Konzepte der Lebenslauf- und Biografieforschung in einen Zusammenhang mit sozialstaatlichen Interventionen gesetzt, werden eine zeitlich-ordnende an objektiven Parametern erkennbare Dimension des Lebenslaufs und eine qualitative Ebene der latenten (Neben-)Folgen für Subjektivierungsprozesse evident. Wenn Biografien „auf Erlebnisse und Wandlungen im Leben eines/einer Einzelnen ebenso rekurrieren wie auf Krisen, Veränderungen und Umbrüche der Gesellschaftsformation und -geschichte" (Lutz et al. 2018, 5) dann erscheint der subjektivierungstheoretisch-dispositivanalytische Zugriff auf biografische Eigenheiten erfolgversprechend, um über die zugrunde liegenden Diskursformationen hinaus auch etwas hinsichtlich der Prozesse des sozialen

Wandels und der intendierten und nicht-intendierten Nebenfolgen aussagen zu können. Andrea Bührmann und Werner Schneider weisen dementsprechend, wie erwähnt, explizit auf das Potenzial einer biografietheoretischen Herangehensweise an diskurs- bzw. dispositivanalytische Fragen hin. Die Autobiografien müssen demnach als Präsentationen bestimmter Selbstdeutungen verstanden werden und das epistemologische Interesse müsste auf diese „Präsentationsweisen des Selbst" (Bührmann/Schneider 2007, 13), das heißt auf Interpretationen der Narrationen als vergesellschaftete Erzählungen über Alltagswelten, gerichtet werden. Auf diese Weise geraten Diskurse und diskursive Praktiken „als Generatoren und/oder Stabilisatoren" in den Blick, die „nicht nur auf alltägliches Handeln, sondern auch auf das Selbstdeuten, -wahrnehmen und -erleben wirken" (Bührmann/Schneider 2007, 14). Eine wichtige Einschränkung – und ein Unterschied zur ‚klassischen' Biografieforschung – liegt dabei in der Sichtweise auf und dem Stellenwert einer erzählten Lebensgeschichte:

> Allerdings gilt es hier, (Auto-)Biographien gerade *nicht* als Repräsentationen eines gelebten, erlebten und erzählten Lebens zu begreifen, dessen Spuren, Gewissheiten und Wahrheiten rekonstruiert werden könnten, um dann z. B. zu formulieren, Menschen erlebten und deuteten sich ‚wirklich' um 1900 als weibliche Individuen anstatt wie zuvor (bzw. dann danach) als Hausfrau, Mutter und Ehefrau. Vielmehr geht es darum, dass Interviewte sich im Sinne von Biographizität als Subjektformierung präsentieren, wie sie sich erleben, deuten und wahrnehmen. Ihre Autobiographien können als – wohlgemerkt in der Interviewsituation interaktiv hergestellte – Präsentationen der jeweils aktuellen, biographisch gerahmten Selbstdeutungen und -wahrnehmungen gedeutet werden – kurzum: als situationsspezifische interaktive Produktion von Subjektivität. (Bührmann/Schneider 2008, 101)

Während die Biografieforschung als wissenschaftliche Methode meist nach Möglichkeiten strebt, die „Schrift eines Lebens" und die sie prägende soziale Wirklichkeit zu entziffern, legt eine Kopplung von Biografie und Dispositiv die Betonung demnach nicht auf die singuläre Erzählung als Abbildung tatsächlich vorfindbarer Zusammenhänge. Vielmehr geht es hier – und an dieser Stelle werden die Impulse des Foucault'schen Subjetverständnisses und der Diskursforschung, wie sie in Kapitel 3 erläutert wurden, deutlich – um eine Entkopplung der präsentierten Erzählung von den Biografieträger*innen. In den Fokus rücken die jeweils in den Interviewsituationen hergestellten und präsentierten szenischen Selbst-Erzählungen als Ausschnitte eines momenthaften Zustandes. So beschreibt es auch Elisabeth Tuider (2007) als Möglichkeit der Diskursforschung, die diskursiv hergestellten Subjektivierungsweisen biografiemethodisch einzufangen. Während die klassische Biographieforschung „subjektive[n] Verortungen", ohne eine systematische Verknüpfung zu den umgebenden Diskursen vornehme, könne eine „methodische Koppelung von Diskursanalyse und Biographieforschung"

(Tuider 2007, 1) diskursive Figurationen und deren Verarbeitung im biografischen Erleben einfangen. Nach Tina Spies (2009; 2019) lassen sich mithilfe einer solchen Kopplung Positionierungen rekonstruieren, die auf bestimmte Diskurse verweisen und die die Eingebundenheit der*des Einzelnen in gesellschaftliche Machtbeziehungen – und Dispositive – dokumentieren. Über die subjektivierungstheoretische Herangehensweise und den dispositivanalytischen Blick soll hier über die biografische Herangehensweise eine Brücke geschlagen werden, die es ermöglicht, die spezifischen Schnittmengen zwischen der Handlungsorientierung zum Verzicht und den damit verbundenen Subjektivierungsweisen herauszuarbeiten. In der dispositivanalytischen Einordnung der Ergebnisse entlang der Dispositive, die die Verzichtenden selbst aufspannen, und deren Abstraktion und Interpretation sollte es auch gelingen, einen gesellschaftstheoretischen Anschluss herzustellen. Hier rücken die Konstitutionsprozesse sozialer Zuschreibungen sowie die normativen und normalisierenden Effekte des Sozialstaats, wie sie sich den Individuen selbst in ihrer Lebenswelt manifestieren, in den Vordergrund. Eine solche Perspektive lenkt die Suche auf konkrete Situationen in alltagsweltlichen Bezügen und auf die Selbstdeutungen und Wahrnehmungen der gegebenen Asymmetrien, die mit diesen Situationen einhergehen. Für die Empirie bietet sich ein dreistufiges analytisches Verfahren an, das die Elemente Biografie – Subjektivierung – Dispositiv aufgreift und miteinander in Beziehung setzt. Eine vorläufige Heuristik, verstanden als Suchscheinwerfer, die auf einen Datenkorpus gerichtet werden, sollte einen dementsprechenden Rahmen für weitere an das Material herangetragene und aus dem Material entwickelte Konzepte bilden. Hier muss zunächst ermittelt werden, wie in (zum Beispiel im Rahmen von aus Interviews oder Beobachtungen gewonnenen) Daten nach den in Frage stehenden Phänomenen gesucht werden kann, um dem Forschungsziel näher zu kommen. Der vorläufige heuristische Rahmen, der sich auf Grundlage der theoretischen und methodischen Annahmen ergibt, wird nachstehend skizziert.

5.3 Rahmenkonzepte und forschungspraktische Bezüge

Der Dreischritt Biografie – Subjektivierung – Dispositiv scheint hier geeignet, um einen Forschungsprozess in Gang zu bringen, der systematisch und gegenstandsangemessen die Forschungsfragen abarbeitet. So sollten die biografischen Informationen wesentlichen Aufschluss darüber liefern, wie die Aneignungsprozesse sozialstaatlicher Vergesellschaftungsmodi (z. B. Bilder von Armut und Bedürftigkeit, kategoriale Wissensformen, Gesetzesreformen) mit den Sozialisationserfahrungen (z. B. Armutserfahrungen), dem Stigmamanagement und Umgang mit Statusinkonsistenzen im Sinne von voneinander abweichenden Fremd- und Eigenzuschreibung von Positionen zusammenhängen. Außerdem ist hier das Feld, in dem offenkundig wird, welche Idealvorstellungen (z. B. von Arbeit, von Sozialstaatlichkeit) und Grundorientierungen in den Herkunftsfamilien vorlagen, um etwas über die rollen- und milieuvermittelten Positionszuweisungen sowie etwaige, wirksam werdende Ordnungsvorstellungen aussagen zu können. Auch gegenkulturelle, jugendkulturelle oder szenetypische Positionierungsweisen können über die biografische Herangehensweise erfragt werden, die wiederum eng mit den Konstitutionsleistungen dazu zusammenhängen, wie Differenzierungen geschaffen werden (vgl. Bosančić 2016, 109).

Die folgende Tabelle stellt die dazu benötigten Rahmenkonzepte innerhalb der Einzelschritte in der Übersicht zusammen.

Tabelle 1: Rahmenkonzepte und ihre Bezugspunkte

	Rahmenkonzepte	**Bezugspunkte**
Biografie	Sozialisationserfahrungen (z. B. Armuts- und Diskriminierungserfahrungen) Herkunftsbedingungen Bildungsbiografie Ungleichheitsdimensionen Habitus	z. B. Internalisierungen sozialstaatlicher Normen (Erwerbsarbeitsnorm; Bilder von Armut und Bedürftigkeit); persönliche Dispositionen; Prosoziale Normen; Verwaltungsbezogenes/kulturelles und soziales Kapital (vgl. Zahradnik et al. 2016) „Rollen- und milieuvermittelte Subjektpositionen" (vgl. Bosančić 2016, 109)
Subjektivierung	Wahrgenommene Formierungen Bearbeitung vor dem Hintergrund persönlicher/biografischer Dispositionen Tatsächliche Subjektivierungsweisen	Adressierungen, Fremdpositionierungen, Fremdresponsibilisierungen Readressierungen, Selbstpositionierungen, Selbstresponsibilisierungen; Verbindung zu biografischen/persönlichen Dispositionen
Dispositiv	Elemente des Dispositivs, insbesondere Diskursformationen und symbolische und materielle Objektivationen	Konstruierte symbolische und materielle Objektivierungen; Sichtweisen auf den Sozialstaat und seine Paradigmen; Deutungsmuster der Subjektnormen und Subjektfiguren; Rückgriffe auf diskursive Wissensbestände

Im Rahmen der Subjektivierung als heuristischem Prinzip sollten darüber hinaus weitere Aufschlüsse darüber möglich werden, wie genau diese Prozesse vor dem Hintergrund der spezifisch sozialstaatlichen Vergesellschaftung in der Differenz zwischen wahrgenommenen Formierungsversuchen und tatsächlichen Subjektivierungsweisen einzuordnen sind. Die dispositivanalytische Analyse und Interpretation soll letztlich zu einer Sicht auf das ‚Netz dahinter' führen: Was liegt der Handlungsorientierung der bewussten Nichtinanspruchnahme für ein relationales und positionelles Netz zu Grunde? Wie nutzen die ‚Verzichtenden' sozialstaatliche Appellstrukturen zur Selbst- und Fremdpositionierung im sozialen Raum? Welche habituellen Dispositionen können ggf. herausgefiltert werden? Lässt sich ein Muster erkennen? Wie explizit äußert sich Kritik und was bedingt das Ausmaß der Explizitheit der kritischen Äußerung? Wo äußert sich wie Eigensinn oder Gegenverhalten?

Im folgenden sechsten Kapitel werden die forschungspraktischen Umsetzungen der bisher entworfenen Grundlagen in ihrem qualitativ-empirischen Herangehen erläutert und die Serie von Entscheidungen und forschungspraktischen Kompromissen, als die sich der Forschungsprozess in der Retrospektive darstellt, wird detailliert nachgezeichnet.

6 Grundlagen und Ablauf von Datenerhebung und Analyse

Um die Empirie zugänglich zu machen und die Nachvollziehbarkeit der gewonnenen Ergebnisse zu gewährleisten, wird zunächst der Interviewansatz dieser Studie begründet und es wird erläutert, auf welcher Grundlage die textuellen Daten generiert wurden und wie der Feldzugang gestaltet wurde (Kapitel 6.1). In Kapitel 6.2 wird die Auswertungsmethodik dargelegt und gezeigt, wie das integrative Basisverfahren nach Jan Kruse als Auswertungsinstrument für diese Untersuchung angepasst wurde. Außerdem wird die Zuordnung relevanter Textstellen zu den forschungsleitenden Themen erläutert und das Forschungsdesign in der Übersicht dargestellt. Letztlich gilt es in Kapitel 6.3 auch auf die ethischen Aspekte der Untersuchung einzugehen und die Risiken und Grenzen aufzuzeigen, die mit der methodisch-methodologischen Ausrichtung und der Herangehensweise an Feld und Daten einhergehen.

6.1 Feld und Daten

Aus den dargelegten Grundannahmen folgt die Erwartung, dass sich sozialstaatliche Vergesellschaftung in individueller Subjektivität wiederfinden lässt, indem die Manifestationen neosozialer Staatlichkeit in den biografisch ablesbaren Bezugnahmen der Verzichtenden auf kollektive Ordnungsprinzipien rekonstruiert werden. Um eine empirische Forschung dazu anstellen zu können, müssen die Welt- und Selbstdeutungen der Verzichtenden im Rahmen eines gegenstandsangemessenen Forschungszuschnitts entschlüsselt werden. Um einen solchen Forschungszuschnitt zu erreichen, muss zunächst entschieden werden, welche Daten dazu geeignet sein können, um die angestrebten Informationen liefern zu können. In der Sozialforschung sind es in der Regel Menschen und ihre Situationen, die als Informationslieferanten fungieren. Es muss entschieden werden, welche Akteur*innen genau hier in Betracht kommen, es muss ein Zugang zu ihnen hergestellt werden und es muss im Nachgang ein ethischer Umgang mit den generierten, oftmals höchst persönlichen Daten gefunden werden. Im Folgenden wird die Herangehensweise an diese Problemstellung, wie sie in dieser Forschungsarbeit gestaltet wurde, systematisch aufgearbeitet. Zunächst finden sich einige grundsätzliche Anmerkungen zu den Möglichkeiten einer Sinnauslegung durch Interviewstudien und darin eingebettet die Begründung für die hier angewandte Erhebungsmethode des episodischen Interviews (Kapitel 6.1.1). Kapitel 6.1.2 rekapituliert den ‚Feldzugang', das heißt, wie an mögliche Interviewpersonen herangetreten wurde und wie sie ausgewählt wurden. Zudem wird hier das Gesamtsample an Interviewpersonen in der Übersicht präsentiert. Letztlich legt Kapitel 6.1.3 den Umgang mit dem generierten Datenmaterial hinsichtlich dar.

6.1.1 Sinnauslegung durch episodische Interviews

Die Kopplung von Subjektivierungs- und Dispositivforschung soll es ermöglichen, Muster in den Subjektivierungsweisen der Verzichtenden über wahrgenommene sozialstaatliche Formierungsversuche zu rekonstruieren, um Rückschlüsse auf zugrunde liegende dispositive Strukturen und gesellschaftliche (Re-)Produktionsprozesse sozialer Ungleichheit und Marginalisierung zu ziehen. Weil in den einleitenden Kapiteln der Diskurs zu Armut und Bedürftigkeit in der sozialstaatlichen Transformation für die hiesigen Belange bereits dargestellt wurde, wird es hier als nicht notwendig erachtet, die Analysearbeit auf mehr als eine Datenquelle auszuweiten und eine eigene Diskursanalyse anzufertigen. Vielmehr muss die Erhebungsmethode geeignet sein, sowohl biografische und persönliche Dispositionen der Verzichtenden zu erheben als auch die jeweiligen Konstitutionsprozesse der Handlungsorientierung zum Verzicht dazustellen. Die (Mikro-)Praktiken des Verzichts stehen damit weniger im Fokus des Interesses, womit ein ethnografisches Herangehen durch (teilnehmende) Beobachtungen und Feldinterviews als nicht passgenau für dieses Vorhaben erscheint. Die aufgeworfenen Forschungsfragen nach den Wahrnehmungen und Ausdeutungen sozialstaatlicher Formierungsversuche und den auslegenden Bearbeitungen durch die Verzichtenden und der biografiemethodische, an Alltag und Situation ansetzende Zuschnitt lassen qualitative Interviews als Erhebungsmethode als gegenstandsangemessen und angesichts der ausdifferenzierten Gesichtspunkte als handhabbar erscheinen. Nun zielen Interviewstudien im Allgemeinen nicht darauf ab, die Wirklichkeit ‚an sich' abzubilden, sondern in ihnen wird wie bereits unter Kapitel 5.2 kurz umrissen wurde, „interaktiv-koproduktiv durch die Kommunizierenden" (Kruse 2014, 31) eine Wirklichkeit durch „sprachliche und nicht-sprachliche Symbole" (Kruse 2014 31 f.) erzeugt. Hiermit ist ein grundsätzlicher Problembereich qualitativer Sozialforschung angesprochen: Das Sinnverstehen, die Möglichkeiten auslegender Interpretation ‚fremder' Zeugnisse und die erwähnte und von Bareis/Cremer-Schäfer angemahnte Gefahr der ‚Verdopplung und Verdinglichung des Alltags'. Es stellt sich in diesem Komplex die Frage, wie weit nach Annahme der Forschenden eine Rekonstruktion fremden Sinns überhaupt möglich ist und wann eine Interpretation zur Anmaßung wird, indem den Interviewpersonen ein Hintersinn unterstellt wird, der fernab von ihren Äußerungen liegt.

Um dem entgegenzuwirken, plädiert Jan Kruse dafür, die rekonstruktive Sozialforschung als „*eine spezifische Haltung gegenüber Wirklichkeit und Erkenntnisprozessen*" (Kruse 2014, 145, Herv. i. Org.) zu begreifen, deren Grundsatz in einer „hohen Sensibilität in Bezug auf die Konstruktion und Rekonstruktion von Wirklichkeit im qualitativen Forschungsprozess" (ebd.) liegt. Zur Ausbildung dieser Haltung gehört nach Kruse die Annahme dreier Axiome, die der Rekonstruktion sozialer Zusammenhänge in Interviewstudien vorauszuschicken sind (vgl. Kruse 2014, 146 ff.). Es müsse erstens eine permanente *Kontingenz der Wirklichkeit* angenommen werden, die darin begründet liegt, dass Gegebenes immer als sozial konstruiert angenommen werden muss. Dieses „Konstruktivitätspostulat der qualitativen Sozialforschung" (ebd.) indiziert die koproduktive, sozial konstruierte Hervorbringung von Wirklichkeit – und damit auch des Datenmaterials – und die einhergehende Möglichkeit, dass immer auch eine ‚andere' Wirklichkeit hervorgebracht werden könnte. Die Frage nach der *Wahrheit* dieser Wirklichkeit ist somit eine unzulässige Frage und es gelte vielmehr, ihre jeweilige Nützlichkeit sowie den Regeln und Regelhaftigkeiten ihres Zustandekommens nachzuforschen. Zweites müsse das Credo gelten: „Alles hat, bzw. ergibt einen Sinn" (Kruse 2014, 146), womit ein Zugang umrissen wird, der sich aus dem Konstruktivitätspostulat als Sinnhaftigkeitsunterstellung ergibt und auch der Forderung von Ellen Bareis und Cremer-Schäfer entspricht, stets von den situativen Deutungen der Akteur*innen auszugehen und danach zu fragen, welchen Sinn die im Interview erzeugte Wirklichkeit für die Befragungspersonen hat.[34] Als dritten Grundsatz arbeitet Kruse die permanente *Infragestellung von Selbstverständlichkeiten* heraus, die auf die Bereitschaft des Forschenden abzielt, sich von den eigenen Wirklichkeitskonstruktionen zu lösen, diese zu hinterfragen und aufmerksam zu bleiben. Das Wissen, die Geschichte, die die Interviewten in der konstruierten Situation des Interviews preisgeben, ist so auch die Präsentation einer Ordnungsstruktur der gemachten Erfahrungen, die in einem gesellschaftlichen und zeitlich kontextuierten Zusammenhang stehen und die durch persönliche Verarbeitung in eine ebenso persönlich sinnige Reihenfolge gebracht worden sind. Vor allem im Rückbezug auf die sozialstaatliche Konstitution des Lebenslaufs wird deutlich, dass Lebenswege auch unter gegebenen Verhältnissen reproduzierte Verläufe sind, die von den Ausmaßen der sozialstaatlichen Umverteilungswirkung ebenso abhängen wie von der Kopplung der Arbeitskraft an erwartbare Sozialleistungen und den wahrgenommenen gesellschaftlichen Diskursen zur Konstruktion der Kategorie Bedürftigkeit auf dem Kontinuum

34 Ursprung dieser Überlegungen ist das Thomas-Theorem, das in der individuellen Situationsdefinition eine realitätsgenerierende Funktion verortet [„If men define situations as real, they are real in their consequences" (Thomas und Thomas 1928, 572]). Erneut wird so auf die bereits angesprochene Relevanz subjektiver Situationsdefinition hingewiesen. Weitere Ausführungen zur Verbindung der Wissenssoziologie mit dem Thomas-Theorem finden sich z. B. bei Hitzler (1999) und Keller/Poferl (2017) sowie Keller/Bosančić (2017).

‚Abweichung – Lebenslage'. Im Sinne der rekonstruktiven Interviewforschung gilt es damit auch, dieses *Wie* der Entstehungsbedingungen im Zuge der unmittelbaren Selbsterzählungen zu erfassen.

Forschungsansatz und Ausrichtung verlangen so nach einem Untersuchungsdesign, das den Interviewten Raum bietet, die eigene Biografizität sowie das subjektive Weltdeutungs- und Relevanzsystem narrativ entfalten zu können und gleichermaßen ihren Verzicht situativ erläutern zu können. In diesem Sinne muss sichergestellt sein, dass die Befragten ihre spezifischen Wirklichkeitskonstruktionen möglichst ohne die Beeinflussung durch theoretische Vorannahmen darlegen können (vgl. Helfferich 2011, 21). Andererseits müssen die für die Beantwortung der Fragestellung zentralen Themen während des Interviews angesprochen werden. Um eine solche Balance zwischen offener Konstruktion von (biografischen) Erzählpassagen und zentrierter Schilderung des Verzichts mit den zusammenhängenden Alltagspraxen herzustellen, wurde das episodische Interview nach Uwe Flick (2007, 2011) hier als anleitende Erhebungsmethode identifiziert. Die Besonderheit des episodischen Interviews liegt darin, einerseits gezielte Erzählanreize für die Schilderung des situativen Alltags(er)lebens zu schaffen und das so erzeugte episodisch-narrative Wissen mit dem begrifflich-semantischen Wissen über bestimmte Themenfelder zu verbinden. Auf diese Weise werden teilstandardisierte und narrative Interviewtechniken gekoppelt und verschiedene Datensorten hergestellt (z. B. argumentative Aussagen, subjektive Deutungen, Beispielschilderungen, Situationserzählungen, Repsioden, Stereotype), die „je nach Fragestellung […] zentrale Bedeutung als Zugänge zu unterschiedlichen Bestandteilen der Sicht- und Erfahrungsweisen der Interviewpartner haben" (Flick 2011, 279) können.

In der Interviewvorbereitung entsteht zunächst eine Masse an möglichen Fragen, aus der es die relevantesten auszuwählen und zu systematisieren gilt. Um ein theoriegeleitetes Muster zu erstellen, wurde das Vier-Schritt-Verfahren der SPSS-Leitfadenerstellung nach Helfferich (2011, 180 ff.) herangezogen. In der ersten Phase (*Sammeln*) werden alle Fragen zusammengetragen, von denen angenommen werden kann, dass sie einen Erkenntnisgewinn bergen. Diese Liste wird dann im zweiten Schritt (*Prüfen*) kritisch unter den Aspekten Vorwissen und der Offenheit reflektiert. Eine Reihe von Prüffragen, die an den möglichen Erkenntnisgehalt der eigenen Fragen gestellt werden, dient dazu, sämtliche nicht absolut notwendigen Fragen zu eliminieren. Beispielsweise werden alle Fragen, die der retrospektiven Beurteilungssituation eines qualitativen Interviews nicht gerecht werden können oder die auf abstrakte Zusammenhänge abzielen, herausgenommen.[35] Das Sortieren der übrig gebliebenen Fragen bildet den dritten Schritt des Verfahrens, wobei die Fragen hier im Sinne des episodischen Inter-

35 Eine detaillierte Zusammenstellung dieser Prüffragen findet sich bei Helfferich 2011, 182 ff.

views spezifischen Bereichen zugeordnet wurden. Abschließend wurden die Fragen zu Blöcken zusammengefasst, die einer inhaltlichen Ordnung folgen. Im Einzelnen ergaben sich vier zentrale Blöcke:

I. **Biografischer Einstieg:** Ziel ist hier die offene Darlegung des biografischen Werdegangs. Im Unterschied zum narrativen Interview wurden strukturierende Nachfragen eingebracht. Neben der Darlegung des allgemeinen Weltdeutungssystems sollte es konkret auch darum gehen, welche zentralen Werte und Einstellungen die Person in ihrer Sozialisation in Bezug auf Bilder von Armut und Bedürftigkeit sowie auf Sozialstaatlichkeit erlebt hat.
II. **Episode des Verzichts:** Meist wurde die Episode des Verzichts bereits im ersten Teil des Interviews angesprochen, so dass erste Informationen generiert wurden. An diese wurde mit konkreten Nachfragen angeknüpft. Es sollten insbesondere die konkrete Praxis der Nichtinanspruchnahme in ihrer Alltäglichkeit und damit das forschungsgegenstandsfokussierte episodische Wissen greifbar werden.
III. **Erleben von Sozialstaatlichkeit:** Um tiefer in das Zusammenspiel zwischen individuellen und kollektiven Werten einzusteigen, diente dieser Block dazu, Verbindungen zwischen den erlebten Subjektformierungsversuchen und tatsächlichen Subjektivierungsweisen auf der Grundlage biografischer Dispositionen herzustellen.
IV. **Bewertungen von Sozialstaatlichkeit:** Stand im vorhergehenden Block eher das konkrete Erleben im Fokus, sollte dieser Block dazu dienen, übergeordnete Deutungen und Bewertungen zu erfahren. Hier sollte durchscheinen, welche Werten und Normen die Interviewperson rund um Sozialstaatlichkeit als bedeutsam erachtet.

Am Ende des SPSS-Prinzips steht das Subsumieren, das darauf ausgerichtet ist, die Frageblöcke mit einer „einzige(n), möglichst einfache(n) Erzählaufforderung" (Helfferich 2011, 183) zu versehen, der die Einzelaspekte untergeordnet werden und die als Impuls dienen kann, interessierende Inhalte ‚von selbst' zu produzieren. Konkrete Nachfragen dienen weiterhin als erzählgenerierende Impulse, falls spezifische Punkte nicht angesprochen werden und um die Darstellung zu lenken. Die folgende Tabelle stellt das Ergebnis dieses letzten Schrittes, den Interviewleitfaden, dar.

Tabelle 2: Interviewleitfaden

Inhalt	Erzählaufforderung	Konkrete Nachfragen
I Biografische Einstiegserzählung		
Biografisch-narratives Wissen	Bitte erzählen Sie mir etwas über ihre Lebensgeschichte – Wie und wo sind Sie z. B. aufgewachsen und zur Schule gegangen?	Fragen zur Aufrechterhaltung der Erzählung und zu erworbenen Bildern von Armut, Arbeit und Bedürftigkeit
II Situation der Nichtinanspruchnahme		
Episodisch-narratives Wissen: Ursprung/Motive des Verzichts	Erinnern Sie sich daran, wie es dazu kam, dass Sie erstmals ohne Einkommen aus Erwerbsarbeit/Sozialleistungen dastanden?	Wie sind Sie mit der Situation umgegangen?
Episodisch-narratives Wissen: Strategien des Verzichts	Wie deck(t)en Sie ihre Grundbedürfnisse?	Wie kompensieren Sie Entbehrungen? Wie sieht das im Alltag aus? Was hat sich in dieser Zeit in ihrem sozialen Umfeld verändert?
III Erleben von Sozialstaatlichkeit		
Episodisch-narratives und semantisch-begriffliches Wissen: Behörden und bürokratischen Regeln	Können Sie sich an Ihre ersten Berührungspunkte mit dem Amt erinnern?	Wie lief der Besuch dort ab? Weitere Situationen/Beispiele
IV Bewertungen von Sozialstaatlichkeit		
Semantisch-begriffliches Wissen: Sozialstaat	Was kennzeichnet eine ausgewogene Beziehung zwischen dem Sozialstaat und Bürger*innen?	Vermittelt Ihnen das Sozialleistungssystem (Zukunfts-) Sicherheit? Fühlen Sie sich sozialpolitisch gut regiert?
Abschlussfrage	Würden Sie es wieder vermeiden, Sozialleistungen in Anspruch zu nehmen, auch wenn sie berechtigt wären? Warum?	

6.1.2 Feldzugang – Fallauswahl – Sample

Um eine relative Verallgemeinerung der Einzelfälle zu erreichen, ist es notwendig, eine qualitative Repräsentation im Datenmaterial herzustellen. Eine statistische Repräsentativität ist damit natürlich nicht intendiert, vielmehr leitet in Anlehnung an das theoretische Sampling nach Glaser/Strauss (1967/1998) bzw. Strauss/Corbin (1990/1996) das Forschungsinteresse die zielgerichtete Fallauswahl. Es hat sich so eine theoretisch begründete Vorabfestlegung des kontrastierenden Samples bei dessen sukzessiver Entwicklung im Verlauf der Datenerhebung in Anlehnung an die Grounded Theory ergeben. Die theoretische Vorauswahl war hier darauf ausgerichtet, die Heterogenität des Feldes widerzuspiegeln, die durch die bisherige Empirie nahegelegt wird. Dazu wurden a priori Kriterien festgelegt, die die Auswahl der Interviewpersonen theoretisch angeleitet haben. Hierzu gehörte zunächst der gegenwärtige oder in der Vergangenheit liegende, über einen Zeitraum von mindestens einem Jahr bestehende, bewusste und absichtsvolle Verzicht auf Sozialleistungen als gemeinsames Merkmal von ansonsten möglichst unterschiedlichen Einzelfällen. Auch ein Teilverzicht bzw. die gezielte Inanspruchnahme einer Sozialleistung bei gleichzeitigem Verzicht auf eine andere Leistungsart zählte zu den Kriterien der gerichteten Fallauswahl. Die Distinktionsmerkmale, die an die Fallauswahl angelegt waren, waren darauf ausgelegt, ein möglichst breites Spektrum an persönlichen und sozialen Hintergründen abzubilden.

Die Akquise geeigneter Interviewpartner*innen war eine kritische Schnittstelle dieses Forschungsvorhabens. Die Perspektive der Nichtinanspruchnahme oder Nichtnutzung beinhaltet die Anforderung, Personen ausfindig zu machen, deren gemeinsames Merkmal in der Unterlassung einer Handlung besteht. Die Akquisechancen an prominenten Stellen des formalen Hilfesystems wurden daher als gering eingeschätzt, da dort vor allem Personen auftauchen, die spezifische Probleme benennen können, an die sich die Angebote des Hilfesystems dezidiert richten. So werden zum Beispiel in einer Beratungsstelle für erwerbslose Personen vornehmlich Menschen anzutreffen sein, die sich im Rahmen ihrer Inanspruchnahme, z. B. bei Problemen mit dem Jobcenter, beraten lassen. Dennoch wurden zunächst per Rundmail diese Institutionen im Nahfeld der Forscherin (Ruhrgebiet) kontaktiert. Es haben sich nur wenige Rückmeldungen und keine Gesprächstermine aus diesem ersten Schritt ergeben. Bei telefonischen Nachfragen entsprachen die Rückmeldungen der professionell Tätigen aus den Beratungsinstitutionen den Befürchtungen („*Wie sollen wir so jemanden kennen, die Leute, die zu uns kommen, haben ja Probleme* ***mit dem Bezug*** *der Sozialleistung!“*). Zwei Einrichtungen aus dem Bereich der Wohnungslosenhilfe (Tagesaufenthalt) haben im Rahmen der telefonischen Nachfrage rückgemeldet, dass unter ihren Besucher*innen einige Personen sind, die ganz gezielt keine Sozialleistungen in Anspruch nehmen wollen. Von diesen wollte jedoch niemand an einem Interview teilnehmen.

Aus dieser Erfahrung hat sich eine modifizierte Herangehensweise der direkten und persönlichen Ansprache von Personen ergeben, die als Gatekeeper bzw. Multiplikator*innen fungieren. Da der Forschungszuschnitt eine sensible und vertrauensvolle Basis zwischen Interviewten und Interviewer*in erfordert, war die Hoffnung, dass im Feld vertraute und angesehene Personen wirkungsvoll etwas dazu beitragen können, Interviewpartner*innen zu akquirieren (vgl. dazu auch Kruse 2014, 256). Ein Nachteil dieser Methode ist das Risiko der gezielten Fallauswahl durch die kontaktierten Gatekeeper (vgl. ebd.). Dieses absichtsvolle Auswählen bestimmter Personen durch Sozialarbeiter*innen und/oder Vertreter*innen der Selbsthilfe ist im Rahmen dieser Untersuchung sicherlich eingetreten. Der Erstkontakt zu den potenziellen Gatekeepern erfolgte via E-Mail, telefonisch oder persönlich. Zur Akquise wurde ferner ein Flugblatt erstellt, das sich direkt an Interessierte wendete und die Kernangaben zum Forschungsvorhaben und die Merkmale enthielt, die eine Interviewperson erfüllen sollte. Dieses Flugblatt wurde zum einen den Gatekeepern zur Aushändigung an Interessierte weitergeleitet und zum anderen in Cafés und öffentlichen Einrichtungen ausgehängt. Hiermit war das Ziel verbunden, auch Gesprächspartner*innen zu finden, die überhaupt nicht an das Hilfesystem angebunden sind. Aus den Aushängen ergaben sich drei Rückmeldungen, wobei eine Person eine lange E-Mail mit ihrer Geschichte der Nichtinanspruchnahme gesendet hat, jedoch persönlich nicht für ein Interview zur Verfügung stand. Insgesamt ergaben sich in diesem ersten Akquiseschritt acht Interviews in Groß- und Kleinstädten in Nordrhein-Westfalen, die von Ende Januar bis Ende Juni 2018 geführt wurden.

Nach den ersten Auswertungen bis Dezember 2018 wurde eine erneute Akquisephase aufgenommen, um auch Menschen befragen zu können, die sich in besonders prekären Lebenslagen befinden. Nachdem erneut über einen Gatekeeper an verschiedene Instanzen der Wohnungslosenhilfe herangetreten wurde, konnte ein Durchbruch durch die Beteiligung von Dr. Stefan Schneider erreicht werden, der in der Selbstvertretung wohnungsloser Menschen aktiv ist.[36] Hierdurch haben sich drei Interviewtermine in Berlin ergeben, die im Januar 2019 stattgefunden haben. Drei geplante Gesprächstermine mit wohnungslosen Personen in Norddeutschland sind nicht mehr zustande gekommen, weil die Kontaktperson dort zwischenzeitlich verstorben ist. Durch die Akquisebemühungen im Feld der wohnungslosen Menschen ist deutlich geworden, dass der Verzicht hier überproportional vertreten zu sein scheint. Alle angeschriebenen Personen, die entweder als Sozialarbeiter*innen im direkten Kontakt mit wohnungslosen Menschen stehen oder selbst wohnungslos sind, konnten ad hoc mehrere Menschen benennen, auf die die Kriterien des Samples zutreffen. Allerdings waren die meisten nicht bereit, an einem Interview teilzunehmen.

Die folgende Tabelle stellt die Interviewpartner*innen chronologisch nach Datum des Interviews mit ihren erlernten Berufen bzw. Selbstbeschreibungen und der Dauer ihres Verzichts vor. Die Namen sind anonymisiert und die Episode(n) des Verzichts werden danach angegeben, ob sie zum Interviewzeitpunkt vorlagen oder bereits vergangen waren.

36 Zur Homepage der Selbstvertretung wohnungsloser Menschen: http://www.wohnungslosentreffen.de/ (letzter Zugriff 28.05.2021).

Tabelle 3: Übersicht über die Interviewpersonen

Pseudonym (Geschlecht, Alter)	Episode(n) Nichtinanspruchnahme	Beruf, aktuelle Tätigkeit oder Selbstbeschreibung
Viktor Leufers (m, 33)	Ca. 2 Jahre, vergangen	Soziologe, Wissenschaftlicher Mitarbeiter
Lars Pulser (m, 34)	Ca. 2 Jahre, vergangen	Theologe, Sozialarbeiter
Marlene Dutte (w, 60)	Ca. ein Jahr, vergangen	Hauswirtschafterin, ehrenamtlich tätig, Rentnerin
Suzanna Klodzig (w, 53)	Nie beabsichtigt (!) aber erzwungen, etwa ein Jahr	Ungelernt, arbeitssuchend
Manni Dennhorst (m, 54)	Immer mal wieder, nicht auf die Primärfinanzierung	Kfz-Mechaniker, Bildsetzer, Jobs am Theater (Statist, Beleuchtung)
Anna Schnuck (w, 20)	Andauernd	Gelegenheitsjobs, ehrenamtlich tätig, u. a. Solidarische Arbeits- und Lebensgemeinschaft, Gewerkschaft
Paul Menners (m, 53)	Andauernd und vergangen	Textilarbeiter, ehrenamtlich tätig, Solidarische Arbeits- und Lebensgemeinschaft
Arno Thiel (m, 33)	Andauernd, nie im Bezug, nie erwerbstätig	Gelegenheitsjobs, Anbau und Vertrieb von Cannabis
Jan Markowsky (m, 69)	8 Jahre, vergangen	Energiewirtschafter, Theatermacher und Rentner
Andi Penck (m, 56)	Andauernd seit 2015	In Reha, Erwerbsunfähigkeitsrentner
Tino und Per	Zwischendurch (Tino), nie im Bezug (Per)	Theatermacher (Tino), Theatermacher und Handwerker (Per)

Eine Besonderheit und gleichzeitige Einschränkung des Samples liegt darin, dass keiner der Befragten zum Zeitpunkt des Interviews eine ‚Care-Aufgabe' innehatte, das heißt, niemand hat sich um eine Person außer sich selbst im Sinne einer Sorgeverpflichtung gekümmert. Gleichzeitig kann dies auch als Hinweis darauf gelesen werden, dass eine solche Sorgeverpflichtung unter den Vorzeichen einer vorliegenden Bedürftigkeit den Verzicht auf Sozialleistungen erheblich erschwert. Weiterhin wurde keiner der Befragten im Rahmen persönlicher Beziehungen oder einer Partnerschaft finanziell unterstützt. Letztlich ist es nicht gelungen, Interviewpartner*innen zu finden, die nicht weiß sind oder eine Zuwanderungsgeschichte aufweisen. Auch hierdurch wird der mögliche Aussagegehalt hinsichtlich der Wechselwirkungen von Dimensionen sozialer Ungleichheit geschmälert. Die soziale Herkunft, Alter, Geschlecht und (Nicht-)Behinderung erscheinen somit als einzige Kriterien einer möglichen intersektionalen Betrachtungsweise.

6.1.3 Umgang mit den Daten

Die Transkription der Interviews erfolgte möglichst zeitnah nach dem Interviewtermin und direkt in der Transkriptionsfunktion der Datenverarbeitungssoftware MaxQDA für qualitatives Datenmaterial. Es wurden keine Interviewpassagen ausgelassen, die Audiodateien wurden vollständig und einfach (das heißt ohne besondere Transkriptionsregeln) transkribiert. Lediglich auffallende Pausensetzungen und nonverbale Äußerungen, die erinnert wurden, wurden mit aufgenommen. Auch Dialekte und Wiederholungen wurden mit verzeichnet. Während der Auswahl der Textstellen für die Feinanalyse wurde die Audiodatei unterstützend hinzugezogen (zur Auswahl der Textstellen siehe Kapitel 6.2). Die Textstellen, die Eingang in die Analyse gefunden haben, wurden dann auf Grundlage der Vorschläge zur moderaten Transkriptionsweise (vgl. Kruse 2014, 358 ff.) überarbeitet, wobei die Vorschläge zum Teil leicht abgewandelt und ergänzt wurden. Dialekte und Wortverschleifungen wurden auch hier beibehalten und Wort- sowie Satzabbrüche wurden kenntlich gemacht. Geglättet wurden hingegen gestotterte Sprache sowie Verständnissignale und Fülllaute – es sei denn, sie wurden als Stilmittel eingesetzt oder dienten als Antwort. Die folgende Tabelle gibt die leitenden Transkriptionskonventionen für die Feinanalyse wieder.

Tabelle 4: Konventionen der Transkription für die Feinanalyse

Pausen und verlaufsstrukturelle Notation	
(.)	Pause < 1 Sek.
(zahl)	Sekundenlänge der Pause > 1 Sek.
[name]:	Andere*r Sprecher*in
Betonungen	
Fettschrift	Betonung eines ganzen Wortes
Fett**schrift**	Silbenbetonung
FETTSCHRIFT	Starke Betonung eines ganzen Wortes
FETTschrift	Starke Betonung einer Silbe
Sonstige	
(text)	Nichtsprachliche Äußerung, z. B. (hustet)
(?)	Unverständlich
(?text?)	Vermuteter Wortlaut
/	Satzabbruch

Die Anonymisierung der personenbezogenen Daten ist mit dem ersten Arbeitsschritt der einfachen Transkription erfolgt. Für die Vor- und Zunamen der Interviewten wurde im Zuge der Postskripterstellung ein Name frei ausgedacht. Orte und Städte wurden z. T. umschrieben (außer Berlin und Köln) und, sofern sie die eigentliche Nennung ersetzten, in eckige Klammern gesetzt. Neben den transkribierten Interviews stellen die Prä- und Postskripte, die rund um die Interviews angefertigt wurden, eine weitere Datenquelle dieser Untersuchung dar. Dabei handelt es sich um (zum Teil handschriftliche) Niederschriften, die dazu dienten, die Interviews in ihren Entstehungszusammenhang einzubetten, um auch die außerhalb der formalen Audioaufnahme gewonnenen Informationen zu verarbeiten. Ziel war es einmal mehr, die Interviews kontrolliert als Interaktionssituationen zu behandeln, in denen gemeinsam durch die Gesprächspartner Sinn hergestellt wird. Die Postskripte haben einen Schwerpunkt auf das Koproduktionsverhältnis des Interviews gelegt, das in der Interaktion aus subjektiver Sicht der Forscherin bestanden hat. Damit war die Hoffnung verbunden, etwas über die Beziehungskonstellation aussagen zu können und ggf. aufscheinende (Macht-)Verhältnisse und die „impliziten Fremdzuschreibungen und Vermutungen über das Bild der Anderen“ (Deppermann 2013, 12) mit in die Analyse einzubeziehen. So sagen die Selbstzuschreibungen, die Interviewte anbieten, auch etwas darüber aus, wie die Interviewperson glaubt, eingeordnet zu werden, womit mutmaßlich weitere Positionierungen bekannt werden. In der Interviewsituation werden Deutungen der sozialen Welt und Vermutungen über ihre Funktionsweise miteinander in Beziehung gesetzt, sie reiben sich aneinander und schärfen sich gegenseitig – insbesondere hinsichtlich der hier fokussierten Adressierungen, Formierungen und Responsibilisierungen kann diese Perspektive erkenntnisstiftend wirksam werden. Zudem soll auf diese Weise zur Selbstreflexivität der Forschung beigetragen werden, die als ein Kern der Forschungsethik in den qualitativen, empirischen Sozialwissenschaften angenommen werden kann (vgl. von Unger 2014, 16).

6.2 Auswertungsverfahren und Übersicht über das Forschungsdesign

In diesem Kapitel wird die Herangehensweise bzw. das methodische Instrumentarium erläutert, das an das Datenmaterial angelegt wurde, um einen Erkenntnisprozess in Gang zu bringen und den textimmanenten Sinn, zugeschnitten auf die Fragestellung, zu entschlüsseln. Kapitel 6.2.1 beschreibt grundlegend den integrativen Ansatz zur rekonstruktiven Interviewforschung nach Jan Kruse, der die Basis der Auswertungs- und Interpretationsarbeit dieser Untersuchung bildet. Da das Verfahren sehr offen gehalten ist und Raum für passgenaue Adaptionen bietet, werden in Kapitel 6.2.2 der eigene Zuschnitt des Verfahrens und die einzelnen Anwendungsschritte detailliert dargelegt. Kapitel 6.2.3 bietet abschließend einen orientierenden Überblick über das Forschungsdesign im Gesamten und zeigt die Grenzen des Herangehens auf.

6.2.1 Das integrative Basisverfahren

Das *integrative Basisverfahren* wurde ab etwa 2005 von Jan Kruse, der im Zuge seiner Lehrtätigkeit nach einer möglichst offenen Herangehensweise an Datenmaterialien aus qualitativen Interviews gesucht hat, als Interview-Analyseansatz entwickelt. In der Herausarbeitung tiefliegender Bedeutungen von sprachlichen Äußerungen geht es darum, gleichförmige Muster der Verschränkung zwischen subjektiven und kollektiven Sinnsystemen im Interviewmaterial ausfindig zu machen. In den Lehrveranstaltungen und den dazugehörigen Readern zunächst als „texthermeneutische Inhaltsanalyse" benannt, hat Kruse den Ansatz 2014 unter dem Titel „Qualitative Interviewforschung. Ein integrativer Ansatz" zusammengefasst als Methodenbuch veröffentlicht. Als Wurzeln des Ansatzes werden die dokumentarische Interpretation nach Karl Mannheim und die (ethnomethodologische) Konversationsanalyse nach Harold Garfinkel benannt (vgl. Kruse 2015, 465). Damit wird zum einen auf die bei Garfinkel zentrale Indexikalität der Sprache und zum anderen auf die bei Mannheim fokussierte dokumentarische Sinnhaftigkeit sprachlicher Äußerungen verwiesen. Hiermit ist die Auffassung verbunden, dass sich Bedeutungen nie direkt zeigen, sondern immer dem Dokument immanent sind und „sinnrekonstruktiv interpretiert" (Kruse 2015, 538) werden müssen.

Um diese Rekonstruktionsarbeit anzugehen, sollte „jede Arbeit am Text mit einem offenen und multiperspektivischen Zugang begonnen werden" (Kruse 2014, 473), der verschiedene Ebenen der sprachlichen und interaktionalen Herstellung von Wirklichkeit beachtet. Es ist eben diese Multiperspektivität, mit der vermieden werden soll, dass das Datenmaterial bzw. der Textkorpus durch einseitige Auswahl eines bestimmten Verfahrens zu früh in eine bestimmte Analyserichtung vorstrukturiert bzw. selektiert wird (vgl. Kruse 2015, 464). So könne es den Forschenden gelingen, auch für überraschende oder unerwartete Wendungen im Material offenzubleiben. An die Stelle des Herantragens einer bestimmten Analysemethode an den Text setzt Kruse eine möglichst induktive, offene, „(mikro-)sprachlich-deskriptive Analyse" (Kruse 2015, 463), in deren Verlauf Analyseheuristiken deduktiv zur Anwendung kommen, um einen fortschreitenden Prozess der Abstrahierung herauszuarbeiten. Verschiedene Methoden der Textanalyse können so an den als „*Schlüsselbund*" (Kruse 2015, 465, Herv. i. Org.) vorzustellenden Ansatz integrativ angehangen und gegenstandsangemessen angewendet werden.

Um geeignete ‚Suchscheinwerfer' zu entwickeln, mit denen die Datenmenge bewältigt werden kann, differenziert Kruse gegenständliche, das heißt den Forschungsgegenstand betreffende und aus Theorie, Literatur und Vorwissen abgeleitete Analyseheuristiken und methodische Heuristiken, die spezifische Analyseinstrumente darstellen (z. B. Positioninganalyse, Metaphernanalyse, Diskursanalyse). Zweck dieser Unterscheidung ist es zum einen wiederum, das qualitativ-rekonstruktive Paradigma der Offenheit so lange wie möglich zu erfüllen und zum anderen zugleich spezifische Phänomene (*forschungsgegenständlich*) aus bestimmten (*methodischen*) Perspektiven zentriert betrachten zu können. So war hier im Rahmen der gewählten Perspektive auf den Untersuchungsgegenstand z. B. früh klar, dass den subjektiven Bildern von Arbeit, Armut und Bedürftigkeit und dem dahinterliegenden Norm- und Wertesystem sowie seiner sozialisationsbedingten und gegenwartsbezogenen Rahmung besondere Aufmerksamkeit zukommen muss (siehe auch *Tabelle 1*, S. 91). Diese Annahme hat sich aus der Aufarbeitung und Explikation des diskursiven Zusammenhangs ergeben, in den die Herausbildung von Bedürftigkeit als sozialstaatlicher Rechtsbegriff zu stellen ist. Aus dem spezifischen Forschungsinteresse – die Subjektivierungsweisen der Verzichtenden und die für die Subjektivierung relevanten sozialstaatlichen Strukturen – ergaben sich weitere, insbesondere methodische Impulse für das heuristische Herangehen (die Details zum Zuschnitt des Verfahrens finden sich im folgenden Kapitel 6.2.2).

In der idealtypischen Anwendungspraxis des integrativen Basisverfahrens bildet die textlinguistische deskriptive Analyse den initialen Verfahrensschritt. Auf drei sprachlich-kommunikativen Aufmerksamkeitsebenen wird das inhaltlich Gesagte mit der Art und Weise des Sagens verknüpft. Diese Aufmerksamkeitsebenen (Pragmatik und Interaktion, Syntaktik und (Wort-)Semantik) sind dabei nicht separiert voneinander zu betrachten, vielmehr bedingen sie sich wechselseitig dynamisch.[37] Es wird hier davon ausgegangen, dass sämtliche Äußerungen der Interviewpersonen Hinweise darauf beinhalten können, welche „symbolisch vorstrukturierten Sinnfiguren" (Kruse 2014, 243), das heißt Denkordnungen und soziale Deutungsmuster, dem Gesagten zugrunde liegen. Daraus folgt, dass auch Versprecher, ein Stocken im Satz, Pausen oder Wortwiederholungen als wichtiger Teil des Datenmaterials angesehen werden, die in die Analyse einzubeziehen sind. Die folgende Tabelle stellt die Aufmerksamkeitsebenen im Überblick dar, beschreibt ihren jeweiligen Fokus und liefert praktische Beispiele.

37 Die Analysepraxis vollzieht sich in diesem Schritt ähnlich wie das offene Kodieren nach Strauss und Corbin (1996), jedoch unter ständiger Reflexion der Unumgänglichkeit deduktiver Schlüsse und deren Verankerung.

Tabelle 5: Aufmerksamkeitsebenen des integrativen Basisverfahrens

Ebene	Fokus	Beispiel
Pragmatik/ Interaktion	Diskursive Herstellung von Beziehungen hinsichtlich der Selbst- und Fremdpositionierungen; Gesprächsdynamik und Art und Weise, wie Beziehungen im Interview gestaltet werden (z. B. über Rollenzuweisung); Sowohl die Beziehung zwischen den Interviewbeteiligten als auch narrative Beziehungskonstitution	Die interviewte Person lässt erkennen, dass sie einen gemeinsamen Erfahrungsraum vermutet: „Leute, wie wir beiden"; „Du kennst das doch bestimmt auch"; Bestimmte Personen werden in einer bestimmten Art und Weise immer wieder erwähnt; Selbstpräsentation als aktiv/passiv; sprachliche Konstruktion von „ich" und „man"; karge Antworten
Syntaktik	Grammatikalische Besonderheiten; Satzbau, Verwendung von direkter und indirekter Rede, narrative Erzählfiguren, Wiederholungen, Negationen; Betonungen und Lautstärke ‚Verschlucken' von Wörtern; Vermeidbare Fehler	Interviewperson vollzieht in der Versprachlichung bestimmter vergangener Ereignisse einen Tempuswechsel in die Gegenwart und schildert das Erlebte, als würde es in diesem Moment passieren.
(Wort-) Semantik	Spezifitäten der Wortwahl; Verwendung von Metaphern; Konstruktion von semantischen Feldern; Ortsspezifische Redewendungen, gezielte Verwendung von Dialekt; allgemeines Vokabular, Lexik und deren Veränderungen in den Erzählsequenzen	Wenn eine Person über ihre Kindheit spricht, kann die Verwendung von Wörtern wie „normal", „normalerweise", „für gewöhnlich" oder „natürlich" z. B. indizieren, dass wenig Verständnis oder Erfahrungen mit anderen Formen des Aufwachsens vorliegen als der eigenen.

Im Voranschreiten der Analysearbeit werden die gegenständlichen und methodischen Heuristiken als Elemente der offenen Strukturierung zum Einsatz gebracht und im Sinne eines iterativ-dynamischen und zyklischen Prozesses führen sie in der Zusammenschau mit den Impulsen aus der sprachlichen Feinanalyse zu ersten fallimmanenten Mustern. Diese Muster – oder Gleichförmigkeiten – sind sowohl auf der Ebene des Gesagten (Was wird gesagt?) als auch auf der Ebene der Art der Äußerung (Wie wird es gesagt?) vorfindbar und bilden eine wichtige Basis für die Identifikation der zentralen Bedeutungen hinter dem inhaltlich transportierten Text.

Die Muster auf der WAS-Ebene der Lexik, die darauf hinweisen, welche Themen, Konstruktionen, Theorien, Metaphern eine Interviewperson gewissermaßen als Stilmittel zur Sinngenerierung verwendet, benennt Kruse als ***Konzepte*** (vgl. Kruse 2015, 544 f.). ***Thematisierungsregeln*** beschreiben hingegen, was auf der WIE-Ebene der Komposition von Sprache passiert, das heißt, wie der Ausdruckssinn zustande kommt (ebd.). In der Zusammenschau werden über die gleichförmigen Muster in den Konzepten und Thematisierungsregeln ***Motive*** erarbeitet, die die sprachlichen Bilder und Abfolgen beinhalten, die mit dem Forschungsinteresse in Verbindung stehen. ***Motive*** markieren damit

> wiederholt auftauchende sprachliche Bilder oder Argumentationsstrukturen, Figuren, Modelle, thematische Äußerungen, Positionierungen, etc. (...), die im Zusammenhang mit den subjektiven Deutungen und Repräsentationen der befragten Person stehen. (Kruse 2009, Anmerkung 12)

Motiv wird hier also wortwörtlich im Sinne einer Abbildung der subjektiven Repräsentationen benutzt, die in ihrer Symbolhaftigkeit wiederkehrend im Material vorzufinden und zu identifizieren ist. In der erkenntnistheoretischen Bewertung dieser Motive geht es zuletzt darum, ***zentrale Motive*** (ZM) und ***zentrale Thematisierungsregeln*** (ZTR) herauszufiltern, die über das gesamte Interview oder auch den gesamten Datenkorpus hinweg beobachtet werden können.

Dabei vollzieht sich spätestens im Übergang zur Herausarbeitung der ZM und ZTR der Übergang von der „*deskriptiven Rekonstruktion* zur (abschließenden) *rekonstruktiven Interpretation*" (Kruse 2015, 556). Der „theoretisch-abstrahierende Gehalt" dieses abschließenden Verfahrensschritts wird dadurch sichtbar, dass hier konkrete Ansätze dazu enthalten sind, „welche kulturellen, soziohistorischen oder individualbiografischen Hintergründe zu dieser besonderen Konstruktion geführt haben" (Helfferich 2004, 95; zit. n. Kruse 2015, 557). Im Sinne der Gütekriterien rekonstruktiver Forschung (siehe Kap. 6.2.3) ist es nun wiederum die Aufgabe der Forschenden, die Interpretationen und daraus entstandenen Ansätze vor dem Hintergrund der ‚eigenen Matrix' zu reflektieren und kritisch einzuordnen.

Die beschriebene idealtypische Anwendung des Verfahrens wurde für diese Forschungsarbeit auf das Forschungsinteresse und seine methodisch-methodologischen Grundannahmen zugeschnitten. Im Folgenden soll daher die Art und Weise spezifiziert werden, in der der Prozess der Datenauswertung nach dem integrativen Basisverfahren umgesetzt wurde, in welchen Auswertungsschritten Schwerpunkte gesetzt worden sind und wie die Abfolge des Forschungsprozesses im Detail ausgestaltet wurde.

6.2.2 Anwendung und Zuschnitt

Im Forschungsalltag wurden bei der Auswertung des Interviewmaterials ein herkömmlicher Ordner, der die ausgedruckten Transkripte enthielt, ein Forschungstagebuch und die Computersoftware MaxQDA benutzt. Die Software bietet die Möglichkeit, direkt in das Programm transkribieren zu können. MaxQDA ist darauf ausgelegt, relevante Textstellen bestimmten Schlagworten bzw. Oberbegriffen zuzuweisen (‚Codieren'). Dazu soll hier ein ‚Codebaum' oder ‚Codesystem' erstellt werden, der die Schlagworte in eine Abfolge bringt und es zudem zulässt, den Schlagworten ‚Subcodes' zuzuweisen. Für die initiale Einzelfallanalyse und die damit einhergehende formal- (oder fein-)sprachliche Analyse der Einstiegssequenzen waren keine Kodierungen in diesem Sinne notwendig und so wurde MaxQDA lediglich in der komparativen Analyse und da mehr als Textverwaltungsprogramm denn als Kodierungsinstrument verwendet.[38]

Die initiale Segmentierung des Texts war dabei zum einen an den methodischen Grundlagen des episodischen Interviews orientiert und demnach darauf ausgelegt, das episodisch-narrative Wissen aus der biografischen Erzählung und den Situationsbeschreibungen zu identifizieren und von der semantisch-begrifflichen Grundlegung spezifischer Oberbegriffe zu separieren. Hauptbezugspunkt war hier der natürliche Sprachverlauf der interviewten Person, die am Einsatz kommunikatorischer Mittel wie Pausensetzungen, Signalwörter, Tempuswechsel usw. festgemacht wurden. Die Segmente wurden mit Überschriften versehen, die die Funktion der jeweiligen Aussage im Erzählungsaufbau bezeichnen (z. B. Einleitung, Nachfrage, Definition, Wiederholung der Aussage etc.). In diesem Zuge wurden auch erste Bezüge zwischen den Aussagen und Textstellen hervorgehoben und mit der Überschrift ‚Bezug zu Zeile XY' versehen. Zur Analyse des Textaufbaus wurde ein Inventar angelegt, das sich an den Fragen nach der Erzählreihenfolge (Warum wurde in dieser Reihenfolge erzählt?), dem Kontext (Was wird in welchem Kontext mehr oder weniger ausführlich beschrieben?) und dem argumentativen Aufbau (Wie wird an welcher Stelle warum argumentiert?) orientierte. Der mikrosprachliche Ansatz des integrativen Basisverfahrens hat sich als kompatibel zu diesem Herangehen erwiesen, denn das hier angestrebte Hinterfragen der Sinneinheiten konnte auf diese Weise vorstrukturiert werden. Da eine Anwendung der mikrosprachlichen Feinanalyse auf sämtliche textuelle Daten aus forschungsökonomischen Gründen nicht in Frage kam, mussten im weiteren Verlauf Entscheidungen zur Reduktion des Analysematerials getroffen werden.

Um Abstand zum Material zu gewinnen, wurden nach der Segmentierung die sprachliche Deskription und die Analyse auf den drei Aufmerksamkeitsebenen angegangen. Hier wurden zunächst alle Einstiegpassagen der biografischen Erzählung einer mikrosprachlichen Betrachtung unterzogen. In diesem Schritt wurden forschungsgegenständliche wie methodische Analyseheuristiken so weit wie möglich zurückgestellt. Die konkrete Forschungsfrage, die theoretische Vorarbeit und die vorangeschrittene Kenntnis des Datenmaterials haben allerdings bereits vorstrukturierende Leitpfade mit sich gebracht. Erste Eindrücke aus dieser Ana-

38 Der Analyse der Einstiegssequenz kommt hier besondere Bedeutung zu. Dies hat zum einen den praktischen Hintergrund der Materialreduktion, zum anderen wird davon ausgegangen, dass in der Einstiegspassage bereits wesentliche zentrale Motive verborgen liegen können (vgl. Helfferich 2011).

lyse sowie erste Hypothesen zu fallbezogenen Thematisierungsregeln/Motiven wurden mit in die Beschreibung des Interviews einbezogen. In dieser Phase der Einzelfallanalyse kamen vor allem implizite Vorannahmen zur Verschränkung biographischer Dispositionen mit den Vergesellschaftungsmechanismen des Sozialstaats bzw. den sozialstaatlichen Normen des Subjekt-Seins zur Anwendung. Die hier herausgearbeiteten Motive und Thematisierungsregeln wurden anschließend zu ersten Lesarten bzw. Motiven verdichtet.

Es folgte eine Einordnung des Interviews anhand von Leitfragen, die sich aus dem speziellen Forschungsinteresse und der teilnarrativen Interviewform ergaben. Dies waren:

- Welche Sozialisationserfahrungen hat die Interviewperson gemacht und welche biografischen Dispositionen lassen sich beschreiben?
- Wie kommt ein Umgang mit Statusinkonsistenzen zur Sprache und welche Fremd- und Eigenzuschreibungen spielen dabei eine Rolle?
- Welche Adressierungen, Responsibilisierungen und Fremdpositionierungen nimmt die Person wahr und bearbeitet sie auf welchen Grundlagen?
- Welche Aneignungs-/Ablehnungsausdrücke von Prozessen sozialstaatlicher Vergesellschaftungsmodi artikuliert die Person?

Auf Grundlage dieser Fragen und einer ersten Fallkontrastierung wurden weitere Textstellen ermittelt, erneut auf sprachliche Eigenheiten untersucht und die initial vermuteten Thematisierungsregeln und Konzepte wurden verfeinert. Anhand des eigenen parallel produzierten Textes, gelesen im steten Rückbezug zu den ausgewählten Textstellen, wurden die Lesarten aus dem ersten Schritt der sprachlichen Analyse angereichert und weiter zu zentralen Motiven und Thematisierungsregeln im konkreteren Bezug zur Forschungsfrage verdichtet und erneut sukzessive zu einem Fließtext für die Ergebnisdarstellung aufbereitet. Der Übergang zur Querauswertung, deren Ziel darin besteht, „*fallvergleichende Auswertungen* zu ermöglichen und diese Analysen strukturierend aufzuarbeiten“ (Kruse 2015, 619), ist insbesondere durch eine Zunahme der Selektivität der Zuordnungen spezifischer Textstellen bzw. Äußerungen zu zentralen Begriffen gekennzeichnet. Während der erste Analysedurchgang im Rahmen der Einzelfallanalyse eher dadurch geprägt war, zunächst offene, dann axiale, d. h. anreichernde und spezifizierende Zuordnungen vorzunehmen, bildet die Querauswertung den Auftakt zur komparativen Betrachtung der herausgearbeiteten Motive und Thematisierungsregeln über die Einzelfälle hinweg. Hier liegt der Übergang von der komparativ-deskriptiven Analyse zu einer typologisierenden Herangehensweise. Dabei ist hervorzuheben, dass eine ‚klassische‘ Typenbildung nicht das Ziel der durchgeführten Untersuchung war, sondern vielmehr das abschließende ‚Aufsortieren‘ der in den Einzelfallanalysen vorgefundenen Sinn- und Merkmalsstrukturen (vgl. dazu Kruse 2015, 621). Das heißt, dass nicht die Personen einem bestimmten Typus zugeordnet werden sollen (z. B. „*der*“ strategische Nutzer) und somit eine personengebundene Subsumption zu einer konstruierten Gruppe geschieht, sondern dass die aus der Einzelfallanalyse gewonnenen Informationen zu sprachlich-kommunikativen Erscheinungsformen, zentralen Thematisierungsregeln und Motivlagen als Ausdrücke kulturell-sozialer Phänomene zur Grundlage der komparativen Analyse werden. Die Entkopplung ergibt sich zum einen aus den subjekttheoretischen Annahmen dieser Arbeit wie auch aus der Forschungsperspektive einer kritisch-interpretativen Alltagsforschung.

Mit der abschließenden Verdichtung ging es darum, eine ‚starke Interpretation‘ zu finalisieren, die einen fallübergreifenden kleinsten gemeinsamen Nenner darstellt. Zunehmend wurden so die methodischen Analyseheuristiken relevant, das heißt, im Material wurde gezielt nach dispositiv-wirksamen Elementen gesucht und die identifizierten Episoden wurden auf immanente diskursive Praktiken geprüft. Der dispositvanalytische Forschungsstil kam in diesem letzten Interpretations- und Abstraktionsschritt besonders zur Geltung.

6.2.3 Das Forschungsdesign und seine Grenzen

In der Gesamtschau baut das empirische Vorgehen auf den drei Säulen Einzelauswertung, Querauswertung und dispositivanalytische Abstraktion/Interpretation auf, die wiederum auf dem in Kapitel 5.3 eingeführten Dreischritt aus Biografie – Subjektivierung – Dispositiv beruhen. Die episodischen Interviews sind darauf ausgerichtet, eine angemessene Balance zwischen der offenen Darlegung des biografischen Werdegangs, in dem das biografische Wissen offenbar werden soll, und der zentrierten Schilderung der Episode des Verzichts zu finden. Weiterhin soll es so gelingen, die biografischen Verhältnisse zum semantisch-begrifflichen Wissen in Bezug auf das Erleben und die Einordnungen und Bewertungen von Sozialstaatlichkeit in Verbindung zu bringen und so weiteren Aufschluss über das zugrunde liegende System an Werten und Normen zu erhalten. In der Querauswertung, der komparativen Analyse, in der die zentralen Thematisierungsregeln und Muster aufeinander bezogen werden, steht eher das Konzept der Subjektivierung im Vordergrund. Als letzter Untersuchungsschritt soll die dispositivanalytische Einordnung eine gesellschaftstheoretische Anbindung herstellen und einen übergeordneten Sinnzusammenhang im Material erkennen lassen.

Die nachfolgende Abbildung stellt die Abfolge des Forschungsprozesses noch einmal in der Übersicht dar.

Abbildung 1: Übersicht über das Forschungsdesign

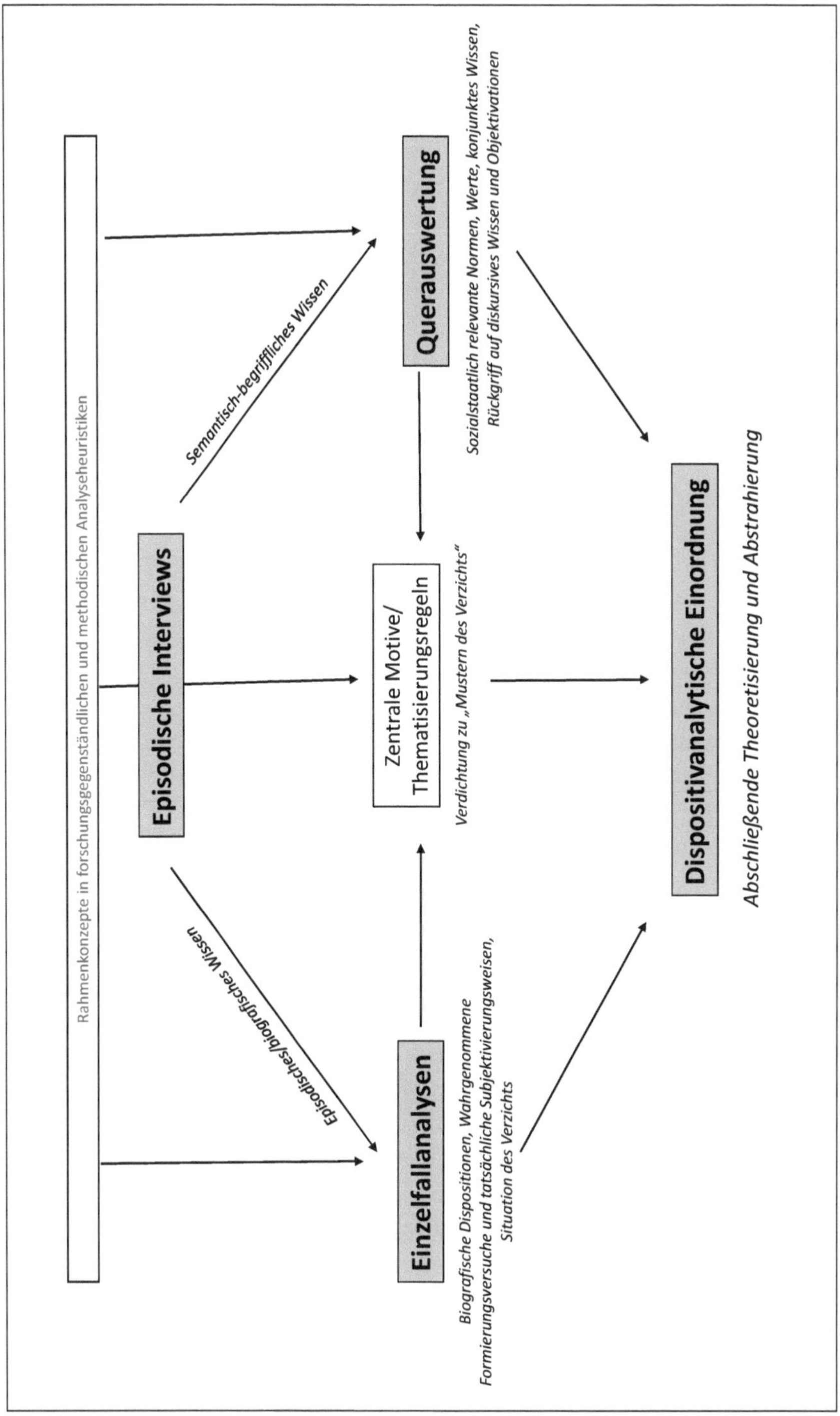

Wie jede Forschung, das heißt jede wissenschaftliche Anstrengung, neues Wissen in die Welt zu bringen, birgt auch das erarbeitete Herangehen Risiken und Grenzen, von denen die prägnantesten hier Erwähnung finden sollen. Zunächst ist noch einmal auf die ‚klassischen' Grenzen der interpretativen Sozialforschung zu verweisen, die das Fremdverstehen, die Offenheit und die Generalisierbarkeit der Forschungsergebnisse betreffen. Durch die Annahme der drei Axiome nach Jan Kruse, durch die rekonstruktive Sozialforschung als „*eine spezifische Haltung gegenüber Wirklichkeit und Erkenntnisprozessen*" (Kruse 2014, 145, Herv. i. Org.) entworfen wird, wird insbesondere auf die Probleme des Fremdverstehens und der Offenheit eingegangen. Vor allem das Konstruktivitätspostulat der qualitativen Sozialforschung spiegelt sich in den ersten Forschungsschritten des integrativen Basisverfahrens wider. So sichert das mikrosprachliche Herangehen eine weitgehende Offenheit und trägt durch die eingezogene Aufmerksamkeitsebene der Pragmatik/Interaktion zugleich dem Umstand Rechnung, dass die in der Interviewsituation ko-produzierte Wahrheit nur eine von vielen möglichen Wirklichkeiten darstellt.

Eine mögliche Limitation liegt ferner in der Tatsache begründet, dass sämtliche Schritte des Forschungsprozesses ‚aus einer Hand' stammen: Die Interviews wurden von der Autorin geführt, die Notizen rund um das Interviewgeschehen wurden von ihr angefertigt, das Material wurde transkribiert und im iterativzyklischen Prozess analysiert und interpretiert. Eine Konsequenz dieser Vorgehensweise ist eine besondere Nähe zu den Daten, die zugleich zu vorschnellen Interpretationsschritten verleitet. Die voranalytischen Schritte bergen so die Gefahr einer frühen Meinungsbildung und Kategorisierung der Interviewpersonen. Auch hier ist zum einen die initiale Distanzierung zu den Daten eine Vorkehrungsmaßnahme, um dem zu entgehen. Zusätzlich ist die von Kruse geforderte Analyse in Interpretationsgruppen zu nennen, die im Rahmen des integrativen Basisverfahrens ein wichtiges Element des Forschungsprozesses darstellt. Die erhobenen Daten wurden dementsprechend regelmäßig mit anderen Sozialwissenschaftler*innen im Rahmen von Forschungskolloquien und Forschungswerkstätten besprochen und auf mögliche alternative Interpretationswege geprüft.

Ein weiterer Punkt verbirgt sich in der Überbetonung sprachlicher Äußerung, die wohl allen Interviewansätzen gemein ist und die durchaus kritisch betrachtet werden kann. Im Zuge dieser Interviewstudie und für den konkret vorliegenden Analysefall, auch im Hinblick auf die herausgearbeiteten methodischen Analyseheuristiken, kann sie aber als angemessen angenommen werden. Adressierungen, Positionierungen und Responsibilisierungen drücken sich wesentlich über die Narration aus und damit über die konstruierten sprachlichen Phänomene. Insbesondere finden sich über linguistische Konstrukte, die Aktivität oder Passivität in bestimmten Bezügen anzeigen, Hinweise auf Handlungs- und Wirkmächtigkeit.

Um die Qualität qualitativer Forschungsarbeit abschätzen zu können, haben Jörg Strübing, Stefan Hirschauer, Ruth Ayaß, Uwe Krähnke und Thomas Scheffer fünf sich gegenseitig bedingende Gütekriterien zusammengefasst, an denen sich das methodische Herangehen an einen Forschungsgegenstand messen lassen lässt. Ihre Beachtung kann dazu beitragen, die Risiken und Grenzen qualitativer Forschung gering zu halten.

> Gut ist qualitative Forschung, kurz gesagt, wenn sie ihren Gegenstand über den Forschungsprozess hinweg angemessen entwickelt, dabei den interaktiven Prozess seiner empirischen Sättigung ebenso bewältigt wie seine fortwährende theoretische Perspektivierung und diese forschende Herstellungsleistung gegenüber relevanten Publika in ihrer Gültigkeit und ihrem Erkenntniswert vermitteln kann. (Strübing et al. 2018, 97)

In Kenntnisnahme dieser Kriterien der Gegenstandsangemessenheit, der empirischen Sättigung, der theoretischen Durchdringung, der textuellen Performanz sowie der Originalität wurde versucht, ein dem entsprechendes Forschungsdesign zu entwickeln. Dazu wurde der Forschungsvorgang bewusst iterativ gehalten, um so insbesondere das von Strübing et al. identifizierte Basiskriterium der *Gegenstandsangemessenheit*, das eine Herstellungsart des Forschungsgegenstandes als fortlaufende „Justierungsanforderung" (Strübing et al. 2018, 83) versteht, einzuhalten. So wurden zum Beispiel generierte Zwischenergebnisse stets auf ihre Relevanz für die Beantwortung der Forschungsfragen und auf ihre theoretische Passgenauigkeit hin überprüft. Zudem wurde versucht, der *empirischen Sättigung*, die sie in der „Verankerung von Interpretationen im Datenmaterial" (Strübing et al. 2018, 83) verorten, durch die extensiven Falldarstellungen (siehe Kap. 7) näherzukommen. Das iterative Vorgehen half ferner auch dabei, die *theoretische Durchdringung* als Maxime in den Forschungsprozess zu integrieren. Sie markiert die Qualität der Theoriebezüge, in die das Forschen eingespannt ist, und arbeitet an deren Irritationspotenzial. Letztlich liegt es an der textuellen Performanz und zu gewissen Teilen auch an der Originalität, der wissenschaftlichen Community die eigene Arbeit schmackhaft zu machen. Kein originäres Wissen hervorzubringen scheint im Rahmen eines mehrjährigen Forschungsprojekts dabei schon als schwierige Aufgabe, und da auch die Präsentation der Forschungsergebnisse außer durch beständige Arbeit am Text kaum systematisch eingearbeitet werden kann, wurden die letzten beiden Punkte hier nicht mit besonderen Vorkehrungen belegt – wohl aber beachtet.

Diese Kriterien verweisen bereits auf eine spezifische Haltung gegenüber forschungsethischen Fragen, erfassen ihren Kern aber noch nicht ganz. Da Forschungsethik in der interpretativen Forschung zunehmend eine Rolle spielt, widmet sich das folgende Kapitel den Aspekten, die als ethisch relevant hervorgetreten sind.

6.3 Forschungsethik und Subjektivität in Feld und Analyse

Forschungsethische Fragen werden in der qualitativen Sozialforschung vermehrt zum Thema gemacht, wobei insbesondere in der Selbstreflexivität der Forschenden eine Grundlage für forschungsethisches Herangehen verortet wird (vgl. von Unger 2014, 2016). Dementsprechend verlangt die Anlage des Forschungsdesigns nach einigen ethischen Reflexionen rekonstruktiver bzw. interpretativer Sozialforschung im Allgemeinen und, damit verbunden, zur Subjektivität der Forschenden in der empirischen Untersuchungssituation sowie Datenanalyse und Interpretation. Nachstehend wird zunächst im Rekurs auf den gemeinsamen Ethik-Kodex der Deutschen Gesellschaft für Soziologie und des Berufsverbands Deutscher Soziologinnen und Soziologen gezeigt, dass im Feld der Sozialwissenschaften ethische Fragen zwar reflektiert und kodifiziert sind, dass diese aber so offen gehalten sind, dass es vor allem Sache der einzelnen Forschenden ist, wie sie ethische Gesichtspunkte in ihre Projekte implementieren. Anschließend werden die hier getroffenen Vorkehrungen und Schwerpunkte zur Wahrung eines ethischen Forschungsprozesses in Kapitel 6.3.2 beschrieben, um abschließend noch einmal gesondert auf die reflektierte Subjektivität im Forschungsprozess, wie sich hier dargestellt hat, einzugehen (Kap. 6.3.3).

6.3.1 Ethische Aspekte in der interpretativen Sozialforschung

Der gemeinsame Ethik-Kodex der Deutschen Gesellschaft für Soziologie (DGS) und des Berufsverbands Deutscher Soziologinnen und Soziologen (BDS) ist in vier inhaltliche Segmente unterteilt: Erstens enthält er Übereinkünfte zur soziologischen Praxis, in dem zum einen auf die Forderung nach Integrität und Objektivität der Forschenden in Ausübung ihrer wissenschaftlichen Tätigkeit eingegangen wird und zum anderen die Rechte der Proband*innen der Forschung spezifiziert werden. Zweitens enthält der Ethik-Kodex ethische Hinweise zur ‚guten wissenschaftlichen Praxis' bezogen auf die Publikation von Forschungsergebnissen und drittens zur Begutachtung der Arbeit anderer Wissenschaftler*innen. Zuletzt wird, viertens, der berufliche Umgang mit Studierenden, Mitarbeiter*innen und Kolleg*innen in seinen ethischen Implikationen thematisiert. Die ersten beiden Aspekte sollen hier kurz zusammengefasst werden.

Die Maxime der Integrität und Objektivität mahnt unter anderem zur Einhaltung der „bestmöglichen Standards in Forschung, Lehre und sonstiger beruflicher Praxis" (DGS/BDS 2017, § 1), indem der eigene berufsbezogene Wissensstand „eindeutig und angemessen" dargelegt wird, Präsentationen oder Publikationen „ohne verfälschende Auslassung von wichtigen Ergebnissen" angefertigt werden und „Einzelheiten der Theorien, Methoden und Forschungsdesigns" transparent dargestellt werden. Ebenso sind die Finanzierungsquellen offenzulegen und eine Zugänglichkeit der Ergebnisse zu gewährleisten – es sei denn, das Recht auf Schutz von Proband*innen würde dadurch verletzt werden. Letztlich wird auch auf die spezifische Verantwortlichkeit hingewiesen, die Soziolog*innen in Ausübung ihrer Arbeit innehaben, denn ihre „Empfehlungen, Entscheidungen und Aussagen können das Leben ihrer Mitmenschen beeinflussen". Die Gefahr eines Missbrauchs soll daher durch geeignete Gegenmaßnahmen verhindert werden. Diese Basisvorkehrungen wirken auch in den Schutz der Rechte der Proband*innen hinein, die unter § 2 spezifiziert werden. Hier wird unter anderem darauf hingewiesen, dass gute wissenschaftliche Praxis für Forschungsteilnehmer*innen spezielle Risiken bergen kann oder negative Konsequenz bereithalten kann. Neben der Einhaltung der gesetzlichen Bestimmungen zum Datenschutz und einer Aufklärungspflicht „über Ziele und Methoden des entsprechenden Forschungsvorhabens", über die eine informierte Einwilligung erreicht werden soll, wird hier außerdem der Umgang mit den Daten vor der Veröffentlichung im Rahmen von Projektarbeiten angesprochen. Stets soll darauf geachtet werden, dass die Anonymität der untersuchten Personen gewahrt wird.

6.3.2 Maßnahmen zur Sicherung der Forschungsethik

Für viele der aufgeführten Aspekte gibt es bewährte Mittel und Wege, ein forschungsethisches Herangehen zu sichern. So ist die ‚informierte Einwilligung' durch ihre schriftliche, visuelle oder auditive Fixierung eine nachweisbare Angelegenheit und auch die weitestgehende Anonymisierung der Daten und deren anonymisierte Verwendung auch in der Phase vor der Publikation (z. B. in Forschungskolloquien) gewährleistet einen gewissen Schutz der Proband*innen, auch wenn vor allem im Bereich der biografischen Forschung nie ganz ausgeschlossen werden kann, dass Rückschlüsse auf tatsächlich existierende Personen gezogen werden können. Diese bekannten Maßnahmen wurden in diesem Forschungsvorhaben nach bestem Wissen und Gewissen eingehalten. Die eigene Integrität und Objektivität stellt hingegen eher eine Selbstverpflichtung dar, ihr Inhalt wird jedoch zunehmend auch inhaltlich ausbuchstabiert. Hier sind es die Annahme der drei Axiome der Sozialforschung nach Jan Kruse, die zu einem gewissen Teil zur Qualitätssicherung beitragen.

Neben der vielgeforderten Selbstreflexivität bzw. reflexiven Subjektivität, die im folgenden Unterkapitel gesondert thematisiert wird, sei hier ein Aspekt aufgeworfen, der im Zuge dieser Forschungsarbeit als ethisch besonders relevant hervorgetreten ist. Dies ist die durch die Forschungsanlage bedingte Zuschreibung des Merkmals ‚arm' bzw. ‚bedürftig' an die Interviewpersonen, wodurch die im Fokus stehenden Proband*innen bereits durch die Ansprache und Akquise als ‚arm' oder ‚bedürftig' markiert werden. Gesellschaftliche Kategorisierungen und Machtverhältnisse werden auf diese Weise übernommen und reproduziert. Franziska Dübgen (2010) problematisiert die Zuschreibung von Armut im Forschungsprozess unter dem Verweis auf die postkoloniale Kritik an geltenden Armutsverständnissen als ‚verminderte Kaufkraft' und thematisiert die einhergehende system- und herrschaftsstabilisierende Funktion (vgl. Dübgen 2010, 455 f.). Armutsdiskurse entfalten so ihre eigene Herrschaftslogik und führen zur Entmachtung und Entpolitisierung der als ‚arm' oder ‚bedürftig' Adressierten, wie bereits in Kapitel 2.2 mit Bezug auf die Bedürfnisdefinition in aktuellen Politiken der Armutsbekämpfung deutlich wurde. Um dem entgegenzuwirken, müssten im Anschluss an Dübgen „Theorien und Praktiken [...], die vorrangig dazu dienen den Status quo zu stabilisieren" von solchen unterschieden werden, die „durch ihre Analyse von sozialer Ungleichheit auch transformativ deren gesamtgesellschaftliche Voraussetzungen zur Disposition stellen" (Dübgen 2010, 473). Dazu gehöre auch, Lebensformen, die nicht den regulären Formen der Mehrheitsgesellschaft entsprechen, nicht als Legitimationsnarrativ für bestehendes Unrecht" (ebd. 474) zu missbrauchen.

Die Ausrichtung der Forschungsarbeit auf die Hintergründe und Ursachen des Verzichts stellt hier die Hauptpräventionsmaßnahme dar, um dieser Gefahr entgegenzuwirken. Außerdem – und das ist die Forderung von Franziska Dübgen in diesem Zusammenhang – kann ein beständiges Reflektieren der eigenen Eingebundenheit in die „Dialektik zwischen der Kritik bestehender Herrschaftsstrukturen innerhalb einer hegemonialen Gesellschaftskonfiguration und der bewussten Transzendierung ihrer Begrifflichkeiten" dazu führen, dass derlei Vorwegnahmen geschehen. Die Lösung liegt demnach in der „produktiven Konfrontation dieser beiden Ebenen der Kritik", der Herrschaftskritik auf der einen und der Abkehr von dominanten Kategorienschemata auf der anderen Seite (vgl. Dübgen 2010, 474). Da eine solche Reflexivität der eigenen Forscherperson in ihrer Eingebundenheit und Positionalität eine immer häufiger auftauchende Forderung im Rahmen rekonstruktiver Sozialforschung darstellt, ist das nächste Unterkapitel spezifisch diesem Aspekt der Forschungsethik gewidmet. Hier wird einerseits aufgezeigt, inwiefern diese ‚reflektierte Subjektivität' in den Forschungsprozess eingelassen wurde und andererseits wird auch auf mögliche Probleme hingewiesen, die in diesem Kontext selten thematisiert werden.

6.3.3 Reflektierte Subjektivität im Forschungsprozess

Forschungsethisch schließt sich also die Frage an, warum angenommen wird, dass eine empirische Forschungsarbeit der geeignete Rahmen ist, die Stimmen der Betroffenen aufzugreifen, und welches Ziel mit den angestellten Bemühungen verfolgt wird. Unter der Annahme, dass die Subjektivität derjenigen, die als Forscher*innen in ein Feld gehen, als „unvermeidbarer Bestandteil des Forschungsprozesses“ (Von Unger 2014) angesehen wird, der auch für den „Erkenntnisprozess von großem Wert ist“ (ebd.), wird zunehmend die Anforderung gestellt, die eigene Position in empirischen Forschungen gründlich zu reflektieren (von Unger 2014, 2021; Roth/von Unger 2018; Subramani 2019). Dazu gehört auch das kritisch-selbstreflexive Hinterfragen der eigenen Positionierung im Kontext des untersuchten Phänomens und die Einflussnahme dieser Faktoren auf die Einzelschritte der Forschung und damit auch auf das Forschungsergebnis. Selten finden sich hier jedoch Hinweise darauf, wie weit eine solche Selbstreflexion und deren Darstellung gehen soll und es sind durchaus Fallstricke enthalten. So scheint ein Paradoxon darin zu bestehen, dass es für Personen ohne Diskriminierungserfahrungen relativ leicht ist, im Rahmen der Selbstreflexivität den eigenen ‚Privilegien-Check‘ offenzulegen. Es genügt eine Ausführung dazu, dass man selbst ein weißer Mensch ist, der nie aufgrund persönlicher Merkmale Benachteiligungs- oder Gewalterfahrungen gemacht hat oder in prekären Verhältnissen aufgewachsen ist und dass man sich dessen bewusst ist. Aber wie weit sollen Forscher*innen aus weniger privilegierten Positionen in der Selbstreflexion gehen, wenn sie nicht gerade autoethnografisch arbeiten wollen? Werden hier nicht auch wieder Benachteiligungen erschaffen, die es benachteiligten Forscher*innen schwerer machen als anderen?

Im Rahmen dieser Forschungsarbeit wurde der Aspekt der Selbstreflektion vor allem dadurch berücksichtigt, dass die im integrativen Basisverfahren angelegte Ebene der Interaktion systematisch in die Prozesse der Datenerhebung, Analyse und Interpretation eingelassen ist. Darüber hinaus fand im Vorfeld eine Reflexion der eigenen Forschungsmotivation statt und mögliche Verstrickungen mit dem Forschungsgegenstand wurden in den Blick genommen. Die Aufzeichnungen, die rund um die Interviews entstanden sind, enthalten auch mit dem Interviewpartner*innen verbundene Gefühle wie Aversionen, Mitgefühl oder Unverständnis und diese Aufzeichnungen wurden im Rahmen der Interaktionsebenen-Analyse mit berücksichtigt. In diesem Sinne wurden auch Äußerungen der Forscherin, die in den Interviews getätigt wurden, mit interpretiert und sie spielen zuweilen eine Rolle im Rahmen der Einzelfallanalysen. In der Gesprächsführung ging es stets darum, eine zum Erzählen anregende Gesprächsatmosphäre aufrecht zu erhalten, die Aussagen der Interviewpersonen nicht zu skandalisieren oder zu bewerten und insgesamt eine neutrale, wertschätzende Zuhörerin zu sein.

Letztlich wurde auch die Eingebundenheit in verschiedene Forschungskolloquien und die Präsentation des Fallmaterials und der Zwischenergebnisse bei Workshops und Tagungen zur rekonstruktiven Sozialforschung als Reflexionseinheiten genutzt.

7 Ergebnisse I – Lebenszusammenhänge des Verzichts

Alle Interviews werden in diesem Kapitel ausführlich in ihrem Zustandekommen wie in ihren besonderen Merkmalen präsentiert. Jede Darstellung beginnt mit einer Vorstellung der Interviewperson inklusive Angaben zum (Nicht-)Inanspruchnahmeverhalten und beinhaltet darüber hinaus Informationen zum Hergang der Interviews von der Akquise bis hin zu weiteren Kontakten nach dem Interview. In den Überschriften ist neben dem Pseudonym jeweils ein Zitatfragment der Interviewperson verarbeitet, das eine Vorausschau auf den jeweiligen Sinnzusammenhang bietet. In einem ersten Schritt wird die biografische Erzählung aufgearbeitet, um die Basisinformationen zu den Interviewpersonen hinsichtlich ihrer Sozialisationsbedingungen und Lebensverläufe darzulegen. Dabei startet das erste Unterkapitel jeweils mit einer Feinanalyse des ersten Interviewsegments bzw. dem Einstieg in die biografische Erzählung.

Das jeweils zweite Unterkapitel widmet sich den wahrgenommenen sozialstaatlich relevanten Formierungsversuchen, die die Interviewten konstruieren. In den abschließenden Unterkapiteln werden biografische Dispositionen und die Rezeptionen sozialstaatlicher Wirkweisen und Subjektformationen aufeinander bezogen. Im Mittelpunkt stehen hier der Verzicht und die durch ihn ausgedrückten Handlungsorientierungen, die mitunter den wahrgenommenen Formierungsversuchen zuwiderlaufen und ein Element der tatsächlichen Subjektivierungsweisen darstellen.

7.1 Arno Thiel: „Ich brauche euch nicht"

Arno ist zum Interviewtermin 34 Jahre alt und hat über einen gemeinsamen Bekannten von dem Forschungsprojekt erfahren. Forscherin und Interviewpartner waren sich vor dem Interview persönlich nicht bekannt. Arno hat noch nie Sozialleistungen in Anspruch genommen und sichert seine Existenz seit Jahren mit Gelegenheitsjobs und dem Anbau und Vertrieb von Marihuana. Weil er nach einem abgebrochenen Studium jahrelang nicht bei der Krankenversicherung registriert war, hat die Krankenkasse rückwirkend mehrere Tausend Euro von ihm zurückverlangt. In dieser Sache hat er eine Schuldnerberatung als soziale Dienstleistung aufgesucht, im Rahmen derer er sich aber nicht verstanden gefühlt hat. Im Rechtsstreit mit der Krankenkasse lässt er sich von einem Rechtsanwalt vertreten. Das Interview wurde in einem Ladenlokal eines Wohnhauses in einer Großstadt im Ruhrgebiet durchgeführt. Die Begrüßung wurde vom Interviewten mit der Aussage eingeläutet, dass er hofft, helfen zu können. Die Interviewpartner*innen waren sofort per Du. Insgesamt erzählte Arno von sich aus und ohne gezielte Nachfragen viel über seine persönliche Lebensgeschichte, war sehr offen hinsichtlich seiner Herkunftsfamilie sowie seiner persönlichen Lebenslage. Insbesondere in den problemzentrierten Interviewsegmenten verknüpfte er seine Situation von sich aus mit seiner Ablehnung sozialstaatlicher Hilfen und erläuterte diese näher. Er machte zwar den Eindruck eines geübten Erzählers, jedoch wurde ihm scheinbar während des Interviews klar, dass er die Geschehnisse, die er als bedeutsam für seinen Werdegang präsentiert, noch nie selbst in dieser Form rekapituliert und erzählerisch in einen Zusammenhang gesetzt hat. Das Interview lässt es zu, ein Bild davon zu zeichnen, wie Arno den Sozialstaat sieht, wie er sich dazu positioniert und wie er dazu gekommen ist, staatliche Unterstützung für sich abzulehnen.

7.1.1 Biografische Erzählung

> *„I: Du wolltest gerade sagen, du bist …*
> *Arno: (unterbricht) Wo es angefangen hat, mit der ganzen Katastrophe? Oder? (Lachen)“ (Zeile 1–2)*[39]

Der Erzähler steigt mit der Bewertung seiner persönlichen Geschichte als „Katastrophe“ in das Interview ein und spielt diese Wortwahl sogleich mit einem Lachen herunter. Dass er von einem „Anfang“ spricht, deutet darauf hin, dass er die zugespitzte Situation, wie sie entstanden ist, in einem Beginn verorten kann. Sie hatte damit einen wahrnehmbaren Anfang und ist nicht natürlich entstanden oder hat etwa seit jeher vorgelegen – es war demnach nicht immer ‚alles‘ eine Katastrophe, sondern ein Lebensabschnitt, den er nicht als Katastrophe beschreiben würde, wurde von einer solchen unterbrochen. Mit dieser vorweggenommenen Wertung umreißt Arno den komplexen Hergang seiner Geschichte bereits zu Beginn der Einstiegssequenz, bevor er überhaupt eine Narration beginnt, als fatalistische Entwicklung. Die Ordnungsstruktur scheint hier zu offenbaren: Er selbst hat alles bereits unterbewusst in die Reihenfolge gebracht, die für ihn Sinn ergibt. Bevor er anfängt zu lachen, fragt er noch „oder?“ und positioniert sich gegenüber der Interviewerin. Er scheint damit nachzufragen, ob es das ist, was geliefert werden soll: Die Geschichte seiner eigenen persönlichen Katastrophe.

39 Die Zeilenangaben zu den zitierten Interviewstellen beziehen sich in diesem Kapitel stets auf das Interview, dem das jeweilige Unterkapitel gewidmet ist, daher wurde hier darauf verzichtet die Herkunft der Zitate noch einmal mit den Namen der Interviewpersonen zu versehen.

Hier gestaltet er die Kommunikationsbeziehung zu seiner Interaktionspartnerin in Antizipation dessen, was sie wohl erwartet. Weiterhin zeigt er an, dass „es" *einfach so* angefangen hat, dass ihm somit etwas widerfahren ist, woran er keine Schuld oder Verantwortung trug, etwas, dem er handlungsunfähig gegenübergestanden hat, hat sich unkontrolliert über sein Leben gelegt. Hier deutet sich ein zentrales Motiv seiner Erzählung an: Etwas widerfährt ihm unverschuldet, er schaut zu wie im Film, weiß nicht so recht, wie er reagieren soll, kommt mit seiner Reaktion nicht hinterher und ist insgesamt auf sich selbst zurückgeworfen. Damit verbunden ist eine generelle Unsicherheit aufgrund der Diskontinuität seiner Lebensbezüge, die an weiteren Interviewstellen noch tiefer durchscheint. Sein Lachen signalisiert nachstehend eine bestimmte Art des persönlichen Umgangs mit den Dingen. So bleibt er einerseits trotz der „Katastrophe" begrenzt handlungsfähig, da das Lachen immer noch möglich ist, verweist aber auch auf eine Hilflosigkeit angesichts der Ausweglosigkeit seiner Situation.

7.1.1.1 Kindheit, Jugend und Schulzeit

Arno Thiel (*1985) ist der jüngste Sohn dreier Kinder eines Handwerkers aus dem Ruhrgebiet. Ob die Mutter einem Beruf nachgegangen ist, wurde nicht thematisiert. Der Vater war zunächst Angestellter in einem Heizung-Klima-Sanitär-Betrieb, den er dann übernommen hat. Einige Jahre später ist er an der Selbstständigkeit gescheitert und musste den Betrieb abwickeln. Bis zum Konkurs Anfang der 90er Jahre, als Arno etwa 12 Jahre alt war, war die Familie gut situiert, Arno bezeichnet die damalige, ökonomische Lage als „wohlhabend". Der Besitz der Familie wurde jedoch veräußert, um den Betrieb zu retten. In dieser zentralen Textstelle erinnert sich Arno an die Episode des sozialen Abstiegs seiner Familie und die Begleitumstände:

> *„[…] Im Endeffekt waren auch zwei Häuser in unserem Besitz und Wohnungen und so. Aber das wurde dann alles verkauft und nochmal in die Firma gesteckt, weil Papa immer dachte, ja, nächstes Jahr wird besser, nächstes Jahr kommt der Turnaround und so. Aber wurde alles nichts (.) Ja, Papa wurde halt auch ein bisschen älter. Mama irgendwie dann, die war, hatte eh auch immer irgendwie Depressionen. Das hat die dann auch halt alles nur noch fertiger gemacht, irgendwie, ja, weiß ich nicht. Da musste ich dann eigentlich schon mit zwölf, sozusagen, zumindest was so das Seelische angeht, mehr für meine Mutter da sein als sie für mich." (Zeile 75–83)*

In der Beschreibung des offenbar mehrjährigen Kampfes seines Vaters um den Betrieb entpersonalisiert Arno den Verkauf des Familienbesitzes in auffälliger Weise. Während er zu Anfang der Textstelle mit Bezug zu den Immobilien noch von „unserem", d. h. dem gemeinsamen familiären Besitz spricht, benennt er im folgenden Satz nur indirekt, wer für die Veräußerung zuständig war. Hiermit drückt er zwar Unverständnis gegenüber den getroffenen Entscheidungen aus, macht den Vater aber nur implizit dafür verantwortlich. Zum Thema wird hier auch die depressive Erkrankung der Mutter. Arno setzt die unsichere wirtschaftliche Situation der Familie in einen Zusammenhang mit ihrer psychischen Verfassung, die dadurch zusätzlich negativ beeinflusst wurde. Mit 12 Jahren war er so in eine sorgende Position gerückt und hat sich um das seelische Wohlbefinden seiner Mutter gekümmert.

In diese Zeit fällt auch Arnos Wechsel von der Grundschule auf ein Gymnasium in derselben Stadt. Zunächst schien seine Schulzeit relativ problemlos zu verlaufen, denn die Mittelstufe thematisiert er nicht weiter und erwähnt lediglich, dass er mit 15 Jahren begonnen hat, regelmäßig und bis heute andauernd Cannabis zu konsumieren. Er beschreibt erste Probleme zu Anfang der Oberstufe, weil er die Schule nur noch selektiv besucht hat. Gleichzeitig haben sich die familiären Probleme und insbesondere die gesundheitliche Situation der Mutter verschärft. Mit etwa 17 Jahren hat er deshalb einen Versuch unternommen, zu Hause auszuziehen. Weil er über Bekannte erfahren hat, dass auch Schüler*innen unter Umständen staatliche Unterstützung hierfür erhalten können, hat er sich an das Sozialamt gewandt, wo er allerdings abgewiesen wurde:

> *„Nein, also wir hatten ja eh, also ja, ich hatte halt damals mal, als das in der Familie auch finanziell so schlecht ging, bin ich halt auch zu Hause ausgezogen irgendwie, weil ich das auch nicht mehr so ausgehalten habe mit meiner Mutter und so, die halt Riesenprobleme hatte. Und wollte dann halt mehr so als Gast dahin kommen, weil wir uns auch irgendwie andauernd gestritten haben. Und dann war ich auch mal da, damals war ich halt mal beim Sozialamt da und meinte so, ja hier, ich brauche Hilfe. Und da haben die aber halt nur gesagt so, ja wie, nein, Sie können auch zu Hause wohnen und ja, nein, gibt es nicht, ja." (Zeile 496–504)*

Auf Nachfrage beschreibt Arno, dass er diese Entscheidung bzw. diese Zurückweisung des Sozialamts nicht nachvollziehen konnte, da er bei Bekannten gesehen hat, dass ihnen diese Unterstützung gewährt wurde. In der auf dieses Textsegment folgenden Antwort rekapituliert er diese Situation und verknüpft sie mit seiner gegenwärtigen Lage:

> *„[…] Also nein, ich fand das halt auch irgendwie ein bisschen komisch so, weil ich halt bei anderen Leuten schon gesehen habe, dass die Eltern auch ein Haus besitzen und die das irgendwie trotzdem bekommen haben. Aber ja, keine Ahnung. Das war wahrscheinlich auch so ein bisschen falscher Stolz die ganze Zeit, dass ich irgendwie dachte, ja, ich brauche euch nicht." (Zeile 511–516)*

Arno impliziert hier, dass sein Lebensweg abseits des Sozialleistungssystems, wie er es bis zum Zeitpunkt des Interviews noch immer führt, auch eine Konsequenz aus dieser frühen Entscheidung des Sozialamts ist. So war er jahrelang mit familiären Problemen konfrontiert, ohne staatliche Unterstützung zu erhalten. Als er sich dann schließlich dazu entschließt, das Sozialamt und damit auch den Sozialstaat um Hilfe und Unterstützung zu bitten, wurde er ohne nähere Erklärung abgewiesen. Auch daraus ist scheinbar eine Haltung erwachsen, die Einfluss auf seinen weiteren Lebensweg hatte und deren Kern es ist, ohne Hilfe von außen überleben zu wollen.

Weil im Anschluss die schulischen Schwierigkeiten gravierender wurden und er sich auch dort ungerecht behandelt gefühlt hat, ist Arno auf eigene Initiative nach der zwölften Stufe auf ein anderes Gymnasium gewechselt. In dieser Entscheidung präsentiert sich Arno aktiv und spricht nicht über andere Personen. Weil er jedoch auch auf dem neuen Gymnasium nicht versetzt wurde, hat er die Mindestverweildauer in der Oberstufe überschritten und war gezwungen, das Gymnasium abzubrechen. Es war ihm wichtig, dennoch das Abitur zu erlangen, um einen akademischen Abschluss anstreben zu können. Deshalb ist er auf ein Berufskolleg in einem anderen Stadtteil gewechselt. In seiner Schilderung des Übergangs grenzt er sich explizit von den neuen Klassenkameraden dort ab:

> *„[…] Aber ja, das war auch so ein leichter Kulturschock, dann vom Gymnasium in [Stadtteil] da aufs Berufskolleg, wo dann die Ganzen sind, die von der Haupt- und Realschule kommen und keinen Ausbildungsplatz bekommen haben. Ja, aber auf jeden Fall habe ich dann da, weil ich da dann halt auch noch Leuten dann da zum Fachabi verholfen habe, irgendwie bin ich dann doch noch zugelassen worden, habe das dann auch gemacht." (Zeile 44–50)*

Er spricht aus einer erhabenen Position, wenn er es als „Kulturschock" bezeichnet, als Gymnasiast aus einem ökonomisch gut situierten Stadtteil auf die Haupt- und Realschüler*innen zu treffen, die nach ihrem Schulabschluss keine Ausbildungsstelle gefunden haben, um mit ihnen das Fachabitur zu machen. Metaphorisch gelesen, zeigt Arno mit der Umschreibung der Situation als „Kulturschock" an, dass die anderen Schüler*innen nichts mit ihm und seiner Welt gemein haben und dass er derjenige ist, der aus dem *besseren* Teil der Welt stammt. Dieser Eindruck wird dadurch verstärkt, dass er erwähnt, anderen – aus seiner bessergestellten, besser gebildeten Position – zum Schulabschluss verholfen zu haben. Paradox hierbei ist, dass die anderen Schüler*innen – im Gegensatz zu ihm – offenbar bereits einen Schulabschluss erreicht haben. Gleichzeitig berichtet er, nur sehr knapp zum Fachabitur zugelassen worden zu sein.

7.1.1.2 Schulabschluss und Studium

Arnos berufliche Aspirationen waren vor allem darauf ausgelegt, einen universitären Abschluss zu erreichen und erfolgreich im Beruf zu werden. Er hatte eine hohe, aufstiegsorientierte Erwartungshaltung an die eigene Bildungslaufbahn und Karriere. Demnach war es immer sein Ziel zu studieren, eine Ausbildung hat er als einen zu geringen Standard für sich empfunden:

> *„I: Hast du dann eine Ausbildung noch gemacht?*
> *Arno: Nein, mein Ziel war eigentlich immer, zu studieren so. Ausbildung war zu dem Zeitpunkt da immer zu läppsch, wie man im Kölner Raum sagt, oder so. (Lachen)" (Zeile 88–90)*

Es ist zu vermuten, dass dieser Wunsch auch auf den Erfahrungen gründet, die er als Kind und Jugendlicher gemacht hat, als seine Familie durch die Insolvenz des Betriebs einen Statusverlust durchlaufen hat. In seiner Sichtweise ging zu diesem Zeitpunkt *„alles den Bach runter"* (Zeile 63). Zwar konnte die Familie eine kurze Phase des materiellen Reichtums genießen und der Vater hat sich aus einem traditionellen Arbeiter*innenmilieu in die mittlere Mittelschicht vorgearbeitet, jedoch konnte dieser Aufstieg nicht nachhaltig gesichert werden. Vielleicht ist der manifeste Wille, ein Studium aufzunehmen, auch aus der Vorstellung entstanden, dass ein akademischer Abschluss ihn vor solchen Risiken besser schützt als ein Ausbildungsberuf und er seinen verlorenen Status auf diese Weise wiederherstellen kann.

Auf dem Berufskolleg hat Arno, wie er beschreibt, *„mit Ach und Krach"* (Zeile 20) und *„einer Art Kniefall"* (Zeile 21) sein Fachabitur im technischen Bereich bestanden. Mit diesem Abschluss konnte er in Deutschland nicht an einer Universität studieren, sondern war in seiner Auswahl auf technische Studiengänge an den Fachhochschulen beschränkt. Er entschied sich für ein Maschinenbaustudium. Da sein Studienbeginn in die Zeit der Bologna-Reform fiel, war er einer der ersten Studierenden des neuen Bachelorstudiums. Die Organisation und die Struktur des Studiums hat er als chaotisch und undurchschaubar empfunden. Hier ist es wichtig zu berücksichtigen, dass er als erstes Familienmitglied überhaupt ein Studium aufgenommen hat – die universitären Gepflogenheiten waren ihm demnach sozialisationsbedingt fremd. Weil ihm zudem die technisch-mathematische Ausrichtung des Studiums nicht lag, hat er es nach einem halben Jahr abgebrochen. In der Zeit nach dem Abbruch wurde er von zu Hause weiterhin finanziell unterstützt und hat auch selbst gearbeitet, sagt aber, dass er zum ersten Mal *„ein bisschen in der Luft"* (Zeile 57) gehangen hat. Seinen Alltag beschreibt er in dieser Lebensphase folgendermaßen:

> *„Keine Ahnung, war halt immer mehr so von einem Tag auf den anderen, von einem Wochenende zum nächsten irgendwie durchhangeln. Ja, und immer dann auch, jaa, viel mit Frauen halt gehabt irgendwie. Und aber dann auch irgendwie dann oft so mit den Falschen. Hatte ich halt so eine Freundin, die auch ein bisschen depressiv war und die mich auch so ein bisschen da eingespannt hat. Das ging dann aber auch schon alles so ein bisschen zu Ende. Oahr, ob ich ich das jetzt alles irgendwie*

nochmal in die Reihe bekomme jetzt, boah. Auf jeden Fall habe ich ja dann doch nochmal in Holland angefangen, zu studieren.“ (Zeile 110–118)

Mit der Metapher des *„irgendwie Durchhangelns“* transportiert Arno eine körperliche Notwendigkeit, sich unbeschadet durch unabwägbares Gelände zu bewegen. Mit dem Zusatz „immer mehr“ indiziert er zudem eine Steigerung dieser Notwendigkeit, je länger die Situation angedauert hat. Es scheint, als sei es auch eine Suche nach festen Konstanten bzw. Nähe und Kontakt gewesen, die er dann u. a. in diversen Affären gefunden hat. Eine dieser Frauen, die dann seine feste Freundin wurde, war depressiv erkrankt und er war in eine sorgende Position gerückt, wobei die Beziehung zwischen den beiden sich langsam löste. Beim Erzählen wird deutlich, dass Arno die Ereignisse dieser Zeit für sich noch nicht rekapituliert hat und auch noch keine Einordnung dieser Episode in seinen Lebenszusammenhang vorgenommen hat.

Nach etwa einem Jahr hat er erneut ein Studium aufgenommen, wofür seine Schwester und sein Schwager ihm finanzielle Unterstützung zusagten. Weil er in den Niederlanden auch mit seinem Fachabitur einen wirtschaftlichen Studiengang belegen konnte, ist er dorthin umgezogen. Die Situation, die letztendlich zum erneuten Studienabbruch geführt hat, schildert Arno recht detailliert:

„[…] Also am ersten Tag des Studiums ist dann ausgerechnet meine Mutter verstorben an Krebs. Und ja, meine Ex-Freundin, mit der ich ja eigentlich schon abgeschlossen hatte, hat dann auch noch so ein bisschen da reingefunkt, weil die halt irgendwie Depressionen hatte und dann auch gerne mal nachts angerufen hatte, so nach dem Motto irgendwie, du musst jetzt hier nach [Stadt] kommen und so, sonst sehen wir uns gar nicht mehr. So komische Selbstmordandeutungen auch fast schon. Ja, aber ich will ja auch nichts entschuldigen. Auf jeden Fall habe ich das dann da auch irgendwie wieder gelassen (lachend) und bin wieder nach [Stadt] zu meiner Ex-Freundin und habe gekifft, ey. Ja. Und dann ja (Pause).“ (Zeile 131–140)

Arno betont, dass diese Umstände nichts entschuldigen, ihn aber dazu veranlasst haben, mit 24 Jahren wieder ins Ruhrgebiet zu seiner Ex-Freundin zurück zu ziehen. „Nichts entschuldigen wollen“, also die Signalisierung einer Verantwortungsübernahme für seine vollzogenen Handlungen und getroffenen Entscheidungen, taucht auch an weiteren Stellen des Interviews auf. Die verschiedenen Bruchstellen in seinem Lebensverlauf will er nicht durch äußere Umstände rechtfertigen, sondern sagt, dass er selbst dafür die Verantwortung trägt. Andererseits erwähnt er die verschiedenen Schicksalsschläge und persönlichen Umstände aber vielfach und explizit, womit sie der Interviewerin als Erklärungsangebot für das vermeidliche Scheitern seines schulischen bzw. beruflichen Werdegangs angeboten werden. Hier wiederholt sich das Motiv des schicksalhaften Ausgeliefertseins aus der Einstiegspassage. Dies wird einmal mehr dadurch verstärkt, indem er die Metapher der Katastrophe, die schon in seinem ersten Satz des Interviews auftaucht, im Zusammenhang mit seinem zweiten Studienabbruch noch einmal aufgreift und genauer erläutert:

> *„Ja, das war so mit 24. Ja. Und ja. Dann fing eigentlich so die Katastrophe an. Also auch irgendwie so dieses komische Verzweiflungsding so, dass ich irgendwie dachte, jetzt hast du irgendwie alles verkackt. Obwohl ich ja eigentlich auch erst 24 damals war, was ja eigentlich lächerlich war. Aber irgendwie war es immer so, ja, Karriere oder nichts so. Und das war dann halt irgendwie vorbei." (Zeile 142–146)*

Eindrücklich ist hier das semantische Feld, mit dem Arno die nun eingetretene Situation sprachlich konstruiert. Er beginnt mit der Gesamtbeurteilung von allem, was danach kam, als *Katastrophe*, äußert seine persönliche Haltung dazu als *verzweifelt*, schreibt sich selbst zu, *alles verkackt* zu haben, und resümiert, dass seine Lebensplanung für ihn somit *vorbei* war. Obwohl er aus heutiger Sicht dieses Katastrophendenken als irrational beurteilt, scheint er sich noch gut in seine damalige Lage hineinversetzen zu können, die dadurch geprägt war, dass sich viele negative Einzelereignisse zugespitzt haben. Wie sich im weiteren Verlauf zeigen wird, ist diese fatalistische Entwicklung auf ein Ereignis zu, das Arno dann als Desaster oder Katastrophe erlebt, ein weiteres Muster innerhalb seines Lebenszusammenhangs. Es schien ihm vor allem in der Vergangenheit nicht möglich, Probleme realistisch abzuschätzen und Lösungen zu entwickeln. Mit Verlust des Studentenstatus begann die Episode Arnos Nichtinanspruchnahme, da er hier bereits einen Anspruch gehabt haben dürfte. Es ist allerdings unklar, ob er zu diesem Zeitpunkt bereits davon wusste.

7.1.1.3 Episode der Nichtinanspruchnahme

Arno hat sich nach dem Ausscheiden aus der Familienversicherung gemeinsam mit einem Freund per Gewerbeschein selbstständig gemacht. Von der Krankenversicherungspflicht wusste er zu diesem Zeitpunkt nichts. Erst als erste Briefe zur Einforderung offener Beträge bei ihm eintrafen, wurde ihm bewusst, dass er in eine schwierige Situation geraten war. Seine „*leichte Bürokratiephobie*" (Zeile 165) hat dazu geführt, dass er keine Briefe mehr geöffnet hat, und von da an bewertet er alles als einen Kampf ums Überleben, wobei seine Schilderungen ab diesem Punkt zeitlich ungeordneter werden. Um in seiner finanziellen Situation Abhilfe zu schaffen, begann er zu Hause Cannabis anzubauen und es zu vertreiben, wovon er sich den Lebensunterhalt sichern konnte. Ein Bekannter, der dieselbe Einkommensquelle für sich erschlossen hatte, hat ihm das dazu notwendige Wissen vermittelt. In dieser Zeit ist auch Arnos Vater verstorben und die drei Geschwister haben gemeinsam eine Doppelhaushälfte geerbt, in die er dann einzog und in der er auch zum Zeitpunkt des Interviews noch mit seinem Bruder lebte.

Die folgende Textpassage enthält die zentrale Beschreibung dazu, wie sich die Schulden bei der Krankenkasse weiter anhäufen konnten:

> *„[…] Ja, und dann fing das an halt mit diesen Schulden bei der Krankenkasse. Baah, das ist das erste Mal, dass ich das jetzt alles so rekapituliere. Ja, auf jeden Fall, keine Ahnung, dann war es irgendwie immer so. Also ich habe jetzt dann schon seit, ja, weiß ich nicht. Dann habe ich mich da halt auch nie irgendwie dann großartig drum gekümmert. Ich habe halt echt auch so eine leichte Bürokratie-Phobie, glaube ich. Habe dann auch die Briefe nie aufgemacht. Und dann haben sich da die Schulden angehäuft, weil wenn man sich dann nicht meldet, man hat so eine Mitwirkungspflicht, wird man dann irgendwie als Selbständiger automatisch in diese höchste Klasse eingestuft von 650 Euro oder noch mehr. Ja, und wenn man das dann, weiß ich nicht, halt über Monate, Jahre sich nicht drum kümmert, sind das dann halt auch mal schnell über 10.000 Euro so." (Zeile 160–171)*

Die unmittelbaren Folgen für das alltägliche Leben betrafen vor allem Arnos gesundheitliche Versorgung, da es ihm so zunächst versagt war, ärztliche Hilfe in Anspruch zu nehmen. Er war auf die Notversorgung angewiesen, die im Rahmen sozialer Dienste angeboten wird. Seine Erfahrungen hier beschreibt er wie folgt:

> *„Und ja, ich hatte irgendwie mal so krasse Probleme mit meinen Zähnen. Und ja, war dann halt auch öfters dann irgendwo da so eben als bei diesem, bei so einem Notfallding. Und dann sagt einem der Zahnarzt irgendwie, ja, wenn Sie nur notfallversichert sind, dann haben Sie jetzt zwei Optionen. Ich gebe Ihnen eine Spritze, die hält zwei Wochen vor, oder wir nehmen jetzt die Zange und ziehen den Zahn komplett raus so. Ja, ich habe ja auch schon drei Zähne irgendwie dadurch verloren, die von denen zwei zumindest noch zu retten gewesen wären. Ja, aber ja, das war irgendwie alles immer so, immer so ein Überlebenskampf dann von da an." (Zeile 174–182)*

Er wusste, dass es ihm nicht mehr möglich sein wird, die Schulden aus regulärer Erwerbsarbeit zu tilgen und seinen Schritt in die Kriminalität bezeichnet er als die letzte Option. Nachdem sein Geschäft anlief, entspannte sich seine Problemlage deutlich und er konnte sowohl den Zahnarzt privat bezahlen als auch zu einem späteren Zeitpunkt anwaltliche Hilfe in Anspruch nehmen, um sich gegen die Krankenkasse vertreten zu lassen. Die zuvor aufgesuchte Schuldnerberatung hat er als nicht zielführend empfunden. Aus diesem Erfolg heraus hat er sein Geschäft intensiviert und konnte den verloren gegangenen Lebensstandard zum Teil wieder herstellen. Hierbei erläutert er, dass seine Situation durch reguläre Erwerbsarbeit nicht mehr revidierbar gewesen wäre und führt an, dass das Dealen für ihn eine Chance dargestellt hat, sich aus der Situation aus eigener Kraft zu befreien:

„Und dann habe ich halt irgendwann, war so die letzte Option, weil es halt durch Arbeit gar nicht mehr zu stemmen gewesen wäre irgendwie, war dann so zu Hause halt ein bisschen Gras anzubauen. Zumindest mal ein bisschen. (Lachen) Aber ja, weiß ich nicht, irgendwie hat das im Haus nicht geklappt und dann wurde es auch immer ein bisschen mehr. Ja, und dann habe ich das auch teilweise auch erst mal genossen, wenn ich dann so ein bisschen Geld hatte und ja, halt gelebt." (Zeile 183–189)

7.1.2 Wahrgenommene Formierungsversuche

Arnos Äußerungen, die Rückschlüsse darauf zulassen, wie er sozialstaatlich adressiert wird, zeugen von einer pessimistisch-skeptischen Perspektive, die die positiven Wirkweisen des Sozialstaats völlig ausblendet. Zentral sind insbesondere die subjektive Repräsentation der Reziprozitätsnorm und das Wahrnehmen von Widersprüchen sozialstaatlicher Adressierung und Verantwortungszuschreibung. So nimmt das Postulat der freiwilligen Pflichtversicherung einen besonderen Stellenwert in seiner Erzählung ein, in der er einen Widerspruch erkennt. Der damit zusammenhängende normative Rahmen ist schon im Wortlaut darauf ausgerichtet, dass er *freiwillig eine Pflicht erfüllt*, dass er also aus freien Stücken etwas machen *und* wollen muss, wofür ihm die volle Verantwortung zugewiesen wird. Aus der Nichterfüllung dieser Pflicht hat sich für ihn seine persönliche Katastrophe ergeben, die ihn finanziell und körperlich an den Rand der Existenz geführt hat. Dass die Sozialversicherung auf die Gesamtgesellschaft ausgerichtet ist und dem Wohle aller dienlich sein soll, thematisiert er nicht. Vielmehr sieht er sich mit der stetigen Aufforderung konfrontiert, seiner Pflicht nachzukommen, obwohl er selber nichts erhält und nie etwas erhalten hat. Eine Materialisierung dieser Pflicht sind die Postzusendungen, die er als Bedrohung empfindet. Eine konkrete Ansprechperson bei der Krankenkasse erwähnt er nicht, sie scheint für ihn eine gesichtslose Bürokratie zu sein, deren Regeln er ausgeliefert ist und widerspruchslos zu befolgen hat. In diesem Sinne generalisiert er den gesamten bürokratischen Apparat, der unweigerlich mit den Verfahrensweisen des Sozialstaats zusammenhängt, als Bedrohungslage, in der Nichtteilnahme bzw. Verweigerung nicht geduldet wird.

Er formuliert direkt das Gebot der *aktiven Mitwirkung* und wirft es als wahrgenommenen Formierungsversuch auf. In diesem Zuge erwähnt er wieder seine eigene „Bürokratie-Phobie", also eine Angst, die sich auf den gesamten Verwaltungsapparat richtet. Im folgenden Zitat umschreibt und spezifiziert er diese Angst:

„I: Du hast vorhin davon schon gesprochen irgendwie von Bürokratie und Ämterkontakten und so. Du hast gesagt, du hast da eh eine Phobie gegen (.) Weißt du warum?

Arno: Weil ich mich da halt irgendwie immer so völlig, auf Deutsch gesagt, verarscht gefühlt habe irgendwie. Und ja, ich habe da auch so gar keine, also ich war auch noch nie beim Arbeitsamt oder so. Keine Ahnung. Ich habe da, aber jetzt will ich ja wieder und meine derzeitige Freundin will da auch da mit mir dann dahin gehen und so, damit ich das dann auch mache so (.) an die Hand nehmen quasi. (.)" (Zeile 474–483)

Behördlichen Entscheidungen ist demnach eine Willkür zu eigen, die es gilt, unhinterfragt hinzunehmen, womit sich ein widersprüchliches Feld auftut, nämlich das zwischen dem von Arno wahrgenommenen eingeforderten Zwang zur Mitwirkung und Aktivität bei gleichzeitigem Voraussetzen von Passivität im Hinnehmen behördlicher Entscheidungsgewalt, was zu seinem Grundgefühl des ‚Verarscht-Fühlens' beiträgt. Mit dem eingesetzten Verstärker (*immer*) spielt Arno darauf an, dass sich dieses Gefühl bereits früh in seinem Leben eingestellt hat. Mit Hilfe seiner derzeitigen Freundin überlegt Arno, in naher Zukunft noch einmal einen Versuch zu starten, doch auf Sozialleistungen zurückzugreifen. In seiner verteidigend wirkenden Äußerung („aber ich will ja jetzt wieder") liegt eine weitere wahrgenommene Formierung begründet, nämlich die, dass jemand, der offiziell bedürftig ist, die ihm offerierte Unterstützung auch anzunehmen hat – und zwar zu dem Preis, der von den Unterstützungsgebenden festgelegt ist. So zeigt er an, dass er davon ausgeht, dass von ihm erwartet wird, die volle Verantwortung für seine aktuelle Lage zu übernehmen, denn er könnte sich ja fügen, Sozialleistungen beantragen und beziehen und somit in seiner Situation Abhilfe schaffen.

Im Gefühl, von behördlichen Entscheidungen hintergangen zu werden, rekurriert er hier auch auf seinen ersten Behördenkontakt, als seine Familie in finanzielle Schwierigkeiten geraten ist, es der Mutter schlechter ging und er aufgrund der problematischen Lage ausziehen wollte. In dieser vulnerablen Lage hat er den bislang einzigen Versuch unternommen, sozialstaatliche Unterstützung zu erhalten. Hier hat er sich hilfesuchend an das Sozialamt gewendet und wurde abgewiesen, wobei er die Entscheidung nicht nachvollziehen konnte. Nach diesem Versuch, der scheinbar mit einiger Überwindung einherging, hat er keine weiteren Kontakte mit Instanzen und Institutionen des Sozialstaats aufgenommen, selbst, als sich sein Gesundheitszustand verschlechterte und er keine reguläre ärztliche Versorgung in Anspruch nehmen konnte. Der „*falsche Stolz*" (Zeile 515), den er anspricht, bestätigt die Antizipation einer Erwartungshaltung der Interviewerin bezüglich des Erhalts von Sozialleistungen und damit einhergehend die Annahme einer sozialen Erwünschtheit der Verantwortungsübernahme angesichts der eigenen Lebenslage.

Einen weiteren zentralen Aspekt in Arnos Erzählung bilden die verordneten Kategorisierungen und Positionierungen, die nach seiner Auffassung mit der Zuteilung von Hilfeleistungen einhergehen. Vermittelt über Gespräche mit betroffenen Bekannten deutet er diese behördliche Verfahrensweise als bedrohlich und spricht von einer starken Aversion dagegen. Hier scheint es ihm vor allem um die (De-)Klassifizierung seiner Person zu gehen. So fürchtet er einerseits, auf eine Stufe mit Personengruppen gestellt zu werden, denen gegenüber er sich überlegen sieht, und zum anderen Tätigkeiten ausüben zu müssen, die er als minderwertig ansieht:

> *„Ja, und da habe ich halt auch so ein bisschen Angst, dass, also da hatte ich jetzt auch dann die ganze Zeit Angst irgendwie, dass die dann so einen Drogentest mit mir machen. Und dann auch vor diesem eingeordnet werden und so, dann würde ich wahrscheinlich erst mal irgendwo dann ganz unten landen in so einer Maßnahme und so. Und das ist alles ein richtiger Horror für mich irgendwie, da mit irgendwelchen Ex-Knastis oder so oder irgendwie die Straßen sauber zu machen und so, für einen Euro die Stunde. Oh nein. Keine Ahnung. Ich versuche halt immer noch irgendwie, da noch so eine andere Lösung zu finden für mich. (Lachen)" (Zeile 483–491)*

Arno scheint davon auszugehen, dass das Jobcenter weitreichende Möglichkeiten hat, in sein Privatleben einzugreifen, und stellt diese auch nicht weiter in Frage. Wohl aber drückt er hier seine Gefühle demgegenüber aus und steigert das „bisschen" Angst zu einem fortwährenden, permanenten Gefühl der Angst gegenüber der vermeintlichen Verfügungsgewalt des Jobcenters, ihn einem Drogentest zu unterziehen. An späterer Stelle wird zudem deutlich, dass er davon ausgeht, dass die Bezugsberechtigung staatlicher Unterstützung auch davon abhängt, ob jemand Drogen konsumiert. Weil ein Drogentest positiv ausfallen würde, hätte das Jobcenter dann die Möglichkeit, ihn weitergehend willkürlich einer Maßnahme zuzuordnen, was seiner Vorstellung des gesellschaftlichen „ganz unten" ausmacht. Er verortet dort straffällig gewordene Personen und empfindet die auszuübenden Tätigkeiten, die mit der Aufwandsentschädigung von einem Euro vergütet werden, als Strafe oder Zumutung und keineswegs als fördernde Hilfestellung. Die empfundene Angst vom Anfang seiner Antwort steigert sich hier in einen „Horror", dem er dieser empfundenen Gefahr beimisst. Diese Textpassage ähnelt zudem auffallend seiner Schilderung des Schulwechsels vom Gymnasium auf das Berufskolleg. Erneut grenzt er sich gegenüber den Personen, mit denen er durch die sozialstaatlichen Kategorien gleichgestellt wird, scharf ab.

7.1.3 Subjektivierungsweisen

Arnos Lebensverlauf kommt auf dem ersten Blick einer idealtypischen *Verlaufskurve des Erleidens* gleich, wie Fritz Schütze (1996, 2006) sie beschreibt. Wie in Schützes Modell ist Arno zunächst nicht mehr in der Lage, den „als übermächtig" (Schütze 2006, 213) erlebten Geschehnissen aktiv gegenüberzutreten. Seine Äußerungen zeugen davon, dass er die Ereignisse wie einen Film wahrnimmt, dessen Handlung unausweichlich auf eine Katastrophe zusteuert. Bereits die Frühphase seines Lebens war gekennzeichnet durch „biografische Verletzungsdispositionen“ (Schütze 2006, 215), die dann zunehmend kumulierten. Für ihn war früh klar, dass er den Betrieb seines Vaters nicht übernehmen und eine akademische Laufbahn anstreben möchte, allerdings schlugen alle Versuche, die er dazu unternommen hat, fehl. Mehrfach spricht er die „zerplatzten Träume“ an, die daraufhin sein Leben leiteten. Insbesondere der zweite Studienabbruch schien für ihn hier die Bestätigung seines Scheiterns gewesen zu sein. In Reaktion darauf war er zunehmend auf der Suche nach Entlastung, Nähe und Orientierung. Weil er den Kontakt zur bürgerlichen Welt zunehmend verloren hat, hat er sich offenbar alternativen Strukturen zugewendet, in denen er dann auch Vergewisserung und Bestätigung gefunden hat. Die Verlaufskurve des Erleidens scheint auch im Moment des Verzichts auf den Sozialstaat zu einer ‚Außenseiterbiografie‘ geworden zu sein. Arno sieht sich selbst als neben dem Gesetz und dem Staat stehend und beruft sich dabei auf einen Wissensvorrat, der eine subkulturelle Positionalität in und Zugehörigkeit zu einem spezifischen Milieu erkennen lässt, das von Kriminalität („Gangster“), Geld („Cash Money“) und Schnelllebigkeit am Rande der Gesellschaft („Outlaw-Leben“) gekennzeichnet ist. In diesem Zuge scheint es zu einer Umdeutung kollektiver moralischer Kategorien im Sinne der Alternativstrukturen zu kommen.

Hier zeigen sich aktive Momente des Aneignens und Ablehnens, in denen er seiner Selbstwirksamkeit Ausdruck verleiht und die wahrgenommenen dominanten Subjektnormen negiert. Deutlich wird dies in den Textsegmenten, in denen er sein Verständnis von den Rechten und Pflichten zwischen Bürger*innen und Staat darlegt, in denen er soziale Leistungen von bestimmten durch die Bürger*innen zu erbringenden Pflichten entkoppelt. Wenn es nach ihm ginge, dann dürfte sich der Staat erst dann für die persönlichen Belange seiner Transferleistungsempfänger*innen interessieren, sobald Kinder mit abhängig von den Unterstützungsleistungen sind.

In der Leitfrage nach der Art und Weise, wie wahrgenommene Formierungsversuche vor dem Hintergrund biografischer Pfade und gegenwärtiger Lebenslagen ausgekleidet werden, zeigt sich Arno als selbstbezüglich und auf die Sicherung seiner Existenz ohne staatliche Unterstützung bedacht. Dabei ist der Rückzug auf sich selbst ein zentrales Motiv im Interviewtext, der sowohl in seinen sprachlichen Äußerungsmodalitäten als zentrale Thematisierungsregel aufscheint wie auch in den konzeptuellen, inhaltlichen Mustern vorfindbar ist. Dabei scheint es nicht, als würde er generell ohne Hilfe auskommen wollen, denn die Zuwendungen von nahestehenden Personen, ob moralisch oder finanziell, nimmt er durchaus an. Vielmehr sind es explizit staatliche und mit Bürokratie – und damit mit Zwang und Freiheitsverlust – verbundene Strukturen, die ihn abschrecken. Sozialstaatlich relevante gesellschaftliche Normen oder sich aus der Sozialversicherung ergebende Prinzipien, die an Kollektivität anknüpfen, scheinen für ihn keine oder nur eine geringe Rolle zu spielen.

Als dominierende beziehungsgestaltende Variable im Verhältnis zwischen Sozialstaat und Bürger*innen knüpft er an die Reziprozitätsnorm an, die er in Bezug auf seine Person verletzt sieht. Mehrmals betont er, dass er weder etwas vom Staat erwartet noch jemals etwas von ihm erhalten hat und dass er in der Konsequenz auch nicht bereit ist, in eine Kooperationsbeziehung einzutreten. Hilfe findet für Arno im Nahraum statt und er selbst zeigt sich auch durchaus bereit dazu, seiner Familie und seinen Freunden unterstützend zur Seite zu stehen. Vor dem Hintergrund seiner Biografie und der Tatsache, dass er sich vom Staat stets im Stich gelassen gefühlt hat, erklärt sich, warum er die Reziprozitätsnorm als bestimmendes Element zwischen Bürger*innen und Staat ansieht, denn so ist es ihm möglich, seinen Lebensweg abseits der Norm zu plausibilisieren und sich zudem über sozialmoralische Normen zu erheben.

In seinen expliziten Abgrenzungen und Distanzierungen von Personen, die ALG II beziehen, positioniert Arno sich als aktiver Mensch, der stets etwas „tun" muss. Hartz IV-Empfänger*innen schreibt er zu, träge und lethargisch-inaktiv zu sein, und macht deutlich, dass diese Subjektfigur, deren Wahrnehmung er in der persönlichen Erfahrung verankert, nicht seiner Lebensvorstellung entspricht:

> *„Und ja, ich sehe halt auch bei vielen irgendwie, die so von Hartz IV leben irgendwie, die sich dann so darauf, daran einrichten irgendwie. Und da will ich halt auch gar nicht erst hin so. Ich sehe das halt auch so ein bisschen die Gefahr, dass ich da dann so ein bisschen versumpfe irgendwie. Obwohl ich mir auch gar nicht vorstellen kann, wie man von so wenig Geld dann irgendwie überhaupt vernünftig leben kann. Also so jeden Tag Dosenbier vorm Fernseher trinken oder so, das ist halt nicht meine Welt, keine Ahnung. (Lachen)" (Zeile 432–439)*

Sein Rückzug ist in diesem Sinne eine Reaktion auf die Versuche, ihn einzuordnen und in eine bestimmte Kategorie zu fassen, die nicht seinem Selbstverständnis entspricht. Das Gefühl des Ausgeliefert-Seins, dem er biografisch bedingt häufig ausgesetzt war, will er um jeden Preis umgehen, wobei das auch bedeutet, sich nicht der Willkür und dem ‚Glücksspiel' zu unterwerfen, das mit den Handlungsspielräumen der Sachbearbeitenden in den Jobcentern verbunden ist. Um seine Freiheit zu wahren, geht er so alternative Wege und ist bestrebt, möglichst nicht mit dem Staat und seinen Institutionen in Berührung zu kommen. Trotz seiner illegalen Finanzierungsquelle legt er Wert darauf, dass er *„überhaupt nichts Böses"* (Zeile 315) macht und im Gegenteil mit seiner Positionierung auf dem Cannabis-Markt als Einzelperson sogar der Mafia *„ein bisschen Geld"* (Zeile 319) wegnimmt, denn wenn er das Gras nicht verkaufen würde, dann würden seine Kunden eben bei anderen *„schlimmeren Leuten"* (Zeile 322) kaufen.

7.2 Marlene Dutte: „Jetzt ist irgendwie Feierabend“

Das Interview mit der Rentnerin Marlene Dutte, die vor ihrem Renteneintritt über einen Zeitraum von etwa einem Jahr auf sozialstaatliche Leistungen verzichtet hat, hat in der Wohnung des Leiters eines Sozialrechthilfevereins in einer kleinen Stadt im Südosten Nordrhein-Westfalens stattgefunden. Der Leiter des Vereins Peter Alsen hat sich auf den E-Mail-Akquiseaufruf gemeldet und Marlene Dutte sowie Suzana Klodzig (siehe Kapitel 7.11), die die Beratung in seinem Verein wahrnehmen, für ein Interview vorgeschlagen. Herr Alsen, der selbst ALG II bezieht und sich als Sozialrecht-Kämpfer bezeichnet, hat die Interviewtermine organisiert. Beide Frauen haben dem Interview unter der Prämisse zugesagt, dass Herr Alsen anwesend ist.

Frau Duttes genaues Alter und viele weitere persönliche Details sind während des Interviews auch auf Nachfrage nicht zur Sprache gekommen. Zum Interviewzeitpunkt war sie seit einem Jahr verrentet. Schon während des Kennenlernens vor Start der Tonaufzeichnung hat sie nicht aus Eigeninitiative das Wort ergriffen, sondern reagierte einsilbig auf Nachfragen von Herrn Alsen (mit „doch, doch“ oder „jaaa“ oder „nööö“). Während des Interviews fiel auf, dass sie Fragen, die ihr Gefühlsleben betrafen, kaum beantwortete, ebenso wenig, wie sie zeitliche Einordnungen biografischer Eckpunkte vorgenommen hat. Sie hat keine Auskunft dazu gegeben, wann bestimmte Dinge in der Vergangenheit in etwa stattgefunden haben. Das betraf auch die Zeitspanne, während der sie ohne Sozialleistungen gelebt hat. Dabei hat sie durch Gesten (Schulterzucken, Augenbrauen hochziehen) und Lauten („Och“, „Ach“) deutlich gemacht, dass sie sich schwer erinnert. Den Eindruck, dass sie die Fragen nicht beantworten möchte, hat sie nicht hervorgerufen. So hat sie das Bild einer Erzählerin vermittelt, die ungeübt darin ist, ihre persönliche Geschichte sprachlich zu transportieren und zu reflektieren.

Es stellte sich heraus, dass Frau Dutte den Kontakt zum Jobcenter an einem bestimmten Punkt abgebrochen und bewusst nicht mehr auf Briefe reagiert hat, was zur Einstellung ihrer Leistungen führte. Über ihre ehrenamtliche Tätigkeit als Köchin in der Gemeinde ist sie mit Herrn Alsen in Kontakt gekommen. Er hat ihr, gemeinsam mit dem Anwalt des Vereins, zunächst zur Wiederaufnahme des ALG-II-Bezugs geraten und dann zur Verrentung verholfen. Besonders viel Raum nimmt im Interviewverlauf die Schilderung der Umgangsweisen des Arbeitsamtes und des Jobcenters mit Frau Dutte als ältere, erwerbslose Frau ein. Zudem berichtet sie eindrücklich über die Zuspitzung ihrer Situation und das Zulaufen auf den Moment, in dem sie sich dazu entschlossen hat, keinen weiteren Kontakt mehr zum Jobcenter zuzulassen. Im Gegensatz zu ihrer passiven Rolle während des biografischen Interviewteils, wo sie selten Gefühlsregungen in Form von Lächeln oder Verneinungsgesten gezeigt hat, wurde sie mit dem Themenwechsel zur Situation des Sozialleistungsbezugs emotionaler. Hier wurde anhand ihrer veränderten Ausdrucksweise, des gesteigerten Erzähltempos und der Zunahme von Gesten spürbar, wie nah ihr die Thematik geht und wie sehr die Verletzungen, die ihr in diesem Zuge widerfahren sind, nachwirken. Auch wenn Frau Dutte nicht direkt äußert, dass sie durch die Verfahrensweisen des Jobcenters und die folgende Phase ohne jegliche Einkünfte an ihre körperlichen und psychischen Grenzen gestoßen ist, liegt in ihren Äußerungen eine tiefe Verzweiflung angesichts der erfahrenen Umstände. Sie rang während des Interviews häufiger nach Worten und schaute hilfesuchend zu Herrn Alsen.

7.2.1 Biografische Erzählung

„I: Können Sie etwas darüber erzählen, wo sie … Kommen Sie aus [Stadt]?
Frau Dutte: Ja.
I: Haben auch immer hier gelebt?
Frau Dutte: Ja. (Hr. Alsen: Frei raus, Marlene! (lacht)) Jaha. (2)
I: Und wie war das hier früher so, wie sind Sie hier aufgewachsen? Haben Sie Geschwister?
Frau Dutte: Nein, ich hab keine Geschwister. (Hr. Alsen: Ne richtige Scheiß-Vergangenheit, ne) (Frau Dutte lacht leise)
I: Und sind alleine aufgewachsen? Oder wie sind Sie groß geworden?
Frau Dutte: Nein, ich bin. Ich bin im, im, äh, im Kinderheim bin ich auf – bin ich aufgewachsen. Also ich bin mit sieben nach [Stadt] gekommen und dann bin ich im Kinderheim aufgewachsen mit 14. Und dann … (5)
I: Und wie … waren da viele Kinder? Oder war es ein kleineres Haus?
Frau Dutte: Jaha. Nö, das war das Haus da oben an der Waldstraße, wo jetzt eine Musikschule drin ist und da und da war ich dann. (.) Und das wurde dann nachher [?zu gemacht?].“ (Zeile 1–17)

Der von Suggestivfragen geprägte Einstieg in das Interview verlangt zunächst eine reflexive Einordnung. Frau Dutte hat außer einem „Hallo“ und der Nennung ihres Namens bei der gegenseitigen Vorstellung nicht gesprochen und auch auf Herrn Alsens Ansprachen kaum verbal reagiert. Da sie dabei aber keineswegs abweisend war, sondern eher unsicher wirkte, waren die Suggestivfragen der Interviewerin ein Versuch zu signalisieren, dass keine schwierigen Fragen gestellt werden, sondern dass sie sehr gut beantwortbar sind, um eine sichere Gesprächsatmosphäre zu kreieren. Auch Herr Alsen mischt sich hier in den Interviewbeginn ein, um sie humorvoll zum freien Antworten zu animieren. Außerdem bringt er eine frühe Wertung von Frau Duttes Vergangenheit als „*Scheiß-Vergangenheit*“ ein, vielleicht, um Frau Dutte diese Wertung vorwegzunehmen. Im weiteren Verlauf des Interviews geht Frau Dutte darauf nicht weiter ein. Ihre erste eigene Relevanzsetzung ohne vorgehende gezielte Frage (zum Beispiel nach der Heimatstadt oder nach Geschwistern) ist ihre Auskunft darüber, dass sie in einem Kinderheim aufgewachsen ist. Damit entgegnet sie vor allem der Frage, ob sie alleine aufgewachsen sei und signalisiert, dass sie keineswegs alleine war. In einem Kinderheim, so das dahinterliegende Wissen, sind natürlich viele Kinder und die Lebenssituation ist eher das Gegenteil von „alleine sein".

Als würden alle Anwesenden die örtlichen Gegebenheiten kennen, sagt sie dann, dass das Kinderheim in dem Haus, „da oben an der Waldstraße" lokalisiert war. Hier schwingt eine Ortsverbundenheit mit und es könnte ein Hinweis darauf enthalten sein, dass Frau Dutte selten mit Menschen spricht, die nicht aus ihrer Stadt stammen. Ob das Aufwachsen im Kinderheim direkt mit der „Scheiß-Vergangenheit" in Verbindung steht, so wie es die erzählerische Abfolge in der Einstiegssequenz vermuten lässt, kann nicht aufgeklärt werden. Es finden sich im Weiteren aber Hinweise darauf, dass Frau Dutte eher positive Erinnerungen mit dem Kinderheim verbindet, denn sie hat den Kontakt noch lange gehalten und zeitweise auch später noch dort in der Küche gearbeitet. So stellt sich der Eindruck ein, dass die Erlebnisse, auf die Herr Alsen sich in seiner Aussage bezieht, im späteren Lebensverlauf stattgefunden haben oder aber nicht ursächlich mit der Kindheit im Heim zusammenhängen.

Dass sie keine weiteren Ausführungen zu ihrem Aufwachsen macht, mag auch daran liegen, dass sie dem schlicht keine Relevanz im Kontext der von ihr antizipierten Gesprächsinhalte beimisst. Dieser Eindruck verstärkt sich vor allem dadurch, dass sie im Gesprächsverlauf ihre Erfahrungen mit dem Jobcenter sehr wohl redefreudig und lebendig schildert.

7.2.1.1 Kindheit, Jugend und Schulzeit

Frau Dutte scheint in der Einstiegspassage das für sie wichtigste oder aussagekräftigste Merkmal ihres Aufwachsens bereits damit benannt zu haben, dass sie in einem Kinderheim groß wurde. Sie berichtet noch, dass ihre Schulzeit *„eigentlich auch ganz gut soweit"* (Zeile 50) war und sagt, ebenfalls auf Nachfrage, dass die Kinder nachmittags in der Wohneinrichtung gemeinsam Schularbeiten erledigt haben, wobei die Erzieherinnen (es wird nur von Erzieher*innen* gesprochen) *„sehr viel unterstützt"* (Zeile 63) haben. Die Wohnabschnitte innerhalb des Heimes bezeichnet sie als „Stationen", was der Idee eines wirklichen ‚Zuhauses' entgegensteht und für eine Übernahme institutioneller Strukturen in den eigenen Sprachgebrauch und damit in das eigene Erleben spricht. Dennoch scheint ihre Erinnerung an das Aufwachsen in der Einrichtung eher positiv zu sein. Während sie nicht benannt hat, wo sie nach dem Auszug aus dem Kinderheim mit 14 Jahren konkret gelebt hat (z. B. in einer eigenen Wohnung oder einer Wohngruppe), hat sie erwähnt, dass sie acht Jahre lang weiterhin im Kinderheim *„auf Station"* (Zeile 34) und in der Küche gearbeitet hat. Auch in ihrem weiteren Lebensverlauf hat sie den Kontakt zu den Erzieherinnen gehalten und die Einrichtung bis zu deren Schließung häufig besucht. So entsteht der Eindruck, dass das Kinderheim einen wichtigen Platz in ihrem Leben eingenommen hat.

7.2.1.2 Schulabschluss, Berufsfindung und Berufsleben

Eine erste längere Erzählung beginnt Frau Dutte in Antwort auf die Frage, ob sie im Zuge ihres Aufwachsens in der Einrichtung von den Erzieherinnen einmal gefragt wurde, ob sie mal einen bestimmten Beruf erlernen möchte. In ihrer Antwort fasst sie etwa 34 Jahre Berufstätigkeit knapp wie folgt zusammen:

> *„Joa, ich hab dann nachher mal so als, als Beiköchin dann nachher gemacht und dann äh, aber, aber erst später, und dann äh und dann hab ich nachher äh, ja im, im anschließend hab ich dann nachher im Kinderheim wieder so, so auf Station da gearbeitet so acht Jahre. Und dann bis das geschlossen wurde, und dann war ich vier Wochen erstmal arbeitslos und durch eine Freundin bin ich dann zu einer Firma hin. Und da hab ich dann 25 Jahre lang gearbeitet und dann durch die Insolvenz bin ich dann arbeitslos geworden." (Zeile 32–38)*

Während Frau Dutte auf die eigentliche Frage danach, ob eine erwachsene Bezugsperson in ihrer Kindheit und Jugend Interesse an ihrem späteren Berufsleben gezeigt hat, nicht antwortet, gibt sie faktenorientiert wieder, wie es dazu kam, dass sie ihre Erwerbsarbeit verloren hat. Dies scheint für sie auch der eigentliche Inhalt des Interviews sein zu sollen, womit sie die Interaktion lenkt und kontrolliert. Sie erinnert sich genau daran, dass die erste Episode von Erwerbslosigkeit nach Schließung des Kinderheims vier Wochen umfasste, während sie ansonsten kaum zeitliche Markierungen vornimmt und auch auf Nachfrage Zeiträume nicht abschätzen kann. Da diese ersten vier Wochen der Erwerbslosigkeit so sehr in ihrem Gedächtnis verankert sind, kann abgeleitet werden, dass die internalisierte Erwerbsarbeitsnorm stark ausgeprägt ist und eine eigentätige Sicherung ihres Lebensunterhalts für sie einen hohen Wert darstellt. Aspekte der Selbstverwirklichung durch Arbeit scheinen für sie keine Rolle spielen. In der folgenden Sequenz zeigt sich aber dennoch, dass sie früher einen Berufswunsch hatte, den sie nicht verwirklicht hat:

> *„I: Können Sie sich daran erinnern, was Sie mal werden wollten?*
> *Frau Dutte: Och, ich wusste das noch nicht. Erst wollte ich mal Säuglingsschwester werden und dann nachher hab ich gedacht ach nee, doch nicht und dann … (4)*
> *I: Und dann waren Sie so ein bisschen orientierungslos, oder wie kann man das …*
> *Frau Dutte: Jaaha. Und dann bin da nachher runter in die Küche dann nachher gekommen und also ich war vorher, ich war vorher noch in einem Haushalt. Ja, so, so, als ähh, als Haushaltshilfe, so Mädchen für alles. Und da sollte ich dann auf zwei Kinder aufpassen, die auch schon erwachsen sind, die waren dann da." (Zeile 72–80)*

Nachdem sich ihr eigentlicher Berufswunsch aus nicht näher benannten Gründen nicht erfüllt hat, war sie zunächst „Mädchen für alles" in einem Haushalt, wo sie zwei Kinder betreuen „sollte". Durch ihre Ausdrucksweise wird der Eindruck geschaffen, dass sie hier kein wirkliches Mitspracherecht innehatte. Ebenso betrifft das ihre anschließende Anstellung in der Küche des Kinderheimes, in die sie „gekommen" ist, also auch mehr platziert wurde, als dass sie sich selbstständig hierfür entschieden hat. Die Passivkonstruktionen, die in dieser Sequenz beispielhaft angeführt sind und die auch andere Aussagen prägen, können als Hinweis darauf gelesen werden, dass Frau Duttes Entscheidungs- und Handlungsmöglichkeiten über ihren eigenen Lebensweg oftmals beschränkt waren. Sie ist aus ihrer Kindheit ein reglementiertes Umfeld gewöhnt, in dem es feste Zeiten für die alltäglichen Lebensabläufe gab und wenig Flexibilität für individuelle Bedürfnisse vorhanden war. So ist zu vermuten, dass für das Erlernen einer selbstbestimmten Lebensweise oder das Erkennen der eigenen Bedürfnisse innerhalb der institutionalisierten Heimumgebung wenig Raum bestanden hat. Auch ihre Berufsfindung war von dieser Fremdbestimmung geprägt, eine Entscheidungsfreiheit hinsichtlich der Berufswahl scheint für sie nie bestanden zu haben. Fremdbestimmung stellt sich hier als ein zentrales Motiv in Frau Duttes Lebensverlauf ein.

Nachdem das Kinderheim geschlossen hat und sie daher ihren Lebensmittelpunkt einbüßte, ist sie beruflich durch eine Freundin bei einer metallverarbeitenden Firma untergekommen, wo sie sich zunächst wohlgefühlt hat. Dies hat sich im weiteren Verlauf ihrer Erwerbstätigkeit dort jedoch geändert. Die Gründe erläutert sie wie folgt:

> *„I: Und wie kam das dann, als Sie in die Firma gekommen sind, war das ein richtiger Beruf, war das schön dort zu arbeiten?*
> *Frau Dutte: Ja, am Anfang ja, aber dann nachher gar nicht mehr so.*
> *I: Wie kam das?*
> *Frau Dutte: Ja, da kam ja mal immer wieder neue, neue Mitarbeiterinnen, ja und weil ich, ich hatte ja früher noch nie in so 'ne Familie, in so 'ne Fabrik da gearbeitet und das war für mich dann nachher auch ungewohnt ja und dann hab ichs dann eben so gemacht, wie es dann halt eben ging." (Zeile 86–93)*

Frau Dutte führt hier an, dass es vor allem die hohe Fluktuation war, die ihr im Rahmen ihrer Tätigkeit in der Firma Unwohlsein bereitet hat und lässt damit durchblicken, dass ihr Konstanz im Umfeld wichtig ist. Diese Annahme wird durch ihren Versprecher verstärkt, mit dem sie die Firma zunächst als „Familie" bezeichnet. Hier manifestiert sich der Interpretationspfad des verlorenen Lebensmittelpunkts durch die Schließung des Kinderheims, das mindestens bis zu Frau Duttes 25. Lebensjahr familiärer Halt, Orientierungspunkt sowie Lebens- und Arbeitsstätte war. Sprachlich setzt sie die „Fabrik" der „Familie" entgegen, wobei semantisch die Kälte und Unpersönlichkeit der Arbeitsstätte Fabrik dem warmen, persönlichen und gewohnten Umfeld im Kinderheim gegensätzlich konstituiert werden. Sie hat „es", dann gemacht, wie „es dann halt eben ging", womit sie signalisiert, dass ihr die Arbeit nicht leichtgefallen ist, der Erwerbslosigkeit und damit der Orientierungs- und ‚Familienlosigkeit' jedoch immer noch vorzuziehen war.

7.2.1.3 Erfahrungen mit Erwerbslosigkeit

Im Zuge einer Insolvenz wurden alle Beschäftigten der Firma, Frau Dutte spricht nur von Mitarbeiter*innen* und Kolleg*innen*, angehalten, sich arbeitslos zu melden. Es scheint sich dabei um einen automatisierten Prozess gehandelt zu haben, in dem Frau Dutte sich an den Handlungsabläufen ihrer Kolleginnen orientieren konnte. Sie berichtet, dass *„das Amt"* zu dieser Zeit *„gerade im Umbau"* (Zeile 111) war und sie sich dort weder räumlich noch im Hinblick auf die bürokratischen Richtlinien und Strukturen auskannte. Vermutlich fiel die Insolvenz mit der Umstrukturierung der alten Arbeitsämter zu Arbeitsagenturen und Jobcenter zusammen.

Der Erstkontakt war davon charakterisiert, dass sie und ihre Arbeitskolleginnen einem hohen Stresslevel dadurch ausgesetzt wurden, dass sie von Instanz zu Instanz geschickt wurden, die vermeintlich für ihre Angelegenheit zuständig war. Unmittelbar danach stand sie vor der Hürde, die Anträge in Papierform, die ihr mitgegeben wurden, eigenständig auszufüllen. Eine Hilfestellung wurde ihr nicht angeboten. Das von ihr als kompliziert wahrgenommene Antragsverfahren konnte sie nur bewältigen, weil eine Frau, die sie aus ihrer ehrenamtlichen Gemeindearbeit kannte, geholfen hat.

Auch bei diesen Ausführungen fällt auf, dass Fragen, die ihre persönliche Gefühlswelt betreffen, eher mit Tatsachenberichten beantwortet werden, als dass sie Emotionen oder Empfindungen direkt benennt. Paradigmatisch dafür ist der folgende Dialog aus dem Interview, indem Frau Dutte auf ihr Gefühlsleben im Zuge dieses ersten Ämterkontakts nach der Insolvenz angesprochen wird:

> *„I: Was war das denn für ein Gefühl, da zu so einem Amt zu gehen und nicht so richtig zu wissen, wo man da hin soll?*
> *Frau Dutte: Ja. Dann musste ich dann erstmal sämtliche irgendwie kriegten wir dann so einen ganzen Bogen so mit 35, mit 32 Seiten und da kam ich dann nicht mit zurecht. Und dann musste ich immer irgendwelche Papiere besorgen, die es dann aber gar nicht gab, ja, die irgendwie dann verschwunden worden sind. Ja und dann haben sie gesagt, ja, dann kriegte ich äh, dann kriegte ich Arbeitslosengeld, Arbeitslosengeld musste ich ja beantragen da." (Zeile 120–127)*

Das Gefühl, das am ehesten aus Frau Duttes Schilderungen spricht, dürfte das der Überforderung mit dem Antragswesen sein. Auch schwingt hier Verärgerung und Unverständnis darüber mit, dass sie beständig dazu aufgefordert wurde, „Papiere" zu besorgen, die dann innerhalb der Arbeitsagentur „verschwunden worden sind". Frau Dutte nutzt hier eine rhetorischen Figur, mit der sie beschreibt, dass sie ihrer Pflicht nachgekommen ist und die geforderten Unterlagen eingereicht hat, dass diese jedoch im Arbeitsablauf des Amts absichtlich oder unabsichtlich verloren gingen.

Die folgenden anderthalb Jahre, in denen sie ALG I empfangen hat, schienen dann zunächst relativ unproblematisch zu verlaufen, zumindest thematisiert Frau Dutte diese Zeit nicht weiter. Sie setzt wieder ein, als das ALG I auslief und sie in den Bezug nach SGB II rückte:

> *„[…] Und dann (.) dann kriegte ich, dann kriegte ich dann für anderthalb Jahre dann das Arbeitslosengeld und dann wurde mir dann von Amt beschrieben „Sehr geehrte Frau Soundsoviel, ihr Arbeits- äh, Arbeitslosengeld, das läuft aus. Sie bekommen jetzt ab 01.05.* ***HARTZ IV****" (3) Und daann, dann musst ich, dann musst ich wieder* ***al****-les,* ***al****-les, alles der, alles der, der da vorlegen." (Zeile 136–141)*

Erneut erinnert sie das konkrete Datum, zu dem sie vom ALG-I-Bezug in den Bezug des ALG II fiel, und zeigt so, dass ihr die Situation noch sehr präsent ist und eine gewichtige Rolle in ihrem Nachdenken über die Ereignisse der Vergangenheit einnimmt. Die starke Betonung des „Hartz IV" und die Pause danach sprechen dafür, dass sie damit einen ganzen Komplex an negativen Konnotationen verbindet und auch bei der Interviewerin als gemeinsamen Wissensvorrat vermutet. Die folgende Anforderung, erneut die Unterlagen einzureichen, die sie 1 ½ Jahre zuvor schon unter erheblichen Mühen beigebracht hat, kennzeichnet sie im Folgenden als sehr belastend, sowohl im Umfang, durch die viermalige Wiederholung des Quantors „alles" als auch in der Interaktion zu „der da", womit sie die Sachbearbeiterin meint.

Dann ist für sie eine Zeit angebrochen, die vor allem durch Angst vor neuen Auflagen und Anforderungen durch das Jobcenter gekennzeichnet war. Sie wurde immer von Neuem aufgefordert, Dokumente (Kontoauszüge, ärztliche Atteste) beizubringen, die dann zuweilen wiederum innerhalb des Amtes verloren gegangen sind, woraufhin sie erneute Aufforderungen erhielt. Sie schildert auch Zeiten, in denen sie wütend und frustriert war, doch es überwog die Angst vor den Sachbearbeiter*innen, den Dokumentanforderungen und auch der Zukunft generell als dominante Emotion:

> *„Oaah, ich hatte, ich hatte immer schon Angst gehabt (.) Dann hab ich dann immer gedacht „meine Zeit, wo schicken sie dich jetzt wieder hin, was kommt, was, was, was wollen die wieder, was sind da wieder für die Papiere […]" (Zeile 345–347)*

Als weitere Auflage musste Frau Dutte eine bestimmte Anzahl an Bewerbungen im Monat vorweisen. Mit einer Art Laufzettel ist sie in der Kleinstadt umhergelaufen, um sich bei verschiedenen Arbeitgeber*innen vorzustellen. Diese haben dann auf dem Zettel unterschrieben, dass sie vor Ort war, woraufhin Frau Dutte wiederum dazu verpflichtet wurde, die Unterschriften ihrer Sachbearbeiterin vorzuzeigen. Sie war in dieser Zeit auch von Sanktionen betroffen, die zu einer 30-Prozent-Kürzung ihrer Bezugssumme führten. Diese Anforderungen und Auflagen kumulierten in ihrer Wahrnehmung zu einem einzigen „*Geschubse*“, innerhalb dessen sie „*wie so ’n Hund*“ (Zeile 406) zu den verschiedenen Instanzen geschickt wurde. Die hier verwendeten Metaphern, die ihre empfundene eigene Entmenschlichung durch die Verfahrensabläufe markieren, tauchen auch im weiteren Interviewgeschehen immer wieder auf und stellen eine zentrale Thematisierungsregel dar, die sie immer dann bemüht, wenn sie das Verhältnis zwischen sich selbst und dem Jobcenter beschreibt.

7.2.1.4 Episode der Nichtinanspruchnahme

In der folgenden Textpassage beschreibt Frau Dutte das Zustandekommen der Situation, in der sie für sich den Entschluss gefasst hat, nicht mehr mit dem Jobcenter zusammenzuarbeiten:

> *„Ja, irgendwann war ichs dann mal leid und dann habe gesagt, sooo, jetzt ist. Jetzt ist irgendwie Feierabend und habe dann gar nichts mehr gemacht. […] Ja und dann, dann wurde ich dann immer losgeschickt, mir Arbeit zu suchen, und dafür musste ich dann immer immer dann dann äh die ausfüllen oder dann immer abstempeln lassen, ja. Wo ich mich dann überall beworben war. Und dann haben sie wieder da drauf geguckt und haben dann gesagt, ja, das wäre dann gut. Und dann lief das mal wieder so ’ne halb, und dann kamen wieder neue Anträge und das war immer so ein, so ein, so ein GESCHUBSE. Ja und dann wollten die wissen, ob ich Bargeld und ob ich Schmuck hätte und ob ich Auto hätte ja und (lacht leise) und so was alles. Aber das hatt ich doch alle gar nicht, ich hatte (deutet auf ihre Kleidung) (.) Auto, von was soll ich denn … denn da ein Auto mir unterhalten. Oder ob ich wertvolle Gemälde hätte und weiß ich was nicht alles. Jaa, das war, das war WIRKLICH so!“ (Zeile 163–178)*

Die Textpassage zeigt, dass Frau Dutte am Höhepunkt ihres passiven Erleidens der Fördermaßnahmen des Jobcenters vermutlich aus Selbstschutz aktiv entschieden hat, dass „irgendwie Feierabend“ ist, woraufhin sie ihre Kooperation eingestellt hat. Sie hat auf die Nachforderungen von Dokumenten ebenso wenig reagiert wie auf die Einladungen zu ihrer Sachbearbeiterin. Sie schildert weiter, dass ihr eine Zeit später aufgefallen ist, dass auch das Jobcenter seine Tätigkeiten eingestellt hat. Sie erhielt weder Briefe noch erneute Forderungen nach Dokumenten und irgendwann wurde auch die Leistungsüberweisung eingestellt. Auffallend ist der letzte Satz, der wie ein Begründungszusammenhang für ihre Entscheidung wirkt, den Kontakt abzubrechen. Erneut benennt sie das Geschubse, dem sie ausgesetzt war, und setzt dieses in einen Zusammenhang mit der Forderung, ihren Besitz anzugeben. So wurde sie gefragt, ob sie Bargeld, Schmuck, Gemälde oder ein Auto besessen habe. Mit dem Deuten auf ihre Kleidung zeigt sie gestisch, dass sie praktisch nicht mehr besessen hat als das, was sie am Körper trug, womit sie versucht, die Absurdität der Situation zu verdeutlichen. Durch direkte Ansprache an die anderen Anwesenden verdeutlicht sie diese Absurdität und skandalisiert die Umgangsweise und die Anforderungen als unglaubliches Geschehen. Es scheint, als wäre hier der Höhepunkt des „Geschubses" gewesen, da sie zusätzlich zu allem, was sie erdulden musste, auch noch das Gefühl hatte, verspottet zu werden.

Die einzige finanzielle Sicherheit hat ihr zu dieser Zeit eine ehrenamtliche Tätigkeit in ihrer Kirchengemeinde geboten. Hier hat sie in einem sozialen Zentrum gekocht und dafür eine Aufwandsentschädigung von 100 Euro pro Monat erhalten, von der sie fortan unter erheblichen Einschränkungen ihrer existenziellen Grundbedürfnisse lebte. Im folgenden Interviewsegment schildert sie, wie sie versucht hat, zu überleben:

> *„Frau Dutte: Jaaa, ich hab dann immer von den, von den, von den 100 Euro dann. Da hab ich dann immer so gemacht, ich hab dann immer mal eine Woche Brot und eine Woche Nudeln und eine Woche mal Kartoffeln und eine Woche mal Reis und dann hab ich mal eine Woche mal lauwarmes Wasser mal gemacht.*
> *I: Und den Tag über sind Sie dann ehrenamtlich arbeiten gegangen.*
> *Frau Dutte: Jaha." (Zeile 243–248)*

Die örtliche Kirchengemeinde und der Pfarrer waren ihr eine Unterstützung in dieser Zeit ebenso wie Herr Alsen, wobei sie weder den Menschen in der Gemeinde noch im Sozialrechthilfeverein von ihrer persönlichen Situation erzählte. Tagsüber hat sich Frau Dutte in der Kirchengemeinde aufgehalten und abends in ihrer Wohnung, für die sie bald keine Miete mehr bezahlt hat. In der Gemeinde konnte sie sich zum Teil auch verpflegen und Herr Alsen und andere Personen haben gelegentlich für sie etwas eingekauft. Dennoch kam sie in dieser Zeit an ihre körperlichen Grenzen, wurde häufig krank und war mangelernährt. Obwohl der Sozialrechtverein zweimal in der Woche in den Räumlichkeiten der Gemeinde eine Beratung angeboten hat, hat sie diese nicht aufgesucht, weil sie sich „einfach nicht traute". Auch die Stromzahlungen konnte sie nicht tätigen, weshalb der „Abklemmdienst" des Stromversorgers nach etwas weniger als einem Jahr unangekündigt bei ihr zu Hause klingelte. Dass die Stadtwerke bereits in ihrem Flur vor ihrer Tür waren, um ihre Stromversorgung zu kappen, hat scheinbar einen Wendepunkt eingeläutet:

> *„Aber irgendwie konnte ich ja dann gar nicht mehr auch, weil dann waren nämlich schon die Stadtwerke da und die wollten da schon alles abhaken und dann hab ich gesagt, so, jetzt muss ich doch nochmal hin." (Zeile 272–274)*

Nachdem sie verhindern konnte, dass der Abklemmdienst die Energieversorgung eingestellt hat, ist sie aktiv geworden und hat sich an Herrn Alsen gewandt. Den Verein hat sie schon vorher wahrgenommen, zum einen durch die Gemeinde und zum anderen auch im öffentlichen Stadtbild durch die Montagsdemonstrationen, die der Verein seit der Einführung von Hartz IV dort bis heute durchführt. Bereits als Frau Dutte noch im Hartz-IV-Bezug war, hat sie bei den Demonstrationen am Rand gestanden und fiel Herrn Alsen durch lautstarkes Schimpfen auf. Gemeinsam mit dem Anwalt wurden ihre Bezugsangelegenheiten daraufhin aufgearbeitet und neu geordnet. Als sie wieder im Bezug war, wurden stets Begleitungen zu den Jobcenter-Terminen organisiert und Frau Dutte wurde zunehmend mutiger, sich den amtlichen Verfahrensweisen zu stellen. Vor allem der Eintritt ihrer Rente und damit die Versicherung, die Anforderungen des Jobcenters nicht mehr erfüllen zu müssen, war ein positiver Wendepunkt in ihrem Leben.

7.2.2 Wahrgenommene Formierungsversuche

Die zentralen Motive in Frau Duttes Erzählung sind Fremdbestimmung, sowie erlebte Abwertung und Entmenschlichung durch die Praxen des Jobcenters. Durch die vorwiegende Nutzung von Passivkonstruktionen und die vergleichsweise seltene Verwendung der ersten Person Singular (statt ‚ich' bevorzugt sie ‚man', ‚uns' oder ‚wir') macht es ferner den Anschein, als würde sie als Person in ihrer Erzählung zurücktreten. Dabei weisen die von ihr beschriebenen Formierungsversuche eine starke Körperlichkeit auf. Sie beschreibt es als stetes „Gerenne", das von ihr verlangt wurde, um Unterlagen beizubringen, was sich durch die häufigen Nachforderungen des Amtes zu einem „Geschubse" verstärkt hat. Eine daraus ableitbare empfundene Subjektnorm ist die einer gehorsamen Bittstellerin, die die Anforderungen, die an sie gestellt werden, schnell erledigt, ohne sich körperlich widerständig zu zeigen. In der folgenden Aussage ist die von ihr oft genutzte Metapher des „Ins-Schleudern-Kommens" enthalten, die dies verdeutlicht:

> *„Jaaa (.) Und die hab ich dann dahin gebracht und da haben sie nur drauf geguckt und haben dann gesagt, ja, dann ist gut und dann fertig. Ich weiß schon gar nicht mehr, man kriegte immer so viel, ich kam schon immer ins Schleudern, weil man immer so viele neue Arbeitsvermittlungen und Fallmanager und ne, die wechselten ja wie, wie sonst was."* (Zeile 430–434)

Wenn ein Körper ins Schleudern gerät, dann ist er äußeren Kräften ausgesetzt, die nicht mehr selbstständig kontrolliert werden können. In dieser Analogie wurde ihr eine stete passive Flexibilität abverlangt sowie die Anpassung an vorab bestehende Handlungskorridore, die das Jobcenter vorgibt, in denen sie aber offenbar haltlos umhertreibt. Sie beschreibt, wie sie die mühevoll gesammelten Stempel und Unterschriften auf ihrem Bewerbungslaufzettel zu ihren Sachbearbeitenden brachte, die lediglich darauf schauten und die Bewerbungsbemühungen als erledigt abgenickt haben. Der zeitliche Aufwand und der Stress, dem sie dabei ausgesetzt war, wurden nicht anerkannt.

Ein weiteres Muster ist das Narrativ der utopischen Anforderungen an die eigene Selbstverwaltung, denen sie aufgrund fehlender materieller und verwaltungsbezogener Ressourcen nicht nachkommen konnte. Schon beim ersten Kontakt mit dem Jobcenter ist sie mit den Dokumentationsanforderungen nicht zurechtgekommen und es gab niemanden, der ihr von Amts wegen geholfen hat. Hier nehmen die „Papiere“ bzw. die „Unterlagen“, die immer wieder von Neuem angefordert worden sind, eine zentrale Stellung ein. Vor allem die initiale Neuanforderung im Rahmen der ALG-II-Beantragung nach der Zeit des ALG-I-Bezugs scheint eine Situation der Überforderung und des Unverständnisses ausgelöst zu haben. Um alle Papiere beizubringen, musste sie verschiedene Instanzen aufsuchen, von denen sie jeweils zu anderen geschickt wurde, um weitere Dokumente zu besorgen. Diese Situation hat sich auch nach der erfolgreichen Beantragung nicht wesentlich verändert, da im Rahmen der aktiven Arbeitsförderung und der Beratungstermine stets weitere Unterlagen von Frau Dutte angefordert wurden. Auch Dokumente, die sie bereits beigebracht hatte, wurden erneut erbeten. Nach Ablauf des Bewilligungszeitraums, der anfangs ein halbes Jahr betrug, musste erneut bewiesen werden, dass eine Hilfebedürftigkeit vorliegt. Zum einen musste das durch die nachweisbaren Zahlen auf dem Kontoauszug geschehen, zum anderen wurde sie bei jedem Antrag erneut danach gefragt, ob sie materielle Dinge von größerem Wert besitzen würde, was ihr absurd erschien.

In der Arbeitssuche, eine zentrale Forderung des Jobcenters, war Frau Dutte damit konfrontiert, dass man ihr aufgrund ihres Alters absprach, die Leistungsfähigkeit zu besitzen, die auf dem Arbeitsmarkt verlangt wird:

> *„Ja, ich bin da immer mal, so unter der Woche mal und zwischendurch bin ich dann wieder auf Arbeitssuche gegangen und dann hab ich da bei uns in der Gemeinde dann auch mal gefragt, da gab es aber auch nichts. Ja. Ne, da war nix. Und dann hatt ich mich bei Mutter und Kind dann mal beworben und die haben dann gesagt, Joaa, weil da gab es dann eine Stellenausschreibung für eine Küchenhilfe und dann hatten sie gesagt, ne, wir hätten lieber was Jüngeres und ja und … das war das war immer so ein so ein Geschubse.“ (Zeile 186–193)*

Die Abwertung ihrer Person geschieht hier über die Kategorie ‚Alter‘. Aufgrund dieser unveränderlichen biologischen Tatsache und der damit einhergehenden Einschränkungen kann sie der geforderten Leistungsnorm nicht nachkommen. Obwohl es sich um eine Stelle gehandelt hat, die ihren beruflichen Erfahrungen entspricht, wurde sie unter dem Verweis auf ihr Lebensalter dort abgewiesen. Erneut bemüht sie die Metapher des ‚Geschubses‘. Diese Abwertungserfahrungen haben sich im Laufe der Zeit noch intensiviert. Es gab einen Vorfall während eines Termins mit ihrer Fallmanagerin, bei der Frau Dutte aufgrund ihrer verminderten Leistungsfähigkeit als „Missgeburt“ bezeichnet wurde. Frau Dutte erzählt diese Passage relativ spät im Interview als Antwort auf die Frage, ob sie sich im Kontakt mit ihren Sachbearbeitenden im Laufe der Zeit anders verhalten hat:

> *„Frau Dutte: Naa, damals meine Sachbearbeiterin, weil die mich ja gleich sofort wieder man hat sie hat da hatt ich ihr gesagt, dass ich da das und das hätte und ja und dann wurde mir da gesagt, ja, dann sind Sie eine Missgeburt (lacht).*
> *I: Von der Sachbearbeiterin?*
> *Frau Dutte: Ja. Ja.*
> *I: Und warum?*
> *Frau Dutte: Ja, das weiß ich auch nicht.*
> *I: Was hat die denn damit gemeint?*
> *Frau Dutte: Jaaa, weil eh, eh, ich sollte woanders hin so in in in Schichtdiensten, also so früh und spät und nachmittags und und und abends und so. Und dann hab ich gesagt, nee, das könnt ich sowas das könnt ich nicht mehr, ja, weil das ist dann auch, das ist zu schwer für mich, ja. Ja. Und dann bin ich gegangen.*
> *I: Und sind nicht mehr wiedergekommen.*
> *Frau Dutte: Ne (lacht etwas) […]“ (Zeile 312–325)*

In der Reihe an Verletzungen und Abwertungen ihrer Person durch Sachbearbeitende und potentiellen Arbeitgeber*innen scheint diese Situation eine Zuspitzung darzustellen, der schließlich einen entscheidenden Anteil daran trug, warum Frau Dutte die Kooperation mit dem Jobcenter eingestellt hat. Wie erwähnt, ist in Frau Duttes Schilderungen die Abwertung und Entmenschlichung ihrer Person ein dominantes Prinzip. Die Kund*innen des Jobcenters werden in ihren Augen „wie Hunde“ behandelt, die hin- und hergeschickt werden und das ertragen müssen. Sofern sie die finanzielle Unterstützung, die der Sozialstaat für Bedürftige vorhält, erhalten möchten, so müssen sie diese Strukturen widerstandslos hinnehmen. Die Adressierung als *bedürftig* geht in diesem Sinne einher mit der Zuweisung einer Position am untersten Ende der gesellschaftlichen Ordnung bzw. sogar mit einer Ausweisung aus der Gesellschaft. In einer episodisch-situativen Schilderung setzt sie ganz konkret den menschlichen Umgang in der Gemeinde konträr zu den unmenschlichen Umgangsweisen der Sachbearbeitenden und beschreibt ferner ihre stets präsente Angst, wenn es darum ging, mit dem Amt in Kontakt zu treten:

> *„Dann hab ich dann immer gedacht „meine Zeit, wo schicken sie dich jetzt wieder hin, was kommt, was was was wollen die wieder, was sind da wieder für die Papiere“ und dann hab ich dann hatt ich zwei unser Pfarrer der war, der war sehr menschlich, der hatte das dann alles vorgestreckt und eine Mitarbeiterin aus unserer Gemeinde auch, die hatte mir auch geholfen und dann hab ich das dann nachher damit ich dann irgendwie wieder so um die Runden kam.“ (Zeile 346–351)*

Die Responsibilisierungen des Arbeitsvermittlungssystems wurden offenbar von einer Verantwortungsentlastung durch die kirchlichen Akteur*innen unterbrochen, im Zuge derer Frau Dutte von den Zumutungen des Jobcenters in praktischer Weise befreit wurde.

7.2.3 Subjektivierungsweisen

Das „Gerenne“, das Frau Dutte für den Empfang sozialer Unterstützung ableisten muss, und das „Geschubse“, dem sie sich ausgesetzt sieht, scheint in einem elementaren Widerspruch zu der Art und Weise zu stehen, wie sie sich selbst versteht und verankert sieht. Aus ihren Situationsschilderungen wird deutlich, dass sie sich als Spielball der verwalterischen Tätigkeit gefühlt hat, der ohne eigene Eingriffsmöglichkeit den Kräften des Systems ausgesetzt war. Schon die biografische Einstiegspassage des Interviews verweist aber auf ihre Standhaftigkeit und Beständigkeit als zentrale Motive ihrer Selbstpositionierung. Es offenbart sich auch im Interviewverlauf, dass sie sich als loyal gegenüber ihren gewohnten Strukturen versteht, sich in ihren Grundfesten selbst treu bleiben möchte und sich eher nicht durch Experimentierfreude auszeichnet. Sie verlässt ihre Heimatstadt selten, ist in den örtlichen Gegebenheiten verwurzelt und hat das Kinderheim, in dem sie aufgewachsen ist, noch jahrelang besucht. Auch zu den Kindern, die sie eine Zeit lang betreut hat, hatte sie noch lange Kontakt. Die Formierungsversuche des Arbeitsvermittlungssystems stehen dazu in einem fundamentalen Gegensatz, da sie hier als stets flexibel und mobil adressiert wird.

Die wahrgenommene Fremdpositionierung geht darüber hinaus und kommt für sie einer Totalabwertung ihrer Person mit der Aberkennung ihrer Menschenwürde gleich. Der Verzicht erscheint hier zunächst wie eine unvermeidliche Notbremse, um die eigene Integrität zu schützen, und es lassen sich auch emanzipative Momente der Verantwortungszurückweisung erkennen. Zunächst einmal ist ersichtlich, dass der Entscheidung zum Verzicht eine Phase des Reflektierens vorausgegangen ist, die in der Einsicht gipfelte, dass die Positionierung, die sie durch das System des Jobcenters erfährt, ungerecht ist. Hieraus ist der Entschluss gereift, dass etwas anders laufen muss und dass sie diese Ungerechtigkeit der Verantwortungsübertragung für eine unverschuldete Situation beenden muss. Dieser Prozess wurde begleitet von der Kenntnisnahme der Montagsdemonstrationen, die in ihrer Stadt gegen das Hartz-IV-System stattgefunden haben. Sie wurde zwar nicht aktiv, hat aber häufiger am Rand gestanden und die Redebeiträge angehört. Zunehmend hat sie sich dadurch in ihrer Haltung bestärkt gesehen. Es erfolgte die Einstellung jeglicher Kontakte zum Jobcenter in einer Art Kurzschlussreaktion, ohne einen alternativen Finanzierungsplan zu haben. Sie traute sich zu diesem Zeitpunkt noch nicht, in direkter Konfrontation aufzubegehren oder sich externe Hilfe zu suchen. Die dann folgende Krise, die davon geprägt war, dass sie nicht mehr in der Lage war, ihre Grundbedürfnisse zu stillen, führte sie in den Kontakt zur Arbeitslosen-Selbsthilfe, die sie bereits länger in ihrer Gemeinde und während der Demonstrationen registriert hat. Bemerkenswert ist, dass sie, nachdem sie sich mit Hilfe von Herrn Alsen und dem Anwalt des Vereins initial aus der bedrohlichen Situation befreien konnte, auch nachstehend aktiv nach Begleitung zu Jobcenter-Terminen gefragt hat und sich bei erneuten Schwierigkeiten juristisch zur Wehr gesetzt hat.

Auf diese neue Wehrhaftigkeit scheint sie stolz und sie scheint sich dadurch ein Stück der verloren geglaubten Würde zurückgeholt zu haben. In diesem Sinne zeigt sie im folgenden Zitat an, dass sie nicht mehr zu den „Opfern" gehört, die das System der Jobcenter ihrer Meinung nach produziert:

> *„Frau Dutte: Ja, früher bin ich ja immer da alleine hin, weil das eben. Und dann hab ich gesagt … Schluss. Und deswegen hab ich mir dann immer jemanden mitgenommen. Und dann haben sie gesagt: „Naaa, haben Sie sich Beistand mitgenommen?" Das wollten sie ja wohl nicht so gerne.*
> *I: Also gab es auch Beschwerden?*
> *Frau Dutte: Joa. Die, die Mitarbeiter von den Ämtern, die hätten dann lieber, die hätten dann lieber immer erwartet, wenn man alleine käme. Ja, weil, ne. Ich glaub, die suchen sich wohl die Opfer raus." (Zeile 537–544)*

7.3 Viktor Leufers: „Ne, das möchtest du auf keinen Fall"

Zum Zeitpunkt des Interviews ist Viktor 33 Jahre alt und als wissenschaftlicher Mitarbeiter in einem sozialwissenschaftlichen Forschungsprojekt an einer Universität drittmittelfinanziert angestellt. Der Akquiseaufruf hat ihn über den Mailverteiler einer Kollegin erreicht, woraufhin er sich als möglicher Interviewpartner gemeldet hat. Der Interviewtermin hat auf Vorschlag des Befragten in einem Café in der Nähe des Hauptbahnhofs einer Stadt im Ruhrgebiet stattgefunden. Der caféübliche Lautstärkepegel hat während des Interviews keine Störungen hervorgerufen, was zum einen an der Tischwahl abseits und zum anderen an der Konzentration des Interviewpartners, mit der er auf die Fragen reagiert hat und sich auf die Interviewsituation eingelassen hat, lag.

Viktor Leufers stammt aus einer kleineren Stadt im südlichen Rheinland. Seine Eltern hatten bis zu seinem 18. Lebensjahr eine erfolgreiche Metzgerei und er ordnet seine Familienverhältnisse dem gehobenen Mittelstand zu. Die Kindheit von Viktor und seiner etwas älteren Schwester war auch dadurch geprägt, dass die Eltern viel Zeit in den Betrieb investierten und auch abends und am Wochenende mit der Arbeit beschäftigt waren. Viktor hat nach seinem Abitur in zwei verschiedenen Städten Soziologie und Psychologie studiert. Nach seinem Masterabschluss und einem längeren Forschungspraktikum wurde er für ein Jahr befristet in einem Forschungsprojekt angestellt. Nach Auslaufen und Nichtverlängerung dieses Projekts hat er für ein halbes Jahr ALG I bezogen und sich zunächst ohne Erfolg weiterhin im wissenschaftlichen Bereich beworben. Auf das dann eigentlich zur Existenzsicherung greifende ALG II hat er verzichtet und auch andere in Frage kommende Sozialleistungen, wie z. B. Wohngeld, hat er nicht beantragt. In dieser Zeit hat er etwa zwei Jahre von Ersparnissen und Nebenjobs gelebt und Berufsberatungen der Arbeitsagentur in Anspruch genommen.

In der Interviewsituation wirkte Viktor reflektiert und hat in längeren Monologen auf die gestellten Fragen geantwortet. Er war bemüht, die Fragen detailliert und ehrlich zu beantworten, und zeigte Interesse an den Ergebnissen des Forschungsvorhabens. Das Interview ist besonders aufschlussreich dahingehend, dass er eine detailgetreue Schilderung seiner persönlichen Lage liefert, die zur Nichtinanspruchnahme geführt hat.

7.3.1 Biographische Erzählung

> *„Hmmm. Ich habe eine ältere Schwester, die drei Jahre älter ist als ich, wir haben beide das gleiche Gymnasium besucht, wir sind beide von der Grundschule, also der katholischen Grundschule, direkt auf ein privates Gymnasium gegangen, das aber staatlich anerkannt war. Dort habe ich 2005 mein Abitur gemacht. Sind die Fächer dann auch noch relevant erstmal? Nein. Ja, ich bin in einer 30.000-Personen-Gemeinde aufgewachsen, meine Eltern waren beide Handwerker gewesen, also auch beide selbstständig. Die hatten eine Metzgerei, wir haben über der Metzgerei gewohnt. Die hatten sie, bis ich 17 war. 16, 17. Also bis ich meinen Führerschein hatte, sagen wir dann lieber 18. Und im Abiturstress langsam war. Bis dahin hatten sie die Metzgerei, die haben sie dann verkauft. Und dann sind wir in ein kleineres Kaff gezogen und mitten in den Wald und ja." (Zeile 4–14)*

Viktor läutet seine Eingangspassage mit einem „Hmm" ein, signalisiert so, dass er darüber nachdenkt, was wohl besonders wichtig zu erwähnen wäre. Er steigt daraufhin mit der Erwähnung seiner älteren Schwester ein und präsentiert sie und sich selbst als ‚Doppelpack', das die ersten Schuljahre gemeinsam verlebt hat. Ihm scheint die Parallelisierung der Lebenswege wichtig zu sein, so dass sie durch die frühe Erwähnung eine zentrale Stellung in der initialen Interviewpassage einnimmt. Obwohl sie vermutlich versetzt voneinander die Schule besucht haben, spricht er in der Wir-Form von dem gemeinsamen Besuch der Grundschule und des Gymnasiums. Somit ist als zweites zentrales Thema seine Bildungslaufbahn zu benennen. Die Grundschule und das Gymnasium, welche er besucht hat, spezifiziert er jeweils als *katholische* Grundschule und als *privates* Gymnasium, was einerseits Ausdruck seines Bemühens ist, die Sachverhalte so genau wie möglich darzulegen, und andererseits auch dafür spricht, dass es ihm wichtig ist zu demonstrieren, dass er eine gute Schulausbildung durchlaufen hat. Dass er das private Gymnasium näher als „staatlich anerkannt" charakterisiert, ist ein weiterer Ausdruck dafür, denn so betont er, dass seine Bildungserfolge regulär erworben wurden. Hier scheint er etwaige Vorurteile auf Seiten der Interviewerin ausräumen zu wollen. Auch im weiteren Verlauf ist Viktor um die Genauigkeit seiner Aussagen bemüht und fragt nach, ob seine Fächerkombination im Abitur von weiterer Relevanz sei.

Dann führt er die Beantwortung der Eingangsfrage fort, indem er zunächst seine Herkunftsstadt als „30.000-Personen-Gemeinde" und damit als mittelgroße Stadt beschreibt. Seine Eltern waren beide selbstständige Inhaber einer Metzgerei, wobei er den Betrieb scheinbar nicht als Familienbetrieb deklariert, denn er distanziert sich von den Besitzverhältnissen durch seine sprachliche Äußerung („***die*** hatten eine Metzgerei"). Dies wird noch deutlicher, wenn er im zweiten Teil des Satzes davon spricht, dass „wir", also die Familie, über der Metzgerei gewohnt haben, wohingegen er im nachfolgenden Satz mit dem Personalpronomen „sie", das ihn nicht mit einbezieht, wieder Distanz zum elterlichen Betrieb schafft. Nach dem Verkauf der Metzgerei ist die Familie in ein Dorf mitten im Wald verzogen, was für ihn offenbar das Ende seiner Kindheit und Jugend markiert, um die es in der Einstiegspassage ging.

7.3.1.1 Kindheit, Jugend und Schulzeit

Über seine Kindheit und Jugend berichtet Viktor, dass seine Heimatstadt im Süden Nordrhein-Westfalens liegt und dass das von ihm besuchte Gymnasium eine private Montessori-Internatsschule war, an der er 2005 sein Abitur ablegte. Er ordnet seine Familie dem „gehobenen Mittelstand" zu, da die Metzgerei ein erfolgreicher Betrieb war und das finanzielle Geschick seines Vaters dazu führte, dass die Familie einen sehr guten sozioökonomischen Status innehatte und noch immer hat. Es befinden sich mehrere Immobilien im Familienbesitz und Viktor kennt aus seiner Kindheit und Jugend keine finanziellen Engpässe. Seine Mutter, die mit etwa 25 Jahren aus Polen nach Deutschland kam, hat während Viktors Grundschulzeit ihre eigenen Deutschkenntnisse ausgebaut, weswegen sie den Geschwistern in schulischen Angelegenheiten, vor allem bei komplexeren Inhalten, eher nicht helfen konnte. Schulische Aufgaben haben Viktor und seine Schwester daher allein geregelt. Auf dem Gymnasium gab es eine Hausaufgabenbetreuung und ein projektorientiertes Lehr- und Lernkonzept, was Viktor als positiv für seine Schullaufbahn bewertet. Er geht aber davon aus, dass vor allem die Nachmittagsbetreuung ein Auswahlkriterium für die Eltern darstellte und es eher nicht das Schulkonzept war, das sie dazu überzeugte, ihre Kinder auf diese Schule zu schicken. Das Alltagsleben und der Lebensrhythmus der Familie waren bestimmt durch die Taktung des Betriebs, wie im folgenden Zitat zum Ausdruck kommt:

„Also es gab bei uns eine Hausaufgabenbetreuung ähem, darauf haben sich meine Eltern auch verlassen, weil sie viel im Geschäft beschäftigt waren und dort viel arbeiten mussten, auch am Wochenende, also auch am Samstag wurde bis abends gearbeitet, teilweise auch sonntags, kam ein bisschen darauf an, wenn zum Beispiel Kommunionstage waren oder dergleichen, dann wurde eben auch sonntags gearbeitet, Ferien hatten wir so eher wenig, meine Eltern hatten, glaube ich, höchstens drei Wochen Urlaub im Jahr, wobei dann aber noch der Betrieb irgendwie weiterlief, weil dann Lieferung und Partyservice in der Zeit noch lief (.) […]" (Zeile 32–29)

In seiner Kindheit und Jugend erinnert Viktor nicht, dass seine Eltern Freunde oder Bekannte hatten, die keiner Erwerbsarbeit nachgegangen sind. Sollten doch entfernte Bekannte in einer solchen Situation gewesen sein, dann *„wurde nur schlecht von denen gesprochen"*. In diesem Sinne reflektiert Viktor, dass ihm aus seinen familiären Bedingungen stigmatisierende Meinungen über erwerbslose Personen vermittelt worden sind. Innerfamiliär gab es Situationen, in denen Familienmitglieder in finanzielle Schwierigkeiten geraten sind und sich dann hilfesuchend an seinen Vater gewandt haben.

7.3.1.2 Schulabschluss und Berufsfindung

Nach dem Abitur hat sich bei Viktor Orientierungslosigkeit hinsichtlich seiner weiteren Lebensplanung eingestellt und so hat er zunächst seinen Zivildienst in einem Sozialamt abgeleistet, obwohl er dazu nicht mehr verpflichtet war und der Vater ihn eher dazu drängte, zeitig ein Studium aufzunehmen. Den Plan zu studieren hatte er *„von Anfang an"* (Zeile 80) und es stand für ihn nie zur Debatte, den elterlichen Betrieb zu übernehmen. Weder er noch seine Schwester haben das Leben als Selbstständige, das sie von ihren Eltern vorgelebt bekommen haben, als erstrebenswert angesehen. Auch das *„Material"* (Zeile 139) Fleisch war für ihn ein Ausschlusskriterium. Der Vater *„wusste, dass er seinen Kindern das nicht aufdrängen möchte"* (Zeile 125), und es gab deshalb keine größeren innerfamiliären Schwierigkeiten. Dass es den Eltern gelungen ist, den Betrieb zu verkaufen und einen Ausstieg aus der Selbstständigkeit zu finden, scheint Viktor auch vor diesem Hintergrund zu erleichtern. Er selbst stand nicht zur Verfügung, um das Lebenswerk seines Vaters fortzuführen, scheint aber stolz auf das von ihm Erreichte:

„er hatte mit 25 die Metzgerei damals übernommen, also als Metzgermeister dann, er hatte auch 'ne gute Ausbildung gehabt, wurde irgendwie ausgezeichnet, hat damals auch von Herrn Kohl sogar die Hand geschüttelt bekommen irgendwie als einer der besten Jahrgänge. […] Also, mein Vater hat schon so 'n übelstes wirtschaftliches Geschick und so 'n Zahlenverständnis, doch, also das hat er alles gut gemacht, […] also wären wir dann in der dritten Generation mehr oder weniger gewesen, aber die haben dann da, ab und zu kam dann bei Gesprächen dann so 'ne Spitze von

meinem Vater von wegen „Ja, also unsere Kinder wollten ja den Laden nicht". Und dann kriegste dann so 'n Blick." (Zeile 115–131)

Während der Zivildienstzeit hat sein Betreuer mit ihm Gespräche über seine weitere Berufsplanung geführt und zur Entscheidungshilfe ein Verzeichnis aller Studiengänge, herausgegeben von der Arbeitsagentur, zurate gezogen. Für seinen Wunschstudiengang Psychologie glaubte er ein zu schlechtes Abitur abgelegt zu haben und so hat sich Viktor für Soziologie mit Nebenfach Psychologie in einer anderen Stadt entschieden. Sowohl während des Bachelorstudiums wie auch im anschließenden Masterstudiengang in Süddeutschland wurde Viktor durch seine Eltern finanziert. Vor allem als seine Schwester ihr Studium abgeschlossen und als Doktorandin im naturwissenschaftlichen Bereich angestellt wurde, wurde er häufiger vom Vater gefragt, wo er seine berufliche Zukunft verortet. Dabei haben sich beide Elternteile inhaltlich nicht näher über die beruflichen Möglichkeiten im sozialwissenschaftlichen Bereich informiert und eher den Fokus auf die potenziellen wirtschaftlichen Bedingungen und vorhandenen Sicherheiten gelegt. Viktor betont dennoch, dass es den Eltern wichtig war, dass ihre Kinder einen Beruf finden, der ihnen Spaß macht:

„Ahem … und dann schon immer mit der Idee; macht das, worauf ihr Lust habt und womit ihr Spaß habt, da wurde nicht geguckt, ob man damit später eine Arbeit kriegt oder nicht, mein Vater hätte jetzt auch nicht den Einblick gehabt, um das einschätzen zu können, um zu sagen, damit kriegt man irgendwie 'ne Arbeit oder nicht, hat er sich aber auch gar nicht eingemischt. Also wir konnten uns komplett selber aussuchen, was wir wollten, er hat uns da unterstützt finanziell … ahem …" (Zeile 149–155)

Entgegen dieser wahrgenommenen Grundhaltung wurde Viktor, nachdem er die Master-Regelstudienzeit etwas überschritten hatte, vom Vater mit drängenden Nachfragen zu seiner Zukunftsplanung konfrontiert. Er beschreibt, dass vor allem Sicherheitsaspekte dem Vater bei der Berufswahl der Kinder wichtig waren, womit doch ein Kontrast zur eigentlich wahrgenommenen völligen Freiheit in der Berufswahl hergestellt wird, der in der folgenden Textpassage durch die Wortkombination „frei bestimmt" besonders zur Geltung kommt:

„[…] Also wir waren da sehr frei bestimmt, uns wurde das dann da aber von unserem Vater ein bisschen vorgehalten, von wegen, wo wollt ihr auch da hinkommen? Großer Punkt war dann auch immer, „verdient ihr denn da auch Geld und ist das sicher?" Also, der Sicherheitsaspekt ist einer seiner großen Punkte, meiner Schwester hat er dann immer geraten, Beamtin zu werden." (Zeile 169–174)

Auch ihm gegenüber äußerte der Vater diese Sicherheitsvorstellungen und riet dazu, entweder einen Beamtenstatus anzustreben oder aber den Berufsweg so zu wählen, dass er selbst nicht der Empfänger von Geldmitteln ist, sondern Mittel verteilt (z. B. bei einer Stiftung o. Ä.). Viktor scheint diese Einwürfe nicht als Einmischung empfunden zu haben, obwohl noch heute sein prekäres Arbeitsverhältnis in der Wissenschaft nicht den Vorstellungen seines Vaters zu entsprechen scheint und er dies auch weiterhin kundtut:

> *„und mir sagt mein Vater heute auch noch: Ja, irgendwo als Beamter arbeiten, in der Politik oder dergleichen, also Hauptsache sicheres Gehalt oder auf der Seite der Geldgeber sitzen, also, obs dann jetzt bei der DFG (Deutsche Forschungsgemeinschaft, d. Verf.) oder sonst irgendwas, also das man dann auf der Seite sitzt, wo das Geld verteilt wird, nicht auf der Seite, wo das Geld angenommen wird, um da eben auch sicherer zu sein oder ein, sag ich mal, anderes Mitspracherecht bei der Finanzierung seines Lebens oder anderer Leben zu haben."* (Zeile 184–190)

Aus der Position des Vaters als langjähriger Selbstständiger, der stets für sein eigenes wirtschaftliches Wohl sorgen konnte, scheint es unverständlich zu sein, wie ein Karriereweg in Abhängigkeit von Drittmitteln erstrebenswert sein kann. Viktor schien allerdings schon früh klar zu sein, dass er bereit dazu ist, die unsicheren Beschäftigungsverhältnisse in der Wissenschaft in Kauf zu nehmen. Bereits während des Bachelorstudiums hat er einen Forschungsschwerpunkt gefunden, sich für eine weitere Berufstätigkeit in diesem Bereich interessiert und gezielt nach einem passenden Masterstudiengang gesucht. Obwohl ihm der Aufbau des dann aufgenommenen Studiums nicht vollständig zugesagt hat, hat er es dennoch abgeschlossen und war zeitweise für ein halbes Jahr als wissenschaftliche Hilfskraft am Lehrstuhl, an dem er auch seine Masterarbeit verfasst hat, beschäftigt. Er sagt, dass er nach dem Studium davon ausging, dass er mit seinem Abschluss keine Arbeitsstelle finden würde, und führt dies darauf zurück, dass das halbe Jahr als wissenschaftliche Hilfskraft nicht als praktische Erfahrung ausreicht. Mit seiner Masterarbeit hat er sich für verschiedene Praktikumsstellen beworben und sich letztlich für eine Forschungsstation im Nordosten Deutschlands entschieden, wo er acht Monate 700 Kilometer entfernt von seiner Heimatstadt verbracht hat. Schon nach einem halben Jahr in der Forschungsstation hat Viktor begonnen, sich *„überall"* (Zeile 254 und 268) zu bewerben. Nachdem er in seinem präferierten Bereich keine Stelle gefunden hat, wurde er bei einem Forschungsprojekt, welches thematisch nicht seinem Forschungsinteresse entsprach, für ein Jahr befristet in NRW angestellt. Seine weiteren Schilderungen verweisen insbesondere auf die unsicheren Beschäftigungsverhältnisse für den wissenschaftlichen Nachwuchs.

7.3.1.3 Erfahrungen mit Erwerbslosigkeit und Episode des Verzichts

Einige Zeit vor Ablauf des Projektzeitraums hat Viktor begonnen, sich bei anderen Stellen im akademischen Bereich zu bewerben. Weil diese Bewerbungen nicht erfolgreich waren, hat er ALG I beantragt und davon ein halbes Jahr gelebt. Den

Beantragungsprozess hat er als unkompliziert empfunden, vor allem, weil nicht allzu viele Nachweise erbracht werden mussten:

> *„Dann war das Projekt halt weg und dann hatte ich mich aber nochmal weiterbeworben, überall, also auch als ich schon wusste, dass es so langsam aufhört, hatte ich mich beworben. Hab dann an diese Zeit Arbeitslosengeld I ein halbes Jahr bekommen, was sehr unkompliziert ja zu beantragen ist, wo man dann einfach sagt, man hat gearbeitet das Jahr, ist ja einfach nachzuweisen. Und dann gibt es, ohne groß irgendwas nachweisen zu müssen, kriegt man ja 'n halbes Jahr lang 60 % seines Gehaltes." (Zeile 266–273)*

Nach Auslaufen des ALG-I-Anspruchs hat er sich dann aktiv gegen die Beantragung von ALG II entschieden, da es ihm als *„sehr kompliziert"* erschien und er vermutete, seine finanziellen Verhältnisse und auch die seiner Eltern aufdecken zu müssen. Er behielt den Status als ‚arbeitssuchend' aber gezielt bei, um weiterhin die Beratungstätigkeiten der Arbeitsagentur in Anspruch nehmen zu können. Außerdem hat er einen Nebenjob als Regaleinräumer angenommen:

> *„[…] hab dann da von dem Arbeitslosengeld erst einmal gelebt und von meinem Ersparten, was ich noch hatte. Und Steuerrückzahlung hat man in dem Jahr ja auch gut bekommen, weil ich halt eine weite Strecke zur Arbeit hatte. Und das war dann erstmal so die Zeit nach [Stadt], dann war ich, glaub ich, ein halbes Jahr muss das ungefähr gewesen sein, bis ich dann einen Job als Regaleinräumer übernommen hatte, weil ich dann eben zu dem Zeitpunkt dann eben nicht mehr die Finanzierung über Arbeitslosengeld I hatte und Arbeitslosengeld II wollte ich nicht, weil ich dort meine ganzen ehm Vermögensverhältnisse aufdecken hätte müssen, ehm, das erschien mir sehr kompliziert, weil ich dann auch noch das Einverständnis von meinen Eltern oder dergleichen hätte holen müssen …" (Zeile 275–285)*

Bereits während der Studienzeit, als er noch von seinem Vater finanziert wurde, hat er begonnen, Geld in Fonds zu investieren, und hatte daher eine finanzielle Rücklage, weshalb er sich nicht sicher war, ob er überhaupt *„wirklich viel Arbeitslosengeld II"* (Zeile 300) bekommen hätte. Zudem sagt er, dass es ihm zu aufwändig war, *„dem Geld hinterherzurennen"* (Zeile 302), Formulare zu bearbeiten und auf Forderungen und Nachforderungen durch das Jobcenter zu reagieren. So hat er zunächst einen Hilfsjob angenommen und von seinen Ersparnissen gelebt. Weil die Arbeit und auch das Umfeld nicht seinen Vorstellungen entsprachen, hat er sich um eine andere Stelle bemüht und in einem Museum gefunden. Dort war er zweieinhalb Jahre als Werkstudent angestellt, wobei er sich parallel wieder an einer Universität eingeschrieben hat um durch das damit verbundene Bahnticket seine Teilhabe an der Mobilität zu sichern und weitere studentische Vergünstigungen zu erhalten. Später fiel dann auf, dass er während seiner Anstellung als Werkstudent im Museum keine Krankenversicherung gezahlt hat und demnach auch nicht regulär versichert war. Die Zahlungsaufforderung zur Nachzahlung der offenen Beträge, „*weil man ja heute nicht mehr nicht versichert sein kann*“ (Zeile 320), lag im vierstelligen Bereich und hat Viktor überrascht, da er dachte, dass sein Arbeitgeber die ganze Zeit für ihn gezahlt hat:

> *„… und dann musste ich eben noch einen Batzen Bargeld an die Versicherung nachbezahlen jetzt, was ich auch schon abgestottert habe, weil es dann letztens doch nicht so viel war. Aber ehm, ja, da war etwas meine Unkenntnis, und da war ich etwas im Erstaunen und ich hab erstmal auf Ratenzahlung vereinbart, dass ich das da langsam abstottern kann und habs dann aber doch noch so schnell wie 's ging halt weggemacht, weil ich das unangenehm fand, die ganze Zeit dann offene Beträge zu haben und dann auch im vierstelligen Bereich, das ist dann halt so 'n Ding, wo du dir denkst, ahh, ok, du musst immer noch irgendwo was nachzahlen. Ehm.“ (Zeile 329–336)*

Durch seine Mitbewohnerin, die Wohngeld erhalten hat, war Viktor bewusst, dass dies während der Werksstudentenzeit eine mögliche weitere Unterstützungsleistung hätte sein können. Gleichzeitig hat er aber auch mitbekommen, dass die Beantragung mit massivem Aufwand verbunden ist, so wurde sie beständig dazu aufgefordert, neue Nachweise über die Wohn- und Vermögensverhältnisse beizubringen. Dies hat ihn davon abgehalten, Wohngeld zu beantragen, wobei offenbar auch ein Gefühl der Beschämung gegenüber seiner Vermieterin eine Rolle gespielt hat:

> *„…und dann hätte ich auch noch die Unterschrift von meiner Vermieterin dazu haben müssen, ehm, und das Ganze einholen wäre mir dann auch zu, ich weiß gar nicht, ob mir das unangenehm gewesen war, weil ich in diese WG eingezogen bin mit dem Vertrag, den ich damals in [Stadt] bekommen hatte, und ich glaub, meine Vermieterin wusste zu dem Zeitpunkt auch gar nicht, dass ich dann quasi auf dem Niveau gerade arbeite. Aber ich hab ja meine Miete auch immer pünktlich bezahlt und es gab eigentlich auch gar keinen Grund, dass es da irgendwie einen Missstand gab, ehm, ja.“ (Zeile 351–358)*

Über die gesamte Zeit seiner Anstellung im Museum hat Viktor sich weiter erfolglos bei Forschungseinrichtungen und Universitäten beworben. Auf das Anraten seiner Partnerin, sich nach unterstützenden Angeboten umzusehen, hat er sich bei einer städtischen Berufsberatung angemeldet, einem von der EU geförderten Projekt, welches darauf ausgelegt war, durch gezielte Einzelgespräche Hürden zu identifizieren, die den Bewerbungsbemühungen entgegenstehen. Zur Inanspruchnahme dieser Beratung hat er sich erneut arbeitssuchend gemeldet, jedoch ohne gleichzeitig ALG II zu beantragen. Parallel hat er auch eine weitere Beratung der Agentur für Arbeit in Anspruch genommen, die speziell für Akademiker*innen konzipiert wurde und zweimal pro Woche stattgefunden hat. Bei Gruppenterminen haben sich dort Menschen getroffen, die sich beruflich umorientieren wollten oder auf Arbeitssuche waren. Moderiert durch einen Berater wurde sich ausgetauscht, Bewerbungsunterlagen bearbeitet oder von Erfahrungen in Vorstellungsgesprächen berichtet. Die Kombination dieser beiden Beratungsangebote reflektiert Viktor als gewinnbringend, da in dieser Zeit auch das Vorstellungsgespräch bei seinem jetzigen Arbeitgeber zustande gekommen ist.

7.3.2 Wahrgenommene Formierungsversuche

Wenn Viktor über die Möglichkeit von sozialstaatlichen Leistungen spricht, dann spricht er gleichzeitig meist über die damit verbundene Notwendigkeit, persönliche Verhältnisse schriftlich offen zu legen und über den Zwang, fristgemäß vollständige Unterlagen einzureichen. Dies bezeichnet er als aufwändig und unangenehm. Außerdem traut er den Behörden offenbar nicht zu, die Leistungen zuverlässig zu überweisen:

> *„Und mir wars einfach zu aufwendig, alles aufzudecken und dann eben das nachzuweisen und dem Geld halt hinterherzurennen, weil, dann hast du Termine, dann musst du dich mit den Leuten treffen, dann musst du das alles ausfüllen und ich find öffentliche oder offizielle Formulare ausfüllen immer, naja, aufwendig, unangenehm, wenn dir irgendwas fehlt musst du's wieder nachreichen und dann halt darauf angewiesen zu sein, dass das alles irgendwie funktioniert und läuft und dann wird das noch nicht einmal direkt zu dem Zeitpunkt bezahlt, sondern manchmal auch erst nachträglich, war mir in dem Sinne ein bisschen zu, naja, unsicher und, ehm, auch nicht unbedingt verlässlich für die ganze Zeit." (Zeile 301–310)*

Insgesamt benennt er seine finanzielle Lage zur Zeit des Verzichts auf mehreren Ebenen als „unangenehm". Damit schien die Situation nicht existenzgefährdend oder von nachhaltig schädlicher Wirkung für seinen Lebensverlauf gewesen zu sein, sondern eher mit belastenden bzw. lästigen Gefühlen der Scham belegt. Dieser Eindruck verstärkt sich im weiteren Verlauf, so waren auch die Schulden bei der Krankenkasse für ihn eine peinliche Lage, der er schnell durch Rückzahlung entkommen wollte und konnte. Und auch gegenüber der Vermieterin wollte Viktor nicht in die Situation geraten, von ihr Nachweise zur Vorlage beim Wohngeldamt zu erbitten.

Generell scheint er finanzielle Notlagen und individuelle Bedürftigkeit zu individualisieren und knüpft damit an die sozialstaatliche Forderung nach Eigenverantwortung an. In diesem Zuge scheint es ihm wichtig, dass individuelle finanzielle Notlagen diskret behandelt und selbstständig und schnell gelöst werden. Die Anforderung an die potenziellen Adressat*innen des Sozialleistungssystems, aktiv zu sein, Eigenverantwortung zu zeigen und selbst mit den zur

Verfügung stehenden Ressourcen umzugehen, bewertet er dementsprechend auch als gerechtfertigt. Die Verantwortlichkeit der Einzelpersonen findet er auf einer übergeordneten, systemischen Ebene spannend und verbindet sie mit gesellschaftlicher Innovationsfähigkeit:

> *„Oder dass dann wahrscheinlich irgendwo in der Kommune oder eben im Land dann eine innovative Person gibt, die dann sagt ok, wir können ja mal das probieren und wir probieren mal dieses Modell und dass es dann an einzelnen Personen dann wahrscheinlich liegt, die dann was ändern möchten und dann Sachen ins Leben rufen, was aber sehr viel auf Eigeninitiative beruht und wahrscheinlich auf Plusarbeitszeit, was ich mir vorstellen kann – ehm – also ich les dann gern von engagierten Leuten, sagen wir mal so." (Zeile 940–947)*

Weil, wie er glaubt, diese Art innovativer Modelle auf dem Engagement Einzelner und deren „Plusarbeit" beruhen und diese die jeweilige Sache vorantreiben, scheint er Freude an derlei Biografien und der Art und Weise, wie diese in die Gesellschaft zurückwirken, zu haben. In diesem individualisierenden Duktus spricht er auch über die Maßnahmen und Verpflichtungen des ‚Forderns', wie sie im SGB II vorgesehen sind:

> *„Ich kann auch die Mechanismen dann auch verstehen, warum es dann teilweise an solche Auflagen geknüpft ist und an solche Verpflichtungen, weil ich auch denke, dass es Leute gibt, die das nicht einhalten, aber auch weil sie mit ihrem Leben allgemein nicht klarkommen und dann halt kostenlos ihr Leben finanziert bekommen, mit dem sie nicht klarkommen ist dann, ähem, auch unbedingt nicht hilfreich, die bräuchten dann eventuell noch andere Unterstützung dazu, was aber wieder sehr viel Aufwand wär für das System, diese Leute eben auch in dem Maße abzufangen, dass sie dann auch eben wieder klarkommen. Und ich ja für mich ich kam eigentlich ja mit mir so klar, ich hab gesehen, es hat lange irgendwie nicht funktioniert, dann musst ich halt 'n bisschen was anschieben anders aber ja, jetzt hat es letzten Endes funktioniert, ich hab mich auch gefreut, als ich die Stelle bekommen habe (lacht leise). Ich bin durch die Wohnung gesprungen, ja." (Zeile 745–757)*

Demnach kann er mit Blick auf den Sozialleistungsmissbrauch nachvollziehen, warum Sanktionen und Auflagen als ein Element der Sozialpolitik eingesetzt werden. Gleichzeitig spricht er auch von Personen, die auf sozialstaatliche Unterstützung aufgrund mangelnder Leistungsfähigkeit angewiesen sind und diese daher auch erhalten sollten. Damit scheint er ein Bild von Bedürftigkeit zu vertreten, nach dem Menschen unverschuldet in Not geraten sein müssen, damit sie der Hilfe würdig sind.

Von den Berufsberatungen und den Hilfestellungen, die er im Rahmen der Anlaufstelle für Akademiker*innen bei der Arbeitsagentur in Anspruch genommen hat, zeichnet Viktor ein positives Bild. Insbesondere die familiäre Atmosphäre und die Gewissheit, trotz guter Ausbildung nicht als Einziger ohne Arbeitsstelle zu sein, hat ihm dort gefallen. Der Kurs war ausgelegt auf und konzipiert exklusiv für Personen mit Hochschulabschluss und Viktor beschreibt seine dortigen Erfahrungen wie folgt:

> *„Und ich kam mit allen Leuten gut klar und jeder war so sein eigener Charakter und man hat sich dann auch gefreut, in das Büro zu kommen, und auch wenn man was hatte, hat man halt davon berichtet und andere haben dann zugehört oder man hat denen zugehört und hat mit denen dann auch darüber gesprochen, so die Einzelschicksale auch zu sehen, da hat man dann ja auch die Biografien von den Leuten gesehen, wie die dahin gekommen sind, dann hat man sich halt bei 'nem Kaffee in der Kaffeeküche hat man sich auch zu zweit einfach mal unterhalten oder auch in der Gruppe. […] Ja, aber ich fand doch, es hat tatsächlich von den Leuten gelebt und von diesem ganzen Verbund und dann eben von der Leitung, wie persönlich sie das geführt hat und dann eben auch von ihrer Person." (Zeile 535–550)*

Durch dieses Angebot hat er sich vor allem hinsichtlich seiner Selbstsicherheit im Auftreten gefördert gefühlt, ohne das Gefühl gehabt zu haben, gestellte Anforderungen nicht erfüllen zu können. In diesem Sinne können die sozialstaatlichen Formierungsversuche bei Viktor an persönliche Dispositionen anschließen, was sich in vielerlei Hinsicht auch in der Art und Weise widerspiegelt, wie er sich zu ihnen auf Grundlage seiner Sozialisationserfahrungen und biografischen Hintergründe in Stellung bringt.

7.3.3 Subjektivierungsweisen

Viktor ist ein Bildungsaufsteiger, der sich entgegen der familiären Tradition für eine akademische Laufbahn im geisteswissenschaftlichen Bereich entschieden hat. Er legt Wert darauf, seine eigene Leistungsfähigkeit und Aktivität zu betonen. Dabei bezieht er sich sowohl auf vergangene Bildungserfolge wie auf seine andauernde Fähigkeit, eigenverantwortlich Lösungen für seine Probleme finden zu können. Das verinnerlichte Leistungsethos seines Herkunftsmilieus und der verbundene Habitus scheinen für ihn trotz des vollzogenen Milieuwechsels nach wie vor prägend. Sozialleistungen sieht er vor allem jenen vorbehalten, die aufgrund körperlicher, seelischer oder psychischer Beeinträchtigungen außer Stande sind, sich selbst zu finanzieren. Hier knüpft er an das Bild von Bedürftigkeit an, welches ihm in seiner Sozialisation in Kombination mit einer Erwerbsarbeits- und Tätigkeitsnorm vermittelt wurde. Demnach versteht sich Viktor selbst über seine eigenen und die familiär erbrachten Leistungen sowie seine gegenwärtige wie zukunftsbezogene Leistungsbereitschaft, die er stetig neu unter Beweis stellen muss. Dies manifestiert sich auch im steten Vergleich mit anderen, insbesondere seiner älteren Schwester, seiner Orientierung an hierarchischen Ordnungsprinzipien und seiner Selbstpositionierung als rational handelnde Person, die stets die Kontrolle über die eigene, vor allem finanzielle, Lage behält.

Jenen, die die Tätigkeits- bzw. Erwerbsarbeitsnorm nicht erfüllen, obwohl sie es ihrer Konstitution nach könnten, unterstellt Viktor mitunter im Sinne des an ihn vermittelten Normkontextes, dass sie *„kostenlos ihr Leben finanziert bekommen, mit dem sie nicht klarkommen*" (Zeile 749). Obwohl er konstatiert, dass diese Personen noch andere Unterstützung benötigten als nur finanzielle, erwähnt er die Strukturen, die individuelle Leistungen ermöglichen oder begrenzen, nicht. Seine eigene vergleichsweise privilegierte Position und die Möglichkeiten, die ihm dadurch gegeben sind, reflektiert er nur am Rande. Obwohl er in der Zeit seines Verzichts keine finanzielle Unterstützung von seiner Familie erhalten hat, gab es stets die theoretische Möglichkeit, darauf zurückzugreifen. Dabei ist er sich durchaus der negativen Grundeinstellung gegenüber arbeitslosen Personen bewusst, die ihm in seiner Sozialisation vermittelt wurde:

> *„(4) Wenn, dann wurde nur schlecht von denen gesprochen. Ehm, also mir war auch so 'ne Stigmatisierung von zu Hause so 'n bisschen bewusst ehm … ich weiß nicht, ob ich diesen Stempel umgehen wollte und mich bei meinen Eltern halt nicht so darstellen wollte … War mir irgendwann egal gewesen, also ehm, vielleicht hatte ich am Anfang das noch irgendwie mit, mit im Kopf gehabt, dass das irgendwie so niedrigschwellig in einem drin war, wo man sich dachte, ne, das möchtest du auf keinen Fall. Aber wenn man sich dann mal die Leben von den Leuten anschaut, also ich konnte das dann einordnen und ich hab ja dann auch 'nen anderen Hintergrund mittlerweile, als meine Eltern. Wo ich ja dann auch reflektierter, also ich behaupte zumindest reflektierter, auf Sachen zugehen kann als die bei sowas. Und eben auch die sozialen Umstände dann eben mehr im Blick habe als sie." (Zeile 855–866)*

Er positioniert sich als reflektierte Person, die sich von den familiär erworbenen diskriminierenden Einstellungen gegenüber erwerbslosen Personen losgesagt hat und nun – auch aufgrund der eigenen Ausbildung – eine holistischere Sichtweise auf die Lebenssituationen der Betroffenen hat. Das Bemühen um Distanz von den elterlichen bzw. väterlichen Einstellungen äußert sich dann auch dadurch, dass er im Eingeständnis seiner eigenen sozialen Lage gegenüber den Eltern glaubt, gleichgültiger geworden zu sein.

Entsprechend seinem Leistungsverständnis und der ausgeprägten Erwerbsarbeitsnorm ordnet er die von ihm zeitweise übernommenen nicht seinen Neigungen und Interessen entsprechenden Tätigkeiten dennoch als sinnstiftend für seinen Lebensverlauf ein. Den Erhalt staatlicher Hilfen in Zeiten von Arbeitslosigkeit versucht er nicht über den Aspekt der Teilhabe und der Existenzsicherung zu fassen, sondern er zeigt in seiner Argumentation auf, welche Gegenleistungen erwerbslose Personen für den Erhalt der Mindestsicherung erbringen:

„[…] wenn ich da nur Arbeitslosengeld bekommen hätte, dann, und ich sag jetzt nur Arbeitslosengeld, weil es ja nur eine finanzielle Leistung ist für etwas, was man ja quasi nicht erbringt in meinen Augen, dann kann man's damit irgendwie aushalten, aber ehm – ich fand das andere dann eben auch da Zeit investieren und eben auch was abgeben, das ergibt für mich mehr Sinn und kommt mir dann auch irgendwie sinnvoller vor, als wenn ich dann für das, was ich irgendwie … also Arbeit wär dann in dem Fall halt das Ausfüllen der Formulare gewesen und halt Einhalten der Verpflichtungen, ehm, was ich dann aber auch, weil das so aufgezwungen ist und für meine Augen vielleicht auch nicht immer sinnvoll, wenn du irgendwas 3 oder 4 Mal ausfüllen musst." (Zeile 714–728)

Zur Sicherung seiner Teilhabe und zur Vergewisserung, dass er wirtschaftlich eigenverantwortlich handeln kann, hat Viktor verschiedene Strategien entwickelt. Um seine Mobilität zu sichern, hat er sich erneut an der Universität als Student eingeschrieben, um ein Ticket für den öffentlichen Verkehr und weitere studentische Vergünstigungen zu erhalten, er nutzt Vorteils- und Bibliothekskarten und übt sich zudem in einem weitgehenden Konsumverzicht. Hier klingt als weiteres zentrales Motiv eine stete und sorgfältige Kosten-Nutzen-Abwägung an, mit der er an seine Ausgaben, aber auch an alltägliche Entscheidungen herangeht.

Dominanter in Viktors Narration und damit auch in seiner Selbstpositionierung ist aber sein Bestreben, seine Pflichten zu erfüllen und dabei den eigenen Leistungs- und Optimierungsansprüchen zu entsprechen. Die Responsibilisierungen des neosozialen Staats fallen so auf ‚fruchtbaren Boden', werden von Viktor angenommen und zum Teil sogar über das geforderte Maß ausgefüllt. Seine Erzählung ist durchzogen von Situationserzählungen, die damit verbunden sind, dass seine Familie oder er mehr als nur ihre Pflicht erfüllen oder sich in einer gehobenen gesellschaftlichen Stellung bewegen. So betont Viktor immer wieder, dass er sich unaufgefordert „immer" und „überall beworben" hat, dass er seinem Betreuer bei der Arbeitsagentur lange Berichte geschrieben hat und er vorauseilend und ohne ALG II als Gegenleistung zu erhalten die Fördermaßnahmen des Jobcenters in Anspruch genommen hat.

7.4 Christian Penck: „Nochmal in die Mühlen will ich nicht geraten"

Christian ist 1962 in einem Ostberliner Stadtteil geboren, aufgewachsen und lebte auch zum Zeitpunkt des Interviews noch dort. Er ist gelernter Feinmechaniker und hat bis zum Mauerfall in diesem Beruf gearbeitet. Nach der Wiedervereinigung hat er seinen Arbeitsplatz verloren und war danach fast 20 Jahre als Bauarbeiter tätig. Etwa im Jahr 2011 hat er auch diese Arbeitsstelle verloren. Nach einem psychischen Zusammenbruch und anschließendem mehrmonatigen Krankenhaus-/Rehabilitationsaufenthalt lebt Christian mit einer schweren Depression und beansprucht deshalb die Dienste eines Anbieters für betreutes Wohnen. Weil er den Auslöser seiner Erkrankung in seiner Zeit als ALG-II-Empfänger und den damit zusammenhängenden Ämterkontakten verortet, verzichtet er auf Grundsicherung, die ihm aufstockend zu seiner Erwerbsunfähigkeitsrente zustehen würde, bezieht aber Wohngeld.

Der Kontakt zu Christian kam über einen Sozialarbeiter zustande, der ihn im Rahmen des betreuten Wohnens begleitet und der sich auf den von einem Gatekeeper weitergeleiteten Akquiseaufruf per E-Mail gemeldet hat. Auf Christians Wunsch hat das Interview in einer Bäckerei in seinem Heimatstadtteil stattgefunden. Bis zum Treffen vor der Bäckerei hat es keinen persönlichen Kontakt zwischen den Gesprächspartner*innen gegeben. Die Interviewatmosphäre war angenehm und ruhig. Angesichts der Tatsache, dass vor dem Interview keinerlei Erstgespräch oder ein Kennenlernen stattgefunden hat, war Christian sehr offen hinsichtlich seiner Biographie und seiner persönlichen Lebenssituation. Während des Interviews wurde deutlich, dass der lebensweltliche Hintergrund der Interaktionspartner*innen sich erheblich voneinander unterscheidet, sodass Christian viele Sachverhalte, die mit seinem Aufwachsen in der DDR verbunden sind, genauer erklärt hat. Ein Alleinstellungsmerkmal des Interviews ist die Beschreibung des Sozialstaats zu DDR-Zeiten in Abgrenzung zum alten BRD-System und dann weitergehend auch zu den Verhältnissen nach Einführung der Agenda 2010.

7.4.1 Biographische Erzählung

„I: Ok, alles klar, wie bist du denn aufgewachsen und wo?
Christian: Hier in [Stadtteil]. Geboren, alt geworden, groß hab ich nicht geschafft. Ich bin nur alt geworden.
I: Biste auch hier zur Schule gegangen?
Christian: Jap.
I: Und wo?
Christian: Na, willste jetzt die Straße wissen?
I: Ne, ne
Christian: Na, hier in [Stadtteil] direkt. POS – Polytechnische Oberschule hieß det in der DDR. Berlin-Ost.
I: Und wie war das Aufwachsen hier?
Christian: Nicht so schlimm, wie wat se im Fernsehn immer in die Reportagen zeigen. Da ist vieles übertrieben, find icke.
I: Was denn?
Christian: Na allet. Na weil viel wird geschrieben und gesagt von Leuten, die wirklich Extreme hatten, wahrscheinlich, aber nicht eben der Durchschnitt der Bevölkerung, meine Meinung. Wenn ich das sehe, muss ich öfters lachen." (Zeile 1–20)

Die Eingangspassage des Interviews mutet auf den ersten Blick insofern karg an, als dass Christian nur knapp auf die gestellten Fragen antwortet und ihnen zum Teil ironisierend begegnet. So scheint es für ihn nicht nachvollziehbar, warum nach seinem Schulbesuch gefragt wird, daher entgegnet er der Frage nach der Konkretisierung seiner Schule mit der Frage: „*Na, willste jetzt die Straße wissen?*" Für ihn ist es selbstverständlich, dass er diese Schule besucht hat, er scheint daher irritiert und leitet seine Antwort mit einem „*na*" ein, an das man ein ‚ist doch klar' hinzufügen könnte. Da in der DDR die Polytechnische Oberschule eine Schule für (fast) alle Kinder war, ist es für Christian nicht verständlich, warum überhaupt nach der besuchten Schulform gefragt wird. Dem liegt das Wissensrepertoire eines Ost-Berliners zugrunde, dessen halbes Leben vom DDR-System und den damit einhergehenden Gegebenheiten geprägt ist. Auf die allgemeine Frage danach, wie das Aufwachsen *hier* war, ist seine spontane Antwort, dass es nicht so schlimm war, wie es über Fernsehreportagen transportiert wird. Hier macht er von Beginn an klar, dass er das, was er massenmedial vermittelt als öffentliches Meinungsbild über seine Herkunft wahrnimmt, für nicht korrekt erachtet, weil es lediglich die „*Extreme*" beinhaltet und der Bevölkerungsdurchschnitt, zu dem er sich, seine Familie und sein Umfeld zählt, nicht repräsentiert wird. Mit dem ‚wahrscheinlich' lässt er zudem erkennen, dass das Vorhandensein von „Extremen", die bestimmte Leute erlebt haben, für ihn nicht zwangsläufig überhaupt als anerkannte Wahrheit gelten muss.

Weiterhin lässt sich in dieser Einstiegspassage eine Interaktionskontrolle erkennen, die die Beziehung zwischen Interviewtem und Interviewerin von Beginn an prägt. Die Interviewerin ist aus dem Westen des Landes und hat auch aufgrund ihres Alters wenig von den DDR-Zeiten direkt mitbekommen. Christian scheint zu vermuten, dass seine Gesprächspartnerin die ‚Lebenswelt DDR' bislang nur aus reißerischen TV-Dokumentationen wahrgenommen hat und daher wenig von dem ‚echten' Leben der Bürger*innen dort weiß, wie er es erlebt hat.

7.4.1.1 Kindheit, Jugend und Schulzeit

Christians Familie gehörte zu jenen, die durch den Mauerbau getrennt worden sind, weil seine Tante, sein Onkel und seine Oma auf westlichem Stadtgebiet gelebt haben. Bereits in der Eingangspassage hat Christian das Aufwachsen in der DDR als „*nicht so schlimm*" bezeichnet, wie es die Fernsehberichte der Öffentlichkeit seiner Meinung nach suggerieren. Die Gegenwärtigkeit der Mauer und die Teilung Berlins wurde in seiner Familie nicht weiter thematisiert, es war eine schlichte Tatsache und Lebensrealität, wie Christians folgende Ausführungen verdeutlichen:

> *„I: Wurde dir das als Kind erzählt, dass das ne Besonderheit hier ist in Berlin?*
> *Christian: Nö, aufgewachsen und die Mauer vorm Kopp gehabt.*

I: Tatsächlich, also du hast sie gesehen.
Christian: Na klar. Halt vorbeigegangen, hast sie gesehen, dass die da war. Hast die Türme gesehen, wo die, wo die Touristen aus West-Berlin gerne rübergeguckt haben. Jaa, aber wie gesagt, ne. An manche Ecken konnteste nicht rangehen (.) das war dann Sperrgebiet. Konnteste nur mit bestimmten Ausweisen ran, wenn du da gewohnt hast oder wat auch immer, gab ebent auch Ecken, da warste fast anner Mauer dranne. So (.) 5, 6 Meter vielleicht. Aber warst eben dranne. Aber wurdste halt eben kontrolliert, wenn da einer war." (Zeile 25–35)

In Christians Kindheit und Jugend war die Präsenz des Grenzverlaufs schlichte Normalität und auch die Touristen, die über die Mauer in den Ostteil der Stadt geschaut haben, gehörten zum Alltag. Ein weiterer Teil seines Lebensraumes waren die ausgewiesenen Sperrgebiete, die nur unter besonderen Umständen betreten werden durften, sowie Areale, in denen besonders häufig die persönlichen Ausweispapiere kontrolliert wurden, als architektonische Objektivationen des DDR-Regimes. Die selbstverständliche Gegebenheit dieser Umstände wird auch in der Erzählweise deutlich, mit der er sein Erleben reinszeniert. Durch die Anrede an einen imaginierten Gesprächsteilnehmenden kreiert er ein Bild des Alltäglichen und zeigt auf, wie man sich einen Spaziergang durch seine damalige Lebenswelt vorzustellen hat: *„[bist] vorbeigegangen"*, *„hast sie gesehen"*, *„hast die Türme gesehen"*, *„konnteste nicht rangehen"*, *„wurdeste eben kontrolliert"*. So holt er seine Kindheits- und Jugenderinnerung in das Gespräch und zeigt, dass die Ostberliner Mauerzone für ihn keine mystische Sonderwelt dargestellt hat, sondern seine Alltagswelt war. Im Sprechen über seine Herkunftsbedingungen und sein familiäres Umfeld dominiert die Betonung der familiären Kleinbürgerlichkeit und Normalität. Dabei wird allerdings auch deutlich, dass seine Familie sich in einem Punkt von anderen abgegrenzt hat. Fast beiläufig erwähnt Christian in der nachstehenden Textpassage, dass seine Eltern keine Mitglieder „der Partei", also der Sozialistischen Einheitspartei (SED), waren und dass er, wenn dies der Fall gewesen wäre, eventuell Chancen auf eine bessere Ausbildung, gehabt hätte:

„I: Was haben deine Eltern denn gemacht, bist du mit denen aufgewachsen?
Christian: Jaja, klar. naja, arbeiten ganz normal, Mutter, Vater haben gearbeitet, normal.
I: Völlig normale (.)
Christian: Ganz normale, wie sagt man so schön: Proletariat.
I: Man sagt doch eigentlich, dass das eher klassenlos war.
Christian: Det war nicht klassenlos, wer das erzählt, erzählt Müll. Wurde, wurde, wenn du Partei warst, warst du ne andere Klasse. Oder wenn eben deine Eltern Ärzte waren oder wat Höheres waren, warst du 'ne andere Klasse. Gabs keen klassenlos.
I: Und hättest du denn die Chance gehabt, auch Arzt zu werden?
Christian: (4) Nur wenn ich … ich denk mir mal nur wenn ick … (2) in der Partei gewesen wäre, sagen wirs mal so.

I: Ach, wart ihr nicht.
Christian: Neee." (Zeile 38–50)

Weiterhin zeigen sich hier Christians Einstellungen zur gesellschaftlichen Ordnung der DDR. Auf die eher rhetorische Feststellung, dass die DDR doch als klassenlose Gesellschaft galt, entgegnet er emotionalisiert, dass Aussagen dieser Art nicht stimmen können, da die Parteimitgliedschaft den Bürger*innen einen höheren Status zugewiesen hat. Er als Proletarierkind, dessen Eltern keine Parteimitglieder waren, hat die Zuteilung von Lebenschancen offenbar als ungleich empfunden. In der folgenden Passage, die direkt auf die vorherige folgt, charakterisiert er sein Herkunftsmilieu und die ihm versagten Bildungschancen näher:

„Christian: Man hät studieren können, alles drum und dran und …
I: Also waren deine Eltern gar nicht in der Partei.
Christian: Nee, ganz normal arbeiten. Kleine, normale Arbeiter.
I: Und hat man dann Nachteile gehabt, wenn man nicht in der Partei war?
Christian: Berlin, Berlin, Nachteile hast du in Berlin, relativ, Nachteil ist relativ. Klar hast du Nachteile gehabt, wenn du nicht nach dem ausgerichtet warst nach 'm (2) nach der Partei, sagen wir es mal so, aber so als Normalbürger …" (Zeile 52–58)

Über die Sichtweisen seiner früheren Wahrnehmung von Bedürftigkeit erzählt er, dass es auch zu Ostzeiten Armut gegeben hat, diese aber nicht so sichtbar war, weil es offiziell keine armutsbetroffenen Haushalte geben durfte. Sichtbar und auffällig waren vor allem die Mitglieder der Punkbewegung, die im täglichen wie amtlichen Sprachgebrauch „*Asoziale*" (Zeile 143) hießen und die „*oft innen Knast gewandert*" (Zeile 144) sind, „*um die weg zu haben*" (ebd.) und somit aus dem Straßenbild zu verbannen.

7.4.1.2 Schulabschluss und Berufsfindung

An der Parteilosigkeit seiner Eltern macht Christian fest, dass es ihm nicht möglich war, einen höheren Bildungsweg anzustreben. Auch in anderen Bereichen des Lebens waren Nachteile spürbar, sofern man als „*Normalbürger*" nicht nach der Partei „*ausgerichtet*" war. Zusätzlich hatte die Familie Westverwandtschaft in unmittelbarer Nähe in Westberlin, was für die Behörden offenbar eine latente Fluchtgefahr darstellte. Auf die Frage danach, ob er als Jugendlicher wusste, was er für einen Berufsweg einschlagen wollte, sagt er:

„Christian: Nöö, ich wusste, ich hatte Wünsche gehabt, aber die konnte ich nicht erfüllen.
I: Und welche?
Christian: (3) Naja, wie soll ich sagen (.) wollte mal zur See fahren (.) wollte. aber das hat nicht funktioniert, weil man Westverwandtschaft hatte. […]

I: Und dann konntest du nicht
Christian: Wenn du nicht in der Partei warst, konntest du nicht zur See fahren. So grob gesagt.
I: Ging das nur über die Marine.
Christian: Jaja, du musstest dann schon, sagen (.) wir mal so, nicht unbedingt Westverwandtschaft haben, weil da Fluchtgefahr zu groß war. Aber ist schon so lange her, das ist schon aus meinem Gehirn gestrichen." (Zeile 66–82)

Es wird deutlich, wie sehr die Umstände Christians Herkunft seinen Lebensweg beeinflusst haben. Dabei ist er bemüht, die Sachlage verständlich und für die Interviewerin begreifbar zu machen, denn wiederholt ergänzt er seine Erklärungen zu den Konsequenzen der Parteilosigkeit mit „sagen wir mal so" bzw. „grob gesagt". Einer Gesprächspartnerin, die den gleichen Erfahrungshorizont wie er selbst besitzt, hätten Andeutungen zum Verständnis ausgereicht, so aber musste Christian hier genauer explizieren, warum ihm der Weg zur See verbaut war. Bemerkenswert ist, dass er die Unfreiheit, der er in Bezug auf seine Berufswahl durch das politische System unterlag, als „*aus seinem Gehirn gestrichen*" bewertet. Es scheint, als hätte er seine persönlich erfahrenen Benachteiligungen und die Konsequenzen seiner sozialen Positionierung im Gefüge der DDR-Gesellschaft zu einem gewissen Grade verdrängt. Hier scheint für ihn eine Grenze des Sagbaren erreicht, womit seine anfängliche Einordnung der DDR-Lebensverhältnisse als „nicht so schlimm" erklärbar wird.

Nach dem Schulabschluss ist Christian Feinmechaniker geworden, weil er sich in diesem Bereich beworben und diese Stelle „eben bekommen" hat. Wie er berichtet, hat sich im Verlauf der Lehre dann ergeben, dass er den Beruf auch ausüben wollte. Hier knüpft Christian an die Normalität seines Elternhauses und seiner Herkunftsbedingungen an, die er im Vorhinein schon betonte, indem er den reibungslosen Übergang von der Schule in die Ausbildung und seine langjährige Berufstätigkeit im erlernten Beruf beschreibt:

„I: Was biste denn dann geworden?
Christian: Icke? Mechaniker. Feinmechaniker, genau gesagt.
I: Und das war so dann nach der Polytechnischen Oberschule?
Christian: Det hab ich gekriegt, also ick hab mich denn da beworben und hat funktioniert.
I: Und wolltest das auch?
Christian: Joa (.) hat sich ergeben dann in der Lehre, nach und nach.
I: Und hast dann auch in dem Beruf gearbeitet?
Christian: Bis zum Mauerfall." (Zeile 85–92)

Mit seinem Beruf hat er sich scheinbar im Laufe der Jahre arrangiert, war einem gewissen Konformitätsdruck unterlegen, der ihn die vorgegebene Art, zu leben und zu arbeiten, hat ‚wollen lassen'. Der Mauerfall markiert dann den nächsten großen Wendepunkt in Christians Leben, denn offenbar hat dieser dazu geführt, dass er mit etwa 28 Jahren seine Arbeit verlor.

7.4.1.3 Erfahrungen mit Erwerbslosigkeit

Die folgende Interviewpassage schließt direkt an die letztbeschriebene an. Aus ihr wird Christians Sichtweise auf die Geschehnisse zur Wiedervereinigung Deutschlands und deren Auswirkungen auf sein persönliches (Berufs-)leben ersichtlich, das etwa 10 Jahre nach seiner Ausbildung abrupt endete:

> *„Christian: Dann [nach der Wende] gabs hier viele Feinmechaniker (.) viele Firmen wurden abgewickelt oder für 'n Appel und 'n Ei verkauft. Das hat man glaub ich (.) haben die glaub ich früher gerne gemacht (.) kurz nach der Wende haben sie es gerne gemacht (.) alle Ostfirmen aufkaufen, abwickeln, damit die Konkurrenz ausgeschaltet ist (.) so ist mein (.) sagen wir mal so, da gab es Gedanken (.) die Zusammenführung der beeden deutschen Staaten ist zu schnell gegangen. Der Osten hätte mehr Forderungen stellen müssen.*
> *I: Und mehr Zeit gebraucht?*
> *Christian: Mehr Zeit und mehr Forderungen. Nicht hier… aber die meisten wollten ja schnell die D-Mark haben. „Gebt uns die Mark, gebt uns die Mark", ohne nachzudenken, was daraus wird. Und dann haben sie ja die Rechnung gekriegt" (Zeile 94–104)*

Christians Erzählung ist hier die eines Wendeverlierers, der nach dem Mauerfall einen sozialen Abstieg erlebte. Während in der DDR noch die Arbeitskraft planmäßig an den Bedarf angepasst war, gab es mit der Schließung der Ostbetriebe ein Überangebot seines Berufs in Berlin. Seine Arbeitsstelle in seinem erlernten Beruf als Feinmechaniker hat er in diesem Zuge verloren, hat aber dann im Anschluss „*noch fast 20 Jahre auf'm Bau gearbeitet*" (Zeile 251). Nachdem er 2011 nach knapp 30-jähriger Berufstätigkeit arbeitslos geworden ist, hat er zunächst für ein Jahr Leistungen nach SGB I bezogen. Danach ist er in den Zuständigkeitsbereich des SGB II gefallen und hat von da an Hartz IV bekommen. Diese Zeit fällt zusammen mit einem Rechtsstreit mit seinem Vermieter, der versucht hat, ihm wegen Eigenbedarfs den Mietvertrag zu kündigen.

Weil er seinen Beruf aus gesundheitlichen Gründen nicht mehr ausüben konnte, wurde er als „*Rehafall*" (Zeile 261) eingestuft und hat zwei Maßnahmen zur beruflichen Umorientierung als Auflage des Jobcenters besucht. Gleichzeitig und im Anschluss hat er sich ohne Erfolg fortlaufend bei verschiedenen Arbeitsstellen beworben, was ihn sehr belastet hat. Die Anforderungen des Jobcenters, „*die ganzen Formalitäten und was sie verlangt haben*" (Zeile 278), und die ständige Bedrohung durch Sanktionen, „*dem Drohen und det alles*" (Zeile 279), hat sich zu einer gefühlten „*Spirale*" (Zeile 281) kumuliert, die „*nur noch abwärts gelaufen*" (ebd.) ist. 2015 hatte er dann einen psychischen Zusammenbruch, in dessen Folge er vier Monate auf der psychiatrischen Station eines Krankenhauses verbracht hat, gefolgt von weiteren vier Monaten in einer Tagesklinik und weiteren Rehabilitationsmaßnahmen. Der Zusammenbruch war so gravierend, dass er im Interview keine Worte für seine Situation zu finden scheint:

> *„Christian: Nee, hier. Denn hab ich mein [zeigt auf den Kopf] war durch.*
> *I: Ein Burnout?*
> *Christian: Ja, das. Burnout wär ja noch nett gewesen, nee richtig so. Ganz schwere, ganz schwere, schwere (2) Episode. Schwere depressive Episode. So ähnlich so." (Zeile 222–224)*

Den Hauptauslöser seines Zusammenbruchs verortet er in den Verfahrensweisen, denen er in der Beziehung zum Jobcenter ausgesetzt war. In der Psychiatrie hat er dann erst einmal Ruhe gefunden und sich vor allem vor den Behörden sicher gefühlt. In der Folge ist Christian 2016 als voll erwerbsgemindert mit 54 Jahren frühverrentet worden.

7.4.1.4 Episode der Nichtinanspruchnahme

Da die Erwerbsminderungsrente, die ihm zugesprochen wurde, das gesetzlich angenommene Existenzminimum unterschreitet, bezieht Christian zusätzlich Wohngeld, um seine Miete bezahlen zu können. Seinen Anspruch auf aufstockende Grundsicherung lehnt er entschieden ab, weil er befürchtet, erneut in das System hineinzugeraten, das zu seiner Erkrankung geführt hat. Offenbar verbindet Christian die Gefahr, einen Rückfall zu erleiden, maßgeblich mit der Mitwirkungspflicht, der inadäquaten Ansprache und dem drohenden erneuten Erleben von Ungerechtigkeiten und Entwürdigungen, die der Bezug von Grundsicherung für ihn mit sich bringen würde. In finanzieller Hinsicht bleiben Christian 200 Euro im Monat, um seine Grundbedürfnisse nach Nahrung, Hygiene, medizinischen Bedarfen, Kleidung und sozialer Teilhabe zu decken. Einen Grund für seine persönliche Lage sieht er auch in der Berliner Mietenpolitik und den Entwicklungen auf dem Wohnungsmarkt sowie dem Umstand, dass das Wohngeld nicht den neuen Gegebenheiten angepasst wurde. Ohne den Bezug von Grundsicherung hat Christian zwar ein Einkommen unterhalb der Armutsgrenze, scheint sich aber sicher vor dem behördlichen Zugriff zu fühlen. Diesen fürchtet er auch, weil er glaubt, zum Umzug in eine andere Gegend gedrängt zu werden, wo die Mieten geringer sind. So ist er täglich damit beschäftigt, weitere Einsparungsquellen zu ermitteln und nach einer günstigeren Wohnung in der Nähe Ausschau zu halten. Durch den Wechsel des Energieversorgers ist es ihm z. B. kürzlich gelungen, acht Euro pro Monat einzusparen. Er lebt nach einem Sparprogramm nach dem er die ihm zur Verfügung stehende Summe auf die Zeit bis zum nächsten Geldeingang rigide verteilt:

„Na, ich versuch so wenig wie möglich auszugeben. Ick gucke, dass ich diese 200 Euro nehme, die durch vier teile und det immer für 'n Monat, eh, für 'ne Woche habe. Wenns durch fünf Wochen geteilt, hab ich weniger Geld. Den Rest muss ich wegpacken für eh, Zahnarzt und für meine Vorkasse für die Medikamentenbefreiung bei der Krankenkasse. Die kostet mir einmal im Jahr so knapp 120 Euro Kosten. Und dann muss ich mir jeden Monat also immer 10 Euro da wegpacken und dann noch Euro wegpacken, dass ich eben meine Prophylaxe machen kann, beim Zahnarzt. Die dann auch 50 Euro kostet." (Zeile 325–335)

Dieses Sparprogramm hat ihn auch dazu veranlasst, die Lebensmitteltafel aufzusuchen. Weil er aber von den Lebensmitteln, die er dort erhalten hat, einmal krank wurde, weist er diese Strategie für sich zurück. Auch weitere Beratungsangebote im Bereich der sozialen Dienstleistungen hat Christian noch nicht in Anspruch genommen. Allerdings hat ihm der Sozialarbeiter, der ihn im Zuge des betreuten Wohnens begleitet und der auch den Interviewkontakt vermittelt hat, dabei geholfen, einige finanzielle Angelegenheiten zu regeln. Seine Ablehnung der Grundsicherung bringt er abschließend wie folgt auf den Punkt:

„Weil ich denn wieder in die Mühlen ringeraten werde (.) würde. Weil du kriegst zwar denn ein, ein bisschen mehr Geld, was ja jut (.) wat ja vielleicht schön ist (.) aber. In dem Augenblick, wo ick jetzt Geld vom (?Sozialamt?) kriegen würde, zum Beispiel, würden die sich bei mir melden, würden mir det hier abziehen von mein Dings und dann würdest du wieder in die Mühlen geraten. Dann müsstest du alles, was du an Einnahmen hast, nebenbei noch, oder wegen deiner Sparsamkeit musst du angeben und det ziehen die dir von der Grundsicherung ab. Weil ist ja ein Einkommen für die. Und ohne Grundsicherung hab ich halt meine Ruhe, das ist was ich mache und das ist mein Geld. Das ist der Grund." (Zeile 298–308)

Hier wird deutlich, dass Christian die Hürden, die seiner Inanspruchnahme im Wege stehen, nicht unbedingt an den Sachbearbeitenden in den Jobcentern festmacht. Vielmehr sind es die durch die spezifische Jobcenter-Governance vorliegenden Machtasymmetrien und die Artefakte, die diese Asymmetrien vermitteln, die er für seine psychische Erkrankung verantwortlich macht. In diese „Mühlen" und deren zermalmender Kraft will er offenbar nicht noch einmal geraten, wobei er sich hier wiederum einer Metapher bedient, die ausdrückt, wie sehr er sich körperlich-seelisch bedroht gefühlt hat.

Teilhabeeinschränkungen erfährt Christian vor allem im Bereich des Freizeit- und Konsumverhaltens, in der Mobilität und, damit verbunden, in der sozialen Teilhabe. Er sieht sich selbst auf dem Weg in die soziale Isolation, weil er nicht mehr in der Lage dazu ist, mit Bekannten oder auch allein Freizeitaktivitäten auszuüben. Früher hat er gerne Ausflüge gemacht und ist angeln gegangen.

7.4.2 Wahrgenommene Formierungsversuche

Christians Deutungen des Verhältnisses zwischen Bürger*innen und Staat sind charakterisiert von der Dichotomie zwischen der herrschenden Klasse und den ‚normalen' Menschen. Dabei macht er eine allgemeine Unterwürfigkeit der deutschen Bevölkerung aus und stellt eine Linie der Kontinuität zwischen den Verhältnissen in der DDR und den heutigen her. Er beschreibt, dass sich diese spezifische Form der Unterwürfigkeit nicht voneinander unterscheiden würde. In Antwort auf die Frage, ob er zu Ostzeiten schon einmal in die Situation kam, Ämterentscheidungen nicht nachvollziehen zu können, skizziert er das generelle Lebensgefühl, welches er vor der Wende hatte, als ein Dasein in einer Art Zwischenzone, in der routiniert und ohne Ausschläge immer das Gleiche passierte:

> *„Wat soll ich sagen. Ich hab Großteil im Grauen gelebt. Nicht im Schwarzen, nicht im Weißen, sondern im Grauen. Immer das Gleiche (.) laufen lernen. Funktionieren. Arbeiten. So wie der Deutsche ist. Der Untertan (.) kennste det Buch? (I bejahend: hmhm) So sind wir alle, immer noch, die Deutschen. Wir richten uns immer nach der Obrigkeit. Haben keinen Mut zum eigenen Gedanken. Das haben wir heute noch. Heute noch schlimmer als zu Ostzeiten, finde ich. Aber egal, ist ja vorbei. So. (3) Ist ja auch meine Meinung nur." (Zeile 199–205)*

Die Einleitung der Textpassage verrät, dass es ihm schwerfällt, das Erlebte zu beschreiben, wahrscheinlich, weil er davon ausgeht, dass jemand, der seine Erfahrungen nicht teilt, nur schwer Zugang dazu finden kann. In diesem Sinne erläutert er das „Leben im Grauen" genauer. Der Alltag hat demnach stets dieselben Elemente gehabt, weder sind ihm besonders problematische Dinge widerfahren noch besonders gute. Es war alles darauf ausgelegt, dass er ab dem Kindesalter der Norm und der Routine entspricht („laufen lernen" – „funktionieren" – „arbeiten"). Die immer gleiche Pflichterfüllung, die nicht hinterfragt wird, und den Mangel an Mut, kritische Einordnungen des Gegebenen vorzunehmen, benennt er dann als allgemeines Merkmal „der Deutschen" und rekurriert dabei auf das Buch „Der Untertan". In diesem Werk von Heinrich Mann ist die Angst vor der Macht zentrales Motiv für den Protagonisten Diederich, sich nicht zur Wehr zu setzen, denn sie nimmt ihm jeglichen Mut, gegen die Totalität der Machtstrukturen anzugehen. Vielmehr schlägt die Angst um – zunächst in eine eingeschüchterte Zurückhaltung und dann in eine stille Bewunderung und Idealisierung der Macht. Die initiale Angst mündet hier in die absolute Anerkennung staatlicher Autorität, die ohne Rücksicht auf Verluste immer wieder neu bewiesen wird.

Staatliche – behördliche – Macht äußert sich für Christian besonders im asymmetrischen Verhältnis zwischen der Bürokratie bzw. den dort arbeitenden Entscheidungsträger*innen und den Bürger*innen, die von den verwalterischen Tätigkeiten betroffen sind. Auch hier zieht er eine Kontinuitätslinie zwischen seinem heutigen Erleben und dem in der DDR. Dokumente, die persönliche Informationen der Antragstellenden beinhalten und die in der Hand derer sind, die „hinterm Schreibtisch" sitzen, nehmen eine besondere Rolle ein:

> *„I: Kannst du dich noch daran erinnern, wie du Bürokratie und Behörden hier erlebt hast?*
> *Christian: Na gut … wie heute.*
> *I: Wie heute, kein Unterschied.*
> *Christian: Der (.) der hinterm Schreibtisch sitzt und die Dokumente ausfüllt, der war der Halbgott und du warst mal, grob gesagt, det kleine Arschloch. Wie heute war es damals größtenteils auch." (Zeile 125–131)*

Hier tritt die Differenzkonstruktion zwischen den gesellschaftlichen Statuspositionen besonders hervor. Das Machtgefälle zwischen jenen, die die Hoheit über die Dokumente haben, und jenen, die diese Dokumente betreffen, erkennt Christian auch im bürokratischen Setting (‚vorm Schreibtisch' vs. ‚hinterm Schreibtisch') wieder, das er als perpetuierenden Faktor dieser Asymmetrie erlebt. Die Nutzung des Personalpronomens „du" scheint hier die Funktion einer Generalisierung all derer einzunehmen, die in dieser Interaktion die untergebene Position innehaben.

Bis zum Verlust seines Arbeitsplatzes hatte Christian außer im Rahmen von bürgerdienstlichen Verwaltungsabläufen kaum Behördenkontakte. Das änderte sich zunächst mit der Beantragung von ALG I und häufte sich mit dem dann einsetzenden ALG-II-Bezug. Der erlebte Statusverlust wurzelt vor allem in der Gleichsetzung aller Arbeitslosen nach dem SGB II, egal, ob und wie lange sie vor Eintreten des Bedarfsfalls gearbeitet haben. In der folgenden Passage spricht Christian darüber, dass er nach seiner langjährigen Berufstätigkeit nach einem Jahr ALG I direkt in den Zuständigkeitsbereich des Jobcenters gefallen ist:

> *„Ich hab ja noch fast 20 Jahre aufm Bau gearbeitet. Arbeitslos geworden (.) und dann gleich in die nach einem Jahr gleich in die in dat … na, zum Jobcenter (2) Nachdem man fast 30 Jahre durchgearbeitet hat, kommt man gleich in die ganz niedrige Stufe." (Zeile 251–254)*

Seine bis dahin erbrachte Arbeitsleistung war demnach nicht mehr von Wert und es scheint, als wäre nach dem Verlust seines Lehrberufes nach der Wende hier ein zweiter als gravierend erlebter sozialer Abstieg zu verorten. Das Jobcenter betont er als „ganz niedrige Stufe", was den Stigmatisierungseffekt, der mit dem Bezug von ALG II für ihn einhergeht, hervorhebt. Die Entwürdigung und Degradierung, die er als prägend in seiner Beziehung zum Jobcenter sieht, thematisiert er zunehmend im weiteren Interviewverlauf. In der folgenden Antwort auf die Frage, ob es einen konkreten Anlass für seine Erkrankung gab, fragt er zunächst die Interviewerin in direkter Ansprache, ob sie schon einmal selbst in einem

Jobcenter war, und beschreibt dann das Machtgefälle zwischen Mitarbeitenden und ALG-II-Empfänger*innen:

> *„Warste schonmal aufm Jobcenter und (3) dann weeßte, was da abgeht und wie es abgeht. Da haste manchmal Leute sitzen, die denken, die sind Halbgötter. Und du bist der letzte Scheiß. Hat sich halt alles zusammengeworfen. Sooo und sooo und sooo." (Zeile 231–234)*

Erneut bemüht er die Metapher des „Halbgotts", für den sich manche Mitarbeitenden des Jobcenters aufgrund der ihnen übertragenen Macht halten, und die Umschreibung der eigenen, zugewiesenen Position als zur niedersten Klasse gehörig. Hierbei naturalisiert er diese Position dadurch, dass er sie im Präsens als einen Automatismus beschreibt: Du bist (*automatisch*) der letzte Scheiß (*sobald du dem Halbgott gegenüber sitzt*). Auf Nachfrage spezifiziert Christian, was genau ihn an den Wirkweisen des Jobcenters derart belastet hat:

> *„Ne, die ganzen, die ganzen, Formalitäten und was sie verlangt haben. Und wenn du das nicht gebracht hast, mit denen Sanktionen und dem Drohen und det alles. Kam denn halt alles dazu. War dann halt son Mischmasch, dass sie eben so Art, da warste in soner Spirale drinne und die ist nur noch abwärts gelaufen und ich war eben am Ende der Spirale schon. Deshalb bin ich auf Station gegangen." (Zeile 278–282)*

Offenbar waren für Christian die mit dem ALG-II-Bezug verbundenen Formalitäten, das heißt das regelmäßige Ausfüllen der Bewilligungsanträge, das Beibringen von Vermögensnachweisen, die Gespräche mit den Sachbearbeitenden und das Festlegen von Obligationen in der Eingliederungsvereinbarung, also all jene Instrumente, die im Jobcenter-Jargon als ‚Aktivierungsmaßnahmen' bezeichnet werden, eine stete Überforderung seiner Kapazitäten. Die Forderung nach Aktivität, Mitwirkung und Eigenverantwortung ging einher mit Sanktionsandrohungen, was sich für ihn zu einer Abwärtsspirale ausgeformt hat, an deren Ende er sich auf Anraten seines Hausarztes in die geschlossene Psychiatrie hat einweisen lassen.

Abschließend wird noch eine weitere Komponente seiner Ausdeutung des Sozialstaats evident. Christian hat im Laufe seines Berufslebens Geld für seine Rente angespart, wurde jedoch, als er in den ALG-II-Bezug geriet, dazu aufgefordert, diese Konten aufzulösen und das Geld als Vermögen anzugeben. Hier liegt für ihn ein fundamentaler Widerspruch zu den Versprechungen, die staatlicherseits mit der Einführung der Agenda 2010 einhergegangen sind:

> *„Und det is das, was mich an dieser Agenda genervt hat. Dass sie gesagt haben, det und det und des und des … aber wo sie im zweeten Punkt immer sagen, soll es eine Säule geschaffen haben, damit du nicht in Altersarmut fällst. Und gerade Hartz IV und det hat die meisten ja in die Altersarmut geführt. Weil alles, was du angespart*

hast, haben die genommen. Hätten sie gesagt, das Geld, das wird eingebunkert, wird festgemacht, da darf keiner ran, dann würde auch diese Altersarmut nicht groß existieren. Die Riesterrente ist det nächste Ding, die ist son faules Ei gewesen, ick hab ja eene und ich kriege von denen gerade mal 11 Euro im Monat ausgezahlt. Hat aber richtig Geld gekostet, wo ich Arbeit hatte." (Zeile 632–640)

Es scheint, als habe er sich im Vorfeld der Neuorganisation des Sozialstaats mit den Hartz-Reformen genau über die eingesetzten Instrumente informiert und auch eine gewisse Hoffnung in die Maßnahmen gelegt. Er hat, wie angeraten, eine Riesterrente abgeschlossen und sich in diesem Sinne eigenverantwortlich und um die Absicherung seiner Rentenzeit durch hohe Zahlungen während seines Berufslebens bemüht gezeigt. Heute, nachdem er bedürftig geworden ist, haben sich die Versprechungen für ihn als unzureichend herausgestellt und er bekommt weit weniger zurück, als er eingezahlt hat, womit der Sozialstaat seinen Versprechungen nicht nachgekommen ist.

7.4.3 Subjektivierungsweisen

Christians Leben war in der ersten Hälfte geprägt von seinem Aufwachsen, seiner Ausbildung und den ersten Berufsjahren in der DDR, Jahre, die er retrospektiv als ein „Leben im Grauen" bezeichnet. Ein zentrales Motiv in seiner Bewertung des Verhältnisses zwischen Staat und Bürger*innen ist das eklatante Machtgefälle zwischen den Bürokrat*innen, die als Agenten des Staates auftreten, und den Bürger*innen, die mit ihren Anliegen an diese herantreten (müssen). Hier macht er keinen Unterschied zwischen den DDR-Zeiten und den heutigen Verhältnissen.

Öffentliche Problematisierungen vermeintlicher gesellschaftlicher Missstände empfindet Christian mehrheitlich als fehlgeleitet. Insbesondere führt er die Zentrierung der öffentlichen Debatten auf Fragen von Flucht und Migration an, die von den wirklichen Problemen, die für ihn auf soziale Ungleichheit zurückzuführen sind, ablenken. Ein für ihn dringliches Symptom sozialer Ungleichheit ist die Mietenproblematik und die politischen Maßnahmen, die nicht zur Abhilfe taugen.

Die Erfahrungen mit dem Jobcenter, aufgrund derer er erkrankt ist, prägen ihn noch immer derart, dass er glaubt, nur durch stringente Kontaktunterbindung zum Jobcenter seine Ruhe haben zu können, auf die er zur Vermeidung eines Rückfalls dringend angewiesen ist. Das Ruhebedürfnis als zentrales Motiv von Christians gesamter Narration äußert sich über die passagenübergreifenden zentralen Thematisierungsregeln seiner Versprachlichung. Für vieles fehlen ihm schlicht die Worte und er versucht über Gesten, begreiflich zu machen, was er meint. So hält er oft schützend seine Hände um seinen Kopf oder seinen Körper oder formiert eine abwehrende Haltung mit seinen Händen. Er scheint sich lange als getrieben begriffen zu haben, arbeitet mit vielen Wiederholungen, wenn er über die Jobcenter-Anforderungen spricht, und seine semantischen Felder weisen auf seine unterdrückte Position (Prügeln lassen – Keule – auf den Kopf hauen – Daumen auf dem Deckel – in Mühlen geraten) hin:

> *„Wenn ich jetz noch Geld zurückkriege, weil der Sommer so warm und lange war, und ich krieg jetz Geld zurück vom Gas, müsst ick det melden und dann würden sie mir das gleich wieder abziehen. Ich hätte mir … neee … ich hab kein Lust mehr, mich da prügeln zu lassen. Und und und den Daumen aufm Deckel zu spüren. Sie haben zu liefern, wenn nicht, Sanktionen, Sanktionen, Sanktionen, Sanktionen. Die fragen nicht warum und wieso, die hauen gleich mitte Keule drauf und wollen dir gleich auf den Kopp hauen. Und det kann ich nicht mehr. Nochmal in die Mühlen will ich nicht mehr geraten." (Zeile 385–392)*

Die ständige Bedrohungslage durch die Sanktionsandrohungen und die Einforderung von Pflichten sind für Christian offenbar unerträglich. Bis zu seinem Harzt-IV-Bezug hat er sich – auch entsprechend seiner Sozialisierung und seinem Herkunftsmilieu – als Arbeiter verstanden, der, auch gemäß seiner Vorstellung von Normalität, einer Vollzeiterwerbstätigkeit nachgeht. Auch als er nicht mehr entsprechend seiner facharbeiterischen Qualifikation angestellt wurde, was für ihn mit einem Statusverlust verbunden war, hat er widerspruchslos eine Stelle „auf dem Bau" angetreten und hier fast 20 Jahre lang gearbeitet. Eine Zäsur stellte dann sein Eintritt in den SGB-II-Bezug dar. So spricht er davon, dass er „Hartz IV wurde", womit er anzeigt, dass der Bezug zu einem Bestandteil seiner Persönlichkeit wurde, oder, weitergehend, dass seine Persönlichkeit darin aufgegangen ist und er zum großen Teil davon eingenommen wurde sich als „Hartzer" zu verstehen.

Mit seinem Verzicht auf die Grundsicherung scheint er sich insbesondere selbst zu schützen, um seine Würde zu wahren. In den Passivkonstruktionen, die er meist in den Episoden anwendet, die seine Erkrankung oder den Weg zur Erkrankung zum Inhalt haben, drückt er aus, dass er die Verantwortung für seinen Zusammenbruch klar in den menschenunwürdigen Behandlungsweisen des Jobcenters verankert. Das Medizinsystem, seinen Hausarzt und auch die „psychiatrische Station" und die Tagesklinik empfindet er als seinen Schutz, der die Behörden von ihm abhält.

Dabei fällt zudem auf, dass Christian verschiedenen Instanzen zur Last legt, dass sie die Menschen belügen. Zunächst sind da die Medien, die die Tatsachen verdrehen und z. B. ein falsches Bild der DDR zeichnen. Die Versprechungen der Agenda 2010, denen er zunächst geglaubt hat und die sich für ihn als völliger Trugschluss erwiesen haben, waren ein weiterer Faktor, der sein Vertrauen in den Sozialstaat erschüttert hat. Im Gegenteil ist er, ohne selbst Schuld dafür zu tragen, in die „Mühlen" des neuen Sozialstaats geraten und letztendlich dadurch psychisch erkrankt. Eng damit zusammen hängt sein heutiges Erleben des Rentenversicherungssystems. Trotz jahrelanger Berufstätigkeit und privater Absicherung durch die Riesterrente kann er kaum von seinen Rentenzahlungen leben. Und letztlich ist es das Leistungsversprechen des kapitalistischen Systems selbst, im Rahmen dessen er sich nur als Verlierer wahrnehmen kann.

7.5 Paul Menners: „Ich persönlich funktioniere da irgendwie nicht“

Der gelernte Textilarbeiter Paul Menners war zum Interviewtermin 51 Jahre alt und lebte seit 2003 in einem sozialistischen Selbsthilfezusammenschluss, der sich dem Grundsatz der Unabhängigkeit von staatlicher Unterstützung verpflichtet sieht. Auf die direkte Anfrage nach einem Interview per Mail an die Kontaktadresse der ‚Sozialistischen Selbsthilfe‘ hat Paul sich per Mail zurückgemeldet und kundgetan, dass mehrere Personen Interesse an einem Interview haben. Das Kollektiv hat in den 70er Jahren das Gelände einer alten Schnapsbrennerei besetzt, die noch heute der Lebensmittelpunkt der Lebens-, Wohn- und Arbeitsgemeinschaft ist. 25 Menschen leben auf dem Gelände, wobei die Nachfrage nach Wohnmöglichkeiten in den letzten Jahren enorm angestiegen ist und aufgrund des Wohnraummangels mittlerweile auch Wohnwagen auf dem Gelände bewohnt werden. Die Bewohner*innen sind zum Einbringen ihrer Arbeitskraft nach eigenen Möglichkeiten verpflichtet (Umzüge, Möbeltransport, Verkauf von Second-Hand-Waren etc.), wobei das Wohnen und alle damit zusammenhängenden Kosten von den gemeinsam erzielten Erträgen finanziert werden. Für andere Grundbedürfnisse (Lebensmittel, Hygiene) wird auch gesorgt, Extrawünsche werden den Einkaufenden mitgeteilt. Als ‚Privatgeld‘ bekommt jedes Mitglied pro Monat 80 Euro bar ausbezahlt. Paul bezieht sich in seinen Schilderungen häufig darauf, dass die sozialistische Selbsthilfe für ihn als Gegenentwurf zum kapitalistisch organisierten Gesellschaftsmodell funktioniert. Seine Lebensform bezeichnet er zwar als gelebte Kritik, gleichzeitig legt er aber auch Wert darauf zu betonen, dass keine Abschottung praktiziert oder eine sektenähnliche Struktur verfolgt wird. Vor seinem Einzug hat er das damalige Arbeitslosengeld in Anspruch genommen und insbesondere zur Überbrückung von Zeiten zwischen zwei Anstellungen genutzt. Zur Einführung der Hartz-Gesetze hat er für sich beschlossen, eine Alternative finden zu müssen, die ihm ein Leben außerhalb des Arbeitsmarkt- und Sozialleistungssystems ermöglicht.

Sowohl der biografische Teil des Interviews als auch die Antworten im problemzentrierten Teil sind sehr ausführlich und davon geprägt, dass der Interviewte die Ereignisse seines Lebenswegs für sich reflektiert zu haben scheint und ihnen eine sinnhafte Reihenfolge zugewiesen hat. Das Erzählen über sich scheint ihm entsprechend leicht zu fallen, auch hinsichtlich persönlicher Angelegenheiten,

Meinungen und Deutungen. Es ist selten, dass er in seinen Schilderungen ins Stocken gerät oder lange überlegen muss, um eine Antwort zu geben.

7.5.1 Biografische Narration

> *„I: Wie bist du denn hier hingekommen, eigentlich?*
> *Paul: Ja, freiwillig auf jeden Fall. Und ja, das war, glaub ich, 2003 bin ich reingekommen, weil ich ja auch vor der Entscheidung stand, ich war ja zu der Zeit noch in so 'nem Studium, hab ich aber zu der Zeit kaum noch verfolgt, ich hatte auch keine Lust mehr drauf. Hab mich aber zu der Zeit schon immer für alternative Wirtschaftsformen interessiert und eben so Sachen und bin auch kapitalismuskritisch eingestellt und hab natürlich auch viel gelesen und mitbekommen ... ja und ich hab immer gesagt, naja, die Kritik ist die eine Sache und die ist ja auch berechtigt. Und die Zeiten wurden ja auch immer schlimmer ab Ende der 90er Jahre, da fing das ja an mit Hartz IV. Weil da kam ja die SPD da dran mit Schröder, alle haben gehofft, jetzt wird es ein bisschen besser, dann war Agenda 2010, Riester-Rente, all diese Dinge sind ja da eingeführt worden. Und da ... ja, ich hab mich einfach in der Welt nicht mehr wohlgefühlt da. Ich wollte da nicht mehr mitwirken, mitmachen. Und auch die Arbeitnehmer wurden ja immer mehr unter Kontrolle gehalten, ist ja heute noch schlimmer, bei Amazon kriegen sie so Hundemarken, wo sie dann mit ihrer Zeit wissen, wo sich der Kollege gerade aufhält. Gewerkschaften sind immer schwächer geworden, haben keinen wirklichen Einfluss mehr. Und all diese Dinge sind ja um das Jahr 2000, also haben sich so um das Jahr herum entwickelt. Also der Kapitalismus hat ja gesiegt und sich über weite Strecken dann ja auch durchgesetzt. Und dann hab ich gedacht, naja, jetzt musst du dir einfach mal was überlegen, wie du da weiter leben willst. Und vor allem, ob du da mitmachen willst. (.) Und so vor allen Dingen, Kritik ist eine Sache, was tun ist die andere Sache. Ich hab einfach gesucht und gesagt, jetzt musst du irgendwas finden, wo Leute zusammenarbeiten, die nicht nach diesen Prinzipien ... (3)" (Zeile 3–28)*

In seiner im Vergleich zu den anderen Interviews langen spontanen Einstiegserzählung beschreibt Paul seine aktive Suche nach einer alternativen Lebensform aus einer kapitalismuskritischen Einstellung heraus und auch in direkter Reaktion auf die Neoliberalisierung des Arbeitsmarkts und der Sozialpolitik im Zuge der Agenda 2010. Seine Eigeninitiative und Handlungsmacht bestärkt er in seinen ersten Worten, indem er sagt, dass er auf *jeden Fall* freiwillig Angehöriger der Selbsthilfe ist, in die er 2003 *reingekommen* ist. Er nutzt hier ein starkes unpersönliches Verb, um zu signalisieren, dass es mit einigen Hürden verbunden war, einen Platz in dem Zusammenschluss zu erhalten, und sagt im selben Satz, dass es auch mit Dringlichkeit verbunden war, eine Alternative zu seinem Studium zu finden, dem er zu dieser Zeit nicht mehr nachgehen wollte. Die Art des Studiums spezifiziert er nicht näher und kürzt das Demonstrativpronomen, mit dem er auf das Studium hinweist ab (so 'nem). Hiermit signalisiert er einerseits, dass das Studium keine große Rolle in seiner Biografie spielt und drückt ferner auch eine Distanz zur akademischen Welt im Allgemeinen aus.

Es fällt auf, dass er selbst die einzige Person ist, die in seiner initialen Erzählung vorkommt, was ihn zum zentralen Akteur seiner Narration macht und ihn eher als Einzelgänger charakterisiert. Gleichzeitig benennt er auch seinen Drang nach Gemeinschaftlichkeit und Solidarität, was die Annahme nahe legt, dass er sowohl zu Kollektivität als auch zu Individualität orientiert ist. Sein aktiver Entschluss, sich mit anderen, d. h. Gleichgesinnten, die sich ebenso wie er nicht vollständig der kapitalistisch organisierten Gesellschaft anschließen, sondern nach anderen Prinzipien miteinander wirtschaften und leben wollen, ist für ihn der praktische Vollzug seiner kritischen Haltung. Dabei zieht er offenbar klare Grenzen zwischen der Welt außerhalb der Selbsthilfe und seiner persönlichen Lebenswelt. Er formuliert eine Distanz zwischen ihm selbst als Inneres und der Welt des kapitalistischen Gesellschaftssystems, zu der er sich nicht zugehörig fühlt, als Äußeres.

Interessant ist seine Differenzierung zwischen ‚Kritik' und der Übersetzung einer kritischen Haltung in konkrete Handlungsvollzüge. Relativ am Anfang der Einstiegssequenz leitet er die Erläuterung der Umstände, die ihn in seine jetzige Lebensform geführt haben mit den Worten *„ja und ich hab immer gesagt, naja, die Kritik ist die eine Sache und die ist ja auch berechtigt. Und die Zeiten wurden ja auch immer schlimmer [...]"* ein. Es folgt eine nähere Beschreibung der von ihm kritisierten Umstände, von den 90er Jahren mit der Kanzlerschaft Gerhard Schröders angefangen über die Agenda 2010 bis zur Riester-Rente und dem Abbau von Arbeitnehmer*innenrechten. Diese Aufzählung fasst er schließlich als Kennzeichen dafür zusammen, dass der Kapitalismus insgesamt *„gesiegt und sich über weite Strecken"* durchgesetzt habe. In der Erkenntnis dessen hat er sich gezielt auf die Suche begeben, um anders zu leben. Er benennt seinen gewählten Weg explizit auch als einen Ausdruck von Kritik an den bestehenden Verhältnissen. Hier wiederholt er die Einleitung seiner Erzählung (*Kritik ist die eine Sache*) und führt sie nun zu Ende, in dem er anmerkt, dass *„was tun"*, das Umsetzen der Kritik in konkrete, gerichtete Handlungsvollzüge, die *„andere Sache"*, sei. Erneut präsentiert er sich dabei als Macher, als jemand, der sein Schicksal aktiv lenkt und seinen politischen Überzeugungen und Gesellschaftsvorstellungen dabei treu bleibt.

7.5.1.1 Kindheit, Jugend und Schulzeit

Paul kommt gebürtig aus einem kleinen Dorf im Münsterland. Sein Vater war Metzger und Maurer, der in den letzten beiden Jahren des Zweiten Weltkriegs noch eingezogen wurde. Paul beschreibt ihn als „Allrounder" im handwerklichen Bereich und typischen SPD-Wähler, der *„Büroarbeit"*, *„Langhaarige"*, *„Politiker* *und alles, was mit Politik zu tun hatte*" verachtet hat. Über seine Mutter spricht er überhaupt nicht. Er selbst galt in seiner Kindheit zwar „*als clever, als klug*" und war stolz auf diese Zuschreibung, wurde aber im Gegensatz zu anderen Kindern nicht durch die Familie gefördert, was er auch direkt so wahrgenommen hat. So war er während seiner Schulzeit auf sich allein gestellt. Sein Herkunftsmilieu beschreibt er dementsprechend:

> *„Ich komm halt nicht aus einem Milieu wo halt jetzt intellektuelle (.) Sachen stark gefördert werden. Dat sind Handwerker, Arbeiter und Ähnliches." (Zeile 51–52)*

Damit zusammen hing auch, dass der Arbeit insbesondere von der Seite seines Vaters zuvörderst der Status des Geldverdienens beigemessen wurde. Zwecke der Selbstfindung oder der Selbstverwirklichung haben im familiär vermittelten Bild von Arbeit keine oder nur eine geringe Rolle gespielt. Im folgenden Zitat spezifiziert er die Diskrepanz zwischen seinen Talenten und jenen, die in seiner Umgebung gefragt waren:

> *„Ja, der Stellenwert der Arbeit war ja grundsätzlich der des Geldverdienens jetzt erstmal. Obwohl natürlich, es gab auch Handwerker, die mit ihrem Handwerk, die waren mit dem zufrieden, die haben das gerne gemacht. Es gab eben Leute, die waren Schlosser für ihr Leben gern und Elektriker für ihr Leben gern, die hatten das Talent. Und ich war eben nie so ein Handwerker, muss ich sagen. Ich hatte immer gedacht, ich würde gerne was anderes machen, aber ich wusste auch nicht so genau was. Ja, so kam das dann." (Zeile 54–60)*

Paul hat offenbar in seinem Umfeld während seines Aufwachsens durchaus Bekanntschaft mit Arbeitern gemacht, für die ihr jeweiliges Handwerk eine Berufung war, und verbindet dies damit, dass diese Personen das entsprechende Talent hatten. Sich selbst charakterisiert er dadurch, dass er nie über handwerkliches Geschick verfügt hat und den Wunsch hatte, eine andere Tätigkeit auszuüben. Mit der Formulierung „*muss ich sagen*" drückt er nachträglich noch ein Rechtfertigungsbedürfnis aus und scheint erklären zu wollen, warum er so anders war als sein Umfeld. Dies verstärkt sich nachstehend dadurch, dass er seinen Wunsch, etwas anderes zu machen, offenbar eher geheim gehalten hat. Vielleicht aus Mangel an männlichen Vorbildern, die keinem handwerklichen Beruf nachgegangen sind, beschreibt er dann noch die eigene Orientierungslosigkeit. Zwar wusste er, dass er keinen Beruf im handwerklichen Bereich erlernen wollte, wusste aber scheinbar nicht um mögliche Alternativen. Paul spezifiziert die an ihn vermittelten Arbeitsbilder im Folgenden noch weiter, indem er aufzeigt, wie sein Vater von den verschiedenen Berufszweigen gedacht hat:

„Für den war natürlich, Büroarbeit hat der verachtet. Das war jemand, der hart arbeiten musste, die meiste Zeit seines Lebens. [...] Und danach erstmal Gefangenschaft und dann eben haben die dann mehr oder weniger, der hat eine Lehre angefangen, abgebrochen, 'ne neue angefangen und das waren so Allrounder halt, die mussten sowieso alles können." (Zeile 63–70)

Paul beschreibt hier die Verachtung seines Vaters gegenüber „Büroarbeit" als Sammelbegriff für alle Tätigkeiten, bei denen das Arbeitsergebnis nicht unmittelbar sichtbar ist, und übernimmt diese Differenzierung scheinbar auch selbst. Mit der nachstehenden Erläuterung zieht auch er diese Grenze, indem er sagt, dass sein Vater eine Person war, die „hart arbeiten", „alles können" musste – wofür die Büroarbeit eben nicht steht.

Insgesamt zeugt die Schilderung seiner Kindheit und Jugend von einem reflektierten Blick auf klassenbezogene Ungleichheiten und die Konsequenzen, die sich daraus ganz persönlich für seinen eigenen Lebensweg ergeben haben. Er benutzt Termini, die vor allem in den Sozialwissenschaften Verwendung finden und der marxistischen Theoriebildung zuzuordnen sind. Er begreift die Gesellschaft als Klassengesellschaft und rekurriert an mehreren Stellen darauf, was hätte sein können, wenn klassenbezogene Ungleichheiten ihn nicht an der Entfaltung seiner Talente gehindert hätten. In seiner frühen Wahrnehmung dieser Ungleichheiten wurzelt auch seine Politisierung im Jugendalter:

„[...] Äh, ich mein, ich hab natürlich gesehen, dass manche mehr haben wie ich und bessere Bildungschancen bekommen, Nachhilfeunterricht bekommen, wenn es nötig ist. Und da hier, war natürlich eine gewisse Ungleichheit da. Und ansonsten, ist es natürlich klar, man muss auch irgendwie darauf gestoßen werden. Das kommt nicht aus dem familiären Raum, das kommt von außen. Da gabs ja, eh, Ende der 70er Jahre eine ganze Reihe von Gruppen, also auch K-Gruppen, auch bei uns zum Beispiel in [nächstgrößerer Ort] Kommunistische Parteien, die DKP, KBW, dann gabs natürlich auch klar, die jungen Sozialisten und so Leute. Mit solchen Leuten bin ich dann auch in Kontakt gekommen mehr oder weniger. Wollt ja auch 'n bisschen, als junger Mensch mit 14, 15, gibt ja ganz viele, die dann eben auch erst einmal versuchen, sich abzugrenzen, die sagen, die Gesellschaft ist Mist und das war zu der Zeit ja auch sehr weitgreifend. Und dann bin ich ja auch schon bisschen, so, ja, politisiert worden." (Zeile 112–126)

Er verortet hier die Ausbildung seiner kritischen Haltung in der Kreuzung zwischen der eigenen Wahrnehmung ungleich verteilter Ressourcen und Lebenschancen in seiner Kindheit mit Entsprechung dieser Wahrnehmung durch andere, ähnlich denkende Jugendliche. In Pauls Fall waren es kommunistische und sozialistische Gruppen, in denen er zum Ende der 70er Jahre auf Gleichgesinnte traf. Zum Teil schreibt er sein Interesse an diesen Gruppen und Parteien auch dem Versuch zu, sich von seinem Herkunftsmilieu und dem inhärenten Norm- und Wertesystem abzugrenzen.

7.5.1.2 Schulabschluss, Berufsfindung und erste Berufsjahre

Weil er zunächst nicht wusste, wie er sich beruflich verorten konnte, hat Paul nach der Schule zunächst eine Lehre im Maschinenbereich der Textilindustrie begonnen. Die Richtung seiner Ausbildung zum Facharbeiter hat sich aus der Dominanz der Textilindustrie in seiner Heimatregion ergeben. Im folgenden Zitat beschreibt Paul, wie er seine Lehrstelle gefunden hat:

> *„Also wir haben ja im Münsterland ganz viel Textilindustrie und so. Und da kommt man dann, wenn man jetzt sonst nix gefunden hat, hat man dann eben eine Lehrstelle in der Weberei oder in der Spinnerei gefunden, war auch nicht so schwer wie heutzutage, wo man, was weiß ich, 1000 Zettel Bewerbungen schreiben muss. Ich brauchte keine großen Bewerbungsschreiben, nur das Nötigste. Bin also zur Firma hin, hab meine Sachen eingereicht und die haben dann immer wieder Leute gesucht und dann hab ich erstmal eine Lehre da im Textil, Maschinenbereich da gemacht.“ (Zeile 88–95)*

In diesem Beruf hat er längere Zeit bei verschiedenen Firmen gearbeitet, war mit der Situation aber nie wirklich zufrieden. Mit Mitte 20 hatte er *„eine Zeit lang“* (Zeile 166) eine *„gute Situation“* (ebd.), als er Saisonarbeit in einem anderen Arbeitsbereich ausgeführt hat. Weil der Betrieb ihn nach drei Jahren hätte fest einstellen müssen und das nicht geschehen ist, ist er erneut in der Weberei *„gelandet“* und hat dort in einem Dreischichtsystem gearbeitet. Mit Anfang 30 ist ihm klar geworden, dass diese Art der Erwerbsarbeit nicht für den Rest seines Lebens in Frage kommt und er hat dann in der nächstgelegenen Großstadt ein Abendgymnasium besucht, um sein Abitur nachzuholen und erfahrene bildungsbezogene Benachteiligungen zu kompensieren. Parallel hat er in verschiedenen Gelegenheitsjobs gearbeitet. Nachdem Paul das Abitur bestanden hat, ist er nach Köln gezogen, um an der Fachhochschule ein Sprachstudium aufzunehmen. Das Studium hat nicht seinen Erwartungen entsprochen, vor allem, weil es sehr durchstrukturiert war und er sich eine freiere Art der Bildung erhofft hat. In der dort herrschenden Atmosphäre hat er sich nicht wohl gefühlt, denn:

> *„das waren ja auch nicht mehr so die Studenten, die man vielleicht von früher noch kannte, sondern auch extrem ego(.)manische Menschen, die alle so ein bisschen auf Karriere schon aus waren.“ (Zeile 38–40)*

Scheinbar hat er sich vom Studium auch erhofft, auf Menschen zu treffen, die sich ebenso wie er mit kapitalismuskritischen Theorien befassen und politisch engagiert sind. Allerdings hat er den Studierendentypus, der ihm aus früheren

Zeiten bekannt war und den er entsprechend verortet, um das Jahr 2000 nicht mehr an der Hochschule angetroffen. Vielmehr begegneten ihm dort vor allem jene Verhaltensweisen und Einstellungen, die er seit seiner Jugend ablehnte. Über die gesamte Dauer des Fachhochschulbesuchs hat Paul seinen Lebensunterhalt selbst durch Gelegenheitsjobs verdient. Als er noch eingeschriebener Student war, hat er morgens Zeitungen ausgetragen und ist abends für ein Logistikunternehmen als Fahrer tätig gewesen. Die Arbeitsbelastung war für ihn „irgendwann zu heftig", wobei er das auch darauf zurückführt, dass ihm ein Gesamtziel fehlte, da das Studium auch inhaltlich nicht seinen Erwartungen entsprach. Er wäre, so vermutet er, als *„Übersetzer irgendwo in so 'nem Büro"* gelandet, eine Zukunftsaussicht, die nicht seinen Wünschen entsprach. So resümiert er mit Blick auf das dann abgebrochene Studium:

> *„Also ich hätte natürlich lieber Anglistik studiert, Literatur, weißt du, sowas, so spinnerte Sachen. Die kann man natürlich auch auf Lehramt machen, aber Lehramt ist natürlich in dem Alter nicht mehr möglich." (Zeile 218–222)*

Hier benennt er noch einmal die geisteswissenschaftlichen Fächer, mit denen er sich eigentlich hätte beschäftigen wollen, als „spinnerte Sachen", womit er an das ihm in der Sozialisation vermittelte Bild von Arbeit anknüpft. Hätte er diese Fächer auf Lehramt studiert, so wären sie scheinbar schon greifbarer gewesen, denn hier hätte er einen fassbaren Beruf bekleidet, der anerkannt und gesellschaftlich relevant ist. Hierfür, so meint er, erschien er aber mit Anfang 30 bereits zu alt.

7.5.1.3 Erfahrungen mit Erwerbslosigkeit, Armut und Bedürftigkeit

Nach Abbruch des Studiums wurde Paul bei dem Logistikunternehmen gekündigt, weil ohne Studentenstatus Abgaben für ihn hätten gezahlt werden müssen. Zudem glaubt er, dass man dort nicht wirklich zufrieden mit ihm war, weil er *„immer ein bisschen renitent war"*. Von seiner Tätigkeit als Zeitungsausträger konnte er seinen Lebensunterhalt nicht finanzieren. Es brach dann eine Zeit an, in der sich Phasen der Arbeitslosigkeit mit Phasen der Anstellung abwechselten, die er selbst narrativ scheinbar nicht mehr in eine klare Ordnung bringen kann. Die zeitliche Ausdehnung wie auch die konkrete Ausgestaltung dieser Phase konnte im Interview nicht rekonstruiert werden. Paul hat sowohl Arbeitslosengeld bezogen als auch den Bezug abgebrochen und ohne Unterstützung gelebt und hätte er die Selbsthilfe nicht als Möglichkeit für sich erschlossen, glaubt er, dass er wohnungslos geworden wäre. Diese Zeit erinnert er wie folgt:

> *„Also natürlich wäre das entweder wäre das auf Obdachlosigkeit hinausgelaufen. Also so 'ne Situation hatte ich ja auch zwischendurch schon mal. Da bin ich halt bei meinem Bruder erst einmal untergekommen eine Zeitlang. Aber das war natürlich*

auch nicht das, was ich wollte. Immer noch eine Scheißsituation. Und das hab ich dann auch gesagt, das darf sich niemals wiederholen. Einmal kannste Pech haben, ne. Aber zweimal nicht mehr. Ich hätte nicht gewusst wo dann, wie das weitergegangen wäre. Vielleicht hätte ich dann wieder irgendeinen Job angenommen und hätte mich dann damit abgefunden." (Zeile 241–248)

7.5.1.4 Episode der Nichtinanspruchnahme

Sein Einzug in der *Sozialistischen Selbsthilfe* war scheinbar für ihn die Möglichkeit, den Alternativen Obdachlosigkeit und Exklusion oder Adaption an die Mehrheitsgesellschaft durch angepasstes Arbeiten zu entgehen. Der Verzicht auf Sozialleistungen ist für ihn auch eine *„Frage des Stolzes"* (Zeile 202) und Zeichen der Wahrung seiner Unabhängigkeit. Er beschreibt, dass auch schon im Vorfeld der Agenda 2010 das Bestreben des Arbeitsamts vorhanden war, die Menschen möglichst schnell in Arbeit zu vermitteln:

> *„Also war für mich natürlich auch immer wichtig, dass ich möglichst unabhängig bin, wobei, eine Unabhängigkeit in dem Sinne gibt es da ja eigentlich gar nicht. Wo das war mit mir damals, da war es ja auch schon so, dass man schnell in irgendwelche Arbeiten reingedrängt wurde, die man gar nicht machen wollte, ne. Und die wollen ja möglichst die Leute schnell wieder vermitteln. Ja und da hab ich natürlich fieberhaft nach Möglichkeiten gesucht, da einen anderen Weg zu finden." (Zeile 202–208)*

Um einer Vermittlung in eine von ihm nicht frei gewählte Tätigkeit zu umgehen, hat Paul demnach angestrengt nach einer möglichen Alternative gesucht. Das Leben in der *Sozialistischen Selbsthilfe* beschreibt er als Gegenentwurf zum dominanten Gesellschaftsmodell, legt jedoch Wert darauf, dass keine gänzliche Abkopplung vom Stadtteil stattfindet und sektenähnliche Strukturen durch die Forderung von Konformität und Anpassung an ideologische Grundsätze aufgebaut werden. So ist das Gelände zugänglich für Besucher*innen und zu den regelmäßigen kulturellen Veranstaltungen werden offene Einladungen ausgesprochen. Wichtiges Kriterium für die Bewohner*innen ist die Bereitschaft zur Arbeit, wobei dies weit gefasst wird und nach den individuellen Fähigkeiten des Einzelnen ausgerichtet wird. Auch sozialistische Grundprinzipien wie *„Basisdemokratie und diese ganzen Sachen"* (Zeile 266) sind wichtig und gehören zum dortigen Lebensmodell. Gleichzeitig muss für Paul aber auch die Privatsphäre des Einzelnen gegeben sein und er will *„keine Gewissensprüfung"* (Zeile 267) über sich ergehen lassen, wie das vor allem in den Anfängen der Kommunenzeiten zu Beginn der 70er Jahre Usus gewesen sei.

In der Selbsthilfe sieht Paul eine Möglichkeit, durch konkretes Handeln aufzuzeigen, dass es Alternativen abseits kapitalistischer Lebens- und Wirtschaftsformen gibt, indem Solidarität und Gesellschaftskritik praktisch gelebt werden. Dabei betont er die Notwendigkeit, im praktischen alltäglichen Tun Kritik zu verorten, auch um anderen zu zeigen, dass ein anderes Leben möglich ist. Eng damit verbunden ist für ihn der (auch nach außen demonstrierte) Selbstentzug aus unterdrückenden Strukturen durch die Hinwendung zu kollektiven Werten:

> *„Ja, indem wir zeigen, dass es die [Solidarität, Anm. d. Verf.] eben doch gibt, ne. Dass man sich nicht immer rumstoßen lassen muss von der Gesellschaft, also von den Behörden vor allen Dingen nicht. Die sagen, es gibt nur immer dies und dies und alles andere geht nicht. Das ist ja hier quasi ein lebender Beweis, also ich mein, dies Ganze wär ja eigentlich platt gemacht worden, […] aber irgendwie haben wir es geschafft, also ich persönlich nicht so, aber Rainer oder sonst wer, die haben auch Beziehungen, durch Beziehungen natürlich auch, die alten 68er Kumpels und so. […] Das ist der Wahnsinn, was man alles machen kann, obwohl man eigentlich kein Geld hat. Wir hatten da keins für." (Zeile 446–459)*

7.5.2 Wahrgenommene Formierungsversuche

Bereits in seiner Eingangserzählung benennt Paul ein Bündel von Umstrukturierungen der Arbeitswelt und des Sozialstaats im Sinne der Wirtschaft und der Marktorientierung zum Ende der 90er Jahre, die er kritisch beobachtet und in ihrem Fortschreiten als „Verschlimmerung" im Sinne eines Siegeszugs des Kapitalismus wahrgenommen hat. Einen Einschnitt markierte für ihn der Beginn der SPD-Regierung nach der Ära Kohl und die Reformen der Agenda 2010:

> *„Weil da kam ja die SPD da dran mit Schröder, alle haben gehofft, jetzt wird es ein bisschen besser, dann war Agenda 2010, Riester-Rente, all diese Dinge sind ja da eingeführt worden. […] Und auch die Arbeitnehmer wurden ja immer mehr unter Kontrolle gehalten, ist ja heute noch schlimmer, bei Amazon kriegen sie so Hundemarken, wo sie dann mit ihrer Zeit wissen, wo sich der Kollege gerade aufhält. Gewerkschaften sind immer schwächer geworden, haben keinen wirklichen Einfluss mehr. Und all diese Dinge sind ja um das Jahr 2000, also haben sich so um das Jahr herum entwickelt. Also der Kapitalismus hat ja gesiegt und sich über weite Strecken dann ja auch durchgesetzt." (Zeile 11–23)*

Er beschreibt, dass mit der Regierungsübernahme durch die SPD und Kanzler Schröder im Jahr 1998 zunächst die Hoffnung groß war, dass die Politikgebung nach der langen CDU-Regierungsperiode „besser", d. h. arbeitnehmer*innenorientierter und an sozialer Teilhabe ausgerichtet werden würde, um dann deutlich zu machen, welche Enttäuschungen die neue Regierung hervorgerufen hat. Als konkrete Elemente der Verschlimmerung benennt er die Agenda 2010, die Riester-Rente, die Beschneidung von Arbeitnehmer*innenrechten sowie die Schwächung der Gewerkschaften. Insbesondere hebt er den Aspekt der Kontrolle der Arbeitnehmer*innen heraus, die sukzessive gesteigert wurde. Als vorläufigen Höhepunkt („***heute** noch schlimmer*“) und Materialisierung führt Paul die „*Hundemarken*“ an, die bei Amazon verwendet werden, um die Lauf- und Arbeitsschritte der Mitarbeiter*innen per GPS zu kontrollieren und so einen Anpassungsdruck an eine wie auch immer festgelegte Leistungsnorm zu erfüllen. Im Begriff der „*Hundemarke*“ findet sich das Motiv der Entpersonalisierung der Arbeitnehmenden und damit deren Degradierung zu Hunden wieder, die effizient und zeitlich nicht verzögert ihre Pflicht erfüllen, ohne ihre Führungspersonen in Frage zu stellen. Die mitschwingende Forderung nach unbedingter Leistungsbereitschaft, die Paul hier anlegt, verbindet er mit der Annahme einer absichtlich evozierten Unsicherheit, der die Menschen ausgesetzt sind.

Im Verlauf des Interviews hat er verschiedene Eigenschaften genannt, die für ihn das Merkmalset einer sozialstaatlich kompatiblen Person ausmachen. Dazu gehören insbesondere die Unterordnung und Befolgung des jeweiligen institutionellen Regelwerkes der Behörden oder Arbeitgebenden. Es gilt, nach den Regeln des Marktes zu funktionieren und die Klassenunterschiede und sozialen Ungleichheiten als gegebenen Teil des Gesellschaftssystems hinzunehmen. Das Gesellschaftsmodell, das er hier konstruiert, beruht auf der Vorstellung einer „Obrigkeit“, der Reichen, die das Sagen, die Produktionsmittel und das Geld haben gegenüber den niederen Klassen, zu denen er auch die „braven Steuerzahler“ der Mittelschicht zählt und die Arbeiterklasse, die Armen und Obdachlosen sowie jene, die durch eine Behinderung o. Ä. keine Möglichkeiten besitzen, ihre Arbeitskraft einzusetzen.

Eine weitere gesellschaftliche Tendenz, die einerseits mit der Fokussierung auf Leistung und Produktivität und andererseits mit der fortschreitenden Digitalisierung korrespondiert, sieht Paul in der Vereinzelung der Menschen, die zu einem Rückgang der Solidarität führt. Die ‚Produktion von Einzelgängern‘ geschieht dabei durch die Vermittlung neoliberaler Werte, wobei Paul sich dabei auf verschiedene diskursive Herstellungsweisen dieser Werte bezieht. Aktuell sieht er die Digitalisierung als ein Vehikel, das die Vereinzelung weiter vorantreibt und zum Abbau von Solidarität und Gemeinschaft führt:

> *„Wir sind ja eine Gesellschaft von Einzelgängern, es werden immer mehr Einzelgänger produziert, auch durch die Neuen Medien. Jeder sitzt am PC allein. Man braucht ja eigentlich kaum noch irgendwo hingehen oder so. Um andere Leute zu sehen. Ich merk das ja an mir selber, ne. Ich hock ja auch nur noch davor. Und das ist auch so 'n Phänomen, das eben diese Solidarität unter den Leuten nicht mehr so da ist.“ (Zeile 413–418)*

Demnach ist der ‚Personal Computer‘, der PC, der per Definition auf die Nutzung durch eine Person ausgelegt ist, maßgeblich daran beteiligt, dass die Menschen nicht mehr den Kontakt und die Gemeinschaft suchen. Wiederum stellt er sich hier aktiv und selbstreflexiv in das Zentrum dieser Vorgänge, indem er aufzeigt, auch selbst unmittelbar an diesem Geschehen beteiligt zu sein. In der weiteren Ausführung dieser Vereinzelungstendenzen spricht er das Geschäftsmodell der *Ich-AG* an, das mit der Agenda 2010 als arbeitsmarktpolitisches Instrument eingeführt und medienwirksam als Möglichkeit des eigentätigen Ausgangs aus der Arbeitslosigkeit propagiert wurde. Hier erkennt er die individualisierende Norm wieder, die nicht zuletzt auch durch sozialstaatliches Handeln naturalisiert wird:

> *„Ich meine, im Zuge dieser ganzen Hartz IV Geschichten und Reformen kam ja auch dieses Wort von der Ich-AG auf, das fand ich so ein sehr treffendes Wort, immer mehr Ich-AGs unterwegs. Ich mein, erstmal, ich für mich kann ja keine AG sein, weil das ist ja auch ein Zusammenschluss an sich und jeder ist für sich so auf seinen eigenen Vorteil aus und die Gesamtheit nicht mehr berücksichtigend.“ (Zeile 436–441)*

In Pauls Narration, die sich auf die Wahrnehmung von Formierungsversuchen bezieht, dominieren insgesamt deutlich die direkten Machtmittel, mit denen insbesondere die Arbeitnehmer*innen unter Kontrolle gehalten werden. Im Ungesagten bleiben hingegen implizite Responsibilisierungen, die die Sozialverantwortung dem Einzelnen auflegen. Dies könnte einmal mehr mit der Dichotomie zusammenhängen, mit der er die gesellschaftliche Ordnung als geteilt in arm und reich konstruiert. Eine solche Ordnung, in der die Macht und die Technologien der Machtausübung klar auf einer Seite liegen, braucht es kaum mehr die Anwendung solch ‚weicher‘ Maßnahmen der Bevölkerungskontrolle, da die Verhältnisse ohnehin geklärt sind.

7.5.3 Subjektivierungsweisen

Die gelebte Kritik am kapitalistischen Wirtschaftssystem, in dem Paul die Ursache eines Großteils der gesellschaftlichen Schieflagen verortet, bestimmt die Art und Weise, wie er sozialstaatliche Normen bearbeitet. Ein wesentliches Element ist dabei sein Selbstverständnis als Mitglied der Arbeiterklasse, dem schichtspezifisch geringere Lebenschancen zugeteilt geworden sind. In seinen Äußerungen beruft er sich explizit und implizit auf sozialistische Theorien, mit denen er sich seit seiner Jugend beschäftigt, und stellt diese dem dominanten kapitalistischen Normkontext gegenüber. Das prägende Thema seiner Erzählung stellt dabei sein Verständnis von Arbeit dar.

Den gesellschaftlich aufgebauten Leistungsdruck und die Forderung nach unbedingter Leistungsbereitschaft und Produktivität für den Markt definiert er dabei entlang seiner sozialistischen Einstellung um. Demnach soll zwar jeder für die Gemeinschaft das leisten, wozu er fähig ist, jedoch immer unter Beachtung der jeweiligen tatsächlichen Fähigkeiten und – soweit möglich – Präferenzen in einem möglichst hierarchiearmen Umfeld. Dabei zeigt sich, dass Paul seinen milieuspezifischen Sichtweisen auf Arbeitskraft, dem Streben nach Sicherheit und Pragmatismus sozialisationsbedingt zum Teil verhaftet bleibt. Jedoch betont er, dass Arbeit für ihn vor allem dazu da sein sollte, dem Menschen eine sinnhafte Betätigung zu verschaffen, durch die ein Wert für die Allgemeinheit hergestellt wird. Dabei soll sie zur Persönlichkeit und den Fähigkeiten der Ausübenden passen und ohne Zwang und Leistungsdruck ablaufen. Aus der Produktivität für den Markt, die die sozialstaatliche Formierungsvorgabe darstellt, wird so abweichend die Produktivität für sich selbst und die Gemeinschaft.

Weiterhin stellt Paul konsequent die gesellschaftliche Ordnung und die in ihr wirkenden Hierarchien, insbesondere in Erwerbsarbeitskontexten, in Frage. Auf dem ‚neuen' Arbeitsmarkt erkennt Paul eine Kopplung von verschiedenen direkten Kontrollmechanismen, denen die Arbeitnehmenden ausgesetzt sind und die verbunden werden mit deregulierten Möglichkeiten der Arbeitgebenden, beliebig zu entscheiden, ob jemand gerade gebraucht wird oder nicht. Von der dahinterliegenden Ideologie flexibler Personalpolitik im Stil von ‚hire and fire' kann er sich im Rahmen seiner Lebensweise abgrenzen und gleichzeitig seinen Arbeitsbereich unabhängig gestalten.

Bei aller Bezogenheit auf kollektive Werte und der Sehnsucht nach Solidarität und Gemeinschaft, die Paul auf inhaltlicher Ebene betont, ist das Interview auch geprägt von einem individualisierenden Diskursivierungsmuster. Diese sprachliche Bezogenheit auf sich selbst, die eigene Unabhängigkeit und Markierung der Besonderheit des eigenen Lebensweges wird auch mit dem Eintritt in die Sozialistische Selbsthilfe fortgeführt. Zwar wechselt er im Sprechen über sein Leben dort zu einem kollektiven Äußerungsmuster von der ‚Ich-' zur ‚Wir-Form' und er spricht vermehrt über andere Personen und ihren Stellenwert in seinem Lebenskontext, betont jedoch weiter auch seine Errungenschaften im Rahmen der gemeinsamen Arbeit. Es scheint, als sei die Suche nach Gleichgesinnten hier erfolgreich beendet gewesen und damit auch eine lange Phase der Orientierungslosigkeit vorbei und Paul konnte zusätzlich seine Ansprüche an die eigene und eigenverantwortliche Arbeit erfüllen.

Insgesamt scheint seine Erzählung zweigeteilt. So gab es ein Leben vor seinem Eintritt in die Selbsthilfe und ein Leben in den neuen Strukturen. Pauls Leben ‚davor' war geprägt von Momenten der solitären Sinnsuche und des individuellen Scheiterns, das auch als Scheitern an der Ausgestaltung der eigenen Biografie interpretiert werden kann. Zu seinem Leben in der Sozialistischen Selbsthilfe gehören dann andere Personen, die er als „Überzeugungstäter" und an den Anforderungen des Neoliberalismus „Gescheiterte" bezeichnet, wobei er sich zu beiden Kategorien zu zählen scheint:

> *„Und hier sozialistische Selbsthilfe, das ist dann eher was für Leute, die Überzeugungstäter sind, sag ich mal, die einfach eine Solidarität brauchen und eine Lebensgemeinschaft, Arbeitsgemeinschaft, nicht einfach sich nur hin- und herplatzieren*

lassen wollen, von anderen und zum anderen sind es eben auch Leute, die eben obdachlos sind, von der Straße kommen, die gescheitert sind. Das sind halt meistens auch Gescheiterte sind, die herkommen, das ist ganz klar.“ (Zeile 550–556)

Paul findet in der Selbsthilfe Beständigkeit in einem System, das die Menschen als Arbeitskräfte behandelt und ohne Berücksichtigung ihrer Interessen „*hin- und herplatziert*“. Das Leben in der Selbsthilfe bietet damit für ihn auch eine Sicherheit vor diesen Zugriffsversuchen. In der Beschreibung seiner Suche nach einer alternativen Möglichkeit, in Gemeinschaft zu leben und zu arbeiten, präsentiert sich Paul wiederum als handlungsmächtig und aktiv und bleibt seinem Selbstverständnis als lösungsorientierter ‚Macher‘ und ‚Praktiker‘ verhaftet. Pauls Unverständnis angesichts der ungleichen gesellschaftlichen Verhältnisse und der Passivität, mit der seine Mitmenschen, vor allem die „braven Steuerzahler, die Leute aus den Mittelschichten und den Arbeiterschichten“, diese Verhältnisse hinzunehmen bereit sind, stellt ein letztes hier identifiziertes zentrales Motiv dar. Einerseits spricht er die politische Untätigkeit angesichts der wachsenden sozialen Ungleichheit an, obwohl entsprechende Steuerungsmaßnahmen möglich wären, andererseits versteht er nicht, wie die Menschen selbst hier nicht protestieren und ihre Kritik durch Maßnahmen des zivilen Ungehorsams öffentlich machen. Das Ausbleiben von Widerständigkeit in einer durchkapitalisierten Gesellschaft ist in diesem Sinne ein Punkt, der ihn ratlos zurücklässt, ihn „*geschockt hat*“ (Zeile 492) und er verweist zur Illustration auf die Normalität des Widerstands in Frankreich.

Auf den Punkt bringt er seine Bezugnahmen auf den Staat dadurch, dass er die Existenz des Sozialstaats erst einmal als positiv bewertet und ihm in der Gesamtschau seines Wandels zuschreibt, eine zu begrüßende Entwicklung genommen zu haben. Jedoch passe er selbst nicht in das System:

> *„Nur ich find den Staat hier relativ tolerant, ich find den recht freizügig, mittlerweile und viele Sachen haben sich echt zum Besseren verändert nur eben, dass ich eben, ich persönlich funktioniere da irgendwie nicht. Vielleicht, wenn ich jetzt 'ne bessere Ausbildung gehabt hätte, vielleicht hätte ich auch einen ganz anderen Lebensweg genommen.“ (Zeile 526–529)*

Scheinbar sind sämtliche der von ihm wahrgenommenen Muster möglicher ‚normaler‘ Subjektivierung für ihn nicht einmal adaptiert oder umgedeutet umsetzbar und daher muss er dafür Sorge tragen, einen Weg abseits dieser Subjektnormen für sich zu erschließen. Der Rückzug in die Alternativstruktur der Sozialistischen Selbsthilfe ist demnach auch nicht mit einer kreativen Aneignung geltender Normen, sondern vielmehr explizit mit ihrer Zurückweisung verbunden.

7.6 Lars Pulser: „Ey, es geht euch nu wirklich nichts an“

Lars Pulser (*1984) hat sich auf eigene Initiative als möglicher Interviewpartner gemeldet, nachdem er über einen Aushang von dem Forschungsprojekt erfahren hat. Das Interview hat an einem Wochentag während einer längeren Pause des Interviewpartners in einem Beratungsraum seiner Arbeitsstelle als Sozialarbeiter im Bereich der Gesundheitsprävention für schwule Männer in einer Großstadt im Ruhrgebiet stattgefunden. Lars hat in einem Zeitraum von zwei Jahren trotz eines bestehenden Anspruchs keine Sozialleistungen bezogen, nachdem er nach seinem Theologiestudium nicht für das Priesteramt zugelassen wurde und er zunächst keinen alternativen Berufsweg für sich gefunden hat. In dieser Zeit haben ihn seine Eltern finanziert. Den Bezug von Sozialleistungen hat er für sich abgelehnt und auch andere soziale Dienstleistungen hat er nicht in Anspruch genommen. Einschränkungen hat er in dieser Zeit insbesondere im Bereich seines Freizeit- und Konsumverhaltens erfahren.

Der Beratungsraum war zum Zeitpunkt des Interviews geschlossen, sodass eine ungestörte Atmosphäre herrschte. Lars wies zur Begrüßung darauf hin, dass er nicht mehr als 1 ½ Stunden Zeit habe. Bereits zum Einstieg des Interviews berichtete er detailliert vom Aufwachsen in seiner Herkunftsfamilie in einer hessischen Kleinstadt und den vorherrschenden Lebensumständen. Im problemzentrierten Teil des Interviews sprach er zuweilen emotional und mit lauter Stimme und entsprechender Gestik und Mimik. Oft war ein ironischer Ton vorherrschend, z. B. bei den Berichten über die Kleinbürgerlichkeit seines Aufwachsens oder wenn er über sein Studium sprach. Es war erkennbar, dass Fragen, die eine Bewertung in moralisch-ethischer Hinsicht enthielten, mit besonderem Bedacht beantwortet wurden. Hier gab es lange Denkpausen und Erläuterungen zu den Antworten sowie Revisionen, wenn er es für notwendig erachtete. Sein Expertenwissen als Theologe könnte hier eine Rolle spielen. Auch auf Fragen, mit denen er nach erstem Nachdenken nichts anfangen konnte, antwortete er gewissenhaft und suchte über Nachfragen und die Bitte um nähere Erläuterung nach Wegen, dem Gehalt der Fragen näherzukommen. Bei einem erneuten Aufeinandertreffen nach seinem Anschlusstermin hat Lars noch weitere Details angesprochen. Hier erzählte er von seiner Unsicherheit in Bezug auf die Zukunft. Da sein Vertrag bald ausläuft, wisse er noch nicht, wie es dann weitergehen soll. Hier hat er darauf hingewiesen, dass ihm die Zeit der Nichtinanspruchnahme gezeigt hat, dass alles möglich ist und die Dinge sich meist von selbst regeln.

7.6.1 Biographische Erzählung

> *„I: Kannst du mir erzählen wie und wo du aufgewachsen bist und zur Schule gegangen bist?*
> *Lars: Ich bin in einer Kleinstadt in Nordhessen aufgewachsen (.) 15.000 Einwohner ungefähr (.) fö … (.) ähem, mit meinen Eltern und meiner Schwester. Ich bin KEIN Scheidungskind (3) ähem (3) joa, das war so bürgerlich behütet würd ich sagen." (Zeile 1–7)*

Lars Antwort auf die initiale Frage zeigt auf zum einen auf, was ihm bei den Bedingungen seines Aufwachsens als erwähnenswert erscheint, und markiert zum anderen, was er im hier besprochenen Kontext für relevant hält. Er beschreibt die (Klein-)Bürgerlichkeit in seiner Kindheit und es scheint für ihn von Relevanz zu sein, die Normalität seiner Sozialisationsbedingungen herauszuheben. So betont er, dass er kein Scheidungskind ist und – es könnte hinzugefügt werden *ganz normal* – mit seinen Eltern und seiner Schwester in einer Kleinstadt aufgewachsen ist. Dies unterstreicht er durch das semantische Feld „bürgerlich behütet". Auf Ebene der Beziehungsgestaltung spiegelt sich hier eine unterstellte Erwartungshaltung an die Interviewerin. Lars geht offenbar davon aus, dass sein Lebensweg eher die Vermutung nahelegt, dass er nicht normal, nicht bürgerlich behütet und eben als Scheidungskind aufgewachsen ist.

Er konstruiert sprachlich Nähe zu seiner Familie, die er jedoch gleichermaßen auch relativiert, indem er aus der vormals aktiv und persönlich formulierten Ich-Perspektive in die unpersönliche Es-Perspektive wechselt. Als würde er von außen auf seine damalige familiäre Situation blicken, sagt er: „*… joa, das war so bürgerlich-behütet, würd ich sagen.*" Hier deutet sich eine ambivalente Orientierung zur Familie an, die vielleicht gar nicht die persönlichen Verhältnisse und Beziehungen zwischen den Familienmitgliedern betrifft, sondern das Gesamtsetting der geordneten, bürgerlichen Verhältnisse und der Spießigkeit, die dem anhaftet. Das *joa* wird als Abtönungspartikel eingesetzt, um eine relativierende Aussage einzuläuten und er eröffnet Raum für Zweifel an der ‚bürgerlichen Behütung', indem er ein „*würd ich sagen*" hinterherschiebt. Denn so signalisiert er auch, dass andere Personen die Umstände seines Herkunftsmilieus auch in einer anderen Art und Weise wahrnehmen könnten und die „bürgerliche Behütung" nicht das einzige prägende Charakteristikum war, sondern auch etwaige Nebenfolgen. Solche relativierenden Thematisierungen tauchen innerhalb von Lars' Erzählung häufig auf, auch in Bezug auf Institutionen und Strukturen der sozialstaatlich geprägten Gesellschaft. Hier scheint er sich in einer steten Ambivalenz zwischen dem Dazugehören-Wollen und dem Auflehnen gegen und In-Frage-Stellen von hierarchischen Regelwerken zu befinden und einen Ausgleich zu suchen.

7.6.1.1 Kindheit, Jugend und Schulzeit

Lars Vater hatte als Bankdirektor einen zeitlich wie persönlich fordernden Beruf, von dem er seinem Sohn stets abgeraten hat. In der Kleinstadt hatte er viele Kontakte und war bekannt. Vor allem von anderen ihm häufig unbekannten Leuten wurde Lars als Kind oft gefragt, ob er wie der Vater auch einmal Bankdirektor werden möchte. Auf Nachfrage begründet er, warum das für ihn nicht in Frage kam, folgendermaßen:

> *„I: Wolltest du das?*
> *Lars: Nein.*
> *I: Nein?*
> *Lars: Und mein Vater hat gesagt, ich darf machen, was immer ich möchte in meinem Leben, aber wenn ich Bank lernen möchte, redet er's mir aus.*
> *I: Weil er selber unter seinem Beruf gelitten hat? Oder …*
> *Lars: Weil er, weil er gesehen hat, was das für ein stressiger Job ist und wie das die Menschen kaputt macht.*
> *I: Ok. Aber die anderen Leute haben das praktisch erwartet, dass du das wirst.*
> *Lars: Ja, so halb.*
> *I: Ja.*
> *Lars: Obwohl ich schlecht in Mathe war." (Zeile 13–24)*

Der Beruf des Vaters hat im familiären Zusammenleben einen großen Stellenwert gehabt und offenbar auch Eingang in den sprachlichen Ausdruck gefunden. So verwendet Lars mit der Umschreibung „Bank lernen" einen begrifflichen Zusammenhang, der als Jargon zu bezeichnen ist und offenbar innerhalb der Familie gebräuchlich war.

Nach einer unproblematischen Grundschul- und Unterstufenzeit bezeichnet Lars den Besuch der gymnasialen Mittelstufe als von Schwierigkeiten und persönlichen Problemen geprägt. Er umschreibt diese Episode als eine der vielen Kämpfe („*das waren alles Kämpfe*", Zeile 59) und „*Katastrophe*" (Zeile 28) und sich selbst als schlechten Schüler, der unmotiviert war und sich nicht verstanden gefühlt hat. Viele Lehrer (er spricht ausschließlich in der männlichen Form) erinnert er als „*Pfeifen*" (Zeile 30) und bewertet das deutsche Schulsystem in weiten Teilen als unzureichend. Hier kann er an einen Vergleich anknüpfen, den er im Zuge eines Austauschjahres erfahren hat. Zu Beginn der Oberstufe ist Lars auf eigene Initiative für ein halbes Schuljahr nach Kanada gereist, wo er ein anderes Schulsystem kennengelernt hat und sich seine angespannte schulische Situation entspannte. Retrospektiv führt er das darauf zurück, dass das kanadische Schulsystem dezidierter auf die individuellen Bedürfnisse und Lerntempi der Schüler*innen eingeht, indem mit Creditpoints gearbeitet wird, deren Form der Ableistung den Schüler*innen selbst obliegt. Dies hat ihn in seiner Wahrnehmung insbesondere in seinem schwächsten Fach, Mathematik, enorm weitergebracht. Nach seiner

Rückkehr hatte er dann Selbstvertrauen, wusste, wie man in der Schule auch „*gut durchkommt*“ (Zeile 36) und hatte eine „*traumhafte Oberstufenzeit mit wirklich ordentlichen Noten*“ (ebd.).

In seinem familiären Umfeld gab es niemanden, der keiner Erwerbsarbeit nachgegangen ist, und Arbeitslosigkeit sowie arbeitslose Menschen waren ihm gänzlich unbekannt. Erste Berührungspunkte ergaben sich erst, als er selbst in die Situation geriet. Als innerfamiliärer Wert wurde Erwerbsarbeit vor allem daran gemessen, ob sie ‚ehrlich‘ war:

> *„Also auch mein Großvater zum Beispiel, der eine, hat immer gesagt, mir ist lieber, dass du Steineklopper wirst, als dass du keine ehrliche Arbeit machst. Also es ging immer darum, ehrliche Arbeit zu machen. Mein anderer Großvater war Bauer. Wo du auch nicht gerade viel verdienst. Aber es ging immer darum, ehrlich sein Geld zu verdienen. […]“ (Zeile 100–105)*
> *„I: Also manche Leute würden ja Bankdirektoren auch als unehrliche Arbeit …*
> *Lars: Gut, kann ich jetzt so nicht unterstützen, aber ich meine, klar, Kapitalismus hat auch seine Schattenseiten, das ist selbstverständlich. Ähem, ich glaub, für viele in meinem familiären Umfeld ist auch der Lehrerberuf keine ehrliche Arbeit. Ne, weil, klar, die bereiten auch ihren Unterricht vor, aber wenn man mal ehrlich ist, die meisten Lehrer, die ihren Job schon seit 15, 20 Jahren machen, haben ihre Stunden schon vor Jahrzehnten vorbereitet und lassen sich das trotzdem fürstlich bezahlen.“ (Zeile 109–116)*

Dem Einwurf, dass der Beruf seines Vaters eventuell auch für manche Menschen einen unehrlichen Beruf darstellen könnte, entgegnet er mit der spontanen Äußerung, dass „*selbstverständlich*“ der Kapitalismus „*auch seine Schattenseiten*“ habe. Um dies anhand eines Beispiels zu relativieren, nennt er den Lehrerberuf als einen, in dem mit einer gewissen Berufserfahrung kein großer Arbeitsaufwand bestünde und dafür ein hohes Gehalt gezahlt würde. Generell werden im Interview Lehrer (Lars nutzt stets die männliche Form) an mehreren Stellen mit negativen Konnotationen verbunden dargestellt. Wie er an einer späteren Stelle noch einmal betont, ist es auch der zeitliche Umfang, der eine schwere, ehrliche Arbeit ausmacht, der eben besonders beim Lehrerberuf nicht gegeben sei.

7.6.1.2 Schulabschluss und Berufsfindung

Weil er in Kanada gelernt hat, selbstständig zu lernen und Verantwortung für sich zu übernehmen, hat Lars ein „*sehr solides Abi gemacht*“ (Zeile 37), das laut Aussage noch besser hätte ausfallen können, hätte er nicht unter Prüfungsangst gelitten. Auch in Mathe, das Fach, welches er bereits zu Beginn des Interviews als Schwäche benennt, hat er sich enorm verbessert. Nachdem dann der eigentliche nachschulische Plan, den Zivildienst abzuleisten, wegen der Abschaffung der Wehrpflicht in Deutschland nicht zustande kam, nahm er nach Studienplatzbewerbung und Ablehnung („*ich hatte vier Rohpunkte zu wenig im Abi*“, Zeile 155) in den präferierten Fächern Psychologie oder Medizin ein Studium der Pädagogik auf. Dieses Erststudium brach er nach kurzer Zeit ab und wechselte in die evangelische Theologie mit dem Ziel, Pfarrer zu werden. Angesprochen auf die Meinung seiner Eltern antwortete er:

> *„Damals fanden die das ganz gut. Weil damals dachten wir ja auch noch, dass ich Pfarrer werden kann, 'nen sicheren Job, perfekte Einstellungschancen, Verbeamtung auf Lebenszeit, was willste denn mehr?“ (Zeile 183–184)*

Obwohl Lars betont, dass ihm hinsichtlich seiner Berufswahl die volle Entscheidungsfreiheit zugesprochen wurde, deuten seine Äußerungen darauf hin, dass die Meinung der Eltern im Berufsfindungsprozess implizit stets von hoher Relevanz war. Hier nutzt er meist, wie in der oben angeführten Textpassage ein inklusives Wir, womit seine Berufswahl den Charakter einer gesamtfamiliären Entscheidung einnimmt.

Nach 10 Jahren des Studiums und erfolgreichem Abschluss ergab sich ein entscheidender Einschnitt in Lars Lebensplanung, denn er scheiterte an der Aufnahme in den Kirchendienst. Im Rahmen der kircheninternen Eignungsprüfung wurde er für ungeeignet befunden und als Anwärter abgelehnt. In der folgenden Textpassage schildert er die Begründung und den Entscheidungsprozess der Pfarrkommission:

> *„Weil das kirchliche Assessment-Center zu dem Schluss kam, dass ich unkommunikativ, unsozial und unreflektiert bin. Und meine Defizite so gravierend sind, dass ich das Assessment-Center auch niemals wiederholen darf. Da saßen allerdings auch nur 10 Laien. Da war kein einziger Psychologe dabei und das waren auch alle nur Interne und keine Externen. Und die haben sich ihr Urteil gebildet nach insgesamt zwei Stunden Beobachtungen, nachdem ich fast 10 Jahre studiert hatte.“ (Zeile 190–196)*

Rückblickend konstatiert er, dass er „*nie wieder studieren*“ (Zeile 174) und eher eine duale Ausbildung anstreben würde, da er mit dem so erwerbbaren Bachelor „*schneller mehr Geld*“ (Zeile 178) verdienen könnte als mit seinem Diplom. Heute empfindet er sein abgeschlossenes Studium als „*wertlos*“ (Zeile 225) und sagt, dass er angesichts dieser Umstände gleich „*Philosophie und Komparatistik*“ (Zeile 226) hätte studieren können. Die Abwertung geisteswissenschaftlicher Fächer scheint hier im Widerspruch zu seinem Bildungsideal zu stehen, nach dem es gilt, das Lernen zu lernen und sich selbstständig Zusammenhänge erschließen zu können. Außerdem scheint er das kulturelle Kapital und den sozialen Nutzen, den er durch seinen Studienabschluss erworben hat, überhaupt nicht anzuerkennen und priorisiert in seiner Abwertung den erwarteten aber ausgebliebenen ökonomischen Nutzen. Die zentrale Rolle, die er dem Geldverdienen zuspricht, wird an weiteren Stellen des Interviews noch deutlicher und an den Sicherheitsaspekt gekoppelt, den eine Verbeamtung in Aussicht stellen würde.

7.6.1.3 Episode der Nichtinanspruchnahme

Durch sein Scheitern in der Pfarrkommission geriet Lars in die Situation, sich im Jahr 2014 bei der Arbeitsagentur arbeitslos melden zu müssen. Er erzählt, dass man für einen Termin bei der Arbeitsagentur in einer norddeutschen Großstadt zu diesem Zeitpunkt mit einer Wartezeit von vier Monaten rechnen musste. Das erste Gespräch bei der Abteilung für Akademiker*innen bei der Arbeitsagentur bezeichnet er als „*wahnsinnig kurz*" (Zeile 235) und zugleich als den letzten persönlichen Kontakt zu seinem zuständigen Arbeitsvermittler. Nachstehende Kontakte liefen telefonisch ab. Das wesentliche Resultat dieser ersten Beratung war eine verordnete Weiterbildung zum Projektmanager, da es mit der Theologie in der Auffassung des Arbeitsvermittlers „*nichts werde*". Gegebenenfalls resultiert Lars Abwertung der eigenen Bildungsbiografie auch aus diesen Erfahrungen mit der Arbeitsvermittlung. In diesem Erstgespräch wurde Lars zudem darüber informiert, dass diese Weiterbildung sehr teuer sei und er, sofern er sie machen wolle, mit seinen Eltern klären müsse, dass diese ihn weiterhin finanzieren. Als er nach erfolgreichem Abschluss der Weiterbildungsmaßnahme erneut nachfragte, ob er nun Leistungen beantragen könne, erfuhr er, dass er dann in Zuständigkeit des Jobcenters falle und nicht mehr vom Team für Akademiker*innen begleitet werden könne:

> *„Ich hatte ihn dann nochmal gefragt und da hat er gesagt: Können Sie natürlich machen, dann bin ich nicht mehr für Sie zuständig, ist mir dann auch egal, dann kommen Sie direkt Jobcenter und naja, Sie haben ja wohl gehört, wie die sich um ihre Kunden kümmern, im Vergleich zu, was wir machen." (Zeile 272–276)*

Der Sachbearbeiter setzt hier das negative öffentliche Bild des Jobcenters bei Lars als bekannt voraus, wobei seine Äußerung einer Drohung gleichkommt. Durch diese Aussage hat Lars sich unter Druck gesetzt gefühlt und er hatte insbesondere Angst, dass man ihn zwingt, seine Wohnung aufzugeben. Seine Eltern haben ihn also zunächst weiter finanziert und er hat beständig versucht, eine Arbeit zu finden, mit der er seinen Lebensunterhalt selbst bestreiten kann. Zwischenzeitlich hat er mehrere Male den Impuls gehabt, Leistungen zu beantragen, dem aber angesichts des Antragswesens und der beizubringenden Unterlagen nicht nachgegeben. Vor allem die Forderung, Rechenschaft über eigene Ausgaben durch die regelmäßige Abgabe ungeschwärzter Kontoauszüge ablegen zu müssen, hat ihn abgeschreckt. In einem der Vermittlungsgespräche wurde er nach Vorlage seiner Kontoauszüge gefragt, ob er denn wirklich einzelne Posten benötigen würde. Und obwohl er überhaupt keine Leistungen bezogen hat, hat er sich nicht getraut, sich in dieser Situation zur Wehr zu setzen, weil er *„immer Angst hatte, dass die mir [ihm] irgendwie ein Negativum draus machen*" (Zeile 346), zum Beispiel durch einen Eintrag in die Online-Akte, in die man als Hilfeempfänger*in seines Wissens nach keine Einsicht habe.

Diese Situation dauerte knapp zwei Jahre, die für Lars davon geprägt waren, in der vollen finanziellen Abhängigkeit zu seinen Eltern zu stehen, und in denen sich eine Aversion gegenüber der Arbeitsagentur und dem Jobcenter und den dort arbeitenden Menschen aufgebaut hat (*„durch die Bank weg Pfeifen*"). Gleichzeitig reflektiert Lars aber auch den Druck, der innerhalb der Organisationen selbst herrscht, und benennt als strukturelles Problem der Arbeitsagentur die stete Gefahr der Mitarbeitenden, aufgrund der eigenen Befristung *„in drei Monaten bei ihrem Kollegen im Nebenzimmer als Kunde*" zu sitzen. Bestärkt wurde seine Wahrnehmung durch die Teilnahme an einem als völlig nutzlos empfundenen Bewerbungstraining, das ihm im Rahmen der Vermittlung nahegelegt wurde. Auch die zugesandten Stellenangebote hat er als fehlgeleitet erlebt (*„da war sowas dabei wie Chefarzt*") und die Stelle, die ihn aus seiner Situation befreit hat, hat er aus eigener Initiative durch seine ehrenamtliche Tätigkeit bei einem Gesundheits-Präventionsprojekt ausfindig gemacht.

7.6.2 Wahrgenommene Formierungsversuche

Ein zentrales Motiv in Lars Bezugnahmen auf gesellschaftliche Ordnung ist die Wahrnehmung, dass es besonders honoriert wird, wenn die vorgegebene Struktur in das eigene Handeln integriert wird, ohne dabei die Struktur oder ihre Funktionsweisen selbst in Frage zu stellen. Er kritisiert, dass das deutsche Ausbildungssystem nicht dazu in der Lage sei, Mündigkeit und Eigenverantwortung zu fördern, sondern sie eher verhindern möchte:

> *„Ja, es wird doch jedem heute immer mehr abtrainiert. Das geht doch schon an der Schule los. Dir wird alles vorgekaut, es gibt kein Diplom oder Magister mehr. […] Als ich angefangen habe zu studieren, da habe ich mir jedes Semester meinen Stundenplan selber zusammengebaut. Ne, da war das einfach so. Ich wusste, wo ich am Ende stehen muss. Aber ich konnte mir aufgrund der Lehrveranstaltungen selber aussuchen, wo mein Schwerpunkt sein soll. Auf welchen Prof hab ich mehr Bock, auf welchen weniger. Ich hatte nicht: „Du hast dann und dann das Modul XY". Wir hatten keine Module." (Zeile 597–606)*

Aus Lars Sicht kommt es in der heutigen Bildungslandschaft nicht darauf an, das Lernen zu lernen und zu organisieren, Verbindungen zwischen Wissensinhalten herzustellen oder zu wissen, wie die Inhalte in der Praxis funktionieren, sondern allein auf das Wiederholen und Auswendiglernen festgelegter Inhalte. Dazu kommt, dass die Organisation des eigenen Lebens und der eigenen Ausbildung den Menschen durch festgelegte Strukturen „abtrainiert“ wird, indem Verhaltensweisen belohnt werden, die den Strukturen entsprechen. Ausgedrückt sieht er das darin, dass die Personen, die auswendig lernen und vorgegebene Meinungen reproduzieren, häufig die Bildungserfolgreichsten sind:

> *„Das siehst du ja auch daran, die meisten Leute, die Bombenabiture haben oder Schulnoten kriegen, die sind am Ende eigentlich strunzenhohl. Die wussten einfach nur, wie sie entweder richtig auswendig lernen oder den Lehrern so nach der Nase reden, dass sie dafür dann ihre Schleimerpunkte kriegen.“ (Zeile 124–128)*

Das institutionell vermittelte Handlungsprogramm, das Lars hier unterlegt, hat den Selbstzwang zur Anpassung als einen gewichtigen Bezugspunkt, der nachstehend auch beim Eintritt in das Arbeitsleben wichtig ist. Er glaubt, dass Selbstständigkeit und Verantwortungsbewusstsein heutzutage nur zum Schein gefordert werden, weil der Arbeitsmarkt nach Personal sucht, welches den je gegebenen Anforderungen, Umständen und Paradigmen nach flexibel anpassbar ist:

> *„Es sollen alles kleine, formbare Duckmäuser sein. Und wehe, du hast eine eigene Meinung, dann bist du sofort der Querulant. Ich sehe es ja bei mir bis heute, ne, in meinem Job. Im Landesverband, wenn wir uns da zusammensetzen, ich vertrete 'ne eigene Meinung, in vielen Punkten, das ist mir auch bewusst, damit kann ich aber ganz gut leben, ja, und wenn ich mich dann gegen die Kollegen stelle, bin ich sofort immer der Querulant, weil ich halt nicht immer „Ja, achja, tooll!“ sage, sondern eher ‚Ey, das macht so eigentlich wenig Sinn und ich find das blöd, gefällt mir nicht‘.“ (Zeile 610–618)*

Die ‚duckmäuserischen‘ Eigenschaften, die er als gesellschaftlich gewollt ansieht, bestehen vor allem darin, keine eigene Meinung zu haben bzw. diese nicht offen zu äußern und möglichst *formbar* zu sein. Als Einheiten der Formierung benennt er das institutionelle Ausbildungssystem und den Arbeitsmarkt. In seiner Aussage verallgemeinert er, indem er die Behauptung aufstellt, dass per se „keiner“ mehr Wert darauflegt, eigenständig denkende und handelnde Menschen anzustellen. Es zeigt sich hier ein Widerspruch, denn er hat ja eine Anstellung gefunden, obwohl er sich selbst die genannten ungewollten Eigenschaften zuspricht.

Da es genau diese bildungserfolgreichen Personen sind, die nun Personalentscheidungen treffen, glaubt er es mit seinem Theologieabschluss umso schwerer zu haben, in eine andere Berufssparte quer einzusteigen:

> *„Weil, ich weiß, was ich als Theologe kann, aber wenn da irgendwelche 22-jährigen Bachelormäuschen BWL jetzt in den Personalabteilungen sitzen, woher sollen die wissen, was jemand mit einem Examen und einem Diplom in Theologie überhaupt wirklich kann.“*

In Bezug auf seinen Kontakt zur Arbeitsagentur und den Fallmanager*innen kommen noch weitere Komponenten zu den wahrgenommenen Formierungsprozessen hinzu. Mehrmals benennt er die Vorgabe, regelmäßig über persönliche wirtschaftliche Verhältnisse Rechenschaft ablegen zu müssen als hervorstechende Forderung der Arbeitsagentur und des Jobcenters. Dabei sind seine Aussagen weiter geprägt von einer ambivalenten Einstellung gegenüber dem institutionellen System der Arbeitsmarktpolitik. Einerseits spricht an, dass er seinen Arbeitsvermittler zu Beginn nett gefunden hat und sich im Team für Akademiker*innen angemessen behandelt fühlte, andererseits zielt er auch auf die bürokratische Unpersönlichkeit und Unerreichbarkeit ab:

> *„Eigentlich fand ich den voll nett. Ich war ja dann auch im Team für Akademiker und der war wirklich nett. Nur das, ich hab halt gemerkt, dass er einfach dann irgendwann, … er wurde dann irgendwann krank oder irgendwas. Und war dann plötzlich ein halbes Jahr weg. Und ich wusste auch nicht, wer jetzt plötzl.., wer jetzt für mich zuständig ist oder so, du kriegst ja dann auch keine Informationen. Du kriegst ja dann auch keine direkte E-Mail-Adresse an den Vermittler und auch keine direkte Telefonnummer, du musst ja immer diese Zentrale anrufen und weißt ja dann noch nicht mal, in welcher Stadt du dann ankommst." (I_1 Lars Pulser, Pos. 211)*

Die Bürokratie als formierende Kraft führt Lars später weiter aus, indem er über seine Machtlosigkeit gegenüber seinem ersten Sachbearbeiter, der ihn anfangs falsch beraten hatte, spricht. Er weist hier auf seine unterlegene Position und die daraus resultierende Machtungleichheit hin, der er sich geschlagen gegeben scheint:

> *„Es gab nichts Schriftliches, gar nichts. Ich hätte nichts beweisen können. Also, was hätte ich machen können. Genau. Und dann steht es Aussage gegen Aussage und dann sagen die Verwaltungsgerichte oder die Sozialgerichte, je nachdem, „ja, ne, immer ist das Arbeitsamt schuld und sie haben natürlich nie irgendeinen Brief bekommen, ne, der ist einfach nicht angekommen, ne. Hmmm, hab ich ja noch nie gehört das Argument" – Komm, da hast du eh keine Chance." (I_1 Lars Pulser, Pos. 221)*

Das juristische System scheint er dabei auf Seiten des Jobcenters zu wähnen, was die Aussichtslosigkeit von Widerstand in Form von Rechtsmobilisierung verdeutlicht. Letztlich thematisiert Lars den Zwang zur Mitwirkung an Maßnahmen der Arbeitsförderung, dem sich Beziehende von Sozialleistungen aussetzen müssen. Auf die Frage, ob er aus heutiger Perspektive Sozialleistungen beantragen würde, wenn er noch einmal in die Situation geriete, antwortet er:

> *„Weiß ich nicht. […] Da wirste gezwungen auf irgendwelche Maßnahmen, wie jetzt, eine Woche Lama-Wandern. Nie mitbekommen? Die ganzen Hartz-IV-Empfänger müssen ständig auf irgendwelche begleiteten Lama-Wanderungen. Ja, die treffen*

sich da morgens um 9 und machen irgendwie 'n Spaziergang über fünf Stunden lang, wo dann irgendwie drei Lamas mitlaufen. Und dafür haut das Jobcenter jedes Jahr über 10 Millionen Euro raus. Ich mein, das erzielt selbstverständlich gar keinen Sinn, ne. Das ist Beschäftigungstherapie. Und nur, weil da irgendeiner das in schönen, blumigen Worten umschreibt, der sowas anbietet, von wegen, die lernen dadurch wieder Tagesstruktur und Verantwortung übernehmen und Teamwork und bla, die lassen sich das fürstlich bezahlen, irgendwie mit 350 Euro pro Person pro Tag." (I_1 Lars Pulser, Pos. 245–247)

Er lässt zunächst erkennen, dass er noch immer eher dazu tendiert, auf staatliche Unterstützung zu verzichten. Dabei scheinen seine Anstellung als Sozialarbeiter und die Berührungspunkte zum Sozialleistungssystem nicht dazu geführt zu haben, dass er sein verwaltungsbezogenes Wissen und seinen Kenntnisstand zu den eigenen Rechten ausgebaut hat. Der Aspekt der Wohnraumsicherheit ist hier weiter wichtig und ein Punkt der Unsicherheit in seinem Erleben. Als weiteren, womöglich noch zentraleren Aspekt benennt er dann den Zwang, als erwerbslose Person im Hartz-IV-Bezug an Maßnahmen teilzunehmen, bei denen es sich um eine reine ‚Beschäftigungstherapie' handelt. Hierbei übt er deutliche Kritik an der hohen Summe, die jährlich in derlei Maßnahmen fließen, und rückt zudem die Maßnahmeträger als weiteren Akteur und Nutznießer des Systems in den Fokus.

7.6.3 Subjektivierungsweisen

Die Ambivalenzen und Widersprüche und das Hin- und Herpendeln zwischen Normalität und Abweichung, die sich bereits in der Eingangspassage als zentrales Motiv in Lars Erzählung angedeutet haben, bestimmen auch die Art und Weise, wie er sich gegenüber dem sozialstaatlichen Normkontext in Stellung bringt. Sein Verhältnis zu sozialstaatlichen Anforderungen und die Wahrnehmung von den an ihn herangetragenen Positionierungsangeboten sind geprägt von Nähe und Distanz, indem er zum einen Verständnis für das Einfordern von Pflichten äußert, sich selbst aber, sobald er persönlich betroffen ist, von einer Erfüllung der Auflagen freizumachen sucht. Hierbei sind es vor allem Eingriffe in seine Privatheit, z. B. die Forderungen nach Offenlegung seiner Finanzen, die ihm als Zumutung zu weit gehen. Es ist hier vor allem die Subjektfigur des ‚gläsernen Bürgers' und die damit verbundenen Adressierungen, Positionierungen und Responsibilisierungen, zu denen er sich in Distanz bringt. So sieht er auch mögliche Vermerke über ein Fehlverhalten seinerseits in seiner Akte als Hindernis für seinen weiteren beruflichen Lebensweg. Er strebt nach Aufrechterhaltung von Normalität, die für ihn vor allem in finanzieller Sicherheit und einem unbefristeten Arbeitsverhältnis in Vollzeit begründet liegt. Er scheint auch eine gewisse Sehnsucht nach jener kleinbürgerlichen Normalität zu haben, die er als Kind und Jugendlicher erlebt hat. Aufgrund seiner persönlichen Dispositionen wie der des berufsbiografischen Scheiterns blieb ihm diese bislang versagt. Dabei ist der Leistungsimperativ seines Herkunftsmilieus ein wichtiges Element seines Gerechtigkeitsempfindens, wie sich durch den steten Vergleich seiner aktuellen gesellschaftlichen Position mit denen anderer Berufsgruppen und akademischer Abschlüsse offenbart.

In seiner Abgrenzung gegenüber Lehrer*innen, Geisteswissenschaftler*innen, Bachelor-Student*innen, Hartz IV-Empfänger*innen offenbart sich, dass er seine Ausbildungsleistungen als grundsätzlich höher bewertet, wobei die Zurückweisung seiner Person in verschiedenen Kontexten seinem Selbstbild entgegenzustehen scheint. Er sieht sich den meisten Mitbewerber*innen auf dem Arbeitsmarkt insbesondere dadurch überlegen, dass er Verknüpfungskompetenzen erworben hat und in der Lage ist, tatsächlich zu lernen und nicht bloß auswendig zu lernen. Seinem leistungszentrierten Gerechtigkeitsempfinden scheint dies zuwiderzulaufen, er hat persönlich erfahren, dass seine Leistung sich nicht gelohnt hat und dass ein akademischer Abschluss keineswegs eine Jobgarantie darstellt. Für diese Jobgarantie würde Lars sogar auf sein Grundrecht auf Demonstration verzichten, wie er im erneuten Rekurs auf den Lehrerberuf ausführt:

> *„[...] da gabs 'n Streit, weil da 'n paar Lehrer irgendwie demonstrieren gegangen sind und der Landtag hat darüber beraten, ob diese Lehrer jetzt ein disziplinarisches Verfahren kriegen oder nicht. Und da haben sie alle gesagt, „das fehlende Demonstrationsrecht verbeamteter Lehrerinnen und Lehrer, das wäre sich schließlich erkauft worden durch die soziale Besserstellung durch die Beamtenbezüge, im Vergleich zu einem Angestelltengehalt. Und da denke ich mir nur, ey, wenn das wirklich das Argument ist, ich verzichte gerne auf jede Demonstration für den Rest meines Lebens und kriege aber dafür das netto raus, was ich als Beamter kriegen würde." (Zeile 565–574)*

Dem entgegen steht wiederum sein Beharren auf der eigenen Identität als ‚Querulant', die er mehrmals betont. Hier scheint seine individualisierte Vergesellschaftung deutlich hervor, denn offenbar ist es ihm durchaus wichtig, öffentlich seine Meinung zu sagen, so lange er sich selbst ungerecht behandelt fühlt. Wird ihm aber ein sicherer Arbeitsplatz mit sehr guter Bezahlung gewährt, tritt er von dieser öffentlichen Kritikäußerung, auch wenn sich an den zuvor kritisierten Verhältnissen nichts geändert hat, zurück.

Weiterhin nimmt er einen gesellschaftlichen Diskurs wahr, der die Behauptung aufstellt, dass Eigenverantwortung ein hohes Gut ist, muss aber in der täglichen Arbeit selbst die Erfahrung machen, dass ‚wahre' Eigenverantwortung in Form von Einspruch und Kritik nicht gern gesehen sind. Es kann abgeleitet werden, dass Eigenverantwortung in Lars Vorstellung maßgeblich auf der kritischen Reflexion von Strukturen beruht, die aber in der Identitätsfigur des eigenverantwortlich handelnden Individuums nicht vorkommt. Eng damit verbunden ist seine Selbstpositionierung als widerständige Person, die dominante Meinungen nicht einfach übernimmt. Themenübergreifend präsentiert er sich als jemand, dem das „Duckmäusertum" weiter Gesellschaftsteile zuwider ist, und er prangert die von ihm wahrgenommene Unfähigkeit der Menschen an, ihre Standpunkte offen zu vertreten. Auch hier werden wiederum die Widersprüche seiner Narration offenkundig, denn er selbst war in den Kontakten zur Arbeitsagentur stets bemüht, sämtliche Forderungen zu erfüllen, obwohl er sie für sich selbst als sinnlos bewertet hat. Es gehört scheinbar mit zur Subjektformierung im modernen Sozialstaat, Absurditäten wie die dargestellten hinzunehmen und mehr oder weniger zu ignorieren – bzw. sogar gutzuheißen und den „blumigen Worten" zu glauben. Lars möchte sich dem entgegen als jemand verstanden wissen, der die Verstrickungen durchschaut und einordnen kann.

7.7 Per (und Tino): „Es ist ein Spiel. Mal mitarbeiten, mal nicht mitarbeiten."

Tino und Per sind Mitglieder eines Berliners Theaterensembles von Menschen, die wohnungslos sind oder Erfahrungen mit Wohnungslosigkeit haben. Die künstlerische Leiterin des Theaters, Frau Pelver, hat sich per Mail auf den Akquiseaufruf für diese Forschungsarbeit gemeldet und gleich mehrere Ensemblemitglieder als mögliche Interviewpersonen genannt. Das Interview hat Anfang Januar 2019 auf dem Gelände eines Berliner Kulturortes stattgefunden, auf dem die Gruppe ihre Proberäume hat. Dort wurde zum verabredeten Termin zunächst nur Frau Pelver angetroffen. Per, mit dem das erste Interview stattfinden sollte, war noch nicht vor Ort und auch durch Frau Pelver telefonisch nicht zu erreichen. Nach einiger Zeit erschien Tino, der eigentlich nicht als Interviewpartner eingeplant war, weil das Merkmal des Verzichts nicht auf ihn zutrifft. Zu Pers Eintreffen hatte sich bereits ein Gespräch über soziale Arbeit und die Geschichte der Theatergruppe entwickelt. Tino und Per schienen sich gut zu kennen und offen voreinander zu sprechen. Weil das Interview das vorerst letzte des Projekts sein sollte, wurde spontan entschieden, ein Doppelinterview zu gestalten, insbesondere, weil die offenbar kontrastierenden Ansichten zur Nichtinanspruchnahme weitere Erkenntnisse versprachen.

Im Interview hat sich bestätigt, dass der etwa 45-jährige Per, der gebürtig aus Polen stammt, das Kriterium des Verzichts erfüllt. Er war zwar immer wieder mal im Bezug, lehnt die Inanspruchnahme von Sozialleistungen aber generell ab, insbesondere, weil die Auflagen des Jobcenters zu unflexibel für seine Vorstellung von beruflicher Tätigkeit sind. Seine polnische Berufsausbildung wird in Deutschland nicht anerkannt und das Jobcenter führt ihn als Person ohne

Ausbildung. Er lebt vor allem von handwerklicher Schwarzarbeit und wird immer wieder als Dachdecker, im Innen- und Außenbau, als Elektriker und für Montagearbeiten gebucht. Tino ist gelernter Fotograf, kommt gebürtig aus Tirol und ist in Südbayern aufgewachsen. Auch in seinem Leben gab es eine Episode der Nichtinanspruchnahme, die aber unfreiwillig war. Er ist seit Jahren im ALG II-Bezug und hat einige Strategien entwickelt, mit den Anforderungen des Amtes umzugehen. Diese werden hier nur am Rande und dann in Abgrenzung zu Per thematisiert, weil sie nicht das Kernthema dieser Untersuchung sind. Die folgenden Ausführungen zur biographischen Narration konzentrieren sich daher auch auf Pers Erzählung. Durch Tinos Beiträge wurden aber Erzählimpulse gesetzt, die in einem Interview zwischen zwei Interaktionspartner*innen vermutlich so nicht entstanden wären, daher tauchen auch Tinos Aussagen in den nachstehenden Analysen auf.

7.7.1 Biographische Erzählung

„Tino: Naja, ich fang mal kurz an. Gebürtig bin ich aus Tirol, also zwischen Österreich und Italien. Österreich, also so zwischen Deutschland und Italien, Österreich eben. Und aufgewachsen bin ich in Südbayern. Und meine Mutter stammt aber ursprünglich aus der Steiermark, mein Vater aus Westfalen. Also eh, querbeet mein Nachname ist aus Pommern, also querdurch, ich bin Mitteleuropäer eigentlich.
Per: Ich bin ja auch auf diese ganz natürliche Art und Weise entstanden. Nach neun Monaten bin ich geboren und-
Frau Pelver: Det isn Irrtum, man wird nach 10 Monaten geboren, kleene Korrektur, nicht nach neun Monaten, nach 10 Monate.
Per: Ja gut, von mir aus.
Tino: Ich war nach acht Monaten, ich war Frühgeburt.
Per: Irgendwann einmal hab ich mich durchgeboxt irgendwann einmal die Welt zu erleben, seitdem leb ich (kichert)."
(Zeile 2–23)

Pers erster auf Tonband aufgenommener Satz stellt eine Antwort auf Tinos ausführliche Schilderung seiner Herkunft dar. Nachdem Tino detailreich schildert, wie sich seine Nationalität im Einzelnen zusammensetzt, und er aufschlüsselt, woher seine Eltern genau stammen, ironisiert Per Tinos Erzählung, indem er bei seinem Zeugungs- und Geburtsvorgang ansetzt. Dadurch, dass er die Erzählung wie den Anfang eines Romans einläutet, verstärkt sich der Eindruck einer ironischen Antwort. Er könnte diese Art des Sprechens auch als Mittel einsetzen, um zu überdecken, dass er nicht wirklich weiß, womit er die Erzählung seines Lebensweges beginnen soll, oder weil er nicht preisgeben möchte, wo genau er herkommt. Frau Pelver unterbricht ihn an dieser Stelle, um ebenfalls scherzhaft einzuwerfen, dass Schwangerschaften nicht wie gemeinhin vermutet 9 Monate dauern, sondern 10, was Per mit einem „von mir aus" hinnimmt. Diesen Verlust des Gesprächsfadens nimmt an dieser Stelle auch Tino auf und spinnt ihn weiter, in dem einwirft, dass er bereits nach acht Monaten auf die Welt kam und somit als Frühgeburt gilt.

Inhaltlich interessant ist Pers Fortsetzung seiner ‚Geburtsgeschichte'. Folgend auf seinen ersten Satz, der durch Frau Pelver unterbrochen wurde, sagt er, dass er sich nach seiner Zeugung „irgendwann einmal" – egal ob nach 8, 9 oder 10 Monaten – „durchgeboxt" hat, um „irgendwann einmal die Welt zu erleben". Er setzt sich hier in eine aktive Position und beschwört mit dem Bild des „sich Durchboxens" eine kämpferische Analogie in Bezug auf seinen Geburtsvorgang. Das Ziel dieses ‚Kampfes' sieht er nachstehend darin, die Welt zu erleben, also möglichst viele Facetten der Welt und ihrer Bewohner*innen kennenzulernen. Hier lässt sich auch der Wille erkennen, die Heimat zu verlassen, zu reisen und die Dinge aus erster Hand selbst zu betrachten und zu erfahren.

7.7.1.1 Kindheit, Jugend und Schulzeit

Die Einstiegspassage enthält kaum Fakten zu Pers Herkunft und auch im weiteren Verlauf des Interviews wird nur deutlich, dass Per in Polen geboren ist und dort bis zu seinem Ausbildungsabschluss gelebt hat. Sonst erzählt er nichts über seine Kindheit und Jugend, womit sein Herkunftsmilieu nicht weiter charakterisiert werden kann. Dass er über seine Ausbildung bereitwillig Auskunft gibt, lässt vermuten, dass er dem Themenbereich ‚Arbeit' im Interviewkontext eine höhere Relevanz beimisst als seiner persönlichen Biografie.

7.7.1.2 Schulabschluss und Ausbildung

Über seine berufliche Ausbildung zum Techniker für Maschinen und Apparate der chemischen Industrie, die er in den 1990er Jahren in Polen absolviert hat, spricht Per mehrfach. Er sieht sich durch die dort erlernten Fähigkeiten in der Lage, praktisch alles reparieren und für verschiedenste Probleme Lösungen finden zu können:

> *„Also, das, was ich gelernt hab, ich hab Pneumatik, Hydraulik, Elektrik immer (.) alles Mögliche Scheiße gelernt, ich kann schmieden, drehen das und dies also mit allen möglichen Berufen, was ich damals als Techniker, ich musste, quasi wenn irgendwas schief geht, ich musste irgendwie alles reparieren können. [...] So war meine Ausbildung, ja. Technikfabrik, wenn irgendwas schief geht, Chemiefabrik du musst Lösung finden, du musst immer reparieren können, egal ob Metall, Holz, Dings, also ich war ja, große Bandbreite, was gelernt habe." (Zeile 261–269)*

Nach seiner Ausbildung ist Per als Rucksacktourist durch Europa gereist und hat dabei zwischenzeitlich schon einmal kurz in Berlin Station gemacht. In dieser Zeit hat er jede Woche eine andere Stadt besucht und dabei die Erfahrung gemacht, dass seine Qualifizierungen es ihm erlauben, überall auch spontan eine Arbeitsgelegenheit zu finden und „etwas zu verdienen“:

> *„Nach mein Ausbildung nach Dings bin ich quer durch Europa gereist, als Rucksacktourist irgendwie, hab jede Woche immer nächste Stadt besucht oder dies irgendwie mal rumgefahren und nebenbei irgendwie mal da und dort, mit meinen Qualifizierungen konnte ich immer überall Job finden oder sonst irgendwas, ich konnte überall was verdienen und hab erstmal mein Leben genossen. Mit der Sesshaftigkeit kam mit Berlin mit Theatergruppe.“ (Zeile 100–106)*

Pers Ausführungen enthalten keine genaueren Zeitangaben zur Länge seiner Zeit als Rucksacktourist, es dürften aber 10 Jahre gewesen sein, in denen er stetig unterwegs war und sich mit kurzfristigen Anstellungen selbst finanzieren konnte. Eine Wohnung hatte er zu dieser Zeit nicht. Erst in Berlin wurde er später, auch durch sein Engagement in der Theatergruppe, sesshaft und mietete zwischendurch auch eine Wohnung an.

Seine vielseitige Ausbildung und die Erfahrungen, die er auf seinen Reisen gemacht hat, haben ihn offenbar so bestärkt, dass er sich ganz sicher ist, mit den meisten Unabwägbarkeiten im Leben zurechtzukommen, ohne auf die Institutionen des Sozialstaats zurückgreifen zu müssen. Angesprochen darauf, warum er glaubt, so gut zurechtzukommen, antwortete er:

> *„Es ist umstrittene Geschichte, wie man sich selbst organisiert, wie man von Kind auf von von Dings oder was weiß ich, wie man Leben gelernt hat oder ob man ja, wie gesagt, es sei denn durch Berufsausbildung, also bestimmte Sachen sind bei mir so eingeprägt, dass ich weiß, was ich kann und was ich nicht kann und ist für mich gar nicht diese Option, dass ich irgendwo mal nicht ganz über die Runden komme […].“ (Zeile 626–631)*

Demnach macht er seine Grundhaltung, die von dem optimistischen Glauben an die eigenen Fähigkeiten geprägt ist, sowohl in seiner Kindheit und der „Art, wie man Leben gelernt hat“ fest wie auch in seiner in der Berufsausbildung erworbenen Kenntnisse.

7.7.1.3 Erfahrungen mit Erwerbslosigkeit

Per sagt, dass er es aufgrund seiner handwerklichen Ausbildung immer geschafft hat, eine Anstellung zu finden, in den überwiegenden Fällen in Form von Schwarzarbeit. Die Situation, wirklich erwerbslos zu sein und den eigenen Lebensunterhalt nicht bestreiten zu können, ist ihm daher unbekannt.

Da er formal nach der Ausbildung seinen Beruf jedoch nicht mehr ausgeübt hat und seine Ausbildung in Deutschland zunächst nicht anerkannt wurde und noch immer nicht anerkannt wird, wird er bei der Arbeitsagentur bzw. dem Jobcenter als ‚ungelernt' eingestuft. Die Arbeits- und Vermittlungsangebote, die er daraus resultierend vom Jobcenter bislang erhalten hat, entsprechen daher nicht seinen wirklichen Kompetenzen. Über private Vermittlungen findet Per aber durchaus schnell Anstellungen, die seiner Qualifikation gerecht werden:

> *„Und, ehm, ich krieg ja bei Schwarzarbeit als Elektriker irgendwie mal 25 Euro die Stunde schneller auf die Dings als bevor ich mich bei Scheiß…amt Ämtern rumquäle, die mir sagen: du bist ungelernt und (lacht) und das ist ja diese Paradoxum bei den ganze Scheiß." (Zeile 270–273)*

Der zugewiesene Status als ‚ungelernt' in den Verwaltungsabläufen des Jobcenters kollidiert mit seinen Erfahrungen auf dem Arbeitsmarkt, denn bei einer eigentätigen Bewerbung wurde er bereits sozialversicherungspflichtig in seinem Lehrberuf angestellt. In der folgenden Reinszenierung eines Jobcenter-Kontakts wird deutlich, wie absurd ihm das Handeln der Arbeitsverwaltung erscheint:

> *„Hab ich einmal miterlebt, eine Anzeige, wo ich dann angeblich überhaupt nicht dafür qualifiziert wäre, habs heimlich quasi vom Schreibtisch mitgezockt, um die Adresse zu haben […], bin da hingegangen, ich hab gehört du brauchst jemanden, war so ein Hoteliertyp. Hat mich angeguckt, was, ich hab ein Bier in der Hand gehabt, wie jetzt. Ja, hab ich mal mitgehört, du sucht Arbeiter Dings, ich kann das, das und das, ich biete dir Probearbeit, kannst du schauen und dann reden wir über Geld. […] der Typ war ‚ja voll geil' ne, dies, o. k., Dings, hat mir paar Sachen zum Probearbeiten und ich hab den Job bekommen, hat mich sofort beim Arbeitsamt angemeldet.*
> *[…] der, der mir am Schreibtisch gegenüber war, [meint] das wäre nichts für mich, für Sie hätten wir das oder das. Ja, die haben mir das gar nicht angeboten und ich habe da sofort Anstellung bekommen." (Zeile 688–706)*

Es wird deutlich, dass die Vermittlungstätigkeiten des Jobcenters, wo er als ungelernt eingestuft ist, für ihn nicht zielführend sind und ihn eher an einer potenziellen Arbeitsaufnahme hindern. Die für ihn in dieser Situation passende Stelle, wo er – so wie er in diesem Moment war, mit einem T-Shirt, das ihn ironisch als Faulenzer bezeichnet und einem Bier in der Hand – sofort angestellt wurde, hat er nur bekommen, weil er die offiziellen Verfahrensweisen des Jobcenters unterlaufen hat und die Stellenausschreibung heimlich aus dem Büro seines Sachbearbeiters mitgenommen hat.

Allerdings scheint es trotz seiner generellen Fähigkeit, immer irgendwie über die Runden zu kommen, auch für Per „Durststrecken" zu geben, die er überbrücken muss. Diese treten vor allem dann auf, wenn er gerade keine Aufträge hat. In diesen Situationen ist es auch vorgekommen, dass er eine angemietete Wohnung wieder verloren hat.

> *„Natürlich geh ich nicht hausieren, dass es mir gerade dreckig geht, dass gerade der und der Job gerade nicht am Laufen ist, also. Ääh, ich habs mir angewöhnt, wenn es gut läuft, dann macht man ein kleines Polster drauf, dass man ein zwei Monate überstehen kann, und so geht das ganze Leben." (Zeile 406–409)*

Er scheint insgesamt sparsam zu leben und in den guten Phasen gerade so viele Rücklagen aufzubauen, dass er etwa zwei Monate auch ohne Anstellung überleben kann. Seine Anmerkung, dass *„so das ganze Leben geht"*, lässt erkennen, dass er auf diese Weise schon eine lange Zeit zurechtkommt und auch nicht vorhat, seinen Lebensstil in naher Zukunft zu ändern.

7.7.1.4 Episode der Nichtinanspruchnahme

Sollte tatsächlich kein Geld mehr da sein, zieht Per umher und fragt bei Firmen oder Gastronomiebetrieben, ob sie kurzfristig eine Aufgabe für ihn haben. Dort lässt er sich mitunter auch mit Mahlzeiten entlohnen. Eine andere Strategie ist es, von Auftraggeber*innen einen Vorschuss zu verlangen, wenn zum Beispiel die Arbeiten in einem Außenbereich erst nach dem Winter starten können. So scheint die Winterzeit für ihn eine Problematik darzustellen, da viele Handwerksarbeiten eine stabile Wetterlage voraussetzen. In seinem weitläufigen sozialen Netz kann Per darüber hinaus meist auch jemanden finden, der ihm Geld leihen kann. Derlei prekäre Situationen sind für Per aber immer noch kein Grund, Unterstützungsleistungen zu beantragen, da er sich nicht kurzfristig in eine berufliche Maßnahme bzw. einen Ein-Euro-Job hineindrängen lassen möchte:

> *„Genau aus solchen Gründen, wenn man Durststrecke hatte und man Wohnung verloren hat, weil die Hilfe nicht da war, wo man auch sagt, hallo, nach dem Winter da gibt es, da kommt ja ein Job, da kommt die Kohle dann wieder ran, da kann ich wieder was verdienen. Aber, nee, jaja, das können Sie mal glauben, da muss man und dann zwingen die einen in irgendwelchen Job für einen Euro fünfzig reinzuzwingen, wo man da irgendwie mal ankommt und sagt, davon krieg ich nix auf die Reihe." (Zeile 221–227)*

Auch zeitliche Verzögerungen in der Beantragungspraxis und bis zum Erhalt der Leistung sind für Per ein Ausschlusskriterium, denn sein flexibles Lebensmodell führt dazu, dass Situationen, in denen er Hilfe benötigen würde, auch sehr plötzlich eintreten können. Die unmittelbaren Kosten spricht er nicht an, erwähnt aber auf explizite Nachfrage, dass er sich einen Ausfall durch Krankheit nicht erlauben könnte, und bezeichnet die Möglichkeit, krank zu werden, als Luxus:

„I: Aber du dürftest dann auch nicht krank werden, oder?
Per: Also sage mal so, für Krankheit habe ich ja keine Zeit (lachen). Den Luxus kann ich, habe ich nicht." (Zeile 256–258)

7.7.2 Wahrgenommene Formierungsversuche

Per ordnet den Sozialstaat in seiner Ausrichtung unter anderem als unflexibel, bevormundend und degradierend ein. In diesem Sinne führen die starren Regelungen zunächst dazu, dass seinen Bedürfnissen nach gelegentlichen kurzfristigen Hilfen nicht entsprochen werden kann. Die Form der Unterstützung, die für ihn von Nutzen sein könnte, gibt es nicht als Leistungsart und so müsste er stets den kompletten Antragsweg des ALG II neu durchlaufen:

„War für mich ja immer einfacher oder schneller und als, als diese Maschinerie auf einmal, du musst jetzt DAS, du musst jetzt DAS, du musst jetzt DIESES, ich sag, hallo, ich will, ich brauch jetzt nur kurzfristig Hilfe, dass ich wieder weitermachen kann immer. Also, letzten Job, Arschkarte gezogen, dumm gelaufen, eh, aber die Hilfe war ja er im, du MUSST jetzt in irgendwelche Maschinerie, weil, wenn dann musst du das so wie wir, wie das, da hab ich abgelehnt, ja wollt ihr mich verarschen? (lacht)" (Zeile 89–95)

Den bürokratischen Aufwand, der mit dem Erhalt der sozialen Mindestsicherung verbunden wäre, bezeichnet Per als „Maschinerie", eine Metapher, die sich auf das dahinterliegende Verwaltungshandeln und den übergeordneten Verwaltungsapparat bezieht. Die Maschinerie-Metapher findet auch in der Literatur Verwendung und bezeichnet zumeist ein kaltes, technisches, gesichtsloses Machtmittel, indem der einzelne Mensch Gefahr läuft, verloren zu gehen und von ihr zermalmt zu werden (z. B. in Kafkas „Der Prozess"). Bevor für ihn die staatliche Unterstützung greift, hat er zumeist schon wieder selbst einen Weg gefunden, um die problematische Situation zu lösen, ohne in die Maschinerie hineinzugeraten, die für ihn mit der Ausübung von Zwängen verbunden ist und ihm seine Entscheidungsfreiheit in persönlichen Angelegenheiten nimmt:

„Es war ja meistens meine Erfahrung, bevor die mir helfen, hilfst du dir selber oder du kommst in diese Bevormundung immer. Du musst jetzt da und da hingehen du musst jetzt das und das machen, du musst jetzt da und da dich melden, du musst jetzt … diese Pflichten immer, was einem aufgedrückt wird, war immer für mich immer zu viel, da hab ich gesagt, ihr, ihr, ihr könnt mich mal, immer. Ok, gut, dann übersteh ich meine Durstkrise selber und komme ich wieder auf die Beine." (Zeile 83–89)

Offenbar scheut Per vor allem das Risiko, zum Preis für den Erhalt einer Hilfeleistung in seinen Entscheidungen und Wegen eingeschränkt zu werden. Die empfundene Bevormundung zeugt davon, dass er sich seiner Fähigkeiten, vielleicht sogar seiner Zurechnungsfähigkeit und Mündigkeit beraubt sieht, denn dies sind die Kriterien, die (juristisch) einen Vormund legitimieren würden. Er präferiert hier klar die Selbsthilfe, auch wenn diese bedeutet, dass er weitere Einschränkungen hinnehmen muss.

Ein weiterer zentraler Punkt, der das Verhältnis zwischen Per und dem Jobcenter bestimmt, ist die Nichtanerkennung seiner Berufsausbildung und die daraus folgende Degradierung seiner Person. Auch ‚privat' ist er stets in Kleidung unterwegs, die ihn als Handwerker erscheinen lässt, und in seinem Umfeld ist er als solcher bekannt. Auch seine verschiedenen Auftraggebenden, von denen viele offenbar Stammkund*innen sind, identifizieren ihn darüber. Hier liegt seiner Meinung nach auch begründet, warum er nie Vorurteilen ausgesetzt war. In der folgenden Sequenz stellt er dar, wie sein soziales Umfeld und seine beruflichen Kontakte ihn einordnen, und stellt das der amtlichen Aberkennung seiner Ausbildung gegenüber:

„[...] Tja, alle Leute, die mich kennen immer, einmal mein Aussehen, meine Klamotten und so, die kennen mich alle als Handwerker. Äh und äh der Amt und bla und Dings steht mir nicht zu, dass ich ausgebildet bin und Dings aber von Firma zu Firma oder von Job zu Job, die Leute, die schätzen mich und die wissen ja und die zahlen gerne meinen Dienst und die wissen, dass ich das und das kann, obwohl der Amt mir das nicht zusteht, dass ich ausgebildet bin. Und deswegen gehe ich absolut ungerne aufs Scheiß(.)amt, weil ich woll-, die wollen mich doch verarschen." (Zeile 446–453)

Während er von seinem Freundes- und Bekanntenkreis sowie von den Auftraggebenden für das, was er kann, geschätzt wird, erfährt er in den Kontakten zum Jobcenter das Gegenteil. Dort wird ihm aberkannt, wodurch er sich seit seiner Lehre ausgezeichnet fühlt, worüber er sich identifiziert und worüber ihn andere identifizieren. Durch das Jobcenter wurde er bislang aufgrund seines Status als ‚ungelernte Arbeitskraft' positioniert und damit als Bedürftiger adressiert, der jede angebotene Stelle im Sinne des SGB II anzunehmen hat. Die Vermittlungsversuche des Jobcenters bezogen sich im Nachgang dann auch vornehmlich auf Maßnahmen der Arbeitsförderung und Hilfsjobs:

„Und jetzt kriegst du zwangsweise als irgendwelche blöden Job, wo du da irgendwelchen Mist machst für drei Euro als Maßnahme, wo ich denke, hallo, wenn ich da und da hingehen muss, kann ich in meinem eigenen Job, kann ich mich selber nicht entwickeln, kann ich nicht meine Kohle verdienen, wo ich dann auf so einen Scheiß scheißen musst. Und das ist so, so, statt Hilfe, wir reduzieren dich zum armen Arschloch, der nichts kann, der nicht gelernt hat und dann und du wirst dann zwangsweise irgendwo zum Fegen verurteilt." (Zeile 111–117)

Sehr deutlich beschreibt er hier eine Form der Abwertung, die für ihn mit der Aberkennung seines Lehrberufs und einer potenziellen Annahme sozialstaatlicher Hilfe einhergeht. Zum *„armen Arschloch"* *„reduziert"*, das *„nichts kann"* und *„nicht gelernt hat"*, wird er von Amts wegen in Tätigkeiten gedrängt, in denen er sich *„nicht entwickeln"* kann und nicht wie gewohnt sein Einkommen erzielt. Das semantische Feld, das er hier aufbaut (zwangsweise – Mist – Maßnahme – Muss – zwangsweise – verurteilt), verdeutlicht den Zwangs- und Strafcharakter, den Per den sozialstaatlichen Hilfen zuschreibt und gegen den er sich im Rahmen seines Verzichts offenbar erwehren muss.

7.7.3 Subjektivierungsweisen

Zu den zentralen Motiven in Pers Erzählung gehören der spielerische Umgang mit den ihn umgebenden Rahmenbedingungen, der Drang, neue Dinge zu erfahren, sich unverbindlich auf Situationen einzulassen, und die Demonstration von Handlungsmacht. Die Modalitäten seiner Äußerungen lassen erkennen, dass er sich als zentral für sein eigenes Schicksal erlebt, wobei die semantischen Felder, die er bildet, häufig auf eine Flüchtigkeit und Unbeständigkeit hindeuten, die sein Leben leiten. Dabei scheint er dies nicht als negativ zu bewerten, sondern, im Gegenteil, als seine Art zu leben zu begreifen. Er versteht sich als Querulanten und er demonstriert, dass ihm sein Mangel an Zugehörigkeitsverhältnissen nichts ausmacht:

> *„Mein Leben verlief ja schon immer mal sehr querulant irgendwie mal. Ich hab sobald mit oder sich mit Dings immer mit oder gegen … diese Organe … mit oder gegen Polizei, gabs ja alles schon. […] es ist ein Spiel. Es ist mal mitarbeiten, mal nicht mitarbeiten." (Per, Zeile 825–827)*

Nach seiner Ausbildung ist er jahrelang allein durch Europa gereist, um als Rucksacktourist „die Welt zu erleben", und konnte sich auf seinen Reisen als Handwerker stets eigenständig finanzieren. Wenn er verliert (z. B. seine Arbeitsstelle oder seine Wohnung), dann hat ihn sein bisheriger Lebensweg gelehrt, dass er immer irgendwie eine Lösung finden kann. Hier rekurriert er vor allem auf die Werte und Grundlagen, die ihm im Zuge seiner Ausbildung vermittelt worden sind, die ihn zu einer Art Generalisten im handwerklichen Bereich gemacht haben. Er scheint die Fähigkeit, alles reparieren zu können, auch auf ungünstige Lebenslagen anzuwenden, so dass er sich ohne die Unterwerfung unter äußere Zwänge selbst helfen kann. Dementsprechend lag und liegt es ihm fern, staatliche Hilfe in Anspruch zu nehmen und sich dafür den Anforderungen und Zumutungen des Sozialleistungssystems zu beugen und die angebotenen Subjektpositionen (als Ungelernter, als Bedürftiger, als Bittsteller) anzunehmen. Der Rückgriff auf informelle Strukturen abseits der staatlich organisierten Armutsbekämpfung hat sich für Per demnach bisher als der erfolgversprechendere Weg erwiesen. Das, was ihm sozialstaatlicherseits wirklich helfen würde, nämlich sehr kurzfristige Überbrückungshilfen, ist im Leistungskatalog nicht vorgesehen:

> *„Für mich war immer die Relation immer daneben. Weil, ehm, wenn ich Hunger hatte oder sonst, wie gesagt, mit meinen Fähigkeiten, für mich war immer, zu irgendwelchem Laden hingehen, immer Imbiss, und dann komm, gib mal Besen hier raus, ich fege vor deinen Laden, dafür gibst du mir was zu essen. Und da hab ich mehr verdient in kürzester Zeit, als sich krumm machen bei SCHEIßämtern, immer meine Offenbarung zu machen." (Zeile 180–186)*

Diese Textpassage steht in direktem Kontrast zu einer vorherigen Situationserzählung, in der er davon berichtet, durch die Maßnahmen des Jobcenters „zum armen Arschloch" reduziert und zwangsweise zum Fegen verurteilt zu werden. Wenn er jedoch selbstbestimmt bei Gastronomiebetrieben anfragt, ob er vor dem Geschäft fegen kann, um etwas zu essen zu erhalten, dann scheint diese Problematik der Reduzierung der eigenen Würde nicht zu bestehen. Der mit dem Leistungsempfang verbundenen „*Offenbarung*" setzt er zudem ein ‚bei sich bleiben' gegenüber, was er auch sprachlich durch die Bezogenheit auf seine Person signalisiert (mich – ich Hunger – meine Fähigkeiten – ich fege – du gibst mir – usw.).

Auffällig ist zudem der Ansatzpunkt von Pers Kritik. So bezieht er sich an keiner Stelle auf Sachbearbeitende oder konkrete Personen, die im Jobcenter angestellt sind, sondern richtet seine Ablehnung stets auf das Gesamtsystem. Danach gefragt, ob er sich eine Konstellation auf dem Jobcenter vorstellen könnte, die ihn nicht nervt, antwortet er:

> *„Nee, kann ich mir nicht vorstellen. Ich glaube, selbst wenn ich mir selbst gegenübersitzen würde, aufgrund von den Vorschriften, was sie haben, würde ich mich selber nerven. Das liegt nicht an den Leuten selber, sondern das sind einfach diese Vorschriften, Maßnahmen, was die Leute gezwungen werden. Also das ist (2) würde ich auf deren Position mir selbst gegenüber als Spiegel sitzen, würde ich mich wahrscheinlich genauso nerven wie die mich. Aber, ähh, das liegt an der Politik, das liegt an dem System." (Zeile 527–533)*

Insgesamt positioniert Per sich als nicht (schutz-)bedürftige Person, die keinen Vormund nötig hat und nicht bevormundend behandelt werden muss. Der Rückbezug auf seine Fähigkeiten ist hier stets gegenwärtig und bildet für ihn offenbar das wichtigste identitätsstiftende Merkmal. Ein Aspekt, der dies verdeutlicht, ist sein Bestreben, sich stetig weiterzubilden, um nicht auf dem Kenntnisstand seiner Ausbildung stehenzubleiben. Hier rekurriert er nicht darauf, dass dies aus einer Art verkollektivierten Eigenverantwortung oder Selbstoptimierungszwängen geschieht, sondern betont, dies aus seinem eigenen Tätigkeitsantrieb zu tun. Dabei verortet er es in seinem „Wesen“, dass er selbst etwas Produktives schaffen muss. Inaktivität und inhaltsleerer Zeitvertreib entsprechen demnach nicht seinem Selbstverständnis und es ist ihm wichtig, zu gestalten:

> *„Also für mich wäre nicht wirklich die Frage, auf den Arsch rumzusitzen und da irgendwas sich was weiß ich zu nehmen, weil mein Wesen ist irgendwas selber zu schaffen, selber was zu machen, was Produktives irgendwie erreichen.“* (Zeile 744–747)

7.8 Manni Dennhorst: „An das Gute glauben“

Der 59-jährige gelernte KFZ-Mechaniker und Bildsetzer Manni Dennhorst aus dem Ruhrgebiet ist ein Interviewteilnehmer, der sich per Telefon auf den Akquiseaufruf gemeldet hat. Manni hat sich als Gesprächspartner angeboten, weil er sich im Laufe seines Lebens, in dem es immer wieder längere Phasen des Sozialhilfe- und ALG-II-Bezugs gab, häufig bewusst gegen ergänzende Leistungen, wie zum Beispiel Hilfen zum Umzug, zur Anschaffung neuer Küchengeräte, Renovierungskosten oder Bewerbungspauschalen, entschieden hat. Einen totalen Verzicht hat er nie ausgeübt. Zum Zeitpunkt des Interviews hat er diese strategisch anmutende Nutzung sozialstaatlicher Leistungen noch immer praktiziert. Finanzielle Engpässe überbrückt er zum Teil mit Schwarzarbeit und Gelegenheitsjobs. Außerdem tritt er als Statist im Theater auf und kümmert sich dort um die Lichtanlagen und die Garderobe. Manni hat drei Kinder aus zwei Beziehungen und lebte zum Zeitpunkt des Interviews allein am Rande einer großen Ruhrgebietsstadt. Er hat einen großen Bekanntenkreis und einen weiten Mobilitätsradius, da er vielen kleineren Beschäftigungen nachgeht und sich um ältere oder kranke Bekannte kümmert. Außerdem nutzt er Angebote des Hilfesystems, die Lebensmittelspenden unverarbeitet (z. B. Tafel) oder verarbeitet (z. B. Suppenküchen) an Bedürftige ausgeben.

Das Treffen fand in den Räumlichkeiten eines Wohnprojektes in Mannis Heimatstadt statt. Er erzählte seine Lebensgeschichte reflektiert und weitestgehend chronologisch. Im problemzentrierten Interviewteil hebt er insbesondere auf die Kluft zwischen Arm und Reich und seine Wahrnehmung gesellschaftlicher Ungleichheit, die zunehmende Prekarisierung und die Nichtzuerkennung von Menschenrechten an die Armen, zu denen er sich selbst zählt, ab. Auch die Hierarchien und die Machtasymmetrien, die durch die ungleiche Verteilung von ökonomischen Ressourcen entstehen und die seiner Meinung nach dazu führen, dass sich die Armen unterordnen müssen, thematisiert er verstärkt. Seine Erzählweise ist als geübt zu bezeichnen. Es scheint, als würde er gerne Narrationen aufbauen und seinem Gegenüber verständlich machen, was er ‚wirklich‘ meint. Auch seine Stimme setzt er passend zu seinem Erzählfluss ein. Lose Fäden nimmt er an einigen Stellen wieder auf und bezieht sich auf vorhergehende Gesprächsinhalte, um Zusammenhänge herzustellen. Mit einer Dauer von etwas über 1 ½ Stunden ist das Interview eines der längsten.

7.8.1 Biographische Erzählung

> *„I: Kannst du mir einfach erzählen, wo du so aufgewachsen bist, zur Schule gegangen bist und eh, wie das so war.*
> *Manni: Ok. Also ich bin bei meiner Mutter groß geworden. Ich bin ein Scheidungskind. Meine Mutter war ständig am Arbeiten, hat mich sehr gut versorgt, hat mich sehr gut erzogen. Hat mir alles beigebracht, worum es im Leben geht. Dass man eigentlich versucht, ein guter Mensch zu sein, dass man an das Gute glauben soll. Hinter diesem, also mit diesem Hintergrund ist es mir eigentlich sehr leicht gefallen, durchs Leben zu kommen. Und eh, ja. Ich hab, ich bin zur Hauptschule gegangen, 9 Jahre, in [Stadt], da bin ich groß geworden, in einer Kleinstadt, 25.000 Einwohner – ähh, ziemlich christlich orientiert die ganze Stadt. Schön gelegen, am Rande des Münsterlandes, große Kirmes und eh, schöner Stadtkern und Stadtsee und einfach nette Leute, war eigentlich sehr angenehm für mich, da groß zu werden. Ja klar. Dann hab ich angefangen nach meiner Schule eine Ausbildung zum KFZ-Mechaniker.“ (Zeile 14–27)*

Manni leitet seine Einstiegserzählung mit einem „Ok“ ein, um zu signalisieren, dass er mit der gestellten Frage einverstanden ist, sowie dass es jetzt ‚losgehen kann‘ und er seine aktive Rolle als Erzähler annimmt und ausfüllt. Das folgende „also“ nutzt er in diesem Sinne als Verstärker dieser Erzählungseinleitung.

Er thematisiert in seinen ersten Worten zunächst die Tatsache, dass er (nur) bei seiner Mutter groß geworden ist, weil er ein Scheidungskind ist. Hier geht er davon aus, dass das Wort Scheidungskind bereits eine bestimmte Vorstellungswelt in der Interviewerin auslöst und sich ein bestimmtes Wissen mit diesem Begriff verbindet. Mit seiner darauffolgenden Erwähnung der ständig arbeitenden Mutter lenkt er die antizipierte Vorstellung weiter in die Richtung seiner Mutter als Elternperson, die Erzieherin und Versorgerin zugleich sein musste. Die als „*sehr gut*“ beurteilte Versorgung und Erziehung, die er bei seiner Mutter genossen hat, muss stets durch die knappen zeitlichen Ressourcen beschränkt gewesen sein. Dennoch scheint sie es geschafft zu haben, Manni die für ihn heute noch wesentlichen Lebenslehren zu vermitteln: „*Dass man eigentlich versucht, ein guter Mensch zu sein, dass man an das Gute glauben soll.*“ Mit der unspezifischen ethischen Größe des „*Guten*“, an das „*man*“, also ein jeder im Allgemeinen glauben sollte, markiert Manni ein zentrales Motiv in seinem Leben, das ihm gleichzeitig auch dabei geholfen hat, „*durchs Leben zu kommen*“. Die Maxime des Guten scheint für ihn lebensleitend, denn erst danach setzt er die chronologische Narration seines Lebensverlaufs fort. Interessant ist die Verwendung des Wortes *eigentlich* in diesem Zusammenhang, denn es signalisiert, dass das hehre Ziel, ein guter

Mensch zu sein und/oder stets an das Gute zu glauben, nicht immer und in jedem Fall verfolgt werden kann. Es scheint also auch Ausnahmen für die Anwendung der Werte zu geben, die ihm seine Mutter vermittelt hat.

In der Weiterführung seiner biografischen Erzählung kommt er nach diesem Exkurs auf seine Schulausbildung in seiner Heimatstadt zu sprechen, die er dann näher beschreibt. Er kreiert sprachlich das Bild eines harmonischen, idyllischen Aufwachsens in einer Kleinstadt zwischen Ruhrgebiet und Münsterland. Mit dem semantischen Feld *christlich – schön – nett – angenehm* beschreibt er das Setting seiner Kindheit als Ort, in dem es sich frei und sicher in ansprechender Lage aufwachsen ließ. Er beendet die Beschreibung seiner Kindheit mit einem „ja, klar" und verstärkt so noch einmal die Ausführungen zu den insgesamt als unproblematisch empfundenen Bedingungen seines Aufwachsens. Als würde er an dieser Stelle einen harten Schnitt einfügen, kommt er von dieser Schilderung einer Idylle auf seine Lehre als KFZ-Mechaniker zu sprechen, die er nach der Schule begonnen hat. Hier fügt er keine weiteren Ausschmückungen mehr hinzu, sondern lässt den Satz einfach für sich stehen, was einen Kontrast zu seinen vorhergehenden Ausführungen darstellt. Es scheint, als setze er den Beginn seiner Lehre mit dem Ende einer unbeschwerten Kindheit und Jugend gleich.

7.8.1.1 Kindheit, Jugend und Schulzeit

Die Einstiegspassage enthält bereits die Kerninformationen zu Mannis Herkunftsbedingungen. Vor allem das *ständige Arbeiten* der Mutter, welches eingangs thematisiert wird, scheint ihn nachhaltig geprägt zu haben, denn er bezieht sich im weiteren Verlauf noch häufiger und dezidierter darauf. So beschreibt er, dass seine Mutter für ihn im Alltag wenig sichtbar war und kaum eine Ansprechpartnerin bei persönlichen oder emotionalen Problemen dargestellt hat:

> *„Die hat gearbeitet, also die hat immer gearbeitet, ne, in der ganzen Zeit, zwar immer nur Putzstellen und sowas oder da im Haushalt oder irgendwo [?Monda Menü-Service?], was weiß ich, die hat überall was gearbeitet und für mich sah es halt dann so aus, dass ich nach Hause kam und mein Essen stand auf dem Tisch (.) aber es war keiner da, der mir irgendwie bei meinen persönlichen Dingen geholfen hätte. Probleme waren auch nicht, ich hab ja alles, was ich brauche. Du hast saubere Sachen, du hast schönes Spielzeug, aber mit Emotionen war das nicht so unbedingt – äh …" (Zeile 94–101)*

Als Alleinerziehende hat Mannis Mutter die Rolle der Familienernährerin erfüllt, ohne jedoch gleichzeitig auch die Mutterrolle des emotionalen Beistands einzunehmen bzw. einnehmen zu können, die Manni sich offenbar gewünscht hat. So berichtet er davon, dass er emotionale Themen oder Probleme nicht ansprechen konnte und dass dafür materielle Dinge in den Vordergrund gerückt wurden.

Die Bitterkeit in den Aussagen rührt zum einen aus der Adressierung der Mutter als „die“ her und aus der Ironie, mit der er seine Wahrnehmung der mütterlichen Auffassung seiner Bedürfnislage reproduziert: Solange Essen, Spielzeug und saubere Kleidung vorhanden sind, könnten demnach keine Probleme bestehen, was er offenbar anders sieht. Die Arbeitsstellen im Niedriglohnbereich belegt Manni mit der Adverbien-Kombination „zwar nur“, womit er die Aussage des vorangegangenen Hauptsatzes zum geleisteten Arbeitsumfang seiner Mutter einschränkt. Die Arbeit als lebensbestimmende Größe war in Mannis familiären Umfeld allgegenwärtig. Hierin wurzelt seiner Meinung nach seine „Aversion“ dagegen, Erwerbsarbeit und materiellen Werten einen solch hohen Status beizumessen:

> *„Also ich möchte auch noch was anderes haben als nur malochen, malochen, malochen bis zur Rente – zwei Jahre Rente durch, den Arsch zukneifen und weg bin ich. Das, so wollte ich das nicht haben. Und ich hätte es lieber, dass man sich mit dem – Beruf kommt von Berufung. Dass man weiß, wenn ich mich dazu berufen fühle, da spielt das Geld keine Rolle, vordergründig wird dann das Tun sein.“ (Zeile 118–123)*

Seine Schulzeit hat er zunächst als problemlos erlebt, da er einerseits keine Schwierigkeiten bei der Aufnahme von Lerninhalten erinnert und er andererseits gerne mit anderen zusammen war. Die Institution Schule war eine schlichte Notwendigkeit, ein Bestandteil des Alltags:

> *„Manni: Schule war für mich etwas, da musste man hingehen. Ich hab ja am Anfang gesagt, ich war ja ein Träumer. Mir flog immer alles zu, also ich konnte meinen Standard erfüllen, auch ohne zu lernen. Also, das, was ich kann, das ist mir immer so zugeflogen. Durch mein persönliches Interesse an den Dingen, dann bleibt das auch haften.*
> *I: Also ist dir das nicht schwergefallen, zur Schule zu gehen?*
> *Manni: Eigentlich nicht. Erstmal waren ja Leute da und zweitens, dann man konnte was lernen. Aber was mir damals schon auffiel, dass, wenn ich 'nen schlechten Lehrer hab, dann hab ich auch keine Lust, dahin zu gehen. Also, der Mensch ist ja nur so gut wie sein Lehrer. Also und wenn ich da – meine Klassenlehrerin, die konnte mich überhaupt nicht leiden, ich war nur ein rotes Tuch für sie, da konnte ich machen, was ich wollte und da kam ich gar nicht durch.“ (Zeile 129–140)*

Der Schulbesuch war für Manni demnach nicht durch Schwierigkeiten gekennzeichnet, auch, weil dort Gleichaltrige und Freunde waren, zu denen er sozialen Kontakt haben konnte. Wie sich im weiteren Interviewverlauf zeigen wird, ist Manni generell ein kontaktfreudiger Mensch und scheint in der Zwischenmenschlichkeit einen großen Wert zu erkennen. Die Schule wurde demnach für Manni immer nur dann zum Problem, wenn er auf Lehrpersonen traf, mit denen er nicht zurechtkam. Auffällig ist hier die Formulierung „*was mir damals schon auffiel*“, was darauf hindeutet, dass sich das Motiv einer vorgesetzten Autoritätsperson, deren Eigenschaften mit Mannis Haltung kollidieren, in seinem Lebensverlauf wiederholt. Kurz erwähnt Manni im Zuge seiner biografischen Erzählung auch seine Schwester und den gemeinsamen Vater, bei dem sie groß geworden ist. Die beiden haben etwa 40 Kilometer entfernt von Manni und seiner Mutter gelebt und bis auf gelegentliche Besuche bestand wenig Kontakt zwischen ihnen.

7.8.1.2 Schulabschluss und Berufsfindung

Da Manni sich nie wirklich Gedanken darum gemacht hat, welchen beruflichen Weg er einmal einschlagen möchte, kam sein Berufsfindungsprozess eher automatisch auf ihn zu, als er die Schule abgeschlossen hat. Im folgenden Zitat schildert Manni, wie er zu seinem ersten Ausbildungsberuf als KFZ-Mechaniker kam:

> *„Man war irgendwann in dem Alter, wo dann die Lehre, also wo die Lehre auf einen zukam, dann hat man sich ein bisschen informiert, dann hat man ein paar Bewerbungen geschrieben, dann hab ich einen Test bei der Bundesbahndirektion in Münster gemacht, hab ich aber, da hab ich einen halben Punkt zu wenig gehabt und sonst hätte ich da anfangen können. So im normalen Dienst, weil damals war das so, dass man nach sieben Jahren verbeamtet wurde. Wäre natürlich eine gute Gelegenheit gewesen. Aber da hat man mich nicht genommen, dann hab ich 'ne Ausweichmöglichkeit gesucht und hab dann eine gefunden, eine Autowerkstatt, die mich dann am 01.10. in dem Jahr meiner Schulentlassung eingestellt hat." (Zeile 33–42)*

Seine Lehre hat er bis auf den Prüfungstag vollständig absolviert. Am Vortag der Abschlussprüfung hat er in einer Diskothek, in der er zu diesem Zeitpunkt auch bereits zwischendurch gearbeitet hat, mit Freunden und Altgesellen lange gefeiert, so dass er am nächsten Morgen verschlafen hat und nicht zu seinem Prüftermin erschienen ist. Entgegen der sonstigen Gewohnheit hat seine Mutter ihn an diesem Morgen nicht geweckt, weil sie der Auffassung war, dass er Dinge, die ihn betreffen, nun selbst zu regeln hat. In der Rückschau konstatiert er, dass er sicherlich die Prüfung zwei Wochen später hätte wiederholen können, aber in dem Moment hat er sich gesagt:

> *„Leckt mich alle am Arsch, fertig, jetzt mach ich gar nichts mehr." (Zeile 52)*

Nach dem Abbruch der Lehre hat er zunächst weiterhin in der Diskothek gearbeitet und parallel, noch im selben Jahr, im Betrieb seines Stiefvaters auf dem Bau angefangen zu arbeiten. Noch während seiner Lehrzeit in der Werkstatt, als er 15 Jahre alt war, wurde Mannis erste Tochter geboren. Dies war in der Stadt ein Auslöser für „Hänseleien", denen er sich längere Zeit ausgesetzt sah und die sich auf seine junge Vaterschaft bezogen. Irgendwann hat er dann seiner Geburtsstadt den *„Rücken gekehrt"* und ist in eine andere, größere und etwas weiter entfernte Stadt verzogen, wo er in das *„Nachtleben reingekommen"* ist. Etwa sieben Jahre hat er „*im Nachtgeschäft*" als Barkeeper, Diskjockey und in der Küche gearbeitet. In diesem Zuge ist er auch über ein Jahr mit einer niederländischen Band als Roadie verreist und hat den Touralltag gemanagt. Er bezeichnet diese Zeit als „*Flow*", „*wo alles passte*".

7.8.1.3 Erfahrungen mit Erwerbslosigkeit

Bei einem Besuch in Heimatnähe hat er zum Ende dieser Jahre eine Frau kennengelernt, sich verliebt und ist wieder ins Ruhrgebiet zurückgekehrt. Seine beiden jüngeren Kinder stammen aus dieser Beziehung. Die Familie hat von Sozialleistungen gelebt und Manni hat durch Schwarzarbeit das Einkommen ergänzt, so dass sie ein kleines Haus außerhalb der Stadt anmieten konnten. Sich selbst beschreibt er in dieser Zeit als „erziehender Vater", der den Anspruch hatte, ein „vernünftiges Familienleben" zu führen:

> *„Vater, Mutter Kind, es bot sich an, wir haben zwar vom Sozialamt gelebt, das war nicht viel, aber wir hatten unser Auskommen gehabt und wir lebten in einem Umfeld, das für Kinder optimal ist. Mit Kühen auf der Wiese, Enten, Hühner und so. Natur um dich rum und ich hab auch volle Unterstützung meines Sozialarbeiters bekommen, der das auch gut fand." (Zeile 96–201)*

Der angesprochene Sozialarbeiter wurde Manni und seiner Partnerin deshalb vom Jugendamt zur Seite gestellt, weil sie unverheiratet waren und von Sozialleistungen lebten, was zum Ende der 70er so noch üblich gewesen sei. Manni scheint diese damalige Hilfestellung insgesamt als förderlich zu beurteilen und äußert sich darüber stets positiv. Weil die Partnerschaft nicht funktioniert hat, kam es zur Trennung und Manni ist etwa vier Jahre später im Zuge einer Umschulung zum Reproduktionsfotografen Richtung Süddeutschland umgezogen, wo auch seine neue Freundin lebte, die zu dieser Zeit gerade ihr Abitur vorbereitete. Die Umschulung hat er erfolgreich innerhalb von zwei Jahren abgeschlossen und dann auch einige Zeit in dem Beruf gearbeitet, bis es aufgrund von Unstimmigkeiten zur Kündigung kam. Die neuen Erlebnisse und das neue Umfeld, das mit der Umschulung verbunden war, beschreibt er wie folgt:

> *„Also es war ein hochwissenschaftlicher Job, also das war, als KFZ-Mechaniker läuft man rum, dreckige Finger, Öl, alles schmutzig. Und auf dem Bau hat man die Hände kaputt, Rücken kaputt, fertig gehabt. Und auf einmal hat ich jetzt 'nen Job gehabt, da lief ich mit weißem Kittel rum, Rechenschieber oben inne Tasche, 'nen paar Kulis und hatte das, das Wissen mir in zwei Jahren angeeignet, hochmathematische Berechnungen durchzuführen, mit Logarithmen, von denen ich vorher noch nicht mal wusste, wie das geschrieben wird." (Zeile 236–242)*

Nachdem seine Freundin zum Studium nach Berlin gezogen ist, hat auch er Süddeutschland wieder verlassen und ist ihr gefolgt, wobei er zunächst zwischen den Landesteilen gependelt ist. In Berlin hat er sich auf diverse Jobs beworben, insbesondere im handwerklichen Bereich. Zu einem Umzug ist es allerdings nicht gekommen, weil seine damalige Freundin einen anderen Partner kennengelernt hat. Manni ist dann Mitte der 90er Jahre wieder ins Ruhrgebiet zu seiner Mutter gezogen, ohne eine Anstellung zu haben. In diese Zeit fällt die zunehmende Digitalisierung seines Umschulungsberufs, der Manni nicht folgen konnte, weil er keinen eigenen Computer besaß und es ihm schwerfiel, von der konventionellen Art, die er erlernt hatte, auf die elektronische umzusteigen. Zudem war im Ruhrgebiet zu diesem Zeitpunkt ein Höhepunkt des Strukturwandels erreicht, der Rückbau vieler Zechen war zum Großteil bereits abgeschlossen und auch die Stahlproduktion kam zum Erliegen. Viele Menschen verloren ihre Arbeit, die Konkurrenz um die verbliebenen Arbeitsplätze war dementsprechend hoch und auch die Möglichkeiten zur Schwarzarbeit waren begrenzter. In dieser Zeit hat Manni zum ersten Mal nicht nur Erwerbsarbeitslosigkeit, sondern auch Beschäftigungslosigkeit erlebt:

> *„Ja, dann hat man halt in den Tag hineingelebt. Hat sich Leute gesucht, mit denen man den Tag über verbringt, damit man nicht verdummt. Weil eh, wenig Geld heißt ja oft, dass man dann alleine sitzt. Dass man zu Hause ist, viel Fernsehen guckt, dass man viel trinkt. Weil man sieht ja, man befindet sich ja in einer Umgebung, wo es alle nur um Geld geht." (Zeile 373–377)*

Insgesamt beurteilt er die Möglichkeiten zur sozialen Teilhabe erwerbsloser Personen, die auf staatliche Unterstützung nach den veranschlagten ALG II-Regelsätzen angewiesen sind, als sehr schlecht. In der folgenden Textpassage rechnet er vor, wie schnell die Hartz IV-Bezugssumme in der alltäglichen Lebensrealität ausgegeben ist:

> *„Man kann ja manche Dinge gar nicht mitmachen. Man kann nicht ins Kino gehen, was weiß ich, wenn ich am Tag, wenn man jetzt von der heutigen Zeit ausgeht, ja, man kriegt 419 Euro, ne, oder 16, was das da ist. Da muss ich ja mein Ticket von bezahlen, da muss ich meinen Strom von bezahlen. Man hat ja auch Handy, man möchte ja mithalten. Dann sind da 100, 150 Euro weg. Wenn man dann noch ein paar Restschulden hat, die man noch abgleichen, abbezahlen muss, dann hat man vielleicht 180, 200 Euro im Monat zur Verfügung und das ist ruck, zuck weg, das Geld. Dann fängt man an, öffentliche Sachen in Anspruch zu nehmen, wie Suppenküchen, [Straßenname], dass man Frühstück bekommt, weil oft hat man dann einfach kein Geld, ne, dann ist der Monat ruck, zuck vorbei." (Zeile 379–389)*

Obwohl er im Regelfall immer Sozialleistungen bezogen hat, wenn es notwendig war, hat er etwaige ergänzende Bezugsmöglichkeiten eher strategisch genutzt und stets abgewogen, mit welchem Aufwand eine Beantragung verbunden ist. Strikt abgelehnt hat er die staatliche Unterstützung aber nie und auch die angesprochenen sozialen Dienstleistungen nutzt er regelmäßig.

7.8.1.4 Episode der Nichtinanspruchnahme

Manni ist zum Zeitpunkt des Interviews als ‚Langzeitarbeitsloser' zu bezeichnen, der, sofern er einen Anspruch hatte, auch stets die Regelleistung erhalten hat und somit in den offiziellen Statistiken als ALG-II-Empfänger geführt wird. Die Form seiner Nichtinanspruchnahme liegt darin, auf zusätzliche Leistungen zu verzichten, wenn er es irgendwie schafft, seine Angelegenheiten alternativ zu organisieren. Insbesondere betrifft das Leistungen zum Umzug, Kostenübernahmen zu Bewerbungszwecken oder Neuanschaffungen. Dazu substituiert er seinen Regelsatz durch offizielle und inoffizielle Nebentätigkeiten und nimmt alternative Angebote der Armutsversorgung wie die Tafeln oder Suppenküchen in Anspruch. Zusätzlich zu beantragende Leistungen kommen für Manni vor allem deshalb nicht in Frage, weil er *„seine Ruhe"* haben möchte und der reguläre Bezug schon aufwändig genug ist:

> *„Sowas habe ich dann oft nicht in Anspruch genommen, weil man dann einfach Ruhe haben möchte. Weil man möchte da nicht hingehen, 1000 Anträge stellen und 1000 Begründungen schreiben, warum etc., dann sagt man sich, es ist eben so, dann krieg ich das eben hin." (Zeile 515–518)*

Manni scheint seine Auffassung auch auf andere Bezieher*innen von Sozialleistungen zu beziehen und bietet hier eine generalisierende Erklärung für die Nichtinanspruchnahme sozialer Leistungen an, indem er in der unbestimmten Form von „man" spricht. Er scheint demnach davon auszugehen, dass der Nichtbezug vor allem darauf zurückzuführen ist, dass die Betroffenen das Antragswesen scheuen und am liebsten so wenig Kontakt wie möglich zur jeweils zuständigen Behörde haben wollen.

Sein Vergleich mit anderen Personen, die möglichst sämtliche zustehende Leistungen auch beanspruchen, offenbart aber eine weitere Dimension seines Verzichts. So spricht er in der folgenden Textpassage über ALG-II-Bezieher*innen, die die sogenannte Bewerbungskostenpauschale fest in ihrer Monatsplanung einkalkulieren:

> *„[...] Also das, ehh, zum Beispiel, hab ich noch nie in Anspruch genommen, dass, wenn ich mich beworben habe, dass ich mir das Geld dann zurückhole. Kenn ich wieder andere Leute, die planen diesen Betrag schon fest ein. Die nehmen sich irgendeine Zeitung, schreiben an 10 Firmen hin und haben dann schon wieder 10 mal 2,50 für die Bewerbung, hab ich 25, kann ich versaufen. Aber – die wollen überhaupt keine Arbeit bekommen. Es gibt welche, die nehmen jeden Cent in Anspruch, den sie*

bekommen können, und es gibt für mich wahrscheinlich 50 % der Menschen werden die Leistungen, die ihnen zustehen, nicht bekommen." (Zeile 519–526)

Manni scheint sich hier von Personen distanzieren zu wollen, die die Bandbreite an Unterstützungsleistungen im ALG-II-Bezug komplett ausschöpfen, und unterstellt jenen Personen, dass sie eigentlich gar nicht arbeiten wollen und mitunter die erhaltenen Ressourcen in Alkohol investieren. Mit der kalkulierten Inanspruchnahme schaffen sie es demnach, ihren finanziellen Bedarf soweit zu decken, dass die Aufnahme einer Erwerbstätigkeit nicht notwendig ist. Ein Widerspruch in dieser Textpassage besteht darin, dass Manni diese Handlungsweisen kritisiert, zum anderen den Betrag aber als eine ‚zustehende' Leistung einordnet. Weiterhin mutmaßt er über die allgemeine Nichtinanspruchnahmerate und nimmt an, dass sie bei etwa 50 Prozent liegt. Die Ursache macht er in der mangelnden Aufklärungsarbeit durch die Sachbearbeitenden fest. Hier macht er ein großes Defizit der Jobcenter aus und glaubt, dass vielen negativen Einstellungen und Theorien dadurch Vorschub geleistet wird:

„Weil man einfach nicht aufklärt – es wäre zum Beispiel schön, wenn da einer, so 'n Sachbearbeiter, wenn der sagen würde, hör mal zu: Ich versteh deine Geschichte, ich weiß, alle brauchen Geld, ich selber auch. Ich weiß, ohne dich wär ich nicht hier am Sitzen. Ich hab dir als Kunde auch 'ne gewisse Dankbarkeit, dafür klär ich dich auch auf, was dir zusteht. Es ist sogar eigentlich meine Aufgabe, das muss ich eigentlich machen. Hat man mir mal erzählt, dass da so 'ne gewisse Aufklärungspflicht besteht. Und dass das ernst gemeint werden würde. Das wäre schön. Und indem man das nicht macht, kursieren dann so Sprüche, bei uns so, den Leuten, wo man dann sagt, ja, ich glaub, hör mal, der hat, ich hab 50 Euro nicht bekommen, für jeden 100er kriegt der 'nen 10er ab, oder was. Dieses Denken ist dann da vorhanden, dass die Leute dann glauben …" (Zeile 526–536)

7.8.2 Wahrgenommene Formierungsversuche

Das dominierende Motiv in Mannis Sichtweise auf die Gesellschaft ist im Allgemeinen die Konstitution eines Gegeneinanders der Positionen: Jener, die „das Sagen", die Mittel, die Autorität, die Ressourcen haben, und jener, die sich der bestimmenden Seite unterordnen müssen, weil sie über all das nicht verfügen. Sie sollen vor allem konsumieren und sich den Bedingungen fügen. Er selbst zählt sich dabei zur Seite der Unterdrückten. Dies scheint ihn immer dann besonders zu belasten, wenn die Machthabenden ihre Position in institutionellen Bezügen ausnutzen und zuungunsten der Unterlegenen einsetzen. Das Gegeneinander der gesellschaftlichen Kräfte, die Repressionen und die Bestrafungen, denen die Armen und Bedürftigen ausgesetzt sind, verortet er dabei in einem komplexen Gefüge, in dem „*ein Rad ins andere*" greift. Als Bestandteile dieses Gefüges nennt er die absichtlich herbeigeführten Existenzängste der Menschen, den Verlust von Solidarität untereinander und damit einhergehend Neid, Gier und Missgunst sowie Isolation und benennt als Nebenfolgen z. B. Rassismus und eine allgemeine Verrohung der Gesellschaft. Sozialstaatliche Interventionen nehmen innerhalb dieses Gefüges eine systemerhaltende Funktion ein und tragen ihren Teil zum Gegeneinander bei. Als Beispiel für ein Machtmittel nennt er Anreize und Möglichkeiten zum Konsum, die den Bedürftigen vermittelt werden, damit sie das Gefühl haben, Teil der Gesellschaft zu sein:

> *„Wenn man zum Beispiel, selbst wenn man solche Märkte nimmt wie Primark, wo da ewig Leute vorstehen mit drei Taschen, voll mit Sachen, damit sie einmal diesen Kaufrausch haben können, ne [...] die Leute haben mal, haben sich mal befriedigt. Warum gibt es Ein-Euro-Läden zum Beispiel. Damit der kleine Mann für 10 Euro mit 'ne volle Tasche rausgehen kann und ‚Guck mal, alles neu!' " (Zeile 436–443)*

Demnach werde über den gezielten Verkauf von Billigprodukten der Schein der sozialen Teilhabe aufrechterhalten, damit die tatsächlich bestehende Ausgrenzung nicht allzu spürbar wird. Er theoretisiert seine Erzählung weiter und vermutet einen gezielten eugenischen Angriff auf die Unterschicht, um sie auszudünnen und Profit zu generieren:

> *„Dass diese Sachen eventuell chemisch verseucht sind. Und es gibt ja mittlerweile bewiesene Studien, dass viele von den Weichmachern, die in diesen Sachen vorhanden sind, wenn man zum Beispiel bei so 'nem Markt wie Tedi reingeht, der riecht schon so komisch, das sind alles Weichmacher und diese Weichmacher, die sind meistens keimtötend, also keimschädigend, das heißt, man hat Geld gemacht und das Kroppzeug ist weg. Weil die können sich irgendwann nicht mehr vermehren. Es soll so Studien geben, die besagen, es gibt nur eine Möglichkeit, dass man die Menschheit dezimiert, um wieder genügend Platz für die Reichen zu haben. Und auf diesem Wege ist nach meiner utopischen Meinung manchmal so, das könnt ich mir vorstellen, dass die Menschen so pervers sind und sowas tun." (Zeile 443–453)*

Die metapolitische Theorie, die Manni hier präsentiert, ist langfristig darauf ausgelegt, sozio-ökonomisch schlechter gestellte Bevölkerungsschichten systematisch durch Verhinderung von Fortpflanzung auszudünnen. Dabei bezieht er sich auf tatsächlich existierende Studien, die einen Zusammenhang zwischen der Verwendung von Weichmachern in Kleidung und Unfruchtbarkeit herstellen. Dahinter vermutet er (neben der Generierung von Profit) das höhere gesellschaftsstrukturierende Ziel, „den Reichen" Raum zu verschaffen, wobei er offensichtlich zum einen davon ausgeht, dass Armut vererbbar ist, und zum anderen nahelegt, dass die Überbevölkerung mit der erhöhten Geburtenrate der Unterschicht zusammenhängt. Hier scheinen sich verschiedene und auf verschiedenen Wegen erworbene Wissensarten mit konspirativ anmutenden Gedanken zu mischen, was als Hinweis darauf gelesen werden kann, dass Manni das, was er an gesellschaftlichen Tendenzen beobachtet, zuweilen so unübersichtlich und ausufernd erscheint, dass er nach einer logischen Deutung sucht. Neben dem Billigkonsum sieht er außerdem die zunehmende Vereinzelung der Menschen sowie die Gewaltbereitschaft unter Kindern und Jugendlichen in der Unterdrückung der Armen begründet. In diesen Entwicklungen weist er verschiedenen Faktoren eine einflussnehmende Wirkung zu, die in enger Wechselwirkung zueinander stehen und insgesamt ein Klima der Angst generieren:

> *„Und diese ganzen Dinge, die bringen dann alle so 'n Gefüge zusammen, dass die Menschen immer konfuser werden, Angst haben. Dass immer mehr Ängste hochkommen. Existenzängste. (3) Für zwei Hamburger, ne, für zwei Mark, oder zwei Euro: Kannst du eine Suppe kochen. Weißt du. Das, das – das diese ganzen Lebensmittel. Guck mal. Süß, saftig, billig. Weißte. Qualitativ, Lebensmittel kosten Geld. Schrott ist billig, kann man billig herstellen, das Volk hat kein Geld – die füllen nur ihren Bauch, aber werden nicht satt, weißt du. Diese Lebensqualität auch, was Ernährung betrifft, ist dann auch nicht da, weißt du. Also das ist, das ist wie so 'n Getriebe, ein Rad geht ins andere rein." (Zeile 1055–1063)*

Das Jobcenter ist für Manni eine Institution, die das Gegeneinander, auf dem die Gesellschaft aus seiner Sicht aktuell gegründet ist, vermittelt und begünstigt. So werde den Menschen durch die Jobcenter-Vermittlung „ein Stempel aufgedrückt", der sie als passiv, kompetenzlos und faul brandmarkt, sofern man nicht aktiv durch die offensiv demonstrierte, konsequente Befolgung der Regeln dagegen arbeitet. Er geht davon aus, dass bereits in der Ausbildung der Sachbearbeitenden der Fokus nicht auf der zwischenmenschlichen Ebene liegt, sondern darin, die eigene Statistik zu kontrollieren. Rationalisierungen der wirtschaftlichen und persönlichen Ebene bestimmen seiner Deutung nach das gegenwärtige Menschenbild und gehören zur dominanten Erwartungshaltung an die Sozialstaatsbürger*innen. Dabei erkennt er auch in gezielten Falschinformationen und Informationsrückhaltung bezüglich bestehender Ansprüche ein Instrument, um Bedürftigen ihre Rechte vorzuhalten, um so der übergeordneten wirtschaftlichen Ebene zu dienen. Durch die mangelnde Aufklärungsarbeit entstünden dann Gerüchte unter den Hartz-IV-Bezieher*innen:

> *„Und indem man das nicht macht, kursieren dann so Sprüche, bei uns so, den Leuten, wo man dann sagt, ja, ich glaub hör mal, der hat, ich hab 50 Euro nicht bekommen, für jeden 100er kriegt der 'nen 10er ab, oder was. Dieses Denken ist dann da vorhanden, dass die Leute dann glauben …" (Zeile 533–536)*

Das hier ausgedrückte Misstrauen und der Zweifel an der Rechtschaffenheit der Jobcenter-Mitarbeitenden gründet vermutlich wiederum in realen Fällen, die in den Medien thematisiert worden sind.

Die von Manni reichhaltig beschriebenen Machtmittel sind insgesamt in seiner Wahrnehmung auf die gezielte Vereinzelung armer Menschen und die Verhinderung von Solidarität untereinander ausgelegt. Eigenverantwortung zur Sozialverantwortung spielt hier eine untergeordnete Rolle und verbleibt in Mannis Erzählung weitestgehend im Ungesagten. Der Appell an die Eigenverantwortung dient demnach vielmehr wiederum der Vereinzelung und legt den Grundstein für die Ausbildung des gegenwärtig herrschenden Egoismus. Die Menschen werden demnach deshalb von den verschiedenen Instanzen des Sozialstaats stets solitär adressiert und an der untersten Position der gesellschaftlichen Hierarchie positioniert, um ein Gruppenbewusstsein zu verhindern. Diese Auffassung verdeutlicht Manni in seiner erzählenden Darstellung vor allem an Szenen, die er in den Lebensmittelausgaben der Tafel erlebt hat. In diesen manifestieren sich seine Deutungen dahingehend, dass die gezielte Politik der Vereinzelung und des Gegeneinanders so weit von Erfolg war, dass selbst die Bedürftigsten untereinander nicht mehr in der Lage zu gegenseitiger Anteilnahme an der Situation des anderen sind und von Gier und Egoismus getrieben werden.

7.8.3 Subjektivierungsweisen

Im Entwurf seines Selbst achtet Manni darauf, seiner lebensleitenden Maxime des *Guten* gerecht zu werden und das Grundgerüst sozialer Normen – sofern sie seiner Ansicht nach das Gute vertreten – zu achten. Dem Guten ordnet Manni eine Vielzahl ethischer Normen zu, die auf christlich-humanistische Werte zurückgehen und die den von ihm wahrgenommenen Formierungsversuchen zum Teil fundamental entgegenstehen. Das Gute scheint so göttlich vorgegeben und sich auf eine gewisse Weise der gesellschaftlichen Konstitution und der subjektiven Setzung zu entziehen. Der Mensch kann sich demnach frei entscheiden, ob er sich dem Guten oder dem Bösen verpflichtet sieht. Er sieht sich dabei selbst als „Träumer“, wie er mehrfach betont, der seinen idealistischen Glauben an eben jenes „Gute“ nicht aufgeben möchte. Auf dieser Grundlage sollte auch die von Manni als strukturgebend empfundene gesellschaftliche Spaltung in eine herrschende Elite, eine „Obrigkeit“, und die unteren gesellschaftlichen Schichten funktionieren. Während er diese Struktur nicht grundsätzlich in Frage stellt, prangert er an, dass die Machtverhältnisse nicht (mehr) vom Guten geleitet sind und die „Obrigkeit“ die Armen und Bedürftigen unterdrückt, ausbeutet und auf lange Sicht vernichten will. Er selbst begreift sich als bedürftig und Mitglied der unteren Schichten. So nutzt er Personalpronomen häufig im Plural, spricht in der Wir-Form oder von einem *uns*, wenn er die Kämpfe der Armen gegen die Reichen benennt. Direkt darauf angesprochen, wen er eigentlich mit *uns* meint, antwortete er:

„Für uns Leute, die so in der Situation sind, die von Hartz leben. […] Die drauf angewiesen sind. Bedürftige im übertragenen Sinne ist es quasi für die Ärmsten der Ärmsten. Das mein ich mit uns. Ne. Andersrum mein ich uns, dass wir uns alle als uns begreifen. Dass eben diese Vorsorge. […] Man soll einander, füreinander da sein. Das mein ich dann mit dem gesamten Uns." (Zeile 569–587)

Hier konstruiert er einerseits die Gruppe der Bedürftigen als eine gesellschaftliche Schicht, zu der er sich selbst zählt. Andererseits spricht er von der Gesellschaft an sich, die im Sinne des Guten füreinander da sein soll und sich für den Nächsten verantwortlich zeigen sollte.

Das objektiv Gute ist ferner auch die Leitlinie, die dem Missbrauch von Sozialleistungen entgegensteht, der für ihn schon damit beginnt, wenn Sozialleistungsempfänger*innen unnötig Ressourcen verbrauchen und z. B. im Winter die Heizung bei offenem Fenster laufen lassen. Weiterhin kritisiert er Menschen, die absolut alles in Anspruch nehmen, was ihnen per Gesetz zusteht, und die zusätzlichen Leistungen fest in ihr Monatsbudget mit einplanen. Das dahinterliegende Bewusstsein der Verschwendung und des Ausnutzens steht offenbar wiederum einem bedachten Umgehen mit sich und der Welt entgegen. Die Norm, die Manni hier aufspannt, könnte lauten: Man nimmt nur so viel, wie man wirklich braucht, ist dankbar dafür und lässt den Rest den anderen, die auch bedürftig sind:

„Die haben einfach das Gefühl, da, „ich bin ja da, dann steht mir das alles zu". Ja, soll ja auch, aber trotzdem gibts auch 'nen Gemeinschaftssinn, der trotz aller Abwägungen immer noch gewissen Normen bedarf. Dass man weiß und dass man auch Dankbarkeit dafür hat, dass man es bekommt, dass es nicht so geht, wie man es gerne hätte, das ist auch klar." (Zeile 428–432)
„Dann ist das dieses Unverschämte. Weil die Leute dann vielleicht den Gedanken haben, morgen gibts nix mehr. Das ist, das ist schon so 'ne Mischung aus Angst und Neid – Also dem anderen das nicht gönnen." (Zeile 667–670)

Dem Gemeinschaftssinn und den dahinterliegenden Normen (Dankbarkeit – Zurückgenommenheit – Bescheidenheit) steht eine generelle Unverschämtheit gegenüber, die Manni hier einerseits in der Angst um die existenzsichernden Ressourcen und im Neid und dem „Nicht-gönnen-können" verortet. Abgrenzend scheint er sich hier als schamhaft-dankbar und dem Gemeinschaftssinn in adäquater Weise verpflichtet zu sehen. Er positioniert sich in diesem Sinne als *guter* Bedürftiger, der sich dem Gemeinsinn (oder dem *Uns* als Menschen) verpflichtet sieht.

Die zuweilen aufscheinenden antirationalistischen Ressentiments gegen politische und gesellschaftliche Verhältnisse, die verschwörungstheoretische Merkmale haben, scheinen für ihn ein Ausdruck seiner skeptischen Haltung zu sein, die anzeigt, dass er nichts unhinterfragt hinnimmt. Dies bezieht sich auch auf die allgemeinen gesellschaftlichen Orientierungen, die er insbesondere im Streben nach monetären Werten und Konsum wahrnimmt. Aus seiner biografischen Geschichte wurde deutlich, dass er unter der ständigen Abwesenheit seiner Mutter und deren ausgeprägter Erwerbsarbeitsnorm gelitten hat und früh dagegen aufbegehrte. Er macht ihre Erwerbsorientierung der „Arbeit-um-jeden-Preis" (vgl. Dörre et al. 2013) im Wesentlichen für seine Annahme verantwortlich, dass es im Leben um andere Werte als den der Arbeit geht.

Das Streben nach monetären Werten lag und liegt ihm fern und er verortet seine Orientierung eher in der Suche nach Sinn und mentalen Erfahrungen. Dabei betont er aber auch, dass er in seinem bisherigen Lebensverlauf nie wirklich inaktiv war und immer nach Herausforderungen und Beschäftigung gesucht hat:

> *„Auch wenn ich nichts getan habe, ich hab immer sehr viel getan. Früher waren die Möglichkeiten noch anders, damals war es nicht so schwer, dass man auch mal schwarzes Geld verdienen konnte. Also ich hab immer viel getan, ich hab aber auch viel in meinem Leben getan, wo ich gar nicht so unbedingt das Geld für haben wollte. Sondern eher die, ja, das Ganze als Challenge gesehen habe oder dass ich das, was ich lernen kann. […] Also ich hab das nie so – Geld, Geld, Geld, Geld, war für mich nie das Wichtige." (Zeile 104–114)*

Mit dieser Orientierung zur Befolgung der Tätigkeitsnorm grenzt er sich insbesondere erneut von jenen ab, die, ohne Dankbarkeit zu zeigen, alles, was das Sozialleistungssystem bietet, entgegennehmen, ohne arbeiten zu wollen. Dies expliziert er noch weiter, indem er noch einmal die berufsbiografischen Situationen aufgreift, in denen er seine Arbeitsstelle verloren hat. Hier betont er, dass er nie die Arbeit verweigert hat oder sich gegen die Aufnahme oder Fortführung einer Erwerbsarbeit gewehrt hat, sondern dass es immer von ihm wahrgenommene Ungerechtigkeiten waren, die dazu geführt haben. In diesem Sinne erklärt er sich folgendermaßen:

> *„Weil ich hab 'ne Akte am Arbeitsamt, riesig dick, die haben schon einen kleinen Raum für mich eingerichtet. Aber ich hab nie, dass ich meine Arbeit verloren hab, weil ich ein Arbeitsverweigerer war, sondern eher, der immer gesagt hat, bis hierher und nicht weiter. Ich mach alles, ich geb alles, stell keine großen Forderungen, aber bitte gebt mir meine Rechte, die ich haben möchte. Darum gings mir oder darum gehts mir allgemein in meinem Dasein." (Zeile 79–84)*

Die Freiheit, an einem bestimmten Punkt, nämlich dann, wenn er in seinen Persönlichkeitsrechten beschnitten wird, nein zu sagen und sich widerständig zu zeigen, ist offenbar ein wichtiges Element seiner Selbstpositionierung. Wie er sagt, ist er bereit, viel zu leisten und dabei keine überzogenen Anforderungen zu stellen, jedoch muss das, was er gibt, in einem ausgewogenen Verhältnis stehen zu dem, was er bekommt. Er erfüllt die gesellschaftliche Erwartungshaltung und die vorgegebenen Subjektnormen demnach, solange sie im Rahmen des Guten liegen. Die „Rechte", die er in seinem Sinne gewahrt sehen möchte, scheinen zunächst seine Menschenrechte auf Diskriminierungsfreiheit und Wahrung seiner Menschenwürde zu sein.

7.9 Anna Schnuck: „Dass ich abgesichert bin, außerhalb dieser Scheiße"

Mit zum Interviewzeitpunkt 20 Jahren ist Anna Schnuck die jüngste Befragte dieser Untersuchung. Sie lebt und arbeitet wie Paul Menners (s. Kap. 7.5) innerhalb des Sozialistischen Selbsthilfe-Zusammenschlusses. Anna ist bei ihrer alleinerziehenden Mutter aufgewachsen, die selbst (mal vollständig, mal aufstockend) Arbeitslosengeld II erhalten hat. Weil ihre Mutter Ämterangelegenheiten häufig nicht selbst erledigen konnte, hat Anna ihr schon früh dabei geholfen. So hat sie sich bereits mit zehn Jahren selbst um die Beantragung des Bildungs- und Teilhabepakets gekümmert und zunehmend den Schriftverkehr für ihre Mutter übernommen. Nachdem sie die Schule abgeschlossen hat, hat sie zunächst in verschiedenen Jobs gearbeitet und war weiterhin offiziell bei ihrer Mutter wohnhaft gemeldet. Überwiegend hat sie aber bei Freunden gelebt, sich in besetzten Häusern aufgehalten oder war auf Reisen. In Nordspanien hat sie in einem Nachbarschaftsprojekt gearbeitet und eine alternative Form des Lebens und Wirtschaftens kennengelernt.

Sie lehnt den Bezug von Sozialleistungen für sich ab und engagiert sich ehrenamtlich in der Freien Arbeiter*innen Union (FAU), eine alternative Gewerkschaft, die sich im Gegensatz zu den ‚großen' Gewerkschaften auch für erwerbslose Personen und Zeitarbeiter*innen einsetzt. Hier begleitet sie Empfänger*innen von ALG II zu Jobcenter-Terminen und berät sie bei Problemen. Das Interview hat in einer ruhigen Sitzecke auf dem Gelände der sozialistischen Selbsthilfe im Freien stattgefunden.

Im Interview fällt ihr hohes Maß an Interaktionsgestaltung auf, so spricht sie die Interviewerin meist direkt an. Andere Personen erwähnt sie in ihrer Erzählung kaum in direkter Benennung (mit Ausnahme ihrer Mutter). Auch ihre weiteren Äußerungsmodalitäten sprechen dafür, dass sie über eine weitreichende Handlungs- und Wirkmächtigkeit verfügt: Sie erzählt die Geschichte von sich als freier Person, die in den meisten ihrer Lebenssituationen die volle Handlungskotrolle behält und auch in schwierigen Zeiten Lösungen für die eigenen Probleme finden kann.

7.9.1 Biografische Erzählung

> *„I: [Erläuterungen zum Interview]*
> *Anna: Ich muss dazu erstmal sagen, ich habe großen Respekt vor den Leuten, die sich mit dem Amt rumschlagen. Ich habe das jahrelang gemacht für meine Mutter. Also ich habe das gemacht. Wie gesagt, das ist unheimlich anstrengend. Es kostet dich Zeit, Nerven, eigentlich dein Leben mehr oder weniger. Deswegen, also, ich will erstmal sagen, dass ich persönlich keine Sozialhilfe beanspruche (.) Hat nichts damit zu tun, dass ich Leute, die das tun, irgendwie auf die herabsehe oder so. Im Gegenteil. Ich habe Respekt davor, wenn sich Leute nur damit über Wasser halten, für das Amt hin- und herzulaufen und damit irgendwie versuchen, für ihre Familien zu sorgen und so. Also, das ist harte Arbeit und es ist eben auch mega herabwürdigend, also wie da mit den Leuten umgegangen wird beim Jobcenter, bei der Familienkasse bla, bla." (Zeile 5–16)*

Bereits vor der ersten Frage und unmittelbar nach den Erläuterungen zum Interview zeigt Anna, was ihr wichtig ist, im Rahmen des Interviews mitzuteilen. So *muss* sie zunächst sagen, dass sie Respekt vor Menschen empfindet, die sich zur Sicherung ihrer eigenen Existenz und der ihrer Familie dem Umgang mit „*dem Amt*" stellen.

Gleichzeitig drückt sie eine gewisse Distanz zu diesen Personen aus, indem sie sie als „*die Leute*" bezeichnet. So zeigt sie an, dass sie nicht zu dieser Gruppe gehört, nur um kurz darauf die aufgebaute Distanz wieder dadurch aufzuheben, dass sie angibt, selbst jahrelang in der Situation gewesen zu sein, sich für ihre Mutter „*mit dem Amt rumschlagen*" zu müssen. So betont sie den gemeinsamen Erfahrungshorizont, den sie mit den Empfänger*innen von Sozialleistungen hat, und positioniert sich als legitime Sprecherin für die Gruppe derer, die sich in der Situation befinden, auch wenn sie selbst aktuell nicht mehr dazu gehört. Sie bestärkt ihre Angabe sogar noch einmal, indem sie wiederholt, „*das*" gemacht zu haben. Und obwohl sie noch nicht erwähnt hat, dass dieses „*Rumschlagen*" mit dem Amt anstrengend ist, sagt sie „*wie gesagt*, das ist unheimlich anstrengend" – vermutlich, weil das vorher verwendete Wort ‚*rumschlagen*' bereits impliziert, dass die Handlung eine Anstrengung beinhaltet. Mit einer Apostrophe, das heißt einer Anrede an eine abwesende oder imaginierte Person, verdeutlicht sie dann, welchen Einfluss die Inanspruchnahme von Sozialleistungen und der dadurch notwendige Ämterkontakt auf den gesamten Lebenszusammenhang haben: „Es kostet *dich* Zeit, Nerven, eigentlich *dein* Leben mehr oder weniger". Nach und nach baut sie so in ihrer Eingangspassage ein Wortfeld auf, das darauf hinausläuft, die Bedrohung für die individuelle Integrität durch das tägliche Umgehen mit ‚den Ämtern' zu verdeutlichen: *rumschlagen – anstrengend – Kosten – Zeit – Nerven – Leben – hin- und herlaufen – herabwürdigend*. Gleichzeitig kreiert sie ein positives Wortfeld, welches sich auf die Menschen bezieht, die sich dieser Situation ausgesetzt sehen: *Respekt – nicht hinabsehen – Respekt – Sorge – harte Arbeit*.

Interessant ist diese Eingangspassage auch hinsichtlich der präsentierten Auffassung von Arbeit. Anna beschreibt den Erhalt von Sozialleistungen an sich als Arbeit und betont ihre Anerkennung für Menschen, die die Auseinandersetzung mit dem Jobcenter auf sich nehmen, um für die Familie zu sorgen. Damit bricht sie mit gesellschaftlich dominierenden Bildern von Erwerbsarbeit und macht von Beginn des Interviews an klar, dass ihre Herangehensweise von der Norm abweicht.

7.9.1.1 Kindheit, Jugend und Schulzeit

Die ersten Jahre ihres Lebens hat Anna in Köln verbracht. Zur Zeit des Wechsels auf die weiterführende Schule ist sie mit ihrer Mutter in eine kleinere Stadt in der Nähe gezogen, weil die Mutter dort eine Arbeitsstelle angenommen hat. Sie hatte immer einen großen Freundeskreis und legt Wert auf Gemeinschaft und das Aufrechterhalten von Netzwerken. Angesprochen auf den Stellenwert von Erwerbsarbeit innerhalb ihrer Familie führt sie aus, dass ihrem familiären Umfeld das eigene Herkunftsmilieu unangenehm sei bzw. man sich sogar dafür schämt:

> *„Also, mein familiäres Umfeld selber schämt sich ein bisschen für seinen sozialen Stand so. Deswegen ist es halt schon immer wichtig gewesen, so, ja, mache irgendwas, verdiene irgendwie Geld, der Rest ist dann egal, solange irgendwie klappt, ist es okay.“* (Zeile 50–53)

Mit dem Partikel „selber“ schafft sie hier eine Abgrenzung ihrer Person von ihrem familiären Umfeld und indiziert auf diese Weise, dass diese Scham, die innerhalb ihrer Familie für die eigene soziale Herkunft empfunden wird, auf sie nicht zutrifft. Den hohen Stellenwert der Erwerbsarbeitsnorm führt sie direkt auf diese Scham zurück. Es wurde ihr vermittelt, dass Arbeit nach außen darstellt, dass keine beschämende Abhängigkeit von Sozialleistungen besteht. Der „Rest“, der „dann egal“ ist, bezieht sich demnach auf andere Werte wie Selbstverwirklichung und Ausleben der eigenen Individualität oder Kreativität in der ausgeübten Arbeit.

Da es in Annas familiären Umfeld immer Menschen gab, die von Sozialleistungen lebten und gleichzeitig die Erwerbsarbeitsnorm ein wichtiges Kriterium darstellte, schien es von besonderer Relevanz gewesen zu sein, wer aus der Familie die Erwerbsarbeitsnorm erfüllte und wer nicht.

Angesprochen darauf, ob sie als Kind einmal einen bestimmten Berufswunsch hatte, wirft sie ein, dass Kinder für gewöhnlich ohnehin eher unrealistische Berufswünsche haben:

> *„Ja, als Kind sagt man natürlich krasse Sachen so. Dann willst du irgendwie, keine Ahnung, willst du Forscher werden oder Journalist oder Pilot oder was auch immer.*

Aber (Lachen) sobald man dann ein kleines bisschen älter wird und merkt, oha, ja, dafür muss man ja das und das und das können und machen und." (Zeile 44–47)

So scheint es auch bei ihr gewesen zu sein – als Kind wollte sie irgendetwas Außergewöhnliches werden, um dann später zu bemerken, dass ihr die Erfüllung dieser Wünsche nicht möglich sein wird. Die aufgezählten Berufe (Forscher, Journalist, Pilot) erscheinen ihr immer noch als ungreifbar, da sie annimmt, dass ihr gewisse Kompetenzen zum Erlernen und Ausüben dieser Tätigkeiten fehlen. Vor dem Hintergrund, dass Anna bereits im Alter von 10–12 Jahren damit konfrontiert war, selbst Sozialleistungen in Form des Bildungs- und Teilhabepakets beantragen zu müssen, erscheint hier wiederum ihr Bewusstsein für die eigene soziale Herkunft von Relevanz. Denn dass diese Berufe so ungreifbar für sie wirken, liegt vermutlich auch daran, dass Anna ihre Annahmen aus einem Wissensvorrat speist, der besagt, dass Kinder aus den unteren gesellschaftlichen Schichten solche Berufe nicht ergreifen, sondern Tätigkeiten ausüben, in denen „irgendwie" Geld zu verdienen ist.

Bis sie selbst mit den Formalitäten des Jobcenters konfrontiert wurde, hat sie am Rande mitbekommen, wie in der Familie über Ämterangelegenheiten und Behörden geschimpft wurde. So vorgeprägt kam dann der erste eigene Ämterkontakt mit Beginn der weiterführenden Schule zustande. Da ihre Mutter zu dieser Zeit mehrere Arbeitsstellen ausübte und keine Zeit für die Auseinandersetzung mit Ämterangelegenheiten blieb, ist sie in die Situation gekommen, selbst für ihre schulische und außerschulische Teilhabe sorgen zu müssen. In ihrer Erzählung wird deutlich, dass es ihr noch sehr präsent ist, den Bewilligungsbescheid über die Unterstützungsleistung sowohl in der schulischen Betreuung als auch im außerschulischen Freizeitbereich (z. B. Vereinen) vorlegen zu müssen und Bestätigungen ihrer Teilnahme an den Angeboten unterzeichnen lassen zu müssen. Die gesammelten Papiere mussten zum Jobcenter zurückgesendet werden, damit belegt werden konnte, dass das Geld für ihre Belange ausgegeben wurde.

Der zunehmende Kontakt zu den Behörden in Stellvertretung für ihre Mutter scheint für sie zwar eine Belastung gewesen zu sein, gleichzeitig gelang es ihr aber auch, sich durch die Anhäufung von verwaltungsbezogenem Wissen immer besser zurechtzufinden.

7.9.1.2 Schulabschluss und Berufsfindung

Nach der Schulzeit, die sie nicht weiter thematisiert, hat Anna diverse Gelegenheitsjobs im Niedriglohnsektor ausgeübt und sich „irgendwie über Wasser gehalten". Unter anderem hat sie durch Arbeit in der Gastronomie, bei einer Tankstelle und im Supermarkt für ihren Lebensunterhalt gesorgt. Zudem hat sie weiterhin ihre Mutter bei Ämterkontakten unterstützt. Offiziell hat sie auch bei ihr gewohnt, lebte jedoch die meiste Zeit bei Freund*innen und hat sich in besetzten Häusern aufgehalten. Zwischenzeitlich war Anna auch bei einer Zeitarbeitsfirma unter Vertrag. Eine Zeit lang war sie zudem „unterwegs", hat in Spanien gelebt, vor allem in Barcelona, wo sie in einer selbstorganisierten Stadtteilinitiative in einem Nachbarschaftszentrum mitgearbeitet hat. Dieses Zentrum war städtisch gefördert und basierte aber auf dem Gedanken der Selbstorganisation und Selbsthilfe der dort lebenden Menschen. Die strukturelle Gestaltung hat sie beeindruckt und aus ihren Beschreibungen ist der Wunsch ersichtlich, dass sich derlei Gemeinschaften auch in Deutschland stärker etablieren:

> *„Das war halt auch genau das, die hatten halt so ein Netzwerk von Leuten, die sich gegenseitig Gefallen taten so. Da kannte einer einen und der Nächste den Nächsten und irgendwie passte alles. [...]" (Zeile 143–145)*
> *„[...] also in der Stadt zumindest gibt es relativ gute Systeme, geförderte Programme und so. [...] Also es ist halt nicht vollstaatlich, diese Programme, die es da gibt. Aber städtisch geförderte Selbsthilfeprogramme eben, die gibt es da ganz viel. Da gibt es zum Beispiel diese Wiederaufwertung von alten verlassenen Fabrikgebäuden, wie das (Cambados?) in (unv.), wo die eben eine riesige Fläche für die Nachbarschaft haben, auch diesen Anti-Zwangsräumungskampagnen und so. Also da gibt es viel, auf das man zurückgreifen kann. Aber das meiste ist halt auch eben selbstorganisiert." (Zeile 316–323)*

7.9.1.3 Episode der Nichtinanspruchnahme

Bereits als Anna noch gemeinsam mit ihrer Mutter eine ‚Bedarfsgemeinschaft' begründete, waren die Sozialleistungen und das Kindergeld, die sie und ihre Mutter empfangen haben, nicht ihre primäre Finanzierungsgrundlage. Vielmehr hat sie durch eigene Jobs und Diebstähle ihren Lebensunterhalt bestritten, ebenso im Rahmen von ‚Gefallens-Wirtschaft' der jeweiligen Gemeinschaft, in der sie sich bewegte. Über die Diebstähle berichtet sie während des Interviews nur im Ansatz. Sie erwähnt, dass Probleme mit der Justiz vor allem in den Zeiten gegenwärtig waren, in denen sie zur Sicherung ihres Lebensunterhalts Ladendiebstahl begangen hat. Nach dem Ausschalten der Tonaufnahme spricht sie diese Umstände noch einmal an und weist darauf hin, dass sie nicht zu viel darüber erzählen wolle. Sie betont, dass sie nie Privatpersonen bestohlen habe. Die Justizprobleme lagen außerdem darin begründet, dass sie in besetzten Häusern angetroffen wurde und dort Platzverweise erhielt. Nachdem es finanziell nicht mehr möglich war, mit ihrer Mutter zusammenzuleben bzw. dort die Meldeadresse zu führen, ist sie auf die Suche nach einer Alternative gegangen und über Bekannte bei der Sozialistischen Selbsthilfe untergekommen. In ihren Beschreibungen ähnelt die Lebensweise dort dem Modell, welches sie in Spanien kennengelernt hat. Die Leute in der Selbsthilfe stehen demnach füreinander ein, leben und arbeiten zusammen und organisieren Aktionen und Kulturveranstaltungen in der Nachbarschaft sowie auf dem eigenen Grundstück. Dass es dabei auch zu Streit und

Meinungsverschiedenheiten kommt, ist für Anna ein völlig normaler Bestandteil des Lebens, den sie gerne in Kauf nimmt.

Das Wissen, das sie sich im Umgang mit den Ämtern angeeignet hat, gibt sie nun weiter, indem sie sich in der FAU engagiert, eine freie Gewerkschaft, die auch für Beschäftigte in Zeit- und Leiharbeitsverhältnissen eintritt und Menschen zu Behörden, insbesondere zum Arbeitsamt und zum Jobcenter, begleitet. Die Mitarbeit dort resultiert auch aus einer enttäuschenden Erfahrung, als sie sich mit Kolleg*innen aus der Zeitarbeitsfirma an eine der großen Gewerkschaften gewendet hat, die sie zurückgewiesen hat. In der FAU sieht sie wiederum ein Netzwerk, das den Menschen hilft, sich selbst zu helfen und sich gegebenenfalls zur Wehr zu setzen. Ihr persönlich hilft die Gewerkschaftsarbeit zudem dabei, mit ihrer Wut auf die gegebenen Verhältnisse umzugehen. Angesprochen darauf, wie sie ihre Empfindungen angesichts der von ihr wahrgenommenen gesellschaftlichen Missstände verarbeitet antwortet sie:

> *„Nein, grundsätzlich habe ich immer, gehe ich damit so um, dass ich halt für mich selber abgesichert bin außerhalb dieser Scheiße. Im Moment zumindest. Was in der Zukunft ist, weiß ich halt nicht. Und ich gehe halt so damit um, dass ich halt hier die Freiheit habe, Zeit aus meinem Tag rauszunehmen, um anderen Leuten dabei zu helfen, mit dieser Scheiße klarzukommen. Deswegen mache ich diese Gewerkschaftsarbeit, Sozialberatungskram." (Zeile 492–497)*

Insgesamt sind gesellschaftliche Ungleichheit und die Gegenwärtigkeit von Armut in einer reichen Gesellschaft Punkte, die sie wütend machen und denen sie ganz praktisch durch ihr eigenes Handeln im Zusammenschluss mit anderen entgegenstehen möchte. Dabei ist ihr der eigene Verzicht auf Sozialleistungen insofern wichtig, als sie nur dann unbeeinflusst von den strukturellen Einschränkungen für sich und andere agieren könne.

7.9.2 Wahrgenommene Formierungsversuche

In Annas Wahrnehmung sozialpolitischer Instrumente dominieren die regulativen und punitiven Elemente von Sozialpolitik, die sie schon früh erfahren hat. Innerfamiliär wurden Ämter und Behörden im Allgemeinen negativ als „Scheiß-Ämter" konnotiert. Dieses negative Bild hat dann Bestätigung durch ihre eigenen Kontakte mit dem Jobcenter und dem Sozialamt gefunden. Ihren Erstkontakt mit diesen beschreibt sie folgendermaßen:

> *„Das war Bildungs- und Teilhabepaket in der Schule, glaube ich, so wie das heißt. Also ich hatte das zwar immer schon so ein bisschen am Rande mitgekriegt. Aber das war dann so das erste Mal. Da war ich so zehn, elf, vielleicht zwölf. Also Anfang*

der weiterführenden Schule war das, wo ich dann halt wirklich mal mich dransetzen musste und gucke, ja, okay, wer will da was von mir. (lacht)" (Zeile 201–206)

Sie benennt hier den appellativen Charakter, mit dem der Prozess der ersten Beantragung auf sie gewirkt hat, denn sie musste „schauen", „wer" da „was von" ihr wollte. Durch den Tempuswechsel verdeutlicht sie zudem, wie präsent ihr die Situation immer noch ist („wer will da was von mir"), wobei sie sich einerseits als positiv handlungsmächtig positioniert, andererseits aber auch klar macht, dass die Situation eine erzwungene war. Das Bildungs- und Teilhabepaket ist ein individueller Rechtsanspruch, der darauf ausgelegt ist, Kindern aus Familien im SGB-II-Bezug die Teilhabe an der Freizeit zu ermöglichen. Die finanzielle Förderung betrifft die Bereiche Schule und Lernförderung (z. B. Klassenausflüge, Fahrten, Ausstattung, Verpflegung), Mobilität und Freizeit. Kinder betroffener Familien erhalten die Leistungen nicht automatisch, es besteht die Notwendigkeit, Anträge auszufüllen und an die Jobcenter zu senden.[40] Nach der Bewilligung musste Anna bei den einzelnen Unternehmungen, Aktivitäten und Sachleistungen, die sie über das Bildungs- und Teilhabepaket erhalten hat, von den verantwortlichen Personen Unterschriften einholen und diese gesammelten Nachweise dann an das Jobcenter zurücksenden. So berichtet sie, dass es gerade diese Situationen waren, die ihr nach wie vor sehr präsent sind:

„Anna: Diese Anfrage, dass man dann bei jedem, überall, wo man hingeht, in der Schule, in irgendwelchen Vereinen oder so, wo man grade so ist, muss man überall hingehen und dieses Papier vorlegen und (.) sich von jedem eine Unterschrift holen. Das dann alles an das Amt zurücksenden.
I: Also, wenn man irgendwas braucht, wenn man irgendwie 'n Buch braucht?
Anna: Genau, genau. Oder wenn du irgendwie, keine Ahnung, irgendwie einem Sportverein beitreten willst, dann musst du ja auch dieses Papier da abgeben.
I: Also waren das eher negative Erlebnisse?
Anna: Ja, es war halt ätzend so. Eigentlich will man das nicht machen. Man muss es halt machen, aber." (Zeile 216–228)

Obwohl sie es als „ätzend" empfunden hat, hat sie zu ihrer Schulzeit selbst dafür gesorgt, dass sie über das Bildungs- und Teilhabepaket an schulischen und außerschulischen Aktivitäten teilhaben kann, und hat dafür in Kauf genommen, dass sie die Auflagen des Amtes erfüllt. Von der Seite der Sachbearbeiter*innen wurde ihr hauptsächlich Desinteresse entgegengebracht, so erzählt sie, dass nach einem festen Schema mit ihr verfahren wurde, ohne einen Blick für ihren Einzelfall zu haben. Dass ihr gerade diese Situationen noch so sehr im Gedächtnis sind, kann auch daran liegen, dass hier jeweils andere Personen unmittelbar mitbekommen

40 Vgl. https://www.schulministerium.nrw.de/docs/FamilieBildung/Bildungs-und-Teilhabepaket/index.html, zuletzt abgerufen am 07.06.2022.

haben, in welcher Lage sie sich befindet. Eingangs hat sie von der Scham ihrer Familie bezogen auf die eigene soziale Herkunft gesprochen und dass sie selbst sich im Laufe ihres Lebens von dieser Scham befreit hat. Es ist gut möglich, dass gerade zu ihrer Schulzeit eine Ablösung von der Beschämung noch nicht stattgefunden hat. Als Subjektformierung wird hier die Identitätsfigur einer dankbaren, die eigene Bedürftigkeit annehmenden Hilfeempfängerin eingefordert, die sich gleichzeitig aktiv und bemüht zeigt, ihre Pflichten als Gegenleistung für die ihr zugestandene Hilfe zu erfüllen.

Für ihre Mutter hat Anna sich immer tiefer gehend mit den Funktionsweisen des Jobcenters auseinandergesetzt und zunehmend erkannt, dass es möglich ist, sich gegen Ämterentscheidungen zur Wehr zu setzen. Mittlerweile berät sie Ratsuchende in der FAU-Beratung im Rahmen ihrer ehrenamtlichen Arbeit. In dieser Arbeit baut sie dieses angehäufte Wissen stetig weiter aus. Die Beschreibung ihrer Tätigkeit dort lässt auch Schlüsse auf ihre Deutung der Jobcenterstrukturen zu:

> *„Also wenn da jemand irgendwie einen bedrohlichen Brief bekommt, dann ist okay, ich komme mal mit, ich schreibe mal irgendwas auf und dann sind die auf einmal supernett, wenn noch jemand daneben sitzt und sich Notizen macht so. Das ist einfach pure Einschüchterungspolitik." (Lachen) (Zeile 245–249)*

Bereits in der Eingangspassage hatte Anna die Umgangsweisen der Mitarbeitenden in den Jobcentern mit den Leistungsberechtigten als „mega herabwürdigend" bezeichnet. Hier bringt sie die eine weitere Ebene in ihre Deutung ein, nämlich die der Bedrohung und der Einschüchterung im direkten Umgang. Als Steigerung benennt sie eine „*Einschüchterungspolitik*", mit der sie in der Institution Jobcenter ein strategisches Herangehen durch das Evozieren einer permanenten Bedrohungslage als systemimmanentes und strukturgebendes Merkmal diagnostiziert.

Für Anna sind gesellschaftliche Exklusion und Bedürftigkeit ursächlich darauf zurückzuführen, dass arme Menschen kein Geld haben und sie, um zu überleben, auf das Sozialleistungssystem zurückgreifen müssen, das jedoch zu kurz greift und auf das man sich generell nicht verlassen kann. Da auch auf dem Arbeits- und Wohnungsmarkt permanente Unsicherheit für die unteren Einkommensklassen besteht, setzten die Menschen zunehmend auf Selbstorganisation und Netzwerkbildung, auch im Rahmen innovativer Wohn- und alternativer Lebensformen:

> *„Aber einige wohnen in diesen Wohngenossenschaften, die es inzwischen in Köln ganz viel gibt. Und das ist halt auch wieder sowas, manche davon haben halt auch Treffpunkte und so und Mieterversammlungen und sowas. Also irgendwie, ich habe das Gefühl, so in letzter Zeit wächst so alles so ein bisschen zusammen, weil man sich halt auf nichts mehr verlassen kann, was man vom Arbeitsmarkt oder vom Sozialamt*

bekommt. Und dann fangen die Leute halt so langsam, aber stetig an, sich auf sich gegenseitig zu verlassen." (Zeile 157–164)

„Von Anfang an", so sagt sie, werde den Menschen beigebracht, dass sie mit ihren Problemen selbst fertig zu werden haben, wohingegen Prinzipien der Solidarität keine Rolle spielten. Die Betonung der Eigenverantwortung und die damit einhergehenden Responsibilisierungen scheinen sich in Annas Deutung nach auf einem vorläufigen Höhepunkt zu befinden, an dem die Menschen nun stetig einsehen, dass sie in ihrer Zurückgeworfenheit auf sich selbst anfangen müssen, sich wieder aufeinander einzulassen und solidarisch zu zeigen. Für Anna hängt mit der Erziehung zur Eigenverantwortung unter Ausblendung zwischenmenschlicher und solidaritätsbezogener Werte auch zusammen, dass Armut ein Grund gesellschaftlicher Ächtung ist.

7.9.3 Subjektivierungsweisen

Schon vor dem Start des eigentlichen Interviews ist es Anna wichtig, ihren gemeinsamen Erfahrungshorizont mit Leistungsempfänger*innen nach SGB II zu betonen und zu erwähnen, dass sie selbst armutserfahren ist und in prekären Umständen aufwuchs. Gleichzeitig möchte sie sicherstellen, dass sie als freie Person verstanden wird, die sich externen Zwängen nicht unterwerfen muss, weil sie über ausreichende Fähigkeiten verfügt, mit den Widrigkeiten des Lebens selbst zurechtzukommen. Als unerlässlich erachtet sie dabei ein stabiles Netzwerk an Freund*innen, bezieht sich auf ihren Gemeinschaftssinn und hebt ihre Präferenzen für informelle Wege der Armutslinderung in Selbstorganisation hervor. Dabei kann sie auf eine lange Erfahrung mit dem Bezug von ALG II zurückgreifen, durch die sie gelernt hat, sich über ihre Rechte zu informieren und sich gegebenenfalls zur Wehr zu setzen. Auch wenn sie selbst keine Leistungen mehr bezieht, weil sie sich der Sozialistischen Selbsthilfe angeschlossen hat, lässt sie die Beschäftigung mit den von ihr wahrgenommenen Ungerechtigkeiten, die durch das Gesetz bestehen, nicht mehr los. Ihr ist es wichtig, anderen bei Schwierigkeiten mit dem Jobcenter beizustehen und durch ihr Wissen den Betroffenen zu ihrem Recht zu verhelfen. Hier sagt sie, dass sie dadurch das Gefühl hat, aktiv daran mitzuwirken, die Gesellschaft „im Kleinen" zu verändern:

„Also, wenn man irgendwie mal die Möglichkeit hat, dem Amt eins auszuwischen, und dann irgendwie jemandem, der es braucht, ein paar Euro mehr verschafft, indem man einfach nur daneben sitzt und sagt „Höre mal, so geht das aber nicht". Oder keine Ahnung, ich halte zwar nicht so viel davon, aber halt auch mal irgendwie kannst du ja auch mal eine Demo oder sowas machen oder irgendwie so. Also grundsätzlich gibt es immer Möglichkeiten, was dagegen zu tun." (Zeile 380–385)

Für sich selbst vermeidet sie den Kontakt zum System der sozialen Mindestsicherung, soweit es eben geht. Die Positionierungen, die ihr durch den Sozialstaat angetragen werden, weist sie damit weitestgehend zurück und insbesondere die Position der Bittstellerin, die beweisen muss, dass sie der Hilfe würdig ist, scheint nicht mit ihrem Verständnis von sich selbst vereinbar zu sein. Bedürftigkeit gehört für Anna zur menschlichen Grundkonstitution, wobei sie ein universalistisches Gerechtigkeitsverständnis zu Grunde legt, nach dem sich das Anrecht auf staatliche Unterstützung aus dem Status des Mensch-Seins und der allgemeinen Menschenwürde ableitet. Dem steht die Anforderung entgegen, die eigene Bedürftigkeit stets nachzuweisen und offen zu legen, sofern man Hilfe in Anspruch nehmen möchte:

> *„Und wie gesagt, ich habe absolut keine Lust, mich mit diesem ultra-demütigenden Behördenkram rumzuschlagen. Und ich habe keine Lust, dass da irgend so eine Sachbearbeiterin sitzt, die absolut keinen Plan von nichts hat und mir dann erzählt, was ich zu beantragen und nicht zu beantragen habe und wie ich das machen soll und warum ich da Stunden meines Lebens für aufopfern soll, bei irgendeinem Amt um Gnade zu betteln. Nein, Entschuldigung." (Zeile 69–75)*

Anna rekurriert im Gespräch mehrmals auf die Wichtigkeit und den hohen Stellenwert, den Gemeinschaft und ein solidarischer Umgang miteinander in ihrem Leben einnehmen. In dem gemeinschaftlichen Zusammenschluss von Menschen, die einander helfen und in Notsituationen beraten und beistehen, sieht sie ein hohes Lösungspotenzial für gesellschaftliche Problemlagen. Dabei hebt sie hervor, dass die Menschen selbst begreifen müssen, dass sie theoretisch zur Selbsthilfe und Selbstorganisation fähig sind. Diese Fähigkeiten sieht Anna durch das System, wie es aktuell besteht, unterdrückt und durch das Gefüge von Institutionen zum Teil schon im Keim erstickt.

Strategien des Widerstands liegen für Anna auch darin, in Phasen der Not Ladendiebstähle zu begehen, um ihr Überleben oder das ihrer Freunde zu sichern oder offizielle Stellen zu täuschen, um einen Vorteil zu erlangen. Im Rückbezug auf J. C. Scott übt sie genau die „ordinary weapons of relatively powerless groups" (siehe Kap. 3.3) aus, die Abhängigen oder Bedürftigen zur Demonstration von Subversion bleiben. Hier bewegt sie sich in dem Feld der „modernen" moralischen Ökonomie, wie es von Nikolaus Dimmel (2014) im Anschluss an E. P. Thompson (1971) und J. C. Scott (2000) beschrieben wurde, um angesichts neoliberaler Zumutungen und eingeschränkter Verhältnisse das Gefühl der eigenen Selbstbestimmung und Lebenskontrolle zu wahren.

7.10 Jan Markowsky: „Ich bin euer Obdachloser“

Jan Markowsky[41] hat sich persönlich per E-Mail gemeldet, nachdem ihn der Akquiseaufruf über den Verteiler eines Wohnungslosen-Selbsthilfevereins erreicht hat. In dieser initialen Mail beschreibt er sich selbst folgendermaßen:

> *„Ich bin zurzeit Kleinrentner mit ergänzender Grundsicherung, habe von Januar 2000 bis September 2008 ohne jede Unterstützung gelebt. Ich habe mich als mittelloser Mensch in diversen Unterstützungsaktivitäten einbringen können. Ich konnte das Leben ohne festen Wohnsitz mit meinem Engagement im Wohnungslosentreffpunkt des Vereins „Unter Druck – Kultur von der Straße e. V.“ nicht vereinbaren und habe mich im August 2008 entschieden, mich in irgendwo unterbringen zu lassen.“*

Jan lebt in Berlin und ist mit zum Interviewzeitpunkt 69 Jahren der älteste Interviewteilnehmer. Mit einer Dauer von 2:10 Stunden ist das Interview zugleich die längste Aufnahme der Untersuchung. Im Vorfeld des Interviews wurde über die Homepage des Kulturvereins Unter Druck e. V. ein Interview mit Jan ausfindig gemacht und eine darauf aufbauende Internetrecherche hat diverse weitere Quellen zu seinem Lebensweg hervorgebracht. Sowohl seine Eltern als auch er und sein jüngerer Bruder waren im Widerstand gegen das DDR-Regime aktiv und vor allem der Bruder erlangte später eine gewisse Bekanntheit, weil er nach der Veröffentlichung eines regimekritischen Briefes, den Jan ebenfalls unterzeichnet hatte, als Jugendlicher inhaftiert wurde.

Das Interview hat im Januar 2019 in den Räumlichkeiten des Vereins stattgefunden, in dem Jan sich unter anderem durch die Leitung der Theatergruppe engagiert. Zum Termin wurde er nach Einlass durch eine Mitarbeiterin in einem Hinterzimmer am PC sitzend und schreibend angetroffen. Er führte aus, dass er an einer Interpretation der Dreigroschenoper für seine Theatergruppe arbeitet, und lud ein, ihm beim Schreiben über die Schulter zu sehen. Jan hat unter der Maßgabe der Tonbandaufnahme und Verwendung seiner Daten zugestimmt, dass ihm die Texte, die seine Person betreffen, noch einmal zur Kontrolle zugesendet werden. Er führte dazu aus, dass er schon einmal schlechte Erfahrungen mit einem Journalisten gemacht habe. Aus einem Interview wurden Zitate dem Kontext entnommen und Jan hat sich für nicht korrekt wiedergegeben befunden. Auf der Einverständniserklärung zur Aufzeichnung und Verwendung des Interviews für das Forschungsvorhaben wurde ein entsprechender Zusatz handschriftlich vermerkt.

41 Der Name ‚Jan Markowsky‘ ist kein Pseudonym, da der Interviewpartner keinerlei Anonymisierungen wünscht. Er möchte, dass sein Name und auch alle weiteren Namen und Orte so genannt werden, wie sie in seiner Erzählung vorkommen. Die Ausführungen sind ihm auf Wunsch zur Prüfung zugesandt und durch ihn autorisiert worden.

Jan war erzählfreudig, seine Ausführungen geprägt von Details und Ausschmückungen und er hat Anekdoten zu verschiedenen zeitgeschichtlichen Begebenheiten eingefügt. Außerdem hat er detailreich Sachverhalte und Zusammenhänge erläutert, die mit seiner ehemaligen Berufstätigkeit als Klimatechniker tun haben. Seine Narration enthält oft einen ‚Code', der auf seinem Wissensvorrat als Zugehöriger der Oppositionsbewegung in der DDR beruht. Das betrifft die detaillierte Benennung von Orten, Firmennamen und zeitgeschichtlich relevanten Personen wie den Gebrauch von Abkürzungen und Synonymen (z. B. *E. H.* für Erich Honecker). Viele dieser Begriffe ironisieren Phänomene innerhalb des DDR-Regimes, beispielsweise durch die explizite und betonte Verwendung bestimmter Vokabeln (z. B. „Klassenfeind", „die Jungs von der Waldsiedlung"). Ferner verwendet Jan, oft ebenfalls ironisierend, sozialistische Rhetorik, die Bezug nimmt auf bestimmte Beschlüsse oder Vorgänge in den politischen Ressorts der realsozialistischen Staaten der 1960er und 1970er Jahre oder die auf bestimmte Personen rekurriert (z. B. „mein Genosse Erzeuger" für seinen Vater). Die Grenzen zwischen Ironie und ernsthaftem Sprachgebrauch sind dabei nicht immer klar zu erkennen.

Seine Erzählung weist erhebliche Zeitsprünge auf und ist von harten Schnitten in der Themenaneinanderreihung gekennzeichnet. Insgesamt wird klar, dass Jan ein geübter Erzähler ist, sein Stimmbild kontrolliert einsetzt und eine Geschichte gezielt aufbaut, was mit seiner Theatererfahrung zusammenhängen kann. Zudem ist er in einem literarisch-künstlerischen Milieu aufgewachsen, Lesungen, die auch im Haus seiner Familie stattgefunden haben, gehörten zu seinem Alltag als Kind und Jugendlicher.

7.10.1 Biographische Erzählung

> *„I: Genau, das habe ich mir nämlich aufgeschrieben, weil das hatte ich bislang nämlich noch nicht, dass ich von einem Interviewpartner schon vorher Informationen rausfinden konnte (beide lachen). Was ich aber nicht herausfinden konnte, war einfach, wo du so herkommst und aufgewachsen bist.*
> *Jan: Okay … ja, ähm. Mein Leben war etwas, ging nicht ganz glatt (lacht etwas). Ähem, ich bin der älteste Sohn einer Ärzte… und eines Hygieneinspektors. Beide meine Eltern haben Medizin studiert in Greifswald. In Greifswald und, ähem, als ich geboren wurde, kam, wurde mein alter Herr vom Professor reingerufen: „Markowsky, kommse mal! Kommse mal! Kommese ruhig angucken, wat se anjerichtet haben!" (beide lachen) Aber, alter Herr hats Physikum nicht geschafft, okay (.) jenau, äääh, ich bin kein DDR-Bürger, also kein geborener DDR-Bürger, als ich geboren wurde, gabs die DDR noch nicht (4)." (Zeile 10–29)*

Die initiale Frage der Interviewerin ist an dieser Stelle relevant für die Beziehungsgestaltung im Interview, weil sie zeigt, dass bereits einige Eckdaten zur Interviewperson durch eine Vorabrecherche generiert wurden. Diese im Vorfeld gewonnen Informationen werden im einleitenden Satz davon abgegrenzt, was im Interviewverlauf zusätzlich erfragt werden soll. So konnte trotz einiger öffentlich zugänglicher Informationen nichts darüber herausgefunden werden, wo Jan herkommt und wie er aufgewachsen ist. Hiermit wird signalisiert, dass die privaten Informationen, die nun erfragt werden, einen Gegensatz zu den öffentlich verfügbaren bilden.

Mit seinen ersten Worten (Okay … ja, ähm) macht Jan deutlich, dass er seine Erzählung nun einläuten wird und signalisiert, dass er überlegt, womit er startet. Das „okay" ist dabei als Affirmation und gleichzeitig als Signal des Verständnisses für die Erläuterung zu lesen. Er hat verstanden, dass die Informationen, die online verfügbar sind, von seiner Gesprächspartnerin gelesen wurden und es keine Notwendigkeit zur eingehenden Wiederholung dieser Inhalte gibt.

Daher leitet er seine biografische Erzählung mit einer allgemeinen Bewertung seines Lebens ein, das er als „nicht ganz glatt" gelaufen umschreibt. Dabei ist auffällig, dass er in der Vergangenheit spricht und keinen zeitlichen Marker verwendet, der kenntlich macht, dass er von dem Zeitraum bis zur gegenwärtigen Erzählsituation spricht (z. B. ‚bisher' oder ‚bislang'). Er sagt: „Mein Leben war etwas, ging nicht ganz glatt" und lacht danach leise. Dabei stockt er zunächst und korrigiert das „war" zu einem „ging" um, womit er nun doch einen indirekten zeitlichen Marker setzt. Wäre er bei dem „war" geblieben, würde er sein Leben insgesamt als abgeschlossen darstellen, wohingegen das „ging" zeigt, dass es einen – längeren – Verlauf gab, der als uneben, ungewöhnlich oder auch abweichend zu bezeichnen ist und der sich von seiner heutigen Situation abgrenzt. Verstärkend wirkt sein Lachen, das sich am ehesten auf den verwendeten Abtönungspartikel „etwas" bezieht, denn sowohl die Recherchen vor dem Interview als auch der weitere Verlauf zeigen, dass Jans Leben in vielen Facetten als ungewöhnlich und abweichend von den Biografien der Durchschnittsbevölkerung verlaufen ist.

In seiner nachstehenden Schilderung vertieft Jan, dass der „nicht ganz glatte" Lebensverlauf sich bereits zu seiner Geburt angekündigt hat. Er erzählt die Anekdote zu seiner Geburt, wie sie ihm vermutlich von seinen Eltern erzählt wurde. Sie scheint für ihn seine einleitende, allgemeine Aussage zu seinem „nicht ganz glatten" Lebensweg zu untermauern. Dieser Erzählung nach war schon der Arzt erstaunt von dem Kind, welches soeben auf die Welt gekommen ist. Er hat den Vater, der sich zu dieser Zeit noch selbst im Medizinstudium befunden hat, offenbar gekannt und mit der Aufforderung, sich anzuschauen, „was" er da angerichtet habe, zu seinem eben geborenen Sohn gerufen. Zuletzt findet er es wichtig zu erwähnen, dass er kein „geborener DDR-Bürger" ist, weil die DDR zum Zeitpunkt Geburt noch nicht als Staat begründet war. Hier distanziert er sich bereits in seiner Eingangserzählung von der DDR und weist darauf hin, dass er qua Geburt auch eigentlich nie wirklich dazu gehört hat, womit wiederum die Abweichung, das nicht „ganz Glatte“ als zentrales Muster hervorscheint.

7.10.1.1 Kindheit, Jugend und Schulzeit

Jan Markowsky ist als ältestes von vier Geschwistern ein paar Monate vor Gründung der Deutschen Demokratischen Republik im Jahr 1949 in Greifswald zur Welt gekommen, wo seine Eltern Medizin studierten. Seine Kindheit und Jugend war unter anderem geprägt durch häufige Wohnortwechsel der Familie, die darauf zurückzuführen sind, dass der Vater sich gegenüber dem DDR-Regime als unangepasst gezeigt hat. Die Mutter wird in diesem Zusammenhang nicht weiter thematisiert. Nachdem der Vater sein Physikum nicht bestanden hat, ist die Familie in den frühen 50er Jahren von Greifswald ins Erzgebirge gezogen, wo er bei der Wismut AG angestellt wurde, einem Uranabbauunternehmen. Ob die Mutter ihr Studium beendet hat, wurde im Interview nicht angesprochen, später hat Jan sie in einer Mail aber als Ärztin bezeichnet. Mit Geburt des jüngeren Bruders wurde Jan bei den Großeltern in Berlin-Mahlsdorf untergebracht, wo er bis zum Eintritt der Schulpflicht, bis er sechs oder sieben Jahre alt war, aufwuchs. Sein Großvater war dort Friseurmeister mit eigenem Geschäft, in dessen Umkreis er zusammen mit seinen Großeltern den Alltag verbracht hat. Jan konnte sich im und vor dem Laden unter Beobachtung seines „Opis“ und seiner „Omi“ frei bewegen und wurde „umhegt und gepflegt“. Die Abholung durch seinen Vater scheint ein tiefer Einschnitt in seinem Leben gewesen zu sein:

> *„[...] Und eines Tages kam ein fremder Mann zu mir. Und ich merkte, wie meine Omi, meine geliebte Omi, heulte und mein Opa, mein geliebter Opa, laut wurde und der Typ kam dann zu mir an und sagte: „Du kommst jetzt mit mir mit!“ „Ich komm nicht mit dir mit.“ – „Ich bin dein Vater!“ Und da hab ich gesagt: „Du bist nicht mein Vater!“ „Na, wer ist denn dein Vater?“ „Na, der Opa!“ (lacht) Also, ich hatte den, es war meine Bezugsperson. Aber es war leider mein Vater. Und dann musste ich da zur Schule gehen, in Velten. Und in Velten hatten sie es auch nicht lange ausgehalten, da sind sie umgezogen nach Lebroch, da hatte meine Mutter eine Arbeit bekommen.“ (Zeile 54–64)*

Zum einen zeigen sich hier die erzählerischen Fähigkeiten des Interviewten, da er die Geschichte rhetorisch schmückt und wie eine abgeschlossene Erzählung („eines Tages“) einleitet und auf die Pointe hinzulaufen lässt, dass der fremde Mann, der ihn aus seinem Umfeld reißen wollte, tatsächlich sein leiblicher Vater war, von dem er sich zu diesem Zeitpunkt bereits entfremdet hat. Mit dem Einsatz der wörtlichen Rede, in der er den Dialog zwischen sich selbst und seinem Vater nacherzählt, verstärkt sich dieser Eindruck und das Geschehen wird bildlich vorstellbar.

Die Schule, die er dann in einer anderen Stadt besuchen *musste,* setzt er hier bereits seinen behüteten frühen Kindheitsjahren bei seinen Großeltern entgegen. Angesprochen auf seine Eindrücke aus der Schulzeit schildert Jan, dass er mit *„der Schule herzlich wenig anfangen"* (Zeile 82) konnte, vor allem, weil es ihm *„alles fremd"* (Zeile 83) war und er die Dinge, die von ihm verlangt wurden, nicht erfüllen konnte. Aus heutiger Sicht glaubt er, dass dies vor allem daran lag, dass seine Großeltern ihn zwar gut versorgten, aber ihn nicht in seiner Feinmotorik und sonstigen Ausbildung seiner Schulreife fördern konnten.

Im Verlauf der Schulzeit war er immer wieder damit konfrontiert, für ihn unsinnige Lehrinhalte auswendig lernen zu müssen oder Literatur lesen zu sollen, die er für sich bereits als nicht lesbar eingestuft hat. Die Schule als Institution der Bildung und Erziehung erlebte er dementsprechend als Ort, der ihm nichts zu bieten hatte, in dem z. T. unnötiges Wissen auf eine nicht förderliche Art vermittelt wurde. Dies führt er darauf zurück, dass er früh Zugang zu Literatur und naturwissenschaftlichen Texten hatte, die ihn zum Denken angeregt haben, wie er in der folgenden Passage erklärt:

> *„Wenn man, also ich hab ja Sachen gelesen mit 15, die ich nicht verstanden hatte. Gab 'ne Zeitschrift, Wissenschaft und Fortschritt, die hab ich mir angeguckt, immer wieder gekauft und ich hab sie nicht verstanden. Aber die hat mich angeregt nachzufragen. Und ich hab damit auch 'nen Chemielehrer schon mal vor die Dings gebracht. Hier, da steht in Wissenschaft und Fortschritt ein bestimmter Satz, lesen Sie mal." (Zeile 220–225)*

Zum Zeitpunkt des Umzugs nach Lebroch hatte der Vater aufgrund seines Engagements in der Opposition bereits Schwierigkeiten, eine Arbeitsstelle aufnehmen zu können. Er hat die Familie hauptsächlich mit dem Schreiben für Zeitschriften, (z. B. für die Satirezeitschrift Eulenspiegel) unterstützt. Unter anderem gab es dort eine Abhandlung über die *„unordentliche Familie"* (Zeile 167), für die ihm die eigene zum Vorbild diente. Nach der Station in Lebroch folgten weitere, von denen vier im Interview angesprochen wurden.

7.10.1.2 Schulabschluss und Berufsfindung

In Magdeburg hat Jan schließlich sein Abitur abgelegt und zu dieser Zeit in einem der Schule angeschlossenen Wohnheim gelebt. Seine anschließende Lehre als Chemiefacharbeiter hat sich dann eher ergeben, als dass sie aus einem expliziten Wunsch entstanden wäre. Bei der Berufswahl hat er darauf geachtet, dass der Beruf einigermaßen zu ihm passt und sich dann darauf eingelassen. Seinen eigentlichen Wunsch, ein Studium aufzunehmen, um in die Forschung zu gehen, hat Jan zu einem späteren Zeitpunkt weiterverfolgt, als er in Merseburg von 1969–1973 chemische Verfahrenstechnik studiert und abgeschlossen hat.

Während seines Studiums sind die vorgegebenen disziplinarischen Grundsätze wie Anwesenheitspflicht in den Vorlesungen und Alkoholverbot mit seinem Lebenswandel kollidiert. Zudem wurde er aus dem Wohnheim verwiesen, weil er *„nicht besonders ordentlich"* (Zeile 294) war. Wie schon in der Schule, hat er auch im Laufe seines Studiums häufig Mittel und Wege gefunden, Formalitäten zu umgehen bzw. nicht voll zu erfüllen und dennoch ohne nennenswerte Schäden zu verbleiben. Dass er sein Abitur ablegen konnte und ohne im Interview benannte Schwierigkeiten seine Ausbildung absolviert hat, ist wohl auch darauf zurückzuführen, dass er disziplinarische Schwierigkeiten durch gute Leistungen in den Prüfungen ausgleichen konnte.

Nach dem Abschluss ist Jan beruflich in Cottbus *„irgendwo untergekommen"* (Zeile 316) und hat sich dort mit wissenschaftlicher Arbeitsorganisation beschäftigt. Einer seiner Brüder, Bernd Markowsky, war in dieser Zeit (1977) als Mitglied der Jugendopposition verhaftet worden, wonach Jan zunehmend selbst mit der Widerstandsbewegung in Berührung gekommen ist. Die Inhaftierung seines Bruders und sieben anderer junger Oppositioneller wurde zu einem öffentlichen Thema und ihre Namen wurden in der Tagesschau und im Radio genannt. Eine nicht näher beschriebene Person hat ihm zu dieser Zeit gesagt, dass dies als ein gutes Zeichen für seinen Bruder zu werten sei, da diejenigen, deren Namen in der (Welt-)Öffentlichkeit bekannt seien, bessergestellt sind als jene Unbekannten, deren Namen noch niemand gehört hat. Diesen Grundsatz befolgt er noch heute und lässt Interviews oder Originaltöne von ihm, wie auch für diese Forschungsarbeit, grundsätzlich mit seinem Klarnamen veröffentlichen.

Insbesondere aus kulturellen Gründen, weil er Musikveranstaltungen und andere Events besuchen und Gleichgesinnte treffen wollte, ist Jan zu dieser Zeit von Cottbus nach Ostberlin gezogen und hat dort nach kurzer Erwerbslosigkeit begonnen, im Außendienst bei dem Energieversorger ‚Ostgas' in der Installation und Instandhaltung von Gasöfen zu arbeiten. In diesem Beruf war er zufrieden und konnte sein Interesse an einer guten Umgangsweise mit Energie mit seinem technischen Verständnis verbinden.

7.10.1.3 Erfahrungen mit Erwerbslosigkeit

Angesprochen darauf, warum Jan diesen Beruf, der ihm lag und in dem er gerne arbeitete, aufgegeben hat, sagt er, dass dies eine lange Geschichte ist, die *„mit Politik zu tun"* hat. Er beginnt an dieser Stelle eine Erzählung, innerhalb derer er technisch detailliert von den Problemen berichtet, die die Planwirtschaft in seinem Berufszweig verursacht hat. Sie endet damit, dass er beschreibt, welche Konsequenzen die Planwirtschaft für die Funktionsweisen der Heizanlagen hatte. Diese strukturbedingten Mängel wurden in einer bestimmten Situation ungerechtfertigt auf seine persönliche Arbeit zurückgeführt, wodurch er sich sehr angegriffen gefühlt hat:

„[…] Das war ja, war ja so, Planwirtschaft o. k. Pläne haben nicht funktioniert, weil immer was dazwischen gekommen ist (.) Meistens Direktiven aus Berlin, o. k. (tssst). Mir hat einer gemeckert, mir gegenüber hat jemand gemeckert. War inne Spät gewesen, haben dann die Öfen mal durchgemessen und haben gemerkt, dass das wohl schlecht war. Und das war, war eine ungarische Anlage, kam aus Ungarn und da waren Zellen ineinander, wo die Hefe geführt worden ist. Sauerteig, sauerteigführende Zellen, o. k., so. Und tatsächlich waren die Zellen undicht gewesen, so dass der Sauerteig nicht richtig aufgehen konnte, der Rücklauf war einfach zu groß. (lacht) Die haben Brot gebacken, das keiner gekauft hat." (Zeile 224–433)

Parallel zu diesen beginnenden Unstimmigkeiten ist Jan zunehmend im Rahmen der Widerstandsbewegung auch namentlich in Erscheinung getreten. 1981 hat er bei einem Treffen von Bürgerrechtler*innen im Garten des Ehepaars Poppe einen Brief unterzeichnet, den ein „alter Mann" dort erwähnt hat und in dem es im ersten Teil vor allem um Abrüstung ging. Dieser Brief, wesentlich von Robert Havemann und Heinz Brandt initiiert, war direkt an den Staatspräsidenten der Sowjetunion Leonid Breschnew gerichtet und wurde unter anderem in der Süddeutschen Zeitung veröffentlicht, inklusive der Namen der 50 Erstunterzeichnenden. Für Jan bedeutete dies, „dann schon nicht mehr namenlos" zu sein:

„Jaaa, wurde später öffentlich gemacht, erstmal in der Süddeutschen Zeitung, dann in der anderen Zeitung auch, o. k. […]. Ich hab einen Anruf bekommen, hab einen Anruf bekommen von meinem Bruder Bernd und da meint er: Der Brief von Havemann und Heinz Brandt wird jetzt veröffentlicht in der Süddeutschen Zeitung. Fand ich, is in Ordnung. Und da meint er: Ach übrigens, die 50 Erstunterzeichnenden werden namentlich erwähnt. Fand ich auch in Ordnung. (lacht) Weil ich wusste, weil ich wusste, wenn du da drauf bist, unter den Erstunterzeichnern, schon, nicht namenlos mehr, dann schon nicht mehr namenlos. (lacht)" (Zeile 505–514)

Trotz dieser öffentlichen Zurschaustellung seiner ablehnenden Haltung wurde er kurze Zeit später von der Nationalen Volksarmee aufgefordert, für einen Einsatz in Polen bereit zu sein. In Reaktion hat er seine Ausreise nach Westberlin zu seinem Bruder beantragt, der zu diesem Zeitpunkt die DDR bereits verlassen hatte.

Die unmittelbare Konsequenz war sein Abzug aus dem Kundendienst bei Ostgas, die ihn auf den Innendienst festlegte, eine für ihn unerträgliche Aufgabe. Als dem Ausreiseantrag im Frühjahr 1984 stattgegeben wurde, hat er gekündigt und ist *„mit keinem Gepäck"* und einem *„kleinen Überlegenheitsgefühl"* in den Westteil der Stadt zu einer nicht näher beschriebenen Frau gezogen. Vorher hat er weder seine alte Wohnung geräumt noch das Geld, das er noch hatte, mitgenommen. Sein erster Besuch auf einem Westberliner Arbeitsamt führte ihn in eine einjährige Arbeitsbeschaffungsmaßnahme. Sein politisches Engagement verlagerte sich zunächst in die Friedensbewegung, aus der hervorgehend er sich dann den „Graswurzlern" anschloss. Seine Berufsausbildung und sein Interesse an nachhaltiger Energie hat er in eine Bürgerinitiative eingebracht, die sich der nachhaltigen Umwelt- und Energieplanung verschrieben hat. In der Regel hat er in dieser Zeit von Arbeitslosengeld und Schwarzarbeit (z. B. Wärmebedarfsplanung für Privatleute) gelebt. Er erwähnt in einem Nebensatz, dass er auch in dieser Zeit schon öfter ohne Wohnung war. „Zum Schluss", von 1999 bis 2000, war er bei einem Architekturbüro für die Energieplanung zuständig, eine vom Arbeitsamt geförderte Stelle, bei der es innerhalb eines arbeitsorganisatorischen Ablaufs, der im Interview dezidiert geschildert wurde, zu Unstimmigkeiten mit dem Chef gekommen ist. Am Ende dieser Unstimmigkeit hat er dort im Alter von 51 Jahren gekündigt.

Weil er bereits im Vorfeld *„große Schulden gemacht"* (Zeile 700) hat, da er wegen *„Vereinsamungssymptomen"* (Zeile 697) seine finanziellen Rücklagen durch Bordellbesuche verbraucht hat und bei seinem Vermieter im Rückstand war, musste er kurz vor Eintritt seiner Arbeitslosigkeit schon einmal finanzielle Hilfen beim Sozialamt beantragen und wollte daher *„nicht nochmal zum Sozi gehen, so schnell hintereinander"* (Zeile 701). In dieser Situation, die Schulden, die Vereinsamung, die Kündigung, ein *„verlotterter"* Zustand der Wohnung und auch seiner selbst, hatte Jan ein paar Tage nach seiner Kündigung den Impuls, die Wohnung zu verlassen. Als er im Treppenhaus vor seiner Wohnung war, ist die Tür hinter ihm zugeschlagen, den Schlüssel hatte er in der Wohnung liegen gelassen. Jan beschreibt, dass er nie wieder in die Wohnung gegangen ist und das einfache Bestreben hatte, weder das Büro seiner letzten Arbeitsstätte noch einmal zu betreten noch irgendeinen ihn bekannten Menschen, der ihn zur Wiederaufnahme der Arbeit überreden wollen würde, zu treffen. Ab dann hat Jan acht Jahre lang ohne Wohnung und ohne Einkommen in Berlin gelebt.

7.10.1.4 Episode der Nichtinanspruchnahme

Wie es zunächst war, ohne einen festen Ort der Unterkunft und ohne jegliches Einkommen sein Leben zu gestalten, beschreibt Jan in der folgenden Sequenz:

> *„Ganz ohne Geld o. k. Und denn hab ich 'ne ganze Weile, denn hab ich so 'n Impuls gehabt, du kannst die Zeit nutzen. Und bin ich nach Reinickendorf gegangen, in Gegenden, wo ich noch nicht war, und denn bin ich zu Fuß und denn zurück und denn mit die S-Bahn, zack, o. k. Irgendwann hatte ich gar kein Geld mehr und dann hab ich es auch noch gemacht und irgendwann is mir schwergefallen zuzugreifen. Also ich konnte mich nicht dazu durchzuringen zu schnorren, das habe ich nicht übers Herz gebracht und ich habe auch nicht übers Herz gebracht zu klauen." (Zeile 741–747)*

Zunächst beschreibt Jan hier die Gestaltung seines Alltags in den ersten Wochen seines ‚neuen Lebens'. Bis dato war er tagsüber werktätig oder hatte anderweitige Verpflichtungen in der Bürgerinitiative oder mit Schwarzarbeit. Zum ersten

Mal scheint er hier bewusst ‚frei' gehabt zu haben und hat sich dazu entschieden, seine Stadt neu kennenzulernen und umherzustreifen. Er macht aber dann auch deutlich, dass die beiden naheliegenden Möglichkeiten zur Sicherung der Existenz unter diesen widrigen Umständen und bei mangelnder Erfahrung mit dem Leben auf der Straße, das Schnorren und das Stehlen, für ihn nicht in Frage gekommen sind. Zunächst hat er, nachdem die finanziellen Mittel aufgebraucht waren, „es" (das „Zugreifen", nicht das „Schnorren") noch gemacht, konnte diese Handlungsweise dann aber nicht mehr mit sich vereinbaren. Darauffolgend berichtet er von einer Situation, die verdeutlicht, wie schwer diese initiale Phase der Obdachlosigkeit gewesen sein muss und welchem Gefühl der Hilflosigkeit er ausgesetzt war:

> *„Jan: Und denn fiel mir ein und ich hatte auch so 'nen kleinen Impuls, wenn es gar nicht anders geht, dann knüpfst du dich auf. Den Strick hab ich dann irgendwann weggepackt. (4)*
> *I: Aber der Impuls war länger da.*
> *Jan: Nein … Also der Gedanke war da. Wenn es nicht mehr geht.*
> *I: Hat der dich begleitet?*
> *Jan: Der hatte mich begleitet, sozusagen, wenn es nicht mehr geht, dann machst du Schluss. Und zwar schmerzlos.*
> *I: Bevor du dir Hilfe geholt hättest, hättest du dich aufgeknüpft.*
> *Jan: Ja, aber es ging nicht. Es ging nicht. Es ging nicht, o. k. Ich hab mich – ich hab eine Stelle gesucht, wo Fallhöhe ausreichend war, um nicht zu erwürgen, also nicht zu quälen. Und wo, denk mir. So. Aber ich wollte es festmachen und immer, wenn ich die Schlinge festgemacht hatte, am Geländer, kam ein Auto vorbei. Nachts. Ich fühlte mich gestört. Und irgendwann hab ichs aufgegeben, hab den da liegen lassen und bin dann runter. Und denn im strömenden Regen ohne ein Pfennig Geld dann im strömenden Regen, war kalt gewesen, o. k., nass, bin ich dann zurückgelaufen, in die Innenstadt. […]" (Zeile 747–7764)*

Hier berichtet Jan sehr offen darüber, dass er als letzten Ausweg den Plan gefasst hat, sich zu erhängen, sollte er nicht selbstständig mit der Situation seiner Obdachlosigkeit zurechtkommen. Die Organisation seines Vorhabens war detailliert, aber weil ihn die vorbeifahrenden Autos gestört haben, hat er seinen Plan nicht in die Tat umgesetzt. In seiner Schilderung wird zum einen die verzweifelte Situation deutlich, in der er sich befunden haben muss, zum anderen lässt sie aber auch seinen Willen zum Weiterleben erkennen. Der Impuls zur Selbsttötung kam aus der rationalen Abwägung, dass „nichts mehr geht", dass er ohne Ressourcen ist und auch nicht weiß, wie er sie beschaffen soll. Als semantisches Feld setzt Jan hier das „nichts mehr gehen" als Auslöser für die Suizidbestrebungen gegen das „es ging nicht" in Bezug auf die Selbsttötung als Akt ein. Der letzte Satz in der Textpassage mutet an wie die Beschreibung des Sieges über das eigene Aufgeben-Wollen, denn er beschreibt hier auch den Gang vom Dunklen des Ortes, an dem er sich das Leben nehmen wollte, in die erleuchtete Innenstadt – zwar mittellos und in schlechter Verfassung, aber aufrecht laufend und lebend.

Im weiteren Verlauf betont er noch einmal, dass es für ihn nicht in Frage kam, das Sozialamt aufzusuchen, und erzählt davon, dass er in einem Zeitungsartikel einmal etwas über die Obdachlosenhilfe in Berlin gelesen hat. Seinen ersten Besuch bei den Franziskanern, die eine Suppenküche organisieren, beschreibt er folgendermaßen:

> *„Und denn hab ich mich erinnert an die Wollandstraße. Bin ich denn in die Wollandstraße rein. [...] Von den Franziskanern, ist eine große Suppenküche. Und da waren ein paar Infos und dann hab ich andere Sachen kennengelernt und naja. Und dann kriegte ich zuerst mal so 'ne große Schüssel mit Essen nach längerer Zeit und da haben so (viel?) draufgemacht, das war mehr, als ich wollte. Nachdem ich da ein paar Tage gar nicht gegessen habe." (Zeile 766–773)*

Ausgehend von der dortigen Erstversorgung ist Jan an weitere Informationen zum Leben ohne Wohnung in Berlin gelangt und hat immer weitere Strukturen des Hilfesystems für sich nutzen können. Kurze Zeit später ist er in einer dieser Einrichtungen durch ein Plakat auf das Theaterprojekt des Unter Druck e. V. aufmerksam geworden, hat eine Probe besucht und war schnell voll involviert in die Arbeit der Gruppe:

> *„Und da wurde ich nicht gefragt: Kommst du wieder? Sondern wir treffen uns dann und dann. Und für die war das klar, wenn gespielt wird, bin ich dabei. Und ich war dabei. Und das ging, dann hatte ich noch die andere Gruppe kennengelernt, hab mit denen eine Produktion gemacht und denn immer weiter, jedes Jahr eine Produktion." (Zeile 816–820)*

Nachdem Berlin ab 2003 massiven Kürzungen im Sozialwesen unterworfen war und die Sozialarbeiterin und der Theaterpädagoge, die in dem Projekt aktiv waren, nicht mehr weitermachen konnten, hat Jan nach und nach die Leitung der Gruppe übernommen, wobei er seinen Lebensstil, den er im Laufe der Zeit ‚professionalisiert' hat, beibehalten hat. Je mehr er über die diversen Unterstützungsmöglichkeiten für Wohnungslose erfahren hat, desto besser ist er auch in seinem Alltag zurechtgekommen, insbesondere indem er die Essensausgaben und Übernachtungsmöglichkeiten (vor allem im Winter) genutzt hat. Über das Theater haben sich weitere Teilhabemöglichkeiten erschlossen und soziale Kontakte ergeben. Zusätzlich hat er sich in diversen Gremien und Arbeitskreisen zu Thema Wohnungs- und Obdachlosigkeit engagiert. Angesprochen darauf, ob er in der ganzen Zeit einmal etwas in materieller Hinsicht vermisst hat, antwortet er:

„Ne, hab ich nicht, gar nicht, gar nicht, gar nicht. Pass auf, zu den materiellen Sachen. Der olle Engels, der olle Engels hat am Grabe seines Kumpels was Wichtiges gesagt. Dass der Mensch sich erst dann mit Philosophie und so weiter beschäftigen kann, wenn er genug zu essen, schlafen und so weiter hat, o. k., in der Wollandstraße hatte ich Essen. Da habe ich Kleidung bekommen, konnte mich duschen. Die hatten Schlafsack, also konnte ich auch schlafen. Also was sollte ich denn vermissen, als biologisches Wesen?
I: Und als soziales Wesen?
Jan: Als soziales Wesen, was sollte ich da vermisst haben? Ich war später sogar getauft worden in der Gemeinde, war ich in der Pfingstgemeinde gewesen, hab mich engagiert, den Saal sauber machen, regelmäßig, ehm, habe war ich im Unter Druck, mit Schlüssel und so.“ (lacht)“ (Zeile 949–960)

Jan verweist hier deutlich auf die Werte, die er in seinem Lebenszusammenhang als relevant erachtet. Mit Bezugnahme auf Friedrich Engels macht er deutlich, dass er sämtliche seiner Grundbedürfnisse durch das System der Wohnungslosenhilfe decken konnte und dadurch die Muße und Gelegenheit hatte, sich mit Philosophie beschäftigen zu können. Auch an menschlichem Kontakt mangelte es ihm nicht, insbesondere, weil er als engagierter und proaktiver Mensch selbst für seinen Zugang zu sozialer Teilhabe gesorgt hat und sich verschiedenen Gruppen angeschlossen hat.

Nach acht Jahren hat Jan diese Episode seines Lebens eigenständig beendet und sich an die Behörden gewandt, um sich ordnungsrechtlich unterbringen zu lassen. Er hatte zuletzt einen Schlüssel für die Räumlichkeiten des Unter Druck e. V. und sagt, dass es „nicht mehr ging“, wobei er diese Aussage nicht genauer spezifiziert. Durch seine Gremienarbeit wusste er sehr genau, wo er sich für eine ordnungsrechtliche Unterbringung hinwenden musste. Im Jahr 2008 hat Jan sich dann „unterbringen lassen“ und hat von da an Rente und aufstockende Grundsicherung bezogen. Dabei hat er so lange gewartet, bis er aufgrund der erreichten Altersgrenze nicht mehr unter das SGB II, sondern unter das SGB XII fiel.

7.10.2 Wahrgenommene Formierungsversuche

Jans Verhältnis zu staatlichen Institutionen ist maßgeblich von seiner Herkunft als Kind von DDR-Oppositionellen geprägt, wodurch seine Familie mit diversen Einschränkungen konfrontiert war. Es wird insgesamt deutlich, dass er die DDR als Unrechtsstaat erlebt hat, der seinen Bürger*innen Gehorsam, Disziplin und die Bereitschaft zur Unterwerfung abverlangt hat. Als unmittelbare Konsequenzen hatte der Vater Schwierigkeiten im Berufsleben und der Bruder wurde inhaftiert. Im folgenden Zitat beschreibt Jan die Form der absoluten Herrschaft, die seiner Wahrnehmung nach durch die Führungselite der DDR ausgeübt wurde:

„Und die Leute, die waren ja nicht Sozialisten gewesen, sondern es waren Herrscher, waren Herrscher gewesen in ihrem Beritt. Wie ein Fürst oder so, weißte also. Der Partei nich, von Rostock, der beim Bezirk Rostock, hat in seinem Bezirk geherrscht wie ein Despot, okay. So war die DDR, okay. Und wenn da etwas war und der war sowieso, so, ein bisschen rebellisch, ne, mein alter Herr, naja, dann ging es irgendwann nicht mehr weiter, okay." (Zeile 130–135)

Seine Sichtweise auf heutige sozialstaatliche Strukturen konstituiert sich auch über den Vergleich der Systeme in der DDR, zu Geltungszeiten des BSHG und nach der Agenda 2010. Zu Zeiten des BSHG waren demnach die Beziehungen zwischen Hilfeempfänger*innen und Mitarbeitenden sehr viel enger und die persönlichen Sachbearbeitenden waren vertraut mit dem jeweiligen Einzelfall und der zugrunde liegenden Geschichte. Heute empfindet er die Institution Jobcenter als anonyme Verwaltung, die sich scharf von ihren ‚Kund*innen' abgrenzt:

„Zu BSHG-Zeiten, wenn es da Schwierigkeiten gab, hat man die Frau angerufen. ‚Wir kennen denjenigen, wir wissen das, zack zack, zack, zack, was ist da los?', und beim Jobcenter, da ist plötzlich keiner mehr zuständig. Es ist eine bildlose und namenlose Masse, die da ist. Und das ist schon sehr asozial, das ist schon sehr asozial. Die haben sich verschanzt, wie das Fort Knox, das muss man schon so deutlich sagen." (Zeile 1172–1177)

Die Einführung der Agenda 2010 markiert für Jan einen harten Schnitt, der einem „Staatsstreich" gleichkommt. Er beruft sich auch auf wissenschaftliche Quellen, wenn er über die unmittelbaren und längerfristigen Folgen der Agenda spricht, und demonstriert so seine eingehende Beschäftigung mit der Thematik. Er selbst hat sein Aussteigen aus der Wohnungslosigkeit zeitlich so gelegt, dass er nicht mehr in Berührung mit dem Jobcenter kommen musste und direkt Rente und Grundsicherung beantragen konnte. ALG II steht seiner Meinung nach dem Potenzial der Menschen zur Selbsthilfe entgegen und verhindert ihre Selbstorganisation und Solidarität. Dies knüpft er maßgeblich an die Notwendigkeit zur Zuweisung eines Bedürftigkeitsstatus an betroffene Personen. Im Folgenden beschreibt Jan, was seiner Meinung nach zu einem Sozialstaat gehört:

„Also zu 'nem Sozialstaat gehört, dass es einmal eine Grundsicherung gibt für jeden, ohne Bedingungen, ohne Bedingungen. Also diese Bedürftigkeitsprüfungen erst einmal grundsätzlich nicht. Das Zweite ist, dass sich auch die Nachbarn, dass die Nachbarn befähigt werden, sich da einzumischen, wenn es schiefläuft. Also adäquat. Dass so ein Netz gibt, wo man weiß …, da ist ein Alkoholiker, dem muss geholfen werden, der kommt nicht mehr raus und zack, Leute, die sich auskennen mit Sucht, gehen dahin. Das ist Sozialstaat." (Zeile 1179–1186)

Demnach geht es auch darum, Mitmenschlichkeit zu ermöglichen und die Solidarität untereinander zu fördern. Im Widerspruch dazu steht aber das Leistungsethos, das Jan als staatlich-gesellschaftliches Förderziel ausmacht und in dem er eine Lüge erkennt:

> *„Und nicht hier: Leistung muss sich lohnen. Es wird keine Leistung belohnt, es wird keine Leistung belohnt. Ich möchte mal wissen, warum dann ein Mensch, der tagtäglich nichts anders gemacht hat, als mit 'nem Auto rumgefahren wird und der sich dann feiern lässt, warum der 'ne höhere Rente kriegt als jemand, der da an der Nähmaschine sitzt. Wenn es wirklich um Leistung geht, wenn es wirklich um Leistung geht." (Zeile 1188–1194)*

Leistung als Orientierungspunkt ist demnach schon allein deshalb fehlgeleitet, weil für jeden erkennbar ist, dass eher jene Personen belohnt werden, die einen hohen gesellschaftlichen Status haben und nicht aufgrund tatsächlich erbrachter – mit Anstrengung verbundener – Leistung.

Insgesamt benennt es Jan als unmittelbare Folge der starren Reglementierungen ohne jegliche Rücksicht auf den Einzelfall und die sozialen Umstände, dass den Menschen der Raum zum Ausprobieren genommen wird und somit Neuerungen und Innovationen aus der Mitte der Gesellschaft verhindert werden:

> *„Man ... die Sachen, dass Sachen erstmal ausprobiert werden können, ohne, dass man es gleich anmeldet, dass man sich, diese Gegenbewegung damals, mit den Hausbesetzern, wo Leute gesagt haben, wir machen hier mit ökologischen Sachen durch und so weiter. [...] weißte, das war das war ja alles einfacher, wo hier Hausbesetzungen waren und so weiter. Die haben einfach angefangen haben Sachen und haben gemerkt, die können es verkaufen und können Heizung betreiben mit ökologischen und so weiter. Die konnten et ausprobieren und das muss doch erstmal sein. Man muss doch Sachen ausprobieren können. Ob die tauglich sind oder nicht. Nur denn können neue Ideen einwerfen, wenn man scheitern kann. Wenn man nicht scheitern kann und 'nen Haufen Schulden beim ... dat is doch, dat is doch kein ... verstehst du, was ich meine?" (Zeile 1216–1230)*

Jan bietet hier eine diagnostische Perspektive auf den Wandel der Gesellschaft an, die besagt, dass die Widerstandsbewegung der 1970/80er Jahre auch dadurch möglich wurde, dass den Menschen die Freiheit dazu u. a. durch das damalige BSHG gegeben wurde. In dieser Zeit sind nachhaltige Lösungen für gesellschaftliche Probleme entstanden, die seiner Meinung nach heute so nicht mehr möglich wären, weil den Menschen, insbesondere den Kreativen und Innovativen, der Raum zum Ausprobieren und Scheitern genommen wird. Dagegen steht seiner Auffassung nach die ‚Raumnahme' des heutigen Sozialstaats, der auf Kontrolle, Beschneidung der Handlungsräume und eben zur Aufrechterhaltung der Ordnung ausgelegt ist.

7.10.3 Subjektivierungsweisen

Jan scheint sich (sozial-)staatlicherseits stets zu Disziplin und Ordnung aufgerufen zu sehen, wobei diese Anforderungen vor allem durch die eingesetzten staatlichen Institutionen an ihn herangetragen wurden, mit denen er in seinem Lebensverlauf immer wieder aneinandergeraten ist. Vor allem dann, wenn die vorgegebene Struktur und die Reglementierungen ihm nicht zielführend erschienen sind, hat er keine Veranlassung gesehen, sich dem zu beugen. Bereits seine Einschulung war vorgeprägt von dem Erlebnis, dass seine glückliche Kinderstube bei den Großeltern beendet wurde, um zur Schule geschickt zu werden. Dort ist er auf verschiedenste Probleme gestoßen, die wiederum mit Disziplinierung und dem Zwang zur Unterwerfung einhergingen. Er erläutert das am Beispiel der Schönschrift, die in der Grundschule gelehrt wurde:

> *„[...] und dann gab es 'ne Sache, die war ganz schrecklich. Schönschrift, da musstest (malt Kreise in die Luft) und ich mit meiner Feinmotorik, o. k. [...] Aber damals, war das ein großes Problem, also SCHÖNSCHRIFT, es sollte alles SCHÖÖN sein und die eeins und das Aaa, das ging bei mir alles nicht. War richtig krakelig (lacht)." (Zeile 93–102)*

Immer wieder wird dabei ein Muster aus der Einstiegssequenz aufgegriffen, nämlich der Widerspruch der vorgegebenen Ordnung zu den eigenen Handlungsorientierungen, die eher auf dem Prinzip der Unordnung ohne Beachtung bzw. unter Infragestellung des bürgerlichen Normkontextes beruhen. Auch im weiteren Verlauf seiner Schulzeit hat sich für Jan der Eindruck manifestiert, dass er dort gezwungen wird, unter großer Anstrengung Inhalte aufzunehmen und zu reproduzieren, die keinen wirklichen Wert für seinen weiteren Lebensverlauf haben. Zusätzlich wurden in den geisteswissenschaftlichen Fächern ausschließlich „linientreue" Autor*innen in den Unterricht einbezogen. Zu Hause hatte er zu diesem Zeitpunkt aber bereits die Vielfalt der Kunst und Literatur kennengelernt, auch jene Seiten, die in der DDR offiziell nicht stattfanden. Er hat durchschaut, dass das Wissen, welches ihm in der Schule nähergebracht werden sollte, nicht das einzig Wahre war und auch die Art der Vermittlung wurde für ihn zur Qual. Im späteren Berufsleben wurde er dann wiederum darauf festgelegt, Gegebenheiten als bestehend zu akzeptieren und sich dem unterzuordnen, ohne Fragen zu stellen. Die täglichen Arbeits- und Lebensweisen waren darauf auszurichten. Gleichzeitig war aber sein Bewusstsein für die bestehenden Mängel geschärft. Die Szene seines Ausstiegs aus dem Leben mit Wohnung und Arbeit im Alter von 51 Jahren schildert er folgendermaßen:

„Und dann zum Schluss hatte ich 'ne Stelle gehabt, 'n Jahr, o. k., gefördert vom Arbeitsamt. [lange Ausführung zu technischen Versäumnissen] Und dann ging es hin- und her und der fing an so rumzumachen und wir haben manchmal bei Ausschreibungen bis um 2 Uhr gesessen und der hat um 18 Uhr schon gemeckert. Fand ich unangemessen. Und dann hab ich irgendwann gesagt: Du kannst es ja auch alleine machen. (verst. Stimme) Ja, geh doch! In Ordnung. Hab Schlüssel genommen. [schmeißt seinen Schlüssel auf den Tisch] Weg. Und weg. Weil nämlich, durch solche Verhältnisse, dieses Verhältnis, oben und unten, er bestimmt, ich mache, das wollte ich nur bis zu einem bestimmten mitgehen, o. k. Also lieber zugrunde gehen, als zu Kreuze kriechen." (Zeile 647–689)

Jan reinszeniert hier die Episode, die unmittelbar seinem Schritt in die Obdachlosigkeit und dem gezielten Verzicht auf Sozialleistungen vorausging. Er leitet die Passage ein mit „zum Schluss" und markiert so das Ende seines ‚alten' Lebens, das zu dem Zeitpunkt auch davon gekennzeichnet war, sich den formalen Regeln zu beugen und gegebenen Hierarchien hinzunehmen. Er nimmt sich die Freiheit, eine Grenze zu setzen, und inszeniert diese durch die Schilderung seines ‚Abgangs', den er kurz mit ‚weg' umschreibt und damit seine körperliche Abwendung aus der Situation meint.

Insgesamt ist Jans Narration seines Lebenswegs darauf zentriert, sich als eine Art ‚originären Rebellen' zu präsentieren, der dieses Rebellentum schon durch seine familiäre Herkunft und besonders durch seinen Vater ‚geerbt' hat. Seine Familie ist einem links-intellektuellen Milieu zuzuordnen und die Lektüre klassischer Literatur gehörte ebenso zu seinem Alltag wie das Sprechen über Kunst und Kultur am Küchentisch. Der Vater hat die Familie durch das Schreiben von Artikeln im *Eulenspiegel* unterstützt, einer regierungskritischen Satirezeitschrift, und im Elternhaus haben Lesungen zeitgenössischer Autor*innen stattgefunden. Er verfügt über ein reichhaltiges kulturelles wie soziales Kapital, auf dessen Grundlage er vorhandene Ressourcen auswählen und für sich nutzbar machen kann. Dazu gehört auch sein Engagement bei der Berliner Obdachlosenzeitung, für die er lange geschrieben hat und redaktionell tätig war, sowie seine Mitgliedschaft im Ensemble des Obdachlosentheaters. Hier wird deutlich, dass er mit den Subjektpositionen, die an ihn herangetragen wurden, auch gespielt hat und sie kreativ und zu seinem Nutzen umdeuten konnte. So wurde er häufiger zu Veranstaltungen philanthropischer Gruppen aus der linksalternativen Szene eingeladen, um dort Reden zu halten und/oder als Vertreter der Obdachlosen aufzutreten. Im folgenden Zitat erzählt er, wie er sich dem Publikum auf einer solchen Veranstaltung, auf der auch Spenden für seinen Verein gesammelt werden sollten, als die Kunstfigur des „eigenen Obdachlosen" anbietet:

„Und bin dann eingeladen worden in den Roten Salon und bin da hingekommen und dann sollte ich zum Schluss 'ne Rede halten. Und dann hab ich gesagt, also, meine lieben Freunde. Meine Omi hat die Rowdys immer für asozial gehalten. Ich hab da inzwischen 'ne etwas andere Meinung. Ich bin your own homeless. Ich bin euer Obdachloser. Das war richtig kräftige Rede und wir machen das und das mit dem Geld, was wir da kriegen, hatten da 1000 Euro, glaub ich, gekriegt." (Zeile 937–945)

Selbstbewusst und kontrolliert präsentiert er sich als aktiver Sprecher, der sich den Zuhörenden für die Spendengabe als ihr *eigener* Obdachloser anpreist und somit eine Umkehr der Perspektiven erreicht. Zunächst nimmt er ironisierend die Position des „Armen" an und macht sich dann zur begehrten Ware, denn nicht er erbittet Spenden, sondern er hat etwas zu bieten, was das Bürgertum, vielleicht auch aus sozialromantischen Gründen herbeisehnt: einen privaten Obdachlosen, dem man immer, wenn man das Bedürfnis danach hat, eine Spende zukommen lassen kann, um dem eigenen Seelenfrieden näher zu kommen. Diese Szene passt in das Gesamtbild des „edlen Armen", der in selbstgewählter Armut lebt, um sich mit Philosophie und den wirklich wichtigen Dingen des Lebens zu befassen und „frei" zu sein. Praktizierte Kritik an gesellschaftlichen Verhältnissen heißt für ihn daher auch, dass man sich freimachen muss von materiellen Werten. Der Preis dafür, die Abhängigkeit von Spenden der Reichen und die Angewiesenheit auf das Hilfesystem der sozialen Arbeit, problematisiert oder thematisiert er hingegen nicht.

7.11 Suzana Klodzig: „Und ich hab jahrelang gearbeitet!" [sie weint]

Suzanna ist zum Zeitpunkt des Interviews 55 Jahre alt und lebt in derselben Stadt wie Frau Dutte. Auch sie wurde durch Herrn Alsen vom örtlichen Sozialrechtshilfeverein als Interviewpartnerin vermittelt. Vor dem Interview hat Suzanna zwar nervös gewirkt, war aber auch sehr freundlich zugewandt, hat viel gelacht und hat Interesse an der Gesamtthematik geäußert. Sie wirkte zudem froh über Herrn Alsens Anwesenheit und hat häufig Blickkontakt und körperliche Nähe durch einen geringen Sitzabstand zu ihm gesucht. Sie hat bereits vor Einschalten der Audioaufnahme geäußert, dass sie sich ohne ihn und seine Beratung nicht mehr eigenständig aus ihrer Lage hätte befreien können.

Während des Interviews hat sich herausgestellt, dass Suzana nicht den Kriterien der theoriegeleiteten Fallauswahl dieser Forschungsarbeit entspricht, da ihre Nichtinanspruchnahme aus einem Behördenfehler resultierte und sie sich nicht beabsichtigt zum Verzicht entschieden hat. Nach einem Unfall in der privaten Wohnung ist sie von ihrem Arbeitgeber entlassen worden und wurde beim Übergang vom Krankengeld in den nachgeordneten SGB-II-Bezug vom Jobcenter abgewiesen. Das Interview wurde dennoch in die Fallbeschreibungen aufgenommen, weil es sich in einigen Merkmalen von den übrigen Erzählungen abhebt, die im Folgenden fokussiert dargestellt werden.

Das zentrale Thema ihrer Erzählung ist der herausragende Stellenwert, den sie dem Innehaben einer Erwerbsarbeit beimisst. Sie präsentiert sich in der Interviewsituation vor allem als jemand, der verzweifelt eine Arbeitsstelle sucht. Selbstverwirklichung durch Arbeit spielt für sie daher kaum eine Rolle und sie würde tendenziell jegliche Arbeit annehmen, um nicht von Sozialleistungen abhängig zu sein.

7.11.1 Biographische Erzählung

> *„Also, ich bin gebürtich aus Kölle. Ich komm, wir sagen ja bei uns, vonne schäl Sick (.) Köln-[Stadtteil] bin ich aufgewachsen und komm dafür aus Köln. Ja. Uuund … Dort aufgewachsen auch ja (4)" (Zeile 4–6)*

In Kölner Dialekt beginnt Suzanna ihre initiale Antwort mit dem Verweis auf ihre Herkunftsstadt. Sie sei gebürtig aus „Kölle" wobei sie noch weiter präzisiert, indem sie erwähnt, dass sie von der „schäl Sick", d. h. der im Jargon „falschen (scheelen)" Seite der Stadt Köln kommt. Erst durch eine Recherche nach dem Interview wurde die Bedeutung dieses Begriffs als ortstypische Umschreibung für die rechtsrheinischen Stadtteile Kölns deutlich, die traditionell durch ein Arbeiter*innenmilieu geprägt sind und/oder unter Umständen auch als ärmlich gelten und in einem Gegensatz zu den schickeren Vierteln auf der linksrheinischen (der ‚Domseite') stehen. Obwohl es sich bei der Bezeichnung ‚schäl Sick' um einen Begriff aus dem kölnischen Dialekt handelt, der in seiner Verwendung und auch in der Rezeption ein gewisses sprachgeographisches Wissen voraussetzt, übersetzt sie den Begriff nicht für ihre Gesprächspartnerin, was darauf hindeuten könnte, dass sie davon ausgeht, dass sie verstanden wird. Frau Klodzig scheint ihrer Heimatstadt eine identitätsstiftende Bedeutung beizumessen, so erwähnt sie den Stadtnamen gleich dreimal in ihrem ersten kurzen gesprochenen Satz. Mit dem Zusatz „sagt man bei uns" signalisiert sie, dass sie sich noch immer als Teil der Kölner Stadtgemeinschaft und insbesondere der ‚Schäl Sick' begreift. Von Beginn an markiert Frau Klodzig sich auf diese Weise als Arbeiter*innenkind aus einfachen Verhältnissen, für das die Erwerbsarbeitsnorm einen herausragenden Stellenwert besitzt.

7.11.1.1 *Kindheit, Jugend und Schulzeit*

Suzana Klodzig kommt aus einem Stadtteil im Kölner Osten und ist dort „in ärmlichen Verhältnissen“ mit sechs weiteren Geschwistern aufgewachsen. Der Vater ist gestorben, als sie 14 Jahre alt war, und später, aber auch früh in ihrem Leben, sind ihre einzige Schwester, ein weiterer Bruder und ihre Mutter verstorben. Insgesamt ist die Erzählung von ihrem familiären Umfeld durch die Schilderung von Todesfällen geprägt:

> *„In der Familie, ja. Mein Vater ist natürlich sehr früh gestorben, mit 44 Jahren, an Streukrebs, wir sind sieben Kinder gewesen. Gewesen. Weil, fünf Brüder und eine Schwester hatte ich. Und meine Schwester ist gestorben also auch jung. Und meine Mutter ist auch schon tot, die ist mit, ähem, 63 Jahren an Krebs gestorben und von meinem Vater, wie soll ich sagen, wo mein Vater gestorben war, ähh, hat mein älterer Bruder mit meiner Mutter uns zusammen uns aufgezogen, also, ne.“ (Zeile 8–14)*

Sie hat durch sexuelle Gewalt ein Kindheitstrauma erlitten, weshalb sie bis heute psychologische Hilfe in Anspruch nimmt. Über den Vorfall kann sie nicht reden und bricht im Gespräch mehrere Male ihre Erzählung mit dem Verweis auf das Erlebte ab. Hier liegt auch die Ursache dafür, dass sie bereits nach der Grundschule den Schulbesuch eingestellt hat, „auf der Flucht“ war, wobei das Erlebte scheinbar nicht primär mit der Schule oder dem nächsten Familienkreis zusammenhing.

7.11.1.2 *Schulabschluss, Berufsfindung, Berufserfahrung*

Bereits mit 14 Jahren hat Suzanna in diversen Aushilfsjobs gearbeitet. Ihr Wunsch war es, „auf dem Bau“ zu arbeiten, was sie auch über einen Zeitraum von zwei Jahren realisieren konnte. Diese Arbeit entsprach ihrem Selbstbild, das von den gesellschaftlichen Erwartungen an eine Frau deutlich abwich. So sagt sie, dass sie nie so war, „wie eine Frau sein müsste“, und spezifiziert diese Aussage auf Nachfrage wie folgt:

> *„Sagen wir mal so, 'n Mädchen so wie früher, die interessieren sich für Jungs und alles und da war ich nicht für. Ja, ich war mehr so auf gucken, dass ich Geld verdiene und überlebe. Ja, das ist einfach so ... das mit meiner Kindheit, da muss ich dir sagen sprech ich un- ungern drüber (lacht)“ (Zeile 71–74)*

Der traditionellen gesellschaftlichen Geschlechteraufteilung, in der der Mann arbeitet und Geld verdient, während die Frau mit dem Haushalt und dem Aufziehen von Kindern beschäftigt ist, konnte sie demnach allein schon deshalb nicht nachkommen, weil sie früh selbst Geld verdienen musste, um ihr Überleben zu sichern.

Weiterhin berichtet sie, dass sie sich das Lesen und Schreiben im Laufe ihrer Jugend und jungen Erwachsenenzeit selbst angeeignet hat und auch in ihrem späteren Leben Dokumente oder Schriftstücke häufig nicht verstehen konnte. Die Inhalte von Arbeitsverträgen oder von anderen von ihr unterzeichneten Dokumenten waren ihr daher oft nicht bewusst. Aus einem Arbeitsverhältnis resultierte eine Anklage gegen sie wegen Schwarzarbeit, weil ihre damalige Chefin sie nicht offiziell angemeldet hat. Suzanna wurde zu einer hohen Geldstrafe verurteilt, die ihr noch lange nachhing. Außerdem hat sie einen Kredit für Freunde aufgenommen, die damit vorgaben ihr Restaurant retten zu wollen und die sich dann mit dem Geld ins Ausland absetzten.

Für eine Liebesbeziehung und nachdem sie eine Festanstellung im Sauerland gefunden hat, ist sie dann umgezogen. Hier hat sie zunächst in einem größeren fleischverarbeitenden Betrieb und im Wurstverkauf gearbeitet. Zwei Jahre vor dem Interview hatte sie einen Haushaltsunfall, der dazu führte, dass sie drei Monate bettlägerig war und acht weitere Monate ein Gerüst zur Unterstützung ihrer Motorik benötigte. Nach der Reha-Zeit hat sie zunächst in einer Bäckerei im Ort zu gearbeitet, als „sie einigermaßen wieder laufen konnte". Etwa zwei Jahre später benötigte sie eine weitere OP wegen der Spätfolgen ihrer Verletzung.

> *„Dann wollt ich mich operieren lassen, erst einmal, und ich hab ja auch bei der Bäckerei dann direkt angefangen, wo ich dann so einigermaßen wieder laufen konnte. Hab ich dann 'ne Bewerbung in der Bäckerei gemacht, hab ich da 'ne Anstellung gekriegt. Ja und was war, hab ich jetzt knapp zwei Jahre in der Bäckerei gearbeitet und dadurch, weil ich die OP kriegen sollte, ja, haben sie mir auch, die haben mir einen Festvertrag gegeben und haben den Festvertrag gekündigt. Haben sie Strafe bezahlen müssen, haben sie trotzdem gemacht. Weil ich diese OP hatte. Hab ich zwar auch wieder ein gutes Zeugnis gekriegt, weil ich bin ein guter Arbeiter, egal, wo ich gearbeitet habe." (Zeile 163–171)*

Obwohl sie noch stark beeinträchtigt von den Folgen ihres Unfalls war, hat sie sich, nachdem sie zwar wieder laufen konnte, aber noch nicht genesen war, eigentätig bei einer Bäckerei beworben und dort auch die Arbeit aufgenommen. Weil jedoch eine weitere Operation unumgänglich wurde, wurde sie dort, offenbar entgegen dem Kündigungsschutz, wieder entlassen. Sie erwähnt, dass sie dennoch ein „gutes Zeugnis" bekommen hat, weil sie ein „guter Arbeiter" ist und das immer, in jedem Bereich, in dem sie bisher gearbeitet hat, von sich sagen konnte.

7.11.1.3 Erfahrungen mit Erwerbslosigkeit

Bis zum Eintritt des Bedarfsfalls hatte Suzanna keine Kontakte zum Jobcenter, war jedoch schon einmal eine kurze Zeit zu BSHG-Zeiten arbeitslos. An die Kontakte zum früheren Arbeitsamt hat sie gute Erinnerungen und sie konnte nach kurzer Zeit wieder eine Arbeitsstelle, die sie selbst gefunden hat, antreten. Nach ihrem Unfall und dem Auslaufen ihres Krankengeldes bauten sich erste Schulden bei ihrem Energieversorger auf und sie musste das Jobcenter aufsuchen. Den ersten Besuch des Jobcenters erinnert sie im folgenden Interviewauszug:

> *„Der erste Gang. Schlimm. Ich hab erstmal da gestanden und äh, war noch am Überlegen, bevor ich da reingegangen bin, ob ich überhaupt reingehe oder nicht. Weil, da hab ich ganz ehrlich, hab ich schon Schweißausbrüche gekriegt, was ich so von andere schon gehört habe. Wo ich das noch gar nicht kannte. Also, die ich so gehört habe, die beim Arbeitsamt schon waren. Und die haben mir die Schauergeschichte erzählt. Ja, und der Gang, der war wirklich schwerer als schwer da drin. Und dann bin ich rein, das erste Mal und hab erstmal da unten gefragt, wo ich hin muss. Ja und dann bin ich dahin. Und ich weiß gar nicht, wie viele Nagel ich mir selbst abgerissen hab in der Zeit, wo ich das erste Mal da war. Da hab ich mich schon selbst schon zerstört. Ängstlich war ich, muss ich ehrlich sagen. Ne. Und beschämend, hauptsächlich geschämt hab ich mich." (Zeile 466–476)*

Aus der alltäglichen Kommunikation mit Bekannten ist sie mit einer negativ vorgeprägten Meinung zu den Abläufen der Arbeitsvermittlung und den Umgangsweisen der Jobcenter-Mitarbeiter*innen mit ihren Kund*innen in diesen ersten Kontakt hineingegangen. Sie schildert ihren Erstkontakt als einen schweren Gang und reinszeniert detailliert ihr Eintreffen vor Ort. Sie scheint hier die Redewendung des Gangs nach Canossa vor Augen zu haben, der als ein beschämender Weg eines Bittstellers zur Obrigkeit in die Umgangssprache Eingang gefunden hat. Hier taucht ferner das Motiv der Demütigung und des öffentlichen Fehleingeständnisses auf, das im Gang nach Canossa sprichwörtlich ist. In Suzannas Fall ist es das öffentliche Eingeständnis, als Arbeitskraft versagt zu haben und nicht mehr leistungsfähig zu sein. Bei den zuständigen Sachbearbeitenden wurde sie allerdings mehrmals abgewiesen, weil man sich dort nicht zuständig fühlte, da Suzana nicht arbeitsfähig sei. Außerdem zog sich das Antragsverfahren über einen langen Zeitraum, da Suzana die angeforderten Formulare nicht ausfüllen konnte:

> *„Ja, die hatten gesagt, dass mir das Geld nicht zusteht. Und das wusste ich nicht. Weil ich hatte gar keine Ahnung von Ämtern, ich konnte auch nichts richtig ausfü … weil ich gar keine Ahnung überhaupt hatte, wie man das macht." (Zeile 211–213)*

So kam es dazu, dass Suzana über einen Zeitraum von etwa vier Monaten gänzlich ohne Einkommen war. In dieser Zeit mangelte es ihr nicht nur an Ernährung und Medikamenten, sie baute auch zunehmend weitere Schulden bei dem zuständigen Energieversorger und ihrem Vermieter auf.

7.11.1.4 Episode der Nichtinanspruchnahme

In der folgenden Interviewpassage erinnert Suzana ihre damalige Situation in Bezug auf die Ermangelung an Nahrungsmitteln und führt an, dass es ihr leicht fallen würde, auf Essen zu verzichten:

> *„Ja, ich hab da kein Problem mit, den ganzen Tag nichts zu essen. Weil ich trinke viel Wasser, trink ich zu Hause auch. Sehr viel Wasser. Also, ich hab da keine Probleme. Manchmal hab ich noch nicht mal ein Brot gehabt oder so, das interessiert mich gar nicht. Manchmal hab ich, ich hab die Nachbarn kennengelernt, die sind sehr nett. Manchmal haben die mich zum Essen, dann bin ich Essen gegangen, die kennen das Problem auch, weil die früher da selber mal mit zu tun hatten." (Zeile 320–326)*

Ihr soziales Netz, das zu diesem Zeitpunkt lediglich aus ihren Nachbarn bestand, scheint sie zu Anfang zumindest in der Sicherung ihrer Grundbedürfnisse unterstützt zu haben, wobei Suzana die Hilfsbereitschaft auch darauf zurückführt, dass sie einen ähnlichen Erfahrungshintergrund bezogen auf das Jobcenter haben. Weitere Hilfe hat sie dann vom Sozialrechtsverein erhalten, der sie letztlich auch durch Beratung und anwaltliche Vertretung sowie durch Begleitung zu den Jobcenter-Terminen aus ihrer Situation befreien konnte.

Ihre Strategie, sich schnell irgendeine Arbeit zu suchen, um sich selbst aus ihrer Lage zu befreien, hat hier nicht gegriffen. Zum einen war sie körperlich nicht hinreichend genesen und zum anderen hat ihre alte Verurteilung wegen Schwarzarbeit sie davon abgehalten, sich eine unverbindliche Gelegenheitsarbeit zu suchen und diese ohne Anmeldung auszuführen. Auch moralisch hätte sie dies nicht gewollt, denn sie möchte sich nicht wissentlich gegen das Gesetz verhalten. So ist sie in regelmäßigen Abständen erneut zum Jobcenter gegangen, um Hilfe zu erbitten. Dabei hat sie eine Reihe an Demütigungen und Abwertungen ihrer Person erlebt, die sie im Interview an verschiedenen Stellen anspricht und beschreibt.

Ihre tiefe Verzweiflung äußert sich zum Zeitpunkt des Interviews auch darin, dass sie mehrmals unterbrechen muss, schluchzt und den Tränen nah ist. Im folgenden Auszug lässt sie ihre Suizidgedanken anklingen, in die ihre aktuelle Situation der Arbeitslosigkeit in Kombination mit ihren Erfahrungen auf dem Jobcenter mündet:

> *„Irgendwann hänge ich mich selber irgendwann auf. Die machen mich psychisch fertig. Und dann kommt durch die Arbeitslosigkeit, dieses minimale Geld, was ich kriege, was die auch abziehen, noch Geld von mir, weil ich ja das Geld noch, die Schulden da von der Schwarzarbeit ..." (Zeile 268–271)*

7.11.2 Wahrgenommene Formierungsversuche

Die gesellschaftlich verordnete Leistungsfähigkeit und Leistungsbereitschaft, die Suzana aufgrund ihres Unfalls nicht unter Beweis stellen kann, ist ein wichtiger Bezugspunkt in ihren Ausführungen zur Wahrnehmung der sozialstaatlich organisierten Gesellschaft. Demnach gehört es für jeden Menschen dazu, seinen Teil zur Gemeinschaft beizutragen und nicht auf die von anderen erarbeiteten Ressourcen zurückzugreifen. Diese Auffassung scheint in Frau Klodzigs Herkunftsmilieu eine große Rolle gespielt zu haben und gegenüber anderen gesellschaftlichen Werten priorisiert worden zu sein.

Dabei ist eine zentrale Motivik in Suzanas Äußerungen die einer empfundenen Bestrafung, weil sie diese Leistungsfähigkeit nicht mehr aufbringen kann. Zwar reflektiert sie, dass sie unverschuldet in die Bedarfslage geraten ist und die Bestrafung demnach nicht als gerechtfertigt rationalisiert werden kann, dennoch scheint sie sie anzunehmen. Für ihre innere Haltung bedeutet dies ein permanentes Gefühl der Angst:

> *„Ich weiß nicht, ob die nach Gesichter gehen … ich weiß es nicht. Aber ist wirklich wahr. […] Ich sag, bitte, bitte. Ich traute mich nicht mehr bei dem rein. Der hat mich so zur Sau gemacht, so niedergemacht. Aber richtig angeschrien. Da hab ich gedacht, das gibt es nicht. Ich wollte gar nicht mehr rein zu dem. Ich hatte Angst vor dem. Und wo er dann aber mit war, ich hab gedacht, der Uli muss glauben, dass ich lüge. Der kommt mit rein, da ist der so freundlich zu mir. […] Ich hab ja Angst, da rein zu gehen, ich war schon am Zittern. Nein, nein, ich sag das wirklich so. Ist nicht so, ich bin jetzt kein Angsthase, weil ich bin 'ne Kämpfernatur und ich sag, wie mir der Schnabel gewachsen ist, ich bin gebürtige Kölnerin, ich sag immer, wie mir der Schnabel gewachsen ist." (Zeile 669–690)*

Suzana sieht sich zunächst der Diffusität der Art und Weise gegenüber, mit der die Jobcenter-Mitarbeitenden ihre Kund*innen einer steten Bedrohungslage aussetzen, wobei für die Kund*innen uneinsichtig ist, wogegen sich die drohende Bestrafung richtet. Außerdem beschreibt sie ihre Erlebnisse der Herabwürdigung bei vergangenen Terminen mit ihrem Sachbearbeiter, dessen Verhalten sich änderte, als sie Herrn Alsen als Beistand mitgebracht hat. Hieraus erwächst eine allgemeine Unsicherheit ob der erwarteten erneuten psychischen Gewalttätigkeit des Gegenübers und seiner Unkalkulierbarkeit im Gesamten. Als subjektformierendes Mittel scheint die Angst hier darauf ausgelegt, dass ein erneuter Kontakt durch die Kundin möglichst vermieden wird und sie so schnell zur Arbeitsaufnahme gezwungen werden soll.

Das Motiv der Strafe formuliert Suzana noch weiter aus, indem sie beschreibt, dass sie sich durch ihre finanzielle Lage in einer „*Gefangenschaft*" sieht, die ihr den Weg nach draußen, in die Welt außerhalb ihrer eigenen Wohnung versperrt:

„Ich komm mir vor, wie in der Gefangenschaft. Eingesperrt in meiner eigenen Wohnung. Hast du Glück, kannst du dir was kaufen, was zu essen, oder hast du kein Glück. Ist so." (Zeile 925–927)

Für eine Sicherung ihres Überlebens und die Deckung ihrer Grundbedürfnisse sieht Suzana keine sozialstaatliche Garantie mehr gegeben. Die Bestrafung scheint so mit ihrer Gefangenschaft vollzogen, wobei das Urteil durch die Beratungspersonen im Jobcenter gesprochen wurde. Hierdurch wurden ihr auch ein Teil ihrer Bürgerrechte entzogen und es ist für sie zur Glückssache geworden, ob sie sich etwas zu Essen kaufen kann oder ob sie für einen bestimmten Zeitraum auf die Hilfe anderer angewiesen ist oder hungern muss, wodurch sich die ständige Bedrohungslage, der sie sich ausgesetzt sieht, noch verschärft.

7.11.3 Subjektivierungsweisen

Insgesamt deuten Suzannas Ausführungen auf einen hohen Grad an Denormalisierungsangst (vgl. Link 1996) hin, die insbesondere mit ihrer sozialisationsbedingten und im weiteren Lebensverlauf gefestigten protonormalistischen Disposition hinsichtlich der Ausrichtung an einer vollen Erwerbsarbeit als normaler Lebensform festzumachen ist. Arbeit war für sie immer eine Rettung aus ihren Verhältnissen. Seit ihrer „Flucht" von zu Hause hat sie erlebt, dass sie über das eigentätige Ausführen einer Erwerbsarbeit ihren Lebensunterhalt sichern kann und sich somit auch aus unterdrückenden Strukturen befreien kann, um ihre Selbstbestimmung und Unabhängigkeit zu wahren. Die Erwerbslosigkeit an sich bzw. der Zustand ohne eine existenzsichernde Lohnarbeit scheint für Suzana ein nahezu unerträglicher Zustand, der sie auf mehreren Ebenen trifft. Zum einen identifiziert sie sich als „*Einzelkämpferin*" (Zeile 536) und „*Kämpfernatur*" (Zeile 686), die trotz biografisch bedingter Schicksalsschläge und durchlebter Gewalttaten aus eigener Kraft ihr Leben gemeistert hat. Das Erfolgsrezept ihrer Resilienz verortet sie dabei in ihrer insbesondere körperlichen Arbeitsamkeit. Da ihre Leistungsfähigkeit durch den Unfall stark vermindert wurde, geht ihr hiermit eine Konstante verloren, die sie ihr Leben lang begleitet hat. Das Streben nach Erwerbsarbeit wird ihr jedoch durch die mit der Adressierung Bedürftigkeit verbundenen Zuschreibungen und Positionierungen aberkannt, was sie als Demütigung empfindet. Dies geht so weit, dass sie trotz ihrer körperlichen Beeinträchtigungen plant, sich wieder nach Arbeit umzuschauen. Die Arbeit ist für sie der alternativlose Ausweg aus ihrer Situation:

„Ja, mein einziger Ausweg ist, so schnell wie möglich wieder arbeiten, das ist mein Ausweg, was ich kenne. Denn mit den Arbeitsamt finde ich keinen Ausweg mit diesem Geld, Sozialgeld. Weil das ist, da kannst du nicht von leben und geschweige denn sterben. Ist so." (lacht) (Zeile 640–643)

Vor dem Hintergrund, dass sie sich als christlichen Menschen bezeichnet, der an das Gute glaubt, fragt sie sich zwar zunehmend, womit sie die Strafen, die ihr auferlegt werden, verdient hat, scheint sie aber in gewisser Weise auch anzunehmen. In diesem Sinne erachtet sie sich selbst der sozialstaatlichen Unterstützung offenbar als nicht ‚würdig' genug, womit sie das Bild von Bedürftigkeit, welches sie sozialisationsbedingt ausgebildet hat, auch auf sich bezieht. Die Demütigungen des Jobcenters nimmt sie daher hin und erträgt sie, ohne zu widersprechen – auch in der steten Hoffnung, dass ihr eine neue Arbeitsstelle vermittelt werden kann.

8 Ergebnisse II – Bedingungen des Verzichts

Um die „die spezifische performative Strukturierung eines sozialen Phänomens verstehend nachvollziehbar zu machen“ (Kruse 2014, 545) und damit zu einer abschließenden Interpretation im Sinne des hier angelegten dispositivanalytischen Blicks zu gelangen, müssen auf der Einzelfallebene generierte Ergebnisse miteinander in Verbindung gesetzt werden. Nach der extensiven Darstellung der Einzelfälle mitsamt ihrer Narrationslogiken und einer Interpretation entlang des Untersuchungsfokus (wahrgenommene Formierungsversuche, tatsächliche Subjektivierungsweisen und die Diskrepanzen dazwischen) gilt es in diesem Kapitel daher, die Fälle aufeinander zu beziehen und fallübergreifende, zentrale Thematisierungsregeln und Motive zu ermitteln. Aus den gegenständlichen wie methodischen Heuristiken haben sich als relevante Vergleichsdimensionen die Sichtweisen auf Bedürftigkeit, wahrgenommene Fremdzuweisungen von Subjektpositionen und die sozialstaatlich wirksamen sozialen Regelwerke in Form von Adressierungen und Responsibilisierungen sowie die Selbstaussagen und Eigentheorien per Re-Adressierungen, Selbstpositionierungen und -responsibilisierungen ergeben. In der Einzelfallanalyse sind darüber hinaus zentrale Motive als fallübergreifend und damit als konsistent subjektivierend wirksam hervorgetreten. Dazu gehören Gerechtigkeitsvorstellungen, Deutungsmuster von sozialer Ungleichheit und die Sichtweisen auf gesellschaftliche Ordnung und die Art und Weise, wie Positionen in ihr vergeben werden. Auch die Wahrnehmung von und der Eigenbezug auf kollektive bzw. individuelle Werte und das Vorhandensein von Denormalisierungsängsten wurden unter anderem als einflussnehmend herausgestellt. Wie sich in der weiteren Analyse zeigen wird, stehen diese Motive in enger Wechselwirkung zueinander und sind mit weiteren Subkategorien verbunden.

Um zunächst eine Einordnung des Fallmaterials zu gewährleisten, werden die Einzelfälle anhand von Sozialisationserfahrungen und biografischen Dispositionen und deren Einflussnahme auf die Handlungsorientierung zum Verzicht kontrastiv dargestellt und eine Sammlung, Verdichtung und Zusammenfassung der fallübergreifenden Motive wird erarbeitet (Kapitel 8.1). In Kapitel 8.2 werden die fallübergreifenden Konzepte und zentralen Motive zu ‚Mustern des Verzichts‘ verdichtet, in denen dargestellt wird, wie der Verzicht als Bestandteil spezifischer Subjektivierungsweisen und damit als Element eines Dispositivs gelesen werden kann. Auf dieser Grundlage stellt Kapitel 8.3 die abschließende, übergreifende Abstraktion der Ergebnisse dar, indem ein (spät-)modernes

Bedürftigkeitsdispositiv grundlegend beschrieben wird. Dies resultiert aus den dominierenden Bezugnahmen auf Bedürftigkeit als logische und moralische gesellschaftliche Ordnungskategorie, deren ordnende Effekte im Verzicht adaptiert, (re-)produziert und modifiziert werden. Kapitel 8.3 bildet somit den Analyseabschluss und stellt *eine* Möglichkeit dar, die strukturellen Bedingungen des Verzichts einordnend zu beschreiben.

8.1 Kontrastierend-analytische Beschreibung

Insgesamt weisen die Interviews in formaler Hinsicht eine ähnliche Struktur auf. Unterschiede bestehen vor allem in der Ausführlichkeit des biografisch-narrativen ersten Interviewsegments. Die Einstiegserzählungen inklusive Antworten auf gezielte Nachfragen zur Biografie sind mal lang und detailreich (Arno Thiel, Jan Markowsky, Manni Dennhorst, Paul Menners, Viktor Leufers) und mal davon geprägt, Nachfragen zu erwarten und sich im Interview führen zu lassen (Lars Pulser, Christian Penck, Anna Schnuck, Suzanna Klodzig). Die Interviews von Marlene Dutte und Per sind hinsichtlich biografischer Informationen als karg zu bezeichnen, was ihren inhaltlichen Gehalt in Bezug auf die Forschungsfrage aber nicht schmälert. Anhand der Dimensionen, die auch die Einzelfallanalyse geleitet haben (Biografie – wahrgenommene Formierungen – Subjektivierungsweisen) werden im Folgenden die zentralen Motive aufeinander bezogen. In Kapitel 8.1.1 werden dazu die biografischen Erzählungen noch einmal im Überblick aufgearbeitet. In der bisher verfolgten Logik der fortlaufenden Abstraktion werden dann in Kapitel 8.1.2 die wahrgenommenen Formierungsversuche und Subjektivierungsweisen verdichtet, um unter 8.1.3 zu einer Zusammenfassung der fallübergreifenden, zentralen Motive zu gelangen. Diese werden im weiteren Kapitelverlauf in Bezug zu den vorgefundenen Merkmalsausprägungen gesetzt und zu *Mustern des Verzichts* aufsortiert.

8.1.1 Biografische Erzählungen

Die interviewten Personen entstammen verschiedenen sozialen Lagen und sind unter dementsprechend heterogenen sozio-ökonomischen Bedingungen mit unterschiedlichen Benachteiligungs- und Exklusionserfahrungen aufgewachsen. Zur ersten vergleichenden Einordnung der Herkunftsbedingungen wird im Folgenden auf die Logik der SINUS-Milieustudien zurückgegriffen, da das Milieukonzept im Sinne der ausgeführten „neuartigen Überlagerung von Klassenungleichheiten, Teilhabeungleichheiten und Individualisierungsformen" (Kronauer 2014, 431, s. Kap. 2.2) neben ähnlichen Lebenserfahrungen, die Menschen in Schichten und Klassen machen, auch die einflussnehmenden Norm- und Wertehaltungen einbezieht. Auch wenn eine Vergleichbarkeit der Einzelfälle (z. B. aufgrund generationaler Differenzen und systemischer Herkunftsunterschiede) kaum gegeben ist, kann die Milieuzuordnung an dieser Stelle dienlich sein, um eine Übersicht über die Herkunftsbedingungen zu erhalten und darzustellen, wo Gemeinsamkeiten und Unterschiede liegen.

Die Interviewpersonen dieser Studie repräsentieren ein vielfältiges Bild von den konservativ und traditionell geprägten Milieus der oberen (Lars Pulser, Viktor Leufers) und mittleren Mittelschicht (Arno Thiel, Paul Menners) sowie der unteren Mittelschicht (Manni Dennhorst) bis zu prekären Lebensumständen der sogenannten Unterschicht (Marlene Dutte, Anna Schnuck, Suzana Klodzig). Christian Penck und Jan Markowsky stammen aus der DDR, wobei Christians Familie der traditionellen Arbeiter*innenschaft zuzuordnen ist. Jan Markowskys Eltern waren beide Akademiker*innen, haben offenbar schon recht früh in Oppositionellenkreisen verkehrt und waren künstlerisch-literarisch aktiv. Die unten stehende Abbildung gewährleistet einen Überblick über die Herkunftsmilieus der Interviewpersonen. Dabei muss beachtet werden, dass es bei den meisten Interviewpartner*innen im Laufe ihres Lebens zu einer Verschiebung der Milieus gekommen ist, in denen sie anzusiedeln sind, wie im weiteren Verlauf der Ausführungen noch deutlich wird.

Abbildung 2: Herkunftsmilieus der Interviewpersonen

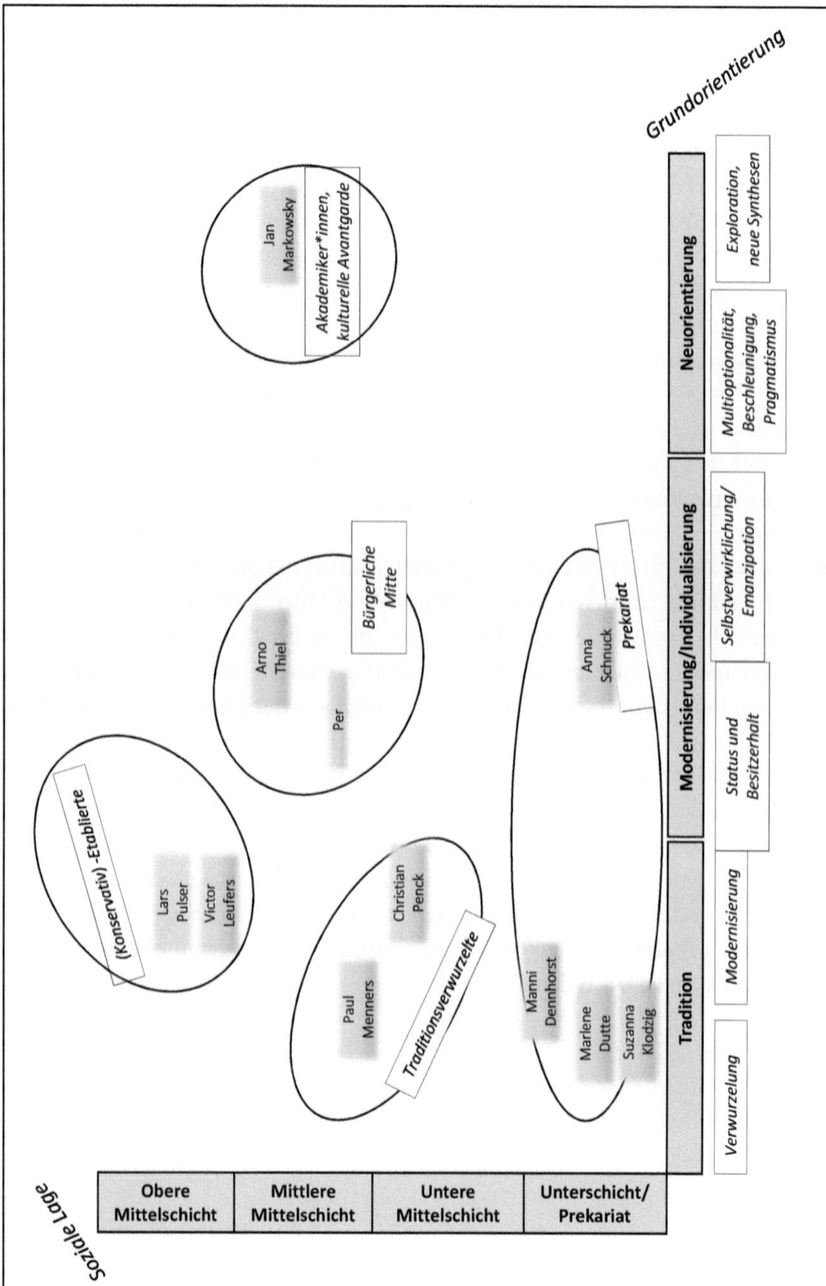

Ähnlichkeiten finden sich zunächst in den Herkunftsbedingungen von Lars Pulser, Viktor Leufers und Arno Thiel, die ihre Familien selbst als wohlhabend und zur oberen Mittelschicht zugehörig bezeichnen. Die Interviewten sind im selben Alter (33–34 Jahre alt) und haben eine akademische Ausbildung angestrebt, wobei sie nach der Schulausbildung zunächst orientierungslos in Bezug auf ihre berufliche Zukunft waren. Ihre Väter haben traditionelle Berufe ausgeübt, haben aber selbst keinen universitären Abschluss erlangt. Alle drei wollten explizit nicht den väterlichen Berufsweg einschlagen und wurden vordergründig darin bestärkt, sich einen Beruf frei auszusuchen. Während Arnos Jugend durch innerfamiliäre Konflikte und Todesfälle sowie den finanziellen Niedergang der Familie belastet war, haben Viktor und Lars bis zum Eintritt der eigenen Erwerbslosigkeit ein Leben frei von Armutserfahrungen und den damit verbundenen Teilhabebeschränkungen geführt. Lars und Viktor haben sich beide für ein Psychologiestudium interessiert und bei beiden war die Abiturnote nicht ausreichend für die Zulassung, so dass sie sich jeweils für ein anderes Fach im geistes- bzw. sozialwissenschaftlichen Bereich entschieden haben. Während Lars in seinem Theologiestudium mit dem klar definierten Ziel, Pfarrer zu werden, von seinen Eltern bekräftigt wurde, berichtet Viktor davon, dass seine Studienwahl (Soziologie/Psychologie) bei seinem Vater auf Skepsis gestoßen ist. In beiden Erzählungen ist die Vaterfigur dominant und die Herkunftsbedingungen scheinen auch durch patriarchale Strukturen geprägt. Beide Väter waren in den jeweiligen Herkunftsstädten relativ bekannt und sowohl Lars als auch Viktor standen zur Zeit ihres Verzichts in der Abhängigkeit zum Vater. Sie rekurrieren auf das wirtschaftliche Geschick, den Fleiß und die Arbeitsmoral ihrer Väter und machen gleichzeitig auch Beziehungskonflikte deutlich. Bei Arno ist diese Orientierung zum Vater ebenfalls vorhanden, allerdings scheint der Konkurs des Familienbetriebs, für den er ihn implizit verantwortlich macht, eine Änderung herbeigeführt zu haben. Während Arnos Verzicht war sein Vater bereits verstorben und während seines Studiums wurde er finanziell durch die Familie seiner Schwester unterstützt. Arnos berufliches Ziel bestand darin, Geld zu verdienen und Karriere zu machen, wobei er nicht spezifiziert, in welchem Bereich. Seine beiden Studienversuche scheiterten und er hat mit dem Cannabisanbau und Vertrieb begonnen. Während Lars und Viktor in unterschiedlichen Ausprägungen an die Maxime der Leistungsgerechtigkeit anknüpfen, die gesellschaftliche Ordnung und Strukturierung bejahen und deutlich machen, dass Sozialleistungen nicht bedingungslos an Bedürftige ergehen sollten, negiert Arno die vorherrschende Ordnung weitestgehend und stellt die Einmischung des Staates in persönliche Angelegenheiten in Frage. Hierbei bezieht er sich vor allem auf die Nichterfüllung der Reziprozitätsnorm durch den Staat, die er im Laufe seiner Jugend erfahren hat.

Ähnlich wie Viktor, Lars und Arno rekurriert auch der 53-jährige Paul Menners auf seinen Vater, den er als traditionsverwurzelten ‚Allrounder' im handwerklichen Bereich erinnert. Paul reflektiert, dass Bildung in seinem Herkunftsmilieu eine untergeordnete Rolle gespielt hat und er dahingehend nicht gefördert wurde. Er wurde früh außerhalb seines Elternhauses durch sozialistische/kommunistische Jugendgruppen politisch sozialisiert und sieht sich sozialistischen Basisprinzipien verpflichtet, wobei er staatlicher Einmischung so weit wie möglich entgehen möchte. Dazu gehört auch die Selbstverpflichtung, keine Unterstützungsleistungen in Anspruch zu nehmen, um die eigene Freiheit wahren zu können. Zu seiner politischen Sozialisation gehört auch die Einsicht in die Veränderbarkeit gesellschaftlicher Verhältnisse. Sein Interesse an Politik, Literatur und den Geisteswissenschaften hat sein Vater als Freizeitbeschäftigung angesehen, Politiker*innen wie Büroarbeit wurden in Pauls häuslichem Umfeld verachtet. Im Gegensatz zu Arno, Viktor und Lars hat Paul zunächst eine handwerkliche Ausbildung absolviert und erst später auf dem zweiten Bildungsweg das Abitur nachgeholt und ein Studium aufgenommen. Paul war offenbar noch viel disponierter, seinen schichtspezifischen Bahnen verhaftet zu bleiben, als es Viktor, Lars und Arno 20 Jahre später waren.

Wie Paul berichtet auch der 59-jährige Manni Dennhorst aus dem Ruhrgebiet von seinem Interesse an Bildung, welches er aber nicht weiter verfolgen konnte. Er ist bei seiner alleinerziehenden Mutter groß geworden und mit 15 Jahren selbst Vater geworden. Auch deshalb hat er früh die Schule verlassen, um eine Ausbildung aufzunehmen und so Geld zu verdienen. Aufgrund seiner frühen Verwurzelung in der subkulturellen Szene hat er diese Ausbildung nicht zu Ende geführt. Seine Mutter konnte ihn in Fragen der Lebensgestaltung nicht unterstützen, weil sie vornehmlich mit ihren verschiedenen Arbeitsstellen zu ihrer beider Existenzsicherung beschäftigt war. Hieraus hat sich für Manni ein gespaltenes Verhältnis zur Erwerbsarbeit entwickelt und er hat es stets vermieden, Arbeit als Priorität zu betrachten und dem alles Weitere unterzuordnen. In seinem Leben wechselten sich Phasen des Sozialleistungsbezugs und Phasen der Erwerbsarbeit ab, und als er in seinem Weiterbildungsberuf aufgrund der fortschreitenden Digitalisierung den Anschluss verlor, wurde er zum Langzeitbeziehenden von Sozialhilfe bzw. ALG II. Er nimmt verschiedene Angebote der alternativen Armutsbekämpfung wahr, verdient sich ‚hier und da' etwas dazu und lässt sich auf die verordneten Maßnahmen des Jobcenters ein. Dabei verzichtet er auf weitere finanzielle Unterstützungsmöglichkeiten, meldet Zusatzbedarfe nicht an, regelt seine Umzüge selbst und schaut, dass er auf informellen Wegen an neue Elektrogeräte, Einrichtung oder Kleidung kommt. Er glaubt, dass jeder im Sinne einer guten Gemeinschaft nur so viel nehmen sollte, wie er unbedingt braucht und dass Bedürftige dankbar für sozialstaatliche Unterstützung sein sollten.

Ein weiteres Interviewpaar mit vielen biografischen Parallelen ist das von Anna Schnuck und Suzanna Klodzig. Beide entstammen der sogenannten Unterschicht bzw. dem Prekariat. Beide kommen aus Kölner Stadtteilen, die traditionell durch eine starke Arbeiterschaft geprägt sind und heutzutage als ‚Problembezirke' definiert werden. Sie haben früh, wenn auch zu völlig verschiedenen Zeiten

(Anna ist 20, Suzanna 55 Jahre alt), Armutserfahrungen gemacht und waren damit konfrontiert, die eigene Existenz selbsttätig zu sichern. Während Suzanna in den 70er Jahren bereits nach der Grundschule den Schulbesuch abbrach und mit 12 Jahren begonnen hat, ihren Lebensunterhalt zu finanzieren, war Anna im selben Alter – und 30 Jahre später – dafür verantwortlich, für sich und ihre alleinerziehende Mutter bürokratische Angelegenheiten zu regeln. Suzanas Nichtinanspruchnahme resultierte aus einem Behördenfehler und ein Aspekt, in dem sie sich von allen weiteren Interviewpersonen unterscheidet, ist ihre stark ausgeprägte Denormalisierungsangst verbunden mit dem rigorosen Streben, eine Erwerbsarbeit auszuüben, auch, wenn ihre körperliche und psychische Verfassung darunter leidet. Die reguläre Erwerbsarbeit stellt für sie den unbedingten Normalzustand dar, den es (wieder) herzustellen gilt. Außerdem thematisiert sie im Gegensatz zu den anderen Interviewpersonen keinen Punkt in ihrem Leben, an dem sie gestellte Anforderungen nicht mehr erfüllen konnte oder wollte. Sie hat die Auflagen des Jobcenters stets erfüllt und die Zumutungen als Bestrafungen für eine ihr nicht klar ersichtliche Schuld ertragen.

Mit Marlene Dutte, die in einem Kinderheim in einer kleinen Stadt im Sauerland aufgewachsen ist, musste auch die dritte weibliche Interviewperson sich schnell um ihre eigenen Belange kümmern, wobei sie in den Heimstrukturen einen konstanten Halt hatte. Es fällt hier auf, dass alle Interviewteilnehmer*innen* früh ähnliche Erfahrungen mit existentiell bedrohender Armut gemacht haben. Sie zeichnen sich ferner durch ein spezifisches ‚Einzelkämpferinnentum' aus und legen keinen Wert auf die Tätigkeitsinhalte, mit denen sie ihren Lebensunterhalt verdienen. Frau Dutte und Suzana Klodzig waren beide jahrzehntelang ungelernt berufstätig und haben ihre Arbeitsstellen verloren. Die Kontakte mit dem Jobcenter und die dort erlebten Abwertungen waren für beide hoch belastend. Frau Dutte erinnert jedoch klar einen Punkt in ihrer ‚Bezugsgeschichte', an dem sie den Druck nicht weiter ertragen konnte. Im Verzicht als Element ihrer Subjektivierungsweise in Reaktion auf sozialstaatliche Formierungsversuche spiegelt sich vor allem der Versuch, den erlebten Entmenschlichungen zu entgehen und damit die eigene Menschenwürde wiederherzustellen. Durch ihren Verzicht auf die Leistungen war es ihr möglich, die erlebten Verletzungen zu beenden, was jedoch mit erheblichen Kosten für ihren Selbsterhalt einhergegangen ist. Von allen Interviewpersonen ging die Episode des Verzichts für Frau Dutte wohl mit den ärgsten Beschränkungen hinsichtlich der Grundbedarfssicherung einher, da sie kaum Ressourcen hatte, um die ausbleibende Unterstützung zu kompensieren.

Anna unterscheidet sich von Frau Dutte und Suzana vor allem durch ihre politische Positionierung und ihr Bestreben, sich mit anderen zu vernetzen und solidarische Allianzen zu bilden, um selbst aktiv der von ihr als problemhaft empfundenen gesellschaftlichen Ungleichheit entgegenwirken zu können. Sie führt dies darauf zurück, dass sie viel Wert auf Freundschaften und stabile Bindungen legt. Als jüngste Interviewperson ist Anna mit dem Hartz-IV-System aufgewachsen. Dass sie selbst kein ALG II beziehen möchte, führt sie auf ihre früheren Erfahrungen zurück. Sie ist überzeugt davon, dass gesellschaftliche Verhältnisse änderbar sind, und ist einem universalistischen Gerechtigkeitsglauben verhaftet, nach dem das Anrecht auf staatliche Hilfe im Mensch-Sein an sich und der Menschenwürde begründet liegt. In ihrem Aktivismus und der Bedingungslosigkeit, mit der sie ihre politischen Einstellungen in ihrem alltäglichen Leben verfolgt, ähnelt sie dem ältesten Interviewpartner des Samples. Der 69-jährige Jan Markowsky entstammt einem künstlerischen Bildungsmilieu, wobei seine Familie der Oppositionsbewegung in der DDR zuzuordnen ist. Seine Eltern haben beide Medizin studiert und insbesondere der Vater hatte aufgrund seines Aktivismus Schwierigkeiten bei der Berufsausübung. Er hat die Familie später mit journalistischem Schreiben unterstützt. Jan zeichnet ein chaotisches Bild von seinen Herkunftsbedingungen, wobei Armut und Deprivation keine Rolle gespielt haben, sehr wohl aber eine unstete Lebensweise, viele Umzüge und Unsicherheiten, die auch durch staatliche Repressionen bedingt waren. Seine politische Sozialisation ist ein bestimmendes Thema in Jans biografischer Erzählung und auch seine Jahre als Wohnungsloser in Berlin sind durchzogen von politischem Engagement gegen Armut und Ausgrenzung. Im Rückblick auf die DDR beschreibt er Arbeitslosigkeit und Bedürftigkeit als nicht sichtbar, aber durchaus existent. Dabei zieht er eine Kontinuitätslinie zum heutigen Umgang mit Armut, nach der der Staat in beiden Fällen in der Bekämpfung von Armut, insbesondere in der Prävention und im frühen Schutz der betroffenen Kinder, versagt.

Ähnliches berichtet auch Christian Penck, der ebenfalls in der DDR geboren und aufgewachsen ist, allerdings einem traditionellen Facharbeiter*innenhaushalt entstammt. Christian scheint dem Idealtypus des ‚Wendeverlierers' zu entsprechen, der mit der Wiedervereinigung an gesellschaftlichem Status eingebüßt hat und enttäuscht von der neuen gesamtdeutschen Lage ist. Er hat nach der Wende seinen Arbeitsplatz als Feinmechaniker verloren und zunächst weitere 20 Jahre auf Baustellen gearbeitet. Nachdem ihm dies gesundheitlich nicht mehr möglich war, hat er zunächst ein Jahr Arbeitslosengeld I bezogen und ist dann in den SGB-II-Bezug geraten. Zum Zeitpunkt des Interviews lebte er von seiner Erwerbsminderungsrente und Wohngeld. Auf seinen formalen Anspruch auf aufstockende Grundsicherung verzichtet er gänzlich. Seine Erzählung ist geprägt von seinem psychischen Zusammenbruch, den er ursächlich auf den Verlust seines Arbeitsplatzes, auf die Umgangsweisen mit ihm auf dem Jobcenter und auf den drohenden Verlust seiner Wohnung und den Rechtsstreit mit seinem Vermieter zurückführt. Er bezeichnet sich selbst als vom sozialen Leben ausgeschlossen, da es ihm nicht möglich ist, kulturelle Angebote wahrzunehmen, mit Freunden etwas trinken zu gehen oder einen Ausflug zu machen. Er lebt nach einem strikten Finanzierungsplan. Dennoch kann er sich nicht vorstellen, Grundsicherung zu beantragen, da diese von der Arbeitsagentur distribuiert wird, mit der er auf keinen Fall erneut in Kontakt kommen möchte.

Die als freiheitsbeschränkend wahrgenommenen Verfahrensweisen des Jobcenters sind auch für Per der Hauptgrund, weitestgehend ohne Rückgriff auf staatliche Unterstützung zu leben. Per ist in Polen geboren und hat dort eine Ausbildung als Handwerker absolviert, die er im Interview häufig zum Thema macht. Nach seiner Ausbildung ist er jahrelang auf Reisen gewesen und hat sich durch seine erworbenen Fähigkeiten selbst finanzieren können. Er gibt an, dass er mit seinem Engagement im Wohnungslosentheater erstmalig seit langer Zeit sesshaft wurde und sich in Berlin niedergelassen hat. Dass das Jobcenter ihn als ‚ungelernt' einstuft, weil er formal seit seiner Ausbildung nicht mehr in diesem Beruf gearbeitet hat, hat ihn maßgeblich dazu veranlasst, unangemeldet zu arbeiten und dadurch seinen Lebensunterhalt zu bestreiten. Diese Lebensform setzt voraus, dass er arbeitsfähig bleibt, und ist mit erheblichen Risiken verbunden. Seine Versorgung im Krankheitsfall ist nicht gesichert und er lebt beständig in der Gefahr, für seine Schwarzarbeit rechtlich belangt zu werden.

Eine auffallende Fehlstelle in den Erzählungen ist die Dethematisierung von Partnerschaften, Beziehungen, familiären Bindungen oder Sorgeverpflichtungen. Bis auf wenige Ausnahmen bleiben vergangene oder gegenwärtig nahestehende Personen im Bereich des Ungesagten. Es scheint eine persönliche Voraussetzung des Verzichts zu sein, für niemanden sonst in der Verantwortung zu stehen. Umgekehrt ist möglich, dass sich die prekäre Lebenssituation in negativer Weise auf die individuellen Möglichkeiten zum Eingang einer Partnerschaft oder zur Familiengründung auswirkt. So ist die Grundorientierung an kollektiven Werten und eine durchscheinende Sehnsucht nach Nähe, Zwischenmenschlichkeit und Solidarität in vielen Interviews evident, doch scheint insbesondere die Episode des Verzichts davon gekennzeichnet zu sein, dass die zugrunde liegenden Lebensumstände ‚solitär' und davon geprägt sind, allein mit den jeweils vorliegenden Umständen fertig zu werden.

8.1.2 Formierungsversuche vs. Subjektivierungweisen

In der Frage nach den Wahrnehmungen sozialstaatlicher Adressierung, Responsibilisierung und Positionierung und den Auskleidungen dieser im Sinne tatsächlicher Subjektivierungsweisen haben sich in den Einzelfallanalysen fallübergreifende Bezugnahmen herausgebildet, denen je unterschiedliche induktiv angelegte und deduktiv abgeleitete Rahmenkonzepte als Anknüpfungspunkte zugrunde liegen. Insgesamt zeigt sich, dass keiner der Interviewten vollkommen den je wahrgenommenen Formierungsversuchen zu entsprechen sucht.[42] Es lassen sich

42 Eine Ausnahme bildet das Interview von Suzana Klodzig, die als einzige der Interviewpersonen nicht absichtlich auf Sozialleistungen verzichtet. Sie ist offenbar durchaus bemüht, sämtlichen wahrgenommenen Formierungsversuchen, die für sie wirksam werden,

vielmehr widersprüchliche Aneignungsprozesse beschreiben, die mit Negationen, Umdeutungen oder Zurückweisungen einhergehen und sich in heterogenen, auch (nicht-)diskursiven Haltungen der Unterwanderung oder des Selbst-Entzugs äußern.

Im Anschluss an die biografischen Ausführungen lässt sich dabei zunächst festhalten, dass die Bearbeitung sozialstaatlicher Vergesellschaftung, das heißt die Rezeption und die Auskleidung von Formierungsversuchen, zwar von biografischen Dispositionen beeinflusst, aber nicht gänzlich determiniert wird. In diesem Sinne werden die vorgefundenen individuellen Arbeitsweisen am Sozialen (vgl. Kapitel 3.3), das heißt die Strategien der Teilhabesicherung unter den Bedingungen des Verzichts, einerseits davon moderiert, welche ‚Startbedingungen', das heißt welche Sozialisationserfahrungen und Kapitalzusammensetzungen, im Einzelnen zugrunde liegen.

Anderseits bestimmen die Umstände der eigenen klassenbezogenen oder sozialen Herkunft, der milieuspezifischen Verankerung und die sozialisationsbedingt erworbenen gesellschaftlichen Teilhabeoptionen offenbar nicht darüber, wie ‚gut' oder wie ‚schlecht' die In-Gebrauchnahme gesellschaftlicher Ressourcen funktioniert. Deutlich wird das zum Beispiel in den Erzählungen von Lars Pulser, Viktor Leufers und Arno Thiel. Sie sind im Laufe ihrer familiären Sozialisation nicht mit Bezieher*innen von Sozialleistungen in Berührung gekommen oder hatten Kontakt zum Sozialleistungssystem und unterliegen einer Reihe von Fehlannahmen über ihre persönlichen Rechte in der Beziehung zu den Instanzen der Arbeitsvermittlung. So sind sie unsicher über ihre eigenen (Persönlichkeits-) Rechte und glauben zum Beispiel, dass ihre Jobcenter-Akte an potenzielle Arbeitgeber*innen weitergeleitet werden kann oder sie zu Drogentests aufgefordert werden können, die sie vom Bezug ausschließen. Es scheint ihnen schwerzufallen, das sozialstaatliche Angebot überhaupt für sich nutzbar zu machen. Anna hingegen, die in steter Präsenz des Hartz-IV-Systems aufgewachsen ist, weiß um ihre Rechte und kennt Mittel, um diese durchzusetzen. Ihre Armutserfahrungen haben sie scheinbar darin bestärkt, sich Wissen über die Funktionsweisen des Systems anzueignen und es bestmöglich für sich zu nutzen.

Die in den Einzelfallanalysen vorgefundenen Sinn- und Merkmalsstrukturen als Ausdrücke der Differenz zwischen wahrgenommenen Formierungsversuchen und tatsächlichen Subjektivierungsweisen lassen sich insgesamt grob in vier dominante, übergeordnete Motive differenzieren. Zunächst findet sich die wahrgenommene Anforderung, als Verwalter*in des eigenen Lebens in Erscheinung zu treten und dieses gegenüber den Instanzen der Arbeitsvermittlung, aber auch gegenüber der Gesellschaft zu beweisen. Dieser grundlegenden Verantwortungsübertragung wird durch den Verzicht entgangen und es wird die Selbstverfügung

---

Genüge zu tun. Da aber von dieser singulär vorliegenden Fallgeschichte nur ein sehr begrenzter Schluss möglich ist, wird an dieser Stelle nicht weiter darauf eingegangen.

und Kontrolle über die eigene Lebenszeit dem entgegengestellt. Weitergehend beziehen sich die Interviewpersonen auf die wahrgenommene Adressierung als ‚produktive Konsumperson', mit der einerseits die Positionierung als kapitalistisch verwertbare*r Arbeitskraftunternehmer*in einhergeht und andererseits die Responsibilisierung verbunden ist, selbst durch den eigenen Konsum für das Aufrechterhalten der Marktwirtschaft verantwortlich zu sein. Durch den Verzicht wird das übergreifende Motiv der ‚Freiheit und Askese' dem gegenübergestellt, mit der ausgedrückt wird, dass die Adressierungen an die Falschen gerichtet werden, da man selbst außerhalb des Arbeitsmarkt- und Sozialsystems funktioniert. Drittens wurde hier eine wahrgenommene Subjetformierung identifiziert, die auf Abwertung der eigenen Qualifikationen und der eigenen Arbeitskraft beruht. Innerhalb dieser Motivik werden die Akteur*innen als ‚billige Reservearmee' adressiert und in einer sozialen Position im sozialen Gefüge angesiedelt, die die Betroffenen nicht mit ihrem Selbstbild vereinigen können. Die Legitimierung des Abstiegs erfolgt dabei durch die Responsibilisierung als für die zeitnahe (Wieder-)Aufnahme von Arbeit bzw. Beschäftigung voll verantwortlich. Die Verzichtenden reagieren auf diese Anforderung mit der Selbstversicherung der eigenen Identität als Macher*in und Arbeitskraft von gesellschaftlichem Wert. Hier wurzelt häufig ein Kontaktabbruch zu den sozialstaatlichen Instanzen und die damit einhergehenden Selbstpositionierungen (als Arbeiter*in, als Handwerker*in, als Ehrenamtler*in) basieren auch auf der Wahrnehmung, dass der Staat die ‚moralischen Spielregeln' des Zusammenlebens missachtet. Letztlich ist hier das Motiv der Entmündigung und Unterwerfung allgegenwärtig, dem im Verzicht durch Selbstermächtigung und Ent-Unterwerfung geantwortet wird. In diesem Motiv spielt die Adressierung als Subjektfigur des ‚faulen Hartzers' eine dominante Rolle, dessen individuelles Verhalten als Arbeitslose*r Zumutungen aller Art rechtfertigt. Die eigene Lebenslage wird hier klar individualisiert und die einhergehenden Responsibilisierungen beziehen sich zum einen auf die Verantwortung für die Verwaltung der eigenen Arbeitslosigkeit, aber auch auf die unbedingte Priorisierung, sich aus der selbstverschuldeten, dem Allgemeinwohl schädlichen Lage zu befreien. In der folgenden Tabelle werden die aufgeführten Motive noch einmal in der Übersicht dargestellt.

Tabelle 6: Formierungsversuche vs. Subjektivierungsweisen

	(Re-) Adressierung	(Fremd-) Positionierung	(De-) Responsibilisierung
Selbstverwaltung und Planung vs.	Subjektnorm der/des tätigen, fleißigen Erwerbslosen	Verwalter*in der eigenen Arbeitslosigkeit Hauptbeschäftigung, keine Tätigkeiten nebenher	Verantwortung für sämtliche Lebensvollzüge, diese sind äußeren Gegebenheiten anzupassen
Selbstverfügung und Zeitkontrolle	Readressierung als als anderweitig tätig/beschäftigt daher keine Antwort	Persönliche Lebenszeit ist frei einzuteilen, Verfügung über den eigenen Körper	Möglichkeiten, Spontanität, Verantwortungsfreiheit
Produktivität und Konsum vs.	Subjektnorm als Arbeits- und Konsumbürger*in, Unternehmertum	Kapitalistisch verwertbare, entindividualisierte „Nummer“ im System, Ich-AG	Verantwortlich für das Funktionieren des Marktes
Freiheit und Askese	Nicht betroffen, da außerhalb des Marktes funktionierend	Systemkritisch, marktabgewandt, funktionsfähig ohne externe Einmischung	Keine individuelle Verantwortlichkeit für die Gesellschaft oder die Marktwirtschaft
Abwertung als Reservearmee vs.	Bereitschaft, jegliche angebotene Beschäftigung anzunehmen, egal ob reguläres oder irreguläres Arbeitsverhältnis	Legimitierung des Abstiegs über das Ziel der Wiederherstellung von Beschäftigung	Selbstverwirklichung muss hinter dem Allgemeinwohl zurücktreten, unbedingter Einsatz der Arbeitskraft
Selbstversicherung als Arbeitskraft	Ignoranz der Adressierung, Kontaktabbruch	Selbstpositionierung als Arbeiter*in, Verletzung moralischer ‚Spielregeln‘ durch den Staat	Betonung des eigenen Wertes als Arbeitskraft
Entmündigung und Unterwerfung vs.	Subjektnorm des „Hartzers“	Individuelles Verhalten als Arbeitslose*r rechtfertigt Zumutungen aller Art (Offenlegen der persönlichen Verhältnisse, Degradierungen, Druck etc.)	Eigene Lebenslage ist selbstverschuldet, daher ist die Suche nach Arbeit die oberste Maxime, um der Allgemeinheit nicht weiter zu schaden
Selbstermächtigung und Ent-Unterwerfung	Selbstverständnis als „mehr“ als arbeitslos	Positionierung als Mensch mit unveräußerlichen Rechten	Lebenslage ist nicht mutwillig herbeigeführt, unverschuldete Notlage, Verantwortungsübertragungen ungerecht

Die Hintergründe dieser regelhaft im Material vorzufindenden Sinnstrukturen, das heißt die Wahrnehmungsgrundlagen der oben aufgeführten Motive und damit die Frage danach, worauf die vorgefundenen Gleichförmigkeiten beruhen, stehen im Vordergrund des folgenden Kapitels. In den nachstehenden Ausdifferenzierungen werden die wahrgenommenen Formierungsversuche und tatsächlichen Subjektivierungsweisen näher im Rahmen ihrer dispositiven Verortung beschrieben, um eine Basis für die dann folgende Abstrahierung und Aufsortierung zu ‚Mustern des Verzichts' in Kapitel 8.2 zu schaffen.

8.1.3 Bearbeitung der Formierungsversuche

Als gegenwartsbezogene Vermittlungsorte, in deren Rahmen die Interviewpersonen mit sozialstaatlichen Normen des Subjekt-Seins in Berührung kommen, lassen sich verschiedene Diskursformationen und Objektivierungen von Wissensbeständen benennen. Erwähnung findet vor allem die Kommunikation mit dem Jobcenter und den nach- bzw. beigeordneten Orten, an denen Arbeitsförderung oder Arbeitsvermittlung stattfindet. In ihnen wirken verschiedene Spezialdiskurse zusammen, evident werden insbesondere Konstitutionsweisen von würdiger und unwürdiger Armut mit Bezug zu wirtschaftlichen und juristischen Diskursen und Fragen der verschuldeten und unverschuldeten Armut, die oft mit Medizindiskursen verbunden werden. Aber auch das Alltagsleben, das heißt Elementardiskurse und medial vermittelten Subjektfiguren und Formationen, prägen die Rezeption von Adressierungen und zeigen den Subjekten auf, wie sie sich als legitime Sozialstaatsbürger*innen idealerweise positionieren sollen und wofür sie Verantwortung tragen müssen. Hier rekurrieren die Interviewpersonen einerseits auf frühe innerfamiliäre und an die Institutionen des Bildungs- und Erziehungssystems gebundene Sozialisationserfahrungen. Die Erziehung zur Eigenverantwortung hat für sie in diesen Kontexten offenbar eine wichtige Rolle eingenommen. Gleichzeitig wurden aber die institutionellen Begrenzungen häufig als der eigenen Mündigkeit und Autonomie entgegenstehend wahrgenommen, was offenbar zu einem permanenten Widerspruchserlebnis führt, das sich in der Situation der Erwerbsarbeitslosigkeit zu einem Höhepunkt zuzuspitzen scheint. Hier scheinen die geforderte Aufgabe der Privatheit, der Zwang, jederzeit auf Abruf Termine wahrzunehmen, die beständigen Aufforderungen zur Selbstverwaltung einhergehend mit der Wahrung von Fristen und dem Ausfüllen und Beibringen von Formularen der ‚solitären Präparierung' und der vergesellschafteten Eigenverantwortung diametral gegenüberzustehen.

Als zentrales, übergreifendes Motiv zeichnet sich die Wahrnehmung einer Entgrenzung zwischen den eigenen höchstpersönlichen Angelegenheiten und den Eingriffen in diese durch einen Sozialstaat ab, für den das allgemeine Persönlichkeitsrecht als Grundrecht nicht zu zählen scheint. Mit dem Verzicht nehmen vor allem die Interviewpersonen vermehrt Bezug auf diese Entgrenzungsversuche, die sich selbst als leistungsfähig und eigenverantwortlich präsentieren. Dominiert z. B. das Empfinden, dass mit der Nachweispflicht der implizite Vorwurf einhergeht, dass man mit Geld nicht umgehen kann, dann positionieren sich die Befragten als finanziell unabhängige Personen, die die volle Kontrolle über ihre Ausgaben haben und Strategien der Kompensation finanzieller Entbehrungen entwickelt haben.

Die Interviewpersonen thematisieren fallübergreifend die Notwendigkeit, als Verwalter*in der eigenen Biografie und des eigenen Alltags aufzutreten. Hiermit verbunden sind Dokumentationsaufgaben, Aufgaben der Sammlung, Verwaltung und Sortierung eigener Unterlagen und das Aufbereiten von Nachweisen und Papieren zur Vorlage bei den jeweils zuständigen Professionellen des Arbeitsvermittlungssystems. Das Zusammenspiel bzw. die Inkonsistenzen und Inkohärenzen des gesellschaftlichen institutionellen Gefüges und der gesellschaftlichen (Sub-) Systeme nimmt hier einen besonderen Stellenwert ein. Dabei spielt die eingeforderte Flexibilität und die Bereitschaft, auch kurzfristig zu Gesprächsterminen zu erscheinen, und das Vermögen, verschiedene Policy-Regimes eigentätig und für sich in Einklang zu bringen, eine besondere Rolle. Wenn diese Facette der sozialstaatlichen Leitlinien als dominant wahrgenommen wird, dann wird innerhalb der tatsächlichen Subjektivierungsweisen die Freiheit betont, selbst über die eigene Zeit, die eigene Mobilität und den eigenen Standort verfügen zu wollen. Reichen die persönlichen Ressourcen nicht aus, um diesen Selbstverwaltungsaufgaben überhaupt gerecht werden zu können, zieht dies eine Reihe an Folgekosten nach sich, die sich ungünstig auf die Teilhabeoptionen der Einzelnen auswirken.

Eng verbunden mit dem Leitgedanken der Eigenverantwortung ist schließlich die Rezeption des gesellschaftlichen Drucks zur Prävention und damit eine Responsibilisierung der eigenen Lebenslage als selbstverschuldet. Hier scheinen weitere Bearbeitungen gesellschaftlicher Normen auf, die darauf ausgerichtet sind, den Einzelnen zu einer gesunden, sparsamen, genügsamen Lebensweise anzuhalten. Fragen der Übernahme von Schuld für die eigene Lebenssituation spielen hier eine besondere Rolle. So werden private Angewohnheiten oder Lebensstile in den Wahrnehmungen der Interviewpersonen von den Instanzen des Sozialstaats dahingehend überprüft, ob ihre Vermeidung oder Unterlassung zur

Beseitigung oder Reduktion der Bedürftigkeit beitragen könnte. In einigen Fällen richten sich diese Responsibilisierungen auch gegen unhintergehbare persönliche Eigenschaften wie das Alter oder die körperliche Konstitution. Es sind vor allem diese Fälle, in denen eine tiefe Verzweiflung angesichts der eigenen Lebenslage durchscheint und in denen der Verzicht als Notwehr, als letztes geeignetes Mittel, offenbar wird, um der Situation zu entkommen. Insbesondere hier sind die tatsächlichen Subjektivierungsweisen geprägt durch das Streben nach Selbstschutz und Wahrung der eigenen Unversehrtheit.

In der Zusammenschau hängen die Bearbeitungsweisen wahrgenommener Formierungsversuche einerseits von vergangenheitsbezogenen Komponenten ab und sind gleichsam auch durch die jeweiligen Situationsdeutungen bedingt. Außerdem lässt sich eine zukunftsweisende Dimension erkennen, vor allem dann, wenn mit der Situation des Verzichts eine alternative Lebensform einhergeht.

Aus der Analysearbeit haben sich im Zusammenspiel der vorab bestehenden und am Material entwickelten Kategorien einige Leitkonzepte bzw. in der Terminologie des integrativen Basisverfahrens kulturelle/soziale Muster ergeben, denen zugrunde liegende zentrale Motive zugeordnet werden konnten. Die folgende Tabelle 7 stellt eine Reduktion dieser Konzepte dar. In der linken Spalte sind die ermittelten kulturellen/sozialen Muster aufgeführt, die ein Vergleich der Interviews ergibt, die drei weiteren Spalten stellen die Ausprägungen der zugehörigen zentralen Motive dar, die innerhalb dieser Muster wirksam werden. In der letzten Zeile sind den Ausprägungen dominante Subjektivierungsweisen zugeordnet, die sich aus den Ausführungen aus dem vorangegangenen Kapitel (siehe Tabelle 5) ergeben haben. Die Betonung von Selbstverfügung und Zeitkontrolle angesichts entgrenzter Sozialstaatlichkeit geht demnach einher mit einer eher dichotomen Vorstellung von Armut und Bedürftigkeit, nach der Menschen, die unverschuldet in eine Notlage geraten sind, die Kerngruppe der ‚wahren Bedürftigen' darstellen. Wird die Selbstversicherung als Arbeitskraft der Subjektformierung als Reservearmee gegenübergestellt, wird der Kreis der Bedürftigen eher flexibel erweitert und um jene ergänzt, denen der Zugang zum Arbeitsmarkt verwehrt ist. Letztlich lässt sich zeigen, dass das Streben nach Selbstermächtigung und Freiheit in und durch Askese eher mit der Vorstellung einer Aufhebung von Bedürftigkeitsgrenzen überhaupt einhergeht. Unterlegt sind diese Ausprägungen mit divergierenden Gerechtigkeitsvorstellungen, Gesellschaftsentwürfen, Ordnungskonzepten und Vorstellungen des Sozialstaats.

Tabelle 7: Kategorien, zentrale Motive, dominante Subjektivierungsweisen

Kulturelle/ Soziale Muster	**Ausprägungen der zentralen Motive**		
Bilder von Armut und Bedürftigkeit	Dichotomie würdige/ unwürdige Armut, ‚wahre' Bedürftige sind unverschuldet in die Lebenslage geraten und nicht (mehr) arbeits-/leistungsfähig	Besonders zu schützende Gruppen sind bedürftig – dazu gehören auch jene, die keine Arbeit finden, wenn die Arbeitslosigkeit nicht ‚mutwillig herbeigeführt' ist	Ursachen der Bedürftigkeit spielen keine Rolle, jeder hat prinzipiell ein Anrecht auf Sozialleistungen
Gerechtigkeitsvorstellungen	Leistungsgerechtigkeit, Qualifikationsgerechtigkeit	Soziale Gerechtigkeit, Bedarfsgerechtigkeit, Teilhabegerechtigkeit	Universalistische Gerechtigkeit – Gleichheit der Chancen und Teilhabemöglichkeiten
Gesellschaftsentwurf	Naturalisierung sozialer Ungleichheiten	Idee des Gesellschaftsvertrags, soziale Ungleichheit bis zu einem bestimmten Punkt normal, es darf nicht zu ungerecht werden	Einsehen in die Änderbarkeit gesellschaftlicher Verhältnisse, soziale Ungleichheit ist sozial konstituiert und somit revidierbar
Ordnungskonzepte	Hierarchisch	Aushandlung der Verhältnisse	Revolutionär, gesellschaftliche Verhältnisse müssen ‚von unten' aufgekündigt werden
Bewertung des Sozialstaats	Generell gut, Maßnahmen angemessen, punitive Orientierung hinsichtlich generell arbeitsfähigen, aber nicht arbeitenden Personen	Seine Existenz wird als gut, seine Anwendung als schlecht bewertet	Wunsch nach einem alternativen System
Dominante Subjektivierungsweise	**Selbstverfügung und Zeitkontrolle**	**Selbstversicherung als Arbeitskraft**	**Freiheit/Askese, Selbstermächtigung/Ent-Unterwerfung**

Auf der Grundlage der theoretischen Vorannahmen und der bisher generierten Ergebnisse lassen sich nun *Muster des Verzichts* formulieren, die die ‚Ordnung im Verzicht' als alltägliche Strategie individualisierter Lebensweisen darstellen. Es können fünf Muster beschrieben werden, in denen die beschriebenen Motivausprägungen mit den biografischen und persönlichen Dispositionen der Verzichtenden in Beziehung gesetzt werden.

8.2 Muster des Verzichts

Eine Fragestellung lautete, auf welche sozialstaatlich relevanten Diskursformationen die Verzichtenden reagieren, welche Objektivationen sie wahrnehmen und für wirksam erklären und mit welchen sozialen Handlungsorientierungen dies einhergeht. Dementsprechend werden in diesem Kapitel die Merkmalsausprägungen der zentralen Motive und die dahinterliegenden Konzepte und Spezifika der persönlichen Dispositionen aufeinander bezogen und – entlang des ‚dispositivanalytischen Blicks' – zu gleichförmigen *Mustern des Verzichts* aufsortiert. Dabei sollen nicht die Interviewpartner*innen als Personen in distinkte Gruppen einsortiert werden, sondern die identifizierten und in den letzten beiden Kapiteln präsentierten Merkmalsausprägungen sollen als Ausdrücke sozial-kultureller Phänomene zu Mustern der Handlungsorientierung zum Verzicht aufgeschichtet werden. Diese objektivierende Art der Analyse soll zu einer Sicht auf das ‚Netz dahinter' führen: Was liegt der Handlungsorientierung zum Verzicht für ein relationales, Positionen-verteilendes Netz zugrunde? Wie werden im Rahmen des Verzichts sozialstaatliche Appellstrukturen zu selbstkontrollierten Positionierungen im sozialen Raum? Welche habituellen Dispositionen liegen dem regelmäßig zugrunde? Wie explizit äußert sich Kritik und was bedingt das Ausmaß der Explizitheit der kritischen Äußerung?

8.2.1 Affirmation und Zurückweisung entgrenzter Staatlichkeit

Dominiert das angeführte zentrale Motiv der Wahrnehmung einer entgrenzten Staatlichkeit in den Bezugnahmen auf die rezipierten Formierungen, dann zeigt sich in den Interviews zugleich eine eher affirmative Haltung gegenüber den gegenwärtigen Modi des Sozialstaats. Die grundsätzliche Zustimmung hört jedoch mit dem Eingriff in die eigene Privatsphäre auf und die Aussagen zur Plausibilisierung des Verzichts sind dementsprechend auf das Thema des Zwangs zur Offenlegung eigener bzw. familiärer Besitzverhältnisse zentriert:

> *„Allein, als ich dann diese Anträge gesehen habe und was die alles da haben wollen, an Unterlagen und so weiter, dass die meine Kontoauszüge haben wollen und muss, ich darf da nichts dran schwärzen, wo ich mir dann nur denke, ey, es geht euch nu wirklich nichts an, wo ich irgendwas kaufe. Und selbst, ne, wenn da jetzt irgendwie ‚Sexshop' stehen würde oder sowas, das hat die nichts anzugehen. Aber, das wollten die dann alles genau wissen. Und dann sollte ich mich dann ständig für irgendwas rechtfertigen, und „brauchen Sie dann wirklich dieses oder jenes", wo ich mir nur denke ‚Ey! Leute'." (Lars Pulser, Zeile 334–341)*

> *„Oder wenn ich hätte halt 'nen Anspruch hätte geltend machen müssen, war meiner Meinung nach das so, dass ich dann auch die Vermögensverhältnisse meiner Eltern*

aufdecken müsste – ehm – und die hätten ja dann glaub ich mit einem „Nein", es gibt ja da ein Schreiben, wo sie erklären, dass sie ihr Kind nicht mehr unterstützen, antworten müssen, womit das dann in Ordnung gewesen wär, aber dann hätte ich halt mehr zeigen müssen, was ich alles habe und ich hab in den ganzen Jahren, auch wo ich das Geld von meinem Vater bekommen habe und sowas ehm, hab ich in Investmentfonds investiert [...] Und mir war's einfach zu aufwendig, alles aufzudecken und dann eben das nachzuweisen und dem Geld halt hinterherzurennen, weil, dann hast du Termine, dann musst du dich mit den Leuten treffen, dann musst du das alles ausfüllen und ich find öffentliche oder offizielle Formulare ausfüllen immer, naja, aufwendig, unangenehm [...]" (Victor Leufers, Zeile 291–307)

Das dominante Motiv in Bezug auf die wahrgenommenen Formierungsversuche ist demnach die Anforderung an (potenzielle) Leistungsempfänger*innen, die eigenen ökonomisch-sozialen Verhältnisse offenzulegen und stets dazu bereit zu sein, weitere private Dokumente (z. B. ungeschwärzte Kontoauszüge) beizubringen. Im Sample der Untersuchung sind es vor allem die Interviews von Lars Pulser und Viktor Leufers, die sich durch diese Elemente auszeichnen. Auch Arno Thiel nimmt Bezug auf diese Motive, allerdings scheint bei ihm der biografische Bruch auch mit anderen Deutungsmustern einherzugehen. Diese Interviewten sind zugleich jene, deren Herkunftsbedingungen von Wohlstand und finanzieller Sicherheit geprägt sind. Sie orientieren sich primär an einer ‚Normalität', die sie im Zuge ihres Aufwachsens erlebt haben, wobei die Erwerbsarbeitsnorm, das Innehaben einer regulären Erwerbsarbeit in Vollzeit und die eigene Schuldenfreiheit von hoher Relevanz sind. Die gesellschaftsstrukturelle Ordnung ist ihrer Deutung nach grundlegend anzuerkennen und zu respektieren, womit im Rückgriff auf die Theorie Albert O. Hirschmans (s. Kap. 3.3) von Loyalität gegenüber den herrschenden gesellschaftlichen Strukturen gesprochen werden kann. Kontakte zu Menschen ohne Erwerbsarbeit hatten sie in ihrem Lebensverlauf bisher kaum und auch mit dem organisationalen Hilfesystem des Sozialstaats hatten sie bis zum Eintritt des eigenen Bedarfsfalls keine Berührung. Dementsprechend gering ausgebildet ist ihr Informationsstand bezüglich eigener Ansprüche und Rechte gegenüber der Sozialverwaltung, sodass sie in den Beratungsgesprächen jeweils Fehlinformationen unterlegen sind. Ihre Kontakte zu den Sachbearbeiter*innen der Teams für Akademiker*innen in den Jobcentern bewerten sie dennoch insgesamt als angenehm. Hier scheinen ein höherer Bildungsstand und kommunikative Fähigkeiten eine habituelle Nähe zu den Sachbearbeiter*innen signalisieren zu können, die von positivem Einfluss auf die Beziehung ist (vgl. auch Wolff/Moczall 2012).

Einher geht dies mit dem Wissen, in einer finanziellen Notlage immer irgendwie aufgefangen zu sein, wobei insbesondere auf den familiären Rückhalt gebaut wird. Das Vordringen des Staates in die eigene Privatsphäre wird abgelehnt und der Verzicht wird dem vorgezogen. Dies ist damit verbunden, dass eine finanzielle

Abhängigkeit zu anderen eingegangen wird und – um diese Abhängigkeiten so gering wie möglich zu halten – Tätigkeiten jenseits regulärer Erwerbsarbeit und unterhalb der eigenen Qualifikation ausgeübt werden. Die Zurückweisung der wahrgenommenen Formierungsversuche ist also einerseits mit einer Beschämung im Nahfeld verbunden und andererseits mit dem Verkaufen der eigenen Arbeitskraft ‚unter Wert', die zunächst einmal hingenommen wird.

Als Objektivationen treten bauliche Gegebenheiten in den Jobcentern in Erscheinung und insbesondere die auszufüllenden Formulare sowie die beizubringenden Dokumente werden eingehend beschrieben. Die Ansiedlung des Teams für Akademiker*innen wird als abgegrenzt vom regulären Geschehen in den Jobcentern angeführt, womit die Selbstpositionierung als ‚nicht regulärer' Hartz-IV-Empfänger Bestätigung in der Fremdpositionierung findet. Als wichtiger moralischer Bezugspunkt gilt die Leistungs- und Qualifikationsgerechtigkeit, nach der in Bildung und Arbeit erreichte Abschlüsse und Erfolge belohnt werden sollten. Der demonstrierte Wille, etwas zurückzugeben, etwas für das Gebotene zu leisten, ist auch im familiären Bereich von hoher Relevanz. Eng daran gekoppelt ist das internalisierte Bild von Bedürftigkeit als statistische Größe und Formalisierung eines Anspruchs auf von der Arbeits- und Leistungsgesellschaft produzierte Ressourcen. Demnach sollten Sozialleistungen jenen vorbehalten sein, die unverschuldet in ihre Lage geraten sind und die temporär oder permanent nicht leistungsfähig sind, womit eine Dichotomie zwischen würdigen und unwürdigen Armen zugrunde gelegt wird. Zwar wird die Mehrdimensionalität von armutsbezogenen Problemlagen anerkannt, jedoch werden auch hier ein Leistungsethos und die Unabdingbarkeit der Reziprozitätsnorm in den Vordergrund gerückt. Jene, die auf Sozialleistungen zurückgreifen, können in dieser Vorstellung nicht viel leisten und ihr Beitrag zur Gesellschaft wäre, auch wenn sie einer Arbeit nachgingen, gering. Ihr Bezug von Sozialleistungen erfolgt demnach ohne Gegenleistung, was ihre marginalisierte Position legitimiert, womit soziale Ungleichheit als natürliche Erscheinungsform in menschlichen Gemeinschaften angelegt wird. Zugrunde liegen hier neoliberal verfestigte Topoi, die auf kategorialen Wissensordnungen bei der Einteilung von Individuen beruhen.

Dabei wirken in der Sozialisation aufgenommene Bilder von Sozialleistungsempfänger*innen, die im Kern faul sind, nicht arbeiten wollen und den Steuerzahler*innen ‚auf der Tasche liegen', offenbar nach und es findet eine Abgrenzung zu diesen Personengruppen statt. Verbunden mit dieser Abgrenzung ist wiederum das eigene Streben nach Normalität, wobei der Empfang von Sozialleistungen als Anzeichen für eine Nicht-Zugehörigkeit zur ‚Normalgesellschaft' gesehen wird. Ein Anknüpfungspunkt hierfür ist auch die interdiskursiv über die Massenmedien vermittelte Bestätigung dieser sozialisationsbedingten Repräsentation von Armutslagen und insbesondere die Rezeption der Subjektfigur des Hartz-IV-Empfangenden spielt dabei eine Rolle. Von diesen wird erwartet, dass sie für den Erhalt der Mindestsicherung auch ein Mindestmaß an Kooperationsbereitschaft zeigen, die Jobcenter-Termine wahrnehmen, Formulare ausfüllen und die geforderten Unterlagen beibringen. Für sich selbst wird im Muster der Zurückweisung des entgrenzten Staats allerdings genau dies negiert. Viktor und Lars arbeiten zwar mit den Instanzen der Arbeitsvermittlung zusammen, zeigen eine hohe Mitwirkungsbereitschaft und erfüllen die auferlegten Anforderungen über das geforderte Maß, können es sich aber gleichzeitig erlauben, dem Hineinreichen des Staats in ihre Privatsphäre Grenzen zu setzen. Diese ziehen sie vor allem bei der Beibringung finanzieller Nachweise über die eigenen und familiären Einkünfte und Ausgaben. Die Vermeidung der eigenen aktiven Zusammenarbeit mit dem Jobcenter ab diesem Punkt, die auch durch den Rückgriff auf die finanziellen Ressourcen der Familie ermöglicht wird, verbleibt dabei im Ungesagten. Sie thematisieren in diesem Sinne, dass sie die Maßnahmen des „Forderns" gutheißen, dethematisieren aber, dass sie diese Maßnahmen in ihrem Fall für nicht angemessen erachten. Dem zugrunde liegt die eigene Abgrenzung von dem, was sie typischerweise erwerbsarbeitslosen Personen auf der Grundlage ihrer sozialisationsbedingt erworbenen Werte, die durch gegenwärtige Diskursformationen Bestätigung finden, zuschreiben. Mit ihrem sprachlichen Ausdruck bekräftigen sie ihre hochwertige Bildungsbiografie. Sie sind bemüht, präzise Ausdrucksformen zu finden, Sätze zu Ende zu sprechen und untermauern ihre Argumente durch Bezüge auf spezialdiskursive Wissensbestände.

Der Verzicht wird nicht diskursiv wirksam, denn er wurde bis zur Interviewsituation weder im Gespräch mit der Familie oder Freunden noch im Rahmen von Inter- und Spezialdiskursen expliziert. Es scheint, als liege im Verzicht die stillschweigende Befolgung des Gebots, dass Sozialleistungen nicht in Anspruch zu nehmen sind, verborgen. Affirmativ wird der Verzicht dabei auch durch die Eigenpositionierung als leistungsfähig und leistungsbereit, als fit und flexibel. Die Flexibilität äußert sich zum Beispiel in den Wohnortwechseln zur Berufsausübung und der Hinnahme prekärer Arbeitsverhältnisse sowie der Ausbildung verschiedener Strategien, um finanzielle Schwierigkeiten zu überwinden bzw. um ein Mindestmaß an Teilhabe an der Gesellschaft (insbesondere im Bereich der kulturellen Teilhabe und der Mobilität) zu wahren. Hierfür spricht auch die Finanzialisierung des eigenen Lebens. Die Hoheit über die eigene wirtschaftliche Lage scheint eine herausragende Wertigkeit einzunehmen, die dazu führt, dass die eigenen finanziellen Ressourcen stets im Blick behalten werden und auch nicht finanzgebundene Lebensentscheidungen stets im Hinblick auf die verbundenen Kosten und Nutzen abgewogen werden. Dementsprechend wird die Verantwortung für die eigene Lebenslage übernommen und mit Fehlentscheidungen der Vergangenheit bzw. in der eigenen Karriereplanung plausibilisiert (nicht genügend Praktika gemacht, das Falsche studiert, überhaupt studiert). Bei aller grundsätzlichen Affirmation äußern aber auch diese Verzichtenden deutlichen Unmut gegenüber Teilbeständen des Sozialleistungssystems, die vor allem in organisationalen Unzulänglichkeiten verortet werden. In diesem Sinne wird keineswegs das Sozialleistungssystem an sich und seine gegenwärtig geltenden Paradigmen in Frage gestellt, sondern einzelne Funktionsbereiche.

8.2.2 Solitäre Distanz zu sozialstaatlichen Zwängen

Im Verzicht liegt offenbar auch das zentrale Motiv, eine größtmögliche Distanz zwischen der eigenen Person und den Institutionen des Staats im Allgemeinen und des Sozialstaats im Speziellen aufzubauen. In den Subjektivierungsweisen positioniert man sich vor allem als handlungsfähig, so dass den kategorialen Zuweisungen des Sozialleistungssystems (als bedürftig, als arbeitslos, als unqualifiziert, als psychisch krank/drogensüchtig, als obdachlos) durch den selbstinduzierten *exit* entgangen werden kann. Die Distanz wird auch durch eine (zuweilen ironisierende) Selbstkategorisierung als Abweichler, Träumer, Outlaw oder Querulant erreicht, der sich nicht um herrschende Subjektnormen bemühen muss, weil er keine Berührungspunkte zu deren Geltungsbereich aufweist.

Beispielhaft dafür sind die Erzählungen von Per und Arno Thiel, deren alltägliche Strategien, ihre Verknappungssituation zu bewältigen, sich in diesem Feld verorten lassen. Aber auch weitere Erzählungen tragen Elemente dieses Musters (z. B. Jan Markowsky, Manni Dennhorst, Anna Schnuck). Sie zielen darauf ab, eigene Möglichkeiten der Selbstbestimmung unter den widrigen Umständen ökonomischer Deprivation und der als einschränkend empfundenen Machtverhältnisse zu maximieren, um so die Kontrolle über die eigenen Lebensverhältnisse so weit wie möglich aufrechtzuerhalten. Dabei erscheinen sie solitär-anarchistisch, suchen durch marktabgewandte Überlebensstrategien der Inanspruchnahme von Sozialleistungen zu entgehen und zeichnen sich durch eine tiefe Skepsis gegenüber den formalen Wirkweisen und Kategorisierungsversuchen des Sozialstaats aus. Sie misstrauen dem bürokratischen Gefüge der Sozialverwaltung und nehmen für die Aufrechterhaltung der Distanz erhebliche Einschränkungen in Kauf, die sich insbesondere auf gesundheitliche Versorgungsmöglichkeiten und Absicherungen in Notlagen beziehen. Sie arbeiten im Grunde permanent daran, ihre Freiheit zu wahren und in Selbstbestimmung ihr Leben zu führen. Eng damit verbunden ist auch die offenbar grundsätzliche Aversion gegen Fremdpositionierungen aller Art – es geht ihnen darum, selbst zu entscheiden, wer sie sind und was sie tun.

Das Misstrauen scheint auch in biografischen Bruchstellen begründet, an denen die erwartete Hilfe von Instanzen des Sozialstaats ausgeblieben und in der Konsequenz eine existenzbedrohende Situation eingetreten ist. Sie begreifen sich nicht im Kontext sozialstaatlicher Normen und berufen sich maßgeblich darauf, dass auch sie selbst weder etwas vom Sozialstaat erwarten noch jemals etwas von ihm erhalten haben, wovon sie profitiert hätten. Hierbei wird auf die eigenen Fähigkeiten verwiesen, von jeglichen Hilfszahlungen unabhängig den eigenen Lebensunterhalt bestreiten zu können, wobei den Empfänger*innen von Sozialleistungen diese Fähigkeit abgesprochen wird. Im Gegensatz zum beschriebenen Muster der Zurückweisung entgrenzter Staatlichkeit schwingt im Distanz-Muster aber eine deutliche Kritik an der generellen Funktionsweise des Sozialstaats und seiner systemischen Ausrichtung mit. Im solitär-distanzierten Verzicht wird das „Spiel" um Geben und Nehmen nicht mitgespielt und die wahrgenommenen Formierungsversuche des Sozialstaats werden negiert. Hierbei schließen sie sich nicht mit anderen zusammen, sondern bleiben ‚*bei sich*' und verfügen über weit entwickelte Überlebensstrategien, die im Feld der moralischen Ökonomie als kriminelle Handlungen verortet werden können. Ausdruck findet dies auch in ihren zentralen Thematisierungsregeln und Erzählfiguren, mit denen sie die Konventionen sprachlicher Äußerung zum Beispiel durch asynchrone Erzählweise, Ironisierungen, Nutzung von Kraftausdrücken oder szenetypischer Sprache unterlaufen. Ein wesentlicher Unterschied zur erstgenannten Verzichtsform liegt auch in den Herkunftsbedingungen begründet. Ein finanzielles Netz, bzw. ein familiärer finanzieller Rückhalt ist hier nicht gegeben. Sie grenzen sich von der Mehrheitsgesellschaft ab, erleben sich als neben der Gesellschaft oder neben dem Staat stehend und positionieren sich dabei als aktive Gestalter ihres eigenen Schicksals, die keine Hilfe benötigen und für sich selbst sorgen können. Dabei sind sie bemüht, jeden Tag aufs Neue alleine für sich zu sein und bleiben zu können.

Sie stehen dominanten Subjektformationen eher gleichgültig gegenüber und wenden sich von allgemeinen Standards der Zugehörigkeit oder sozialen Teilhabe ab. Ihre Subjektivierungsweisen sind aber dennoch auch dadurch geprägt, dass sie unbewusst einen Teil der eingeforderten neosozialen/neoliberalen Vorgaben erfüllen. So ist es ihnen wichtig, als ‚Macher' zu erscheinen, als jemand, der immer etwas zum Überleben findet, der sich selbst zu helfen weiß, der über ein bestimmtes Wissen verfügt und auf sich selbst und die eigenen Fähigkeiten vertrauen kann. In den Erzählungen werden häufig Spielmetaphern in Bezug auf das Leben eingesetzt, die mit Positionierungen als ‚Schlitzohr' einhergehen – als listig, redegewandt und in der Lage, sich autoritären Zugriffen zu entziehen. Hierbei beziehen sie sich zwar auf gegenkulturelle Wissensressourcen (Gangsterrap, autonome Szene), die dominante Normen und Werte der gegenwärtigen Gesellschaftsordnung kollektiv in Frage stellen, betonen aber weiter ihre solitäre Position und ihre persönliche Nicht-Angewiesenheit auf andere. Die Fokussierung auf das eigene Überleben geht dabei zuweilen auch einher mit opportunen Verhaltensweisen oder mit der Notwendigkeit, entgegen der eigenen Überzeugungen zu handeln. Bei aller Bemühung, sich gegen den Mainstream geltender Subjektnormen zu positionieren, wird hier aber auch ein Rückbezug auf eine eigene Form der Moralität offenkundig. In den Interviews werden dementsprechend stets auch die Grenzen der eigenen Abwendung von gesellschaftlichen Standards benannt. Während zum Beispiel Arno betont, dass er mit seiner Dealerei der Mafia ein Stück weit das Geschäft streitig macht und ein Kauf bei ihm die ‚moralischere' Art sei, Cannabis zu konsumieren, betont Jan, dass er sich nicht zum Diebstahl überwinden konnte, und Anna ist es wichtig zu erwähnen, dass sie niemals Privatpersonen bestehlen würde.

8.2.3 Emanzipative Versicherung der Menschenwürde

In zwei Erzählungen dominieren die Schilderungen der persönlich untragbaren Umgangsweisen der Jobcenter-Mitarbeitenden mit der eigenen Person, denen offenbar durch den Verzicht entgegengetreten wird. Dies betrifft die Interviews von Marlene Dutte und Christian Penck, die zum Eintritt des Bedarfsfalls beide etwa 50 Jahre alt waren und bis dahin ihren Lebensunterhalt durch Erwerbsarbeit stets sichern konnten. Die wahrgenommenen Formierungen sind durch die empfundene Aberkennung der eigenen Mündigkeit, Autonomie und Würde sowie durch die empfundene Schuldzuweisung für die eigene Lebenslage gekennzeichnet. Der Entscheidung zum Verzicht ging eine Kette von erlebten Repressionen und eine längere Phase des Aushaltens dieser wiederkehrenden Erfahrungen voraus. Beide wurden aufgrund der unabänderlichen Merkmale ‚Alter' und ‚Behinderung', das heißt, der körperlichen und/oder psychischen Konstitution und nachlassender Leistungsfähigkeit, als ‚unbrauchbar' für den Arbeitsmarkt abgewertet und auch dementsprechend adressiert.

Sie beide hatten vor Eintritt des Bedarfsfalls keinerlei Erfahrungen mit dem Sozialleistungssystem und kamen auch im Rahmen ihrer frühen Sozialisation nicht damit in Berührung. Im Sprechen über die Erlebnisse greifen sie auf eine Vielzahl von Metaphern zurück, denen in ihrer Bedeutung das Muster der erlebten Fremdbestimmung und Degradierung der eigenen Person gemein ist. In ihren tatsächlichen Subjektivierungsweisen positionieren sie sich als das Gegenteil von dem, was sie an Formierungsversuchen wahrnehmen. Durch den Verzicht zeigen sie, dass sie eben all das nicht sind: „wehrlos", ein „kleines Arschloch", ein „Hund", der*die „Geschubste" ein „Spielball" oder die Bittsteller „vor dem Schreibtisch", sondern standfest, zur Gegenwehr fähig und mit unveräußerlichen Menschenrechten ausgestattet. Die längere Phase des Aushaltens wurde hier gezielt unterbrochen, so dass davon gesprochen werden kann, dass ein emanzipatives Moment der Ent-Unterwerfung vorzufinden ist. Die Klassifikationslogik nach Hirschman scheint für diese Form des Ausbruchs aus gegebenen Umständen keinen Begriff bereitzuhalten, denn die ursprüngliche Loyalität zum Sozialleistungssystem wurde hier jäh unterbrochen – aber nicht im Sinne eines Ausbrechens aus den Strukturen, denn das Aufrechterhalten der Normalität und auch der Kontakt zu den Instanzen des Sozialstaats bildet für beide weiter eine wichtige Konstante. Auch der öffentliche Widerspruch und die Rekonsolidierung der zerrütteten Beziehung spielt hier eine untergeordnete Rolle.

Um den Verzicht umsetzen zu können und so die eigene Würde wiederherzustellen und nachhaltig zu wahren, ist ein konsequentes Haushalten bis zur

Ermangelung grundlegender Bedürfnisse nötig. Der dadurch ausgelöste Mangel (an Essen, an Strom, an Wärme, an Teilhabe) wird akzeptiert, um nicht erneut mit den Behörden der Arbeitsvermittlung in Kontakt kommen zu müssen.

Dennoch versuchen sie, eine gewisse Normalität aufrechtzuerhalten, die zum Beispiel im Halten der eigenen Wohnung, der Teilhabe an sozialen Aktivitäten im Nahfeld (der Gemeinde, dem Kiez) oder der fristgerechten Kommunikation mit öffentlichen Institutionen besteht. Sie kämpfen in diesem Sinne täglich um ihren Platz in der Gesellschaft und gegen die Gefahren des sozialen Ausschlusses. Als symbolische und materielle Objektivationen der Bedrohungslage treten hier sämtliche *Papiere* und Dokumente hervor, die in den Kommunikationswegen mit dem Jobcenter relevant werden. Außerdem beziehen sie sich auf architektonische Gegebenheiten und das allgemeine bürokratische Setting. Auch der analytische Zugang zu den Objektivationen eröffnet sich in diesen Erzählungen wesentlich über die eingesetzte Metaphorik, womit sich der Eindruck manifestiert, dass die Rahmenbedingungen, die die Erwerbsarbeitslosigkeit mit sich bringt, als zu kompliziert und übermächtig wahrgenommen werden, um Wirkungen direkt zu benennen. Insgesamt zeugen die Erzählungen von einem (Über-)Lebensstress, der jegliches Gefühl von Handlungsmacht über die eigenen Entscheidungen und Handlungsvollzüge verunmöglicht. Die Subjektnorm, die hier zu erfüllen ist, ist die des guten, dankbaren Sozialleistungsbeziehenden, wobei die Subjektfigur des ‚Hartz-IV-lers' und alle damit verbundenen negativen Konnotationen als relevante Positionszuweisung in Erscheinung tritt. In der Zeitdimension wird offenkundig, dass das Überleben im Moment zur Maxime geworden ist, denn Zukunft und Vergangenheit spielen eine untergeordnete Rolle. Vielmehr geht es täglich aufs Neue um das Zurechtkommen im Augenblick und die Bewältigung der Situation. Erst aus der Retrospektive ist es zum Beispiel Frau Dutte möglich, ihre damalige Situation genauer zu beschreiben. Die Zumutungen des Sozialstaats erscheinen hier die kompletten Lebensvollzüge einzunehmen, wobei die Legitimationsgrundlage in der Politik des Forderns und Förderns und in der einhergehenden Aktivitätsmaxime liegt.

In diesen Erzählungen ist es weitergehend vor allem die von Klaus Dörre et al. als „Zwangshomogenisierung" (Dörre et al. 2013, 371) bezeichnete Gleichstellung mit Personen, die nicht wie sie selbst ihr bisheriges Leben durch eigene Erwerbsarbeit finanziert haben, auf die sie ihre Abwertungserlebnisse gründen. Sie berufen sich auf das Prinzip der sozialen Gerechtigkeit, das sie in Bezug auf die eigene Person verletzt sehen, da sie trotz jahrelanger Leistungsbereitschaft ans untere Ende der gesellschaftlichen Hierarchie positioniert werden. Vor Eintritt des eigenen Bedarfsfalls hatten sie eine mehrheitlich positive Sichtweise auf den Sozialstaat und haben die gesellschaftliche Ordnung eher bejaht. Mit der Verantwortungszuweisung als für die eigene Lage selbst verantwortlich – die sie als völlig deplatziert wahrnehmen – können sie sich nicht abfinden.

8.2.4 Systemkritische Demonstration der Alternative

In diesem Muster wird die Praxis des Verzichts in einem sehr viel stärkeren Ausmaß expansiv und diskursbildend wirksam als in den vorgenannten Mustern des Verzichts der solitären Distanz und des emanzipativen Verzichts. Während diese zwar Unzufriedenheit mit den gegebenen Verhältnissen signalisieren, geht es bei dem Verzicht als Demonstration einer Alternative darum, Gleichgesinnte zu finden, sich zusammenzuschließen und öffentlich zu zeigen, dass ein anderes Leben möglich ist. Diese Form der Reaktion auf die wahrgenommene Dysfunktionalität des Systems trägt Züge der von Hirschman aufgezeigten Voice-Option, denn der Kontakt zur Außenwelt und der bewusste – positive – Eingriff in die gesellschaftlichen Verhältnisse ist hier konstitutiv. Insbesondere Paul und Anna aus der sozialistischen Selbsthilfe sind diesem Muster zuzuordnen und auch Manni Dennhorst zeigt viele der identifizierten charakteristischen Merkmale. In den beiden vorstehenden Mustern des solitären und emanzipativen Verzichts zeigen die Betroffenen, dass sie ‚nicht mehr mitmachen wollen'. In diesem Muster hier geht es darum, dafür zu sorgen zu wollen, dass auch andere nicht mehr mitmachen. Damit einher geht eine kapitalismus- und konsumkritische politische Haltung, bei der Protest und ziviler Ungehorsam als legitimer Widerstand gegen die Untätigkeit des Sozialstaats angesehen werden. Hierbei berufen sie sich darauf, dass eine Demokratie derlei Kritikformen ermöglichen muss.

Der Verzicht ist ein integraler Bestandteil dieser Orientierung, da nur so frei von Abhängigkeit zu der als unterdrückend wahrgenommenen Struktur agiert werden kann. Die Abgrenzung von der Mehrheitsgesellschaft erfolgt hier durch den Zusammenschluss mit anderen, mit denen gemeinsame Werte aufrechterhalten werden. Dem zugrunde liegt einerseits ein starkes Gruppenbewusstsein als einer marginalisierten Bevölkerungsgruppe zugehörig und andererseits die Einsicht darin, dass die gesellschaftlich zugewiesene Position ungerecht und änderbar ist. Solidarität erscheint hier als täglich gelebtes, soziales Handeln, womit einerseits aktiv an der Denaturalisierung sozialer Ungleichheit gearbeitet wird und andererseits die neoliberale solitäre Präparierung und damit die neosoziale Subjektivierung unterlaufen wird. Ein starkes Motiv ist die Einteilung der Gesellschaft in eine ‚herrschende' und eine ‚beherrschte' Klasse, in ein gesellschaftliches Oben und Unten. Der Kampf gegen dieses Verhältnis durch alltägliche, gelebte Kritik ist konstitutiv für das Selbstverständnis dieser Verzichtenden.

Im Anschluss an Jane Mansbridge (2001) kann hier auf ein oppositionelles Bewusstsein geschlossen werden. Sie erfüllen die von Mansbridge benannte Minimaldefinition, nach der ein oppositionelles Bewusstsein vorliegt, wenn sich die Akteur*innen mit einer ungerechtfertigt als unterworfen wahrgenommene Gruppe identifizieren und die gemeinsame Gruppenidentität darin verankern, diese Ungerechtigkeiten zu beenden.[43] Im Zusammenschluss verorten sie die mitunter die einzige Möglichkeit, den Herausforderungen der Zukunft zu begegnen. In diesem Sinne wird auch der soziale Wandel beobachtet und reflektiert. Eine gemeinsame Wahrnehmung ist dabei die Fragmentierung des Selbstverständlichen und die Erkenntnis, dass auf den Staat kein Verlass ist. In dieser Destruktion sehen sie verschiedene Möglichkeiten, dass Neues entsteht, wobei dieses Neue von den Menschen selbst kommt und in ihrem Erkennen der eigenen Handlungsmächtigkeit wurzelt:

> *„Also irgendwie, ich habe das Gefühl, so in letzter Zeit wächst so alles so ein bisschen zusammen, weil man sich halt auf nichts mehr verlassen kann, was man vom Arbeitsmarkt oder vom Sozialamt bekommt. Und dann fangen die Leute halt so langsam, aber stetig an, sich auf sich gegenseitig zu verlassen." (Anna Schnuck, Zeile 160–164)*

Der Sozialstaat an sich wird auch hier nicht gänzlich abgelehnt, jedoch als grundsätzlich reformbedürftig verstanden. So wird in diesem Muster des Verzichts auch die Zementierung der ungerechten sozialen Verhältnisse durch das sozialstaatliche Interventionssystem thematisiert. In diesem Zuge werden auch die Angebote der „Mitleidsökonomie" (Groenemeyer/Kessl 2013) kritisch gesehen. Nicht nur auf struktureller Ebene sind diese Angebote demnach grundsätzlich fragwürdig, da sie die Nutzenden zu Almosenempfänger*innen machen und der Staat die Verantwortung für die Existenzsicherung Bedürftiger so an die Zivilgesellschaft auslagert, auch auf gesellschaftskultureller Ebene des öffentlichen Bewusstseins führen sie dazu, dass die Menschen zu gegenseitiger Missgunst getrieben werden und in ihrer Vereinzelung bestärkt werden:

> *„Ich hab auch öfter die Tafel benutzt, ne, dass ich einkaufen musste, ne, weil ich wenig Geld hatte. Da ist mir auch aufgefallen, dass eigentlich, ehm, (Pause) der kleine Mann hat Existenzängste und kann nicht genug von dem bekommen, was es umsonst gibt. […] Es gibt manche Alleinstehende, die nehmen sich drei Ananas mit. Die nehmen fünf Brote mit, drei Gurken, dann fragt man sich, hör mal zu, das soll für eine Woche reichen, wie viel Leute ernährt der? Und die haben alle dann noch gro… die ärgern, man sieht es den Leuten in den Gesichtern an, dass ein gewisser Grad von Neid heranwächst. Grade bei den Leuten, die nichts haben, ist der Neid noch größer." (Manni Dennhorst, Zeile 634–646)*

43 „Identifying with an unjustly subordinated group, recognizing the injustice in that group, recognizing the injustice in that group's position, opposing that injustice, and recognizing a group identity of interest in ending that injustice" (Mansbridge 2001, 240).

Letztlich lässt sich hier an das Kritikverständnis anknüpfen, das Michel Foucault im Gespräch mit Didier Eribon entfaltet.[44] Demnach heißt Kritik nicht, „dass man lediglich sagt, die Dinge seien nicht gut so, wie sie sind", sondern „Kritik heißt herausfinden, auf welchen Erkenntnissen, Gewohnheiten und erworbenen, aber nicht reflektierten Denkweisen die akzeptierte Praxis beruht" (Foucault 2005, 221). Die kritische Haltung ist bei Foucault das „Gegenstück zu den Regierungskünsten" und als „moralische und politische Haltung" und „Denkungsart" zu verstehen, um „nicht auf diese Weise und um diesen Preis regiert zu werden" (Foucault 1992, 7). Es ist eine wesentliche, übergreifende Sinnstruktur in den Narrationen, die diesem Muster zugeordnet werden können, dass versucht wird, die Ursachen der kritisierten Verhältnisse für sich herauszuarbeiten und auf diese reagieren zu können. Hinter der Inanspruchnahme von Sozialleistungen verbirgt sich dabei Abhängigkeit und eine Bejahung der kritisierten Verhältnisse, die die eigene Positionierung schwächen würde. Nur auf Sozialleistungen verzichtend ist es so möglich, expansiv wirksam zu demonstrieren, dass ein alternatives Leben möglich ist.

8.2.5 Kunstvoll-asketischer Beweis des Unrechts

Vor allem in der Erzählung von Jan Markowsky wird ein weiteres Muster des Verzichts evident, welches sich von den bisherigen insbesondere durch eine eingezogene ‚zweite Ebene' unterscheidet. Zwar entsprechen Jans Sinngebungen jenen, die voranstehend als ‚systemkritische Demonstration der Alternative' ausgewiesen wurden. Jedoch wird der Verzicht außerdem als eine Art doppelseitiger Spiegel gelebt: Zum einen wird ‚der Gesellschaft', der Mehrheitsgesellschaft aus Arbeits- und Konsumbürger*innen, vor Augen geführt, dass Besitz eine Illusion ist. Zum anderen zeigt der so ausgedeutete Verzicht, dass das Sozialleistungssystem an sich im Grunde für ein ‚gutes' – und das bedeutet hier philosophisch-suchendes Leben – obsolet ist. Der Verzicht als Askese markiert für den Verzichtenden in diesem Sinne eine Versicherung, dass die als unrecht wahrgenommene und kritisierte äußere Autorität für das eigene Leben nicht relevant ist und dass das sich darunter Fügen zu einer Art der Unfreiheit führt, die der Natur des Menschen entgegensteht. Der Zusammenschluss mit anderen ist hier keineswegs dominant, wenn auch eine solidarische Grundeinstellung und die grundsätzliche positive philanthropische Verbindung zu einem selbstgewählten Umfeld durchaus einen wichtigen Stellenwert einnimmt. So lässt sich weder von einem selbstgewählten Ausschluss aus der Mehrheitsgesellschaft reden noch eine Loyalität feststellen.

44 »Est-il clone important de penser?« (Gespräch mit D. Eribon), in: *Liberation*, Nr. 15, 30.-3r. Mai 1981, S. 2r.; hier zitiert aus Michel Foucault (2005) Schriften in vier Bänden. Dits et Ecrits.

Jan prangert an – und zwar öffentlich und ständig, durch die Art, wie er lebt. Eine Erneuerung seines Verhältnisses zum gegenwärtigen Staat kommt für ihn dabei aber ebenso wenig in Frage wie zu den dominanten Vorstellungen von Ordnung.

Diese Haltung lässt sich im Rückgriff auf Michel Foucault weiter illustrieren, der in seiner *Hermeneutik des Subjekts* ausführt, dass die Askese in Christentum und Philosophie „unter dem Zeichen der Sorge um sich selbst" steht und „aus der Verpflichtung zur Selbsterkenntnis ein Element dieser wesentlichen Sorge" (Foucault 2005, 425) gemacht werde. In diesem Sinne ist es Jan durch seinen Verzicht als Lebensform möglich, sich mit Philosophie und Selbsterkenntnis zu beschäftigen. Seine Herkunftsbedingungen scheinen hier eine nicht unwesentliche Rolle zu spielen, denn sie zeichnen sich vor allem durch den strukturellen Zugang zu kulturellen und sozialen Ressourcen aus. Sein Habitus ist geprägt von seiner sozialen Herkunft als Sohn einer Intellektuellenfamilie aus der DDR, die reichhaltige politische Verbindungen im In- und Ausland hatte. Kunst und Politik wurden hier stets zusammengedacht und Jan wurde hinsichtlich seiner formalen, aber auch informellen Bildung gefordert. Gleichzeitig spielte die Kritik am Gegebenen in seiner Herkunftsfamilie eine ebenso große Rolle. Hier wurde ihm vorgelebt, dass unrechte Verhältnisse nicht stillschweigend hingenommen werden dürfen und dass es sich lohnt, dagegen zu kämpfen.

Auch dies entspricht Foucaults Ausführungen zur Askese, nach denen sie ein Privileg ist:

> Es ist Zeichen gesellschaftlicher Überlegenheit im Gegensatz zu denjenigen, die sich als Diener um andere kümmern oder ein Handwerk ausüben müssen, um leben zu können. Der Vorteil, den Reichtum, Status und Geburt bieten, bedeutet, dass man die Möglichkeit hat, sich um sich selbst zu kümmern. (Foucault 2005, 425 f.)

Die Wendung zu sich selbst drückt sich hier auch darüber aus, dass er sich akribisch darum kümmert, sich täglich waschen zu können, gut zu essen und keine Suchtmittel zu sich zu nehmen. Er hatte einen rigiden Wochen- und Tagesplan, der danach ausgerichtet war, in welchen Hilfsangeboten des sozialen Dienstleistungssystems es wann Versorgungsmöglichkeiten gab. Foucaults Askese-Definition enthält auch dazu einen Passus, so zeigt er im steten Rückbezug auf die griechische Philosophie auf, dass die Sorge um sich immer auch mit einem „Ensemble komplexer und geregelter Tätigkeiten" (Foucault 2005, 426) einhergeht.

Jans Verzicht ist aber nicht nur asketisch auf die Sorge um sich bezogen. Vielmehr koppelt er seine Form der Askese mit der künstlerischen Kritik an dem von ihm empfundenen gesellschaftlichen Unrecht und greift so in die Diskursproduktion ein. Mit der Kunstfigur des *Your own homeless* führt er gesellschaftliche Verhältnisse ad absurdum und schafft durch sie eine subalterne Gegenposition zu dominierenden Machtverhältnissen. Er nimmt hier alle Adressierungen,

Positionierungen und Verantwortlichkeiten an, die ihm als Obdachloser entgegengebracht werden, wendet sie aber zu einer machtvollen Position um. Er bietet sich dem philanthropischen Berliner Bildungspublikum als Besitztum an und positioniert sie so als wohlhabende, bessergestellte Konsumbürger*innen, die sich nicht davor scheuen, einen Menschen ihr Eigen zu nennen. Sie können in ihn *investieren*, wobei die Erlöse der Community der Berliner Obdachlosen zu Gute kommen sollen. Damit responsibilisiert er sie als durch ihre privilegierte Position verantwortlich für das Wohlergehen armer Menschen und weist ihnen implizit auch die Schuld für gesellschaftliche Ungleichheitsverhältnisse zu. Auf diese Weise gewinnt der Verzicht hier auf der einen Seite den Charakter des philosophischen Wahrsprechens der Regierten (Foucault 2005, 904), das durch die Askese als Sorge um sich ermöglicht wird, als auch der umfassenden Gesellschaftskritik mit jener Doppelbödigkeit, die nur durch künstlerische Mittel erreicht werden kann.

8.3 Verzicht im Bedürftigkeitsdispositiv

Letztlich gilt es an dieser Stelle im Rahmen einer abschließenden Interpretation ‚lose Enden' aufzugreifen, an die theoretischen Grundlagen rückzubinden und für zukünftige Forschungsbemühungen nutzbar zu machen. Die komparative Darstellung der materialübergreifenden zentralen Motive lässt sich mit Jan Kruse als eine „schwache Interpretation" (Kruse 2014, 658) bezeichnen, die sich auf einer nachgeordneten Ebene weiter, im Sinne einer „starken Interpretation" (ebd.), bündeln lassen. Die Richtung und Ausgestaltung dieser Interpretationsebene ist einerseits vom theoretischen Hintergrund und andererseits von der Forschungsperspektive selbst abhängig. Hier war es ein Ansinnen, den Verzicht Bedürftiger auf seine dispositive Verankerung hin zu untersuchen und in den Kontext des sich transformierenden Sozialstaats unter Beachtung von Phänomenen sozialer Ungleichheit und Exklusion einzuordnen. Die Ergebnispräsentation fokussierte bisher die vorgefundenen Diskrepanzen zwischen wahrgenommenen Formierungsversuchen und tatsächlichen Subjektivierungsweisen vor dem Hintergrund biographischer Eigenheiten. Die identifizierten Muster des Verzichts haben darüber hinaus Resultate hinsichtlich der gesellschaftlichen Voraussetzungen des Verzichts über die spezifischen in Anschlag gebrachten Dispositive systematisiert. Im Folgenden werden diese Ergebnisse gesellschaftstheoretisch verortet und dahingehend diskutiert, was sie ‚meinen' könnten – zum einen für die Entstehung, Veränderung und Verstetigung von gesellschaftlichen Strukturen und zum anderen hinsichtlich ihrer ermöglichenden und begrenzenden Eigenschaften für die sozialstaatlichen Versprechungen gesellschaftlicher Teilhabe und die Herstellung einer aufnahmefähigen, inklusiven Gesellschaft. Hierbei gilt es, die kleinsten gemeinsamen Nenner zu finden, die als fallübergreifende Sinnstrukturen vorfindbar sind.

Von den verschiedenen möglichen Interpretationswegen wird hier die analytische Abstraktion eines *Bedürftigkeitsdispositivs* als am erfolgversprechendsten für eine gesellschaftstheoretische Anbindung angenommen. Im Lichte der Fragestellung dieser Untersuchung („*Welche dispositiv-relevanten Strukturen werden für Menschen, die auf Sozialleistungen verzichten, subjektivierend wirksam?*", siehe Kapitel 4.3) wird dieses Bedürftigkeitsdispositiv als relevante dispositive Konstellation beschrieben, die von maßgeblicher Bedeutung für das Subjektivierungsgeschehen der Verzichtenden ist. Im Folgenden wird die Formation des Bedürftigkeitsdispositivs aufgefächert, indem zunächst die wirksam werdenden Formationen, Objektivationen und Subjektivationen beschrieben und theoretisierend eingeordnet werden (Kap. 8.3.1). Die damit einhergehende Ausbildung von Selbstverhältnissen und die Aussagekraft ihrer Transformationsprozesse werden in Kapitel 8.3.2 thematisiert. Letztlich widmet sich Kapitel 8.3.3 den möglichen Funktionen des Bedürftigkeitsdispositivs als institutionelle Antwort auf die gesellschaftliche ‚Problemlage Bedürftigkeit' und wie und welche Folgen und Nebenfolgen praktisch damit einhergehen.

8.3.1 Formationen, Objektivationen, Subjektivationen

Wie die Muster des Verzichts und damit die Bezugnahmen der Verzichtenden auf sozialstaatliche Formierungsversuche vor dem Hintergrund ihrer persönlichen Dispositionen offenbart haben, können, aber müssen sie nicht mit moralisch-ökonomischen Handlungsorientierungen verbunden sein. Weiterhin können sie, aber müssen nicht von einem oppositionellen Bewusstsein unterlegt sein, aus einer emanzipativen Haltung hervorgehen oder mit einer grundsätzlichen Systemkritik verbunden sein. Sie können, aber müssen nicht affirmativer Natur sein und sie sind ebenso wenig automatisch mit einer grundsätzlichen persönlichen Abwendung vom Sozialstaat verbunden. Der Verzicht der Bedürftigen stellt sich als heterogen und von Widersprüchen durchzogen dar, ist oft geprägt durch Formen des eigensinnigen Ausscherens und der Umdeutung vorherrschender Wissensordnungen und trägt ebenso Elemente der Entsprechung von normativer Ordnung. In jedem Fall aber drückt er eine Ablehnung dessen aus, was von den Verzichtenden jeweils mit *Bedürftigkeit* verbunden und über die Instanzen des Sozialstaats vermittelt rezipiert wird. Es kann festgestellt werden, dass es insbesondere die Wissensordnungen sind, die sich mit dem Bedürftigkeitsbegriff verbinden, sowie deren Vermittlungsorte und Artefakte, die als leitender Interpretationspfad Geltung erhalten. In diesem Sinne sind die Muster des Verzichts übergreifend mit einer negativen Bezugnahme auf die Kategorie Bedürftigkeit verbunden und die Verzichtenden grenzen sich in unterschiedlicher Weise von dem, was sie dem an Bedeutungsgehalt verleihen ab, wobei diese Ausdeutungen in enger Wechselwirkung zu den wahrgenommenen Formierungsversuchen stehen. Bedürftig-Sein, so scheint es insgesamt, wird als nicht in die eigene Selbstkonstitution zu integrierendes Element angesehen. So wird sich der Zuschreibung Bedürftigkeit und den einhergehenden Formierungsversuchen im Verzicht entgegengestellt und damit als unkonform zu dieser Askription positioniert.

Die Adressierung als ‚bedürftig' geht dabei einher mit der geforderten Positionsübernahme des dankbaren Bittstellenden, der oder die sich der Verantwortung über die eigene Lebenslage voll bewusst ist, diese annimmt, Zumutungen erträgt und jegliche Anforderungen erfüllt. Dominant ist hier das Bild einer Abhängigkeit, die verbunden ist mit einer auferlegten Passivität und Unmündigkeit. Dieser wahrgenommene Formierungsversuch steht in einem fundamentalen Widerspruch mit den in die Gesellschaft diffundierten Paradigmen Eigenverantwortung, Autonomie und Aktivität. Im Sinne der eingeführten Fragmentierungsperspektive nach Bogedan/Bothfeld/Leiber (2009, siehe Kap. 2.3) lässt sich hier eine horizontale Fragmentierung und damit eine Paradigmen-Inkonsistenz konstatieren, die weitere vertikale Fragmentierungen zwischen den Ebenen der Policy Regimes und Identitäten als Sozialstaatsbürger*innen nach sich zieht. Die Inkonsistenz bezieht sich dabei auf die Geltung des Aktivierungsleitbildes, welches auf breite Aufnahme stößt und über die gesamte Sozialisationsgeschichte und Biografie der Interviewpersonen Verankerung findet und das in starkem Kontrast zu der als eingefordert wahrgenommenen Passivität im Bedürftigkeitsfall steht. Hierzu gehört auch die Anforderung, die sozialstaatlich gebotene finanzielle Sicherheit dankbar entgegenzunehmen, um die Anerkennung der Reziprozitätsnorm zu demonstrieren. Um diese Norm zu erfüllen, gilt es wiederum, eigenverantwortliche Mitwirkung bei sämtlichen Verwaltungsabläufen zu zeigen, auch wenn sie als widersprüchlich, unsinnig, entwürdigend, entbürgerlichend oder entmenschlichend aufgefasst werden. Mit dem Verzicht demonstrieren die Interviewpersonen so auch, dass sie dem Staat bzw. der Allgemeinheit nichts schulden und eine Reziprozitätsnorm nicht erfüllt werden muss. Hiermit signalisieren sie, dass die eingesetzten Machtmittel in ihrem Fall obsolet sind. Es wird so eine Distanz zu den Zwängen, die mit der Bedürftigkeit verbunden werden, gewahrt. Diese gründet unmittelbar weder auf Widerstand, Affirmation, Angst oder Scham – vielmehr scheint es auch darum zu gehen, unbeeinflusst *bei sich selbst* bleiben zu wollen, wobei auch auf die Teilhabeversprechungen des Sozialstaats verzichtet wird. Der Wissensvorrat, aus dem sich der Verzicht als Bestandteil tatsächlicher Subjektivierungsweisen speist, ist dabei durchzogen von Referenzen auf eine dispositive Konstellation, die hier als *Bedürftigkeitsdispositiv* beschrieben wird.

Der Ursprung des Bedürftigkeitsdispositivs ist in der Institutionalisierung von Bedürftigkeit im Übergang zur Moderne und der damit einhergehenden statistischen Festlegung von Bedürftigkeitsgrenzen im Sozialversicherungswesen, wie sie in Kapitel 2.1 beschrieben wurde, zu verorten. Hier wurde es notwendig, eine gesellschaftliche Übereinkunft darüber zu fixieren, wem die durch die gesellschaftliche Wirtschaftsleistung erarbeiteten Ressourcen im Bedarfsfall zustehen, um auf die drängenden gesellschaftlichen Herausforderungen der Zeit (Verstädterung, Zunahme der Armut in den Städten, Nebenfolgen der Industrialisierung) zu antworten. Die im Rahmen einer spezifischen politischen Ökonomie eingerichteten Maßnahmen konnten dabei auf eine Reihe an Kontinuitäten zurückgreifen, die sich in der Diskursivierung von Armut und Bedürftigkeit seit der Antike manifestiert haben. Mit der formalen Anerkennung einer Bedürftigkeit ging dabei zuweilen zwingend die Aufgabe bestimmter Bürgerrechte (z. B. auf freie Aufenthaltsbestimmung, Arbeitswahl oder Privatsphäre) einher. Hierbei waren es immer vor allem die unteren gesellschaftlichen Schichten, die im Verdacht standen, ihre Armut selbst herbeigeführt zu haben oder zu faul für die Arbeitsaufnahme zu sein. *Reiche Armut* war hingegen häufig mit selbstgewählter Besitzfreiheit konnotiert, um sich selbst oder Gott spirituell näher zu kommen oder künstlerisch Wertvolles zu erschaffen. Der Nationalsozialismus markiert in Deutschland einen tiefen Einschnitt in geltende humanistische Armutsauffassungen und hat den gesellschaftlichen Zuspruch zur Bestrafung der Armen legitimiert. Hier wurzeln Narrative des Asozialen, des Schmarotzers, der den gesunden Volkskörper schädigt und der von der Fortpflanzung auszuschließen sei. Das Bild der Arbeit als gottgewollte Pflicht, das sich mit dem Christentum zunehmend verstetigt hat, wurde nun zur Qualitätskategorie des Menschen erhoben, dessen Dasein stets auf seinen Gebrauchswert für den Arbeitsmarkt und in seinem Nutzen für die Allgemeinheit überprüft wurde, und die Subjektfigur des ‚Asozialen' ist neu entstanden und bildete den negativen Gegenpol zum Arbeiter. Wie die Bezugnahmen der Interviewpersonen in dieser Untersuchung offenbaren, bestehen diese Narrative auch heute noch weiter. So wird die Subjektfigur des ‚edlen Armen' bzw. des Philosophen, der sich nur in Armut seiner Philosophie widmen kann, zum Beispiel durch Jan Markowsky ausgefüllt, und das Motiv des Gebrauchswerts, der den Wert des Menschen bestimmt, ist vor allem bei den Interviewpartnerinnen präsent, deren Herkunftsmilieu in der Unterschicht vertreten ist. Nachzeichnen lässt sich das auch in der Gegenwartskultur – während

Personen, die gut ausgestattet sind mit sozialem und kulturellen Kapital, zuweilen Bücher über ihren minimalistischen Lebensstil schreiben oder über ihr „Jahr ohne Geld" einen Onlineblog füllen, Selbstversorgung, ‚Tiny Houses' oder ‚Containern' zum Lifestyle erheben, werden die Strategien der Menschen, die nicht dazu in der Lage sind, ihre Geschichte öffentlichkeitswirksam zu präsentieren, als abweichend oder kriminell delegitimiert. Hieraus lassen sich verschiedene Forschungsfragen formulieren, deren wissenssoziologische Betrachtung lohnenswert erscheint (z. B. auf welcher Grundlage finden Einteilungen von Armut statt? Welche historischen Narrative und Diskursivierungen wirken hier nach? Welche Auswirkungen hat das auf das öffentliche Bild von ‚deservingness [s. Kap. 2]'?).

Ausgelöst durch die Popularisierung des Armutsdiskurses in der Wirtschaftswunderzeit und die Ausdifferenzierung des zugehörigen institutionellen Arrangements begannen sich die alten Bilder von Armut und Bedürftigkeit teilweise zu wandeln. Hier wurzelt die Ansicht, dass es der Gesellschaft insgesamt gut gehe und dass niemand arm sein müsse – denn wer sich nur bemüht, der findet auch ein sicheres Erwerbsarbeitsverhältnis in Vollzeit. Auch diese Motive lassen sich im Material – unabhängig von der sozialen Herkunft der Interviewpersonen – rekonstruieren. Ein weiteres Motiv, dass hier verankert ist, ist das des Leistungsdenkens und der darauf bezogene Gerechtigkeitsglauben, der vor allem bei den Interviewpartnern aus der gehobenen bürgerlichen Mittelschicht zu finden ist. Allgegenwärtig sind außerdem die Bezugnahmen auf eine generelle Unsicherheit verbunden mit der implizit geäußerten Sehnsucht nach Sicherheit und Verlässlichkeit. Hier kommen Fragmentierungen des Selbstverständlichen zum Vorschein, die offenbar dazu führen, dass die Interviewpersonen Halt bei sich selbst suchen. Auf diese Wandlungsprozesse wird im nachfolgenden Unterkapitel noch dezidierter eingegangen. Für den besseren Überblick zeichnet die nachstehende Abbildung 3, die auf der Vorlage von Bührmann/Schneider (2008, 132) beruht, das Bedürftigkeitsdispositiv, wie es sich in dieser Untersuchung durch die Bezugnahmen und Ausdeutungen der Verzichtenden auf sozialstaatliche Formierungsversuche darstellt, erst einmal in seinen Einzelelementen nach.

Abbildung 3: Das Bedürftigkeitsdispositiv

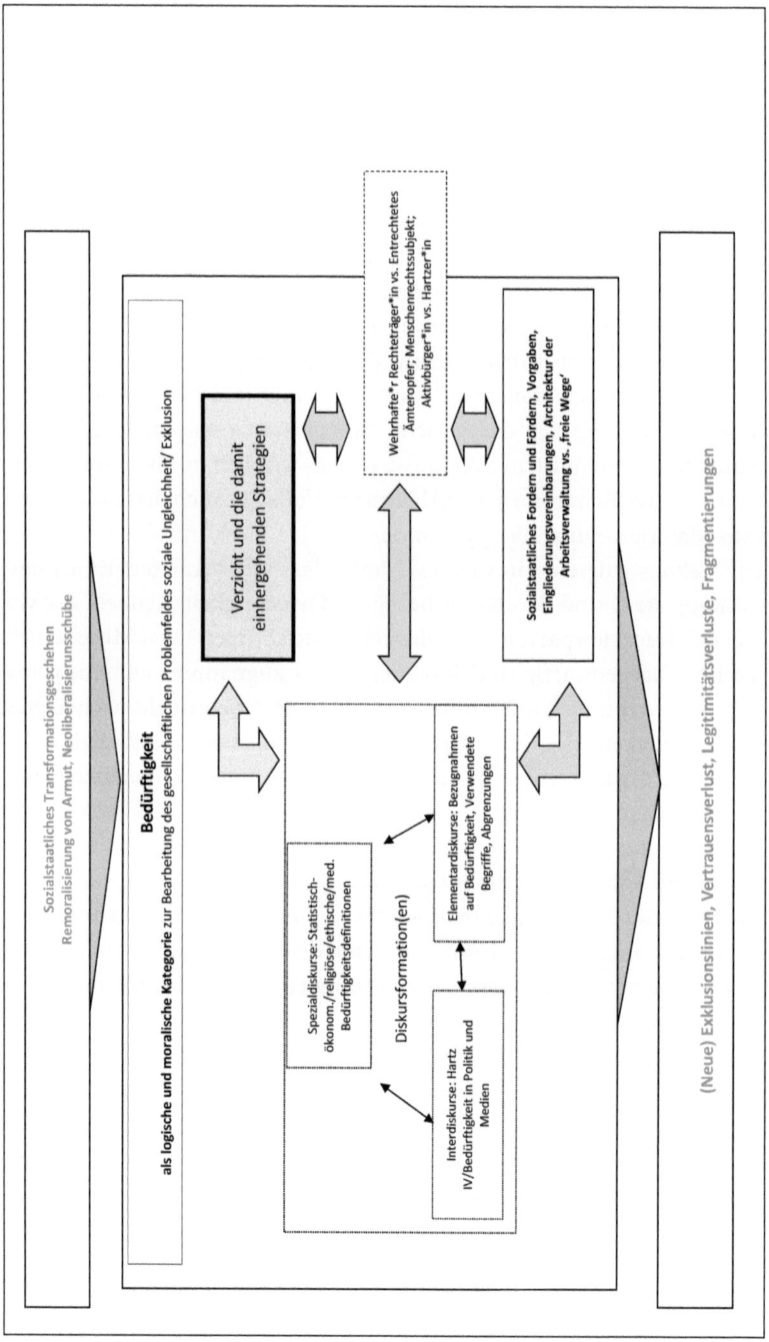

Zunächst lassen sich die Diskursformationen, die Bedürftigkeit aus Sicht der Interviewpersonen hervorbringen, differenzieren. Hier nehmen die Verzichtenden zwar zuweilen Bezug auf theologische, rechtswissenschaftliche, ethische und ökonomische Spezialdiskurse, die an der Konstitution von moralischen oder statistischen Bedürftigkeitsgrenzen beteiligt sind, jedoch dominieren die inter- und elementardiskursiven Bezugnahmen. Vor allem die massenmediale Vermittlung scheint hier eine Rolle zu spielen, wobei die Subjektfigur des ‚Hartzers' als Negativmodell bei den Interviewpersonen auf Aversion stößt und in den alltagsweltlichen Elementardiskursen oft negativ besetzt und reproduziert wird. Ferner ist diese Subjektfigur eine stete Drohung, die im Raum steht: Wenn die eigene Bedürftigkeit angenommen wird, dann besteht demnach auch die Gefahr, selbst zu diesem Negativmodell zu werden.

Das Sprechen über Sozialleistungen ist vor allem darauf fokussiert, wer was nach welchen Kriterien ‚verdient', wobei zuweilen auch sozialarbeiterische Fachdiskurse und die Terminologie des Jobcenters übernommen werden. Der Sozialleistungsmissbrauch wird in diesem Feld häufig als sehr präsent wahrgenommen, allerdings scheint dies auch stark von der eigenen politischen Einstellung und dem Erfahrungsschatz abzuhängen. Zum Beispiel weisen die Interviewpersonen, deren Verzicht diskursbildend wirksam wird, den Sozialleistungsmissbrauch eher als marginales Phänomen aus, welches hinter der Steuerhinterziehung großer Konzerne in seiner gesellschaftlichen Problemhaftigkeit zurücktritt. Angereichert durch Reiner Kellers (2008, 101 f.) Terminologie (siehe Kap. 3.1.2) kann die Verstetigung des Bedürftigkeitsdispositivs anhand der diskursgenerierten Modellpraktiken (oder im vorliegenden Fall konkreter: Handlungsweisen) weiter beschrieben werden. Als Vertreter*innen des Bedürftigkeitsdispositivs, die die Adressat*innen dazu anleiten, sich auf eine bestimmte Art und Weise zu verhalten, treten hier vor allem die Personen in Erscheinung, die den Sozialstaat in seinem institutionellen Gefüge vertreten. Aber auch die Institutionen des Erziehungs- und Bildungssystems werden von den Interviewpersonen als Vermittlungsorte der von ihnen wahrgenommenen Formierungsversuche benannt. Der beschriebene Gegensatz aus Aktivitätsforderungen bei gleichzeitiger Voraussetzung von Passivität nimmt in diesem Zuge eine dominante Stellung ein. So berichten die Interviewpersonen nahezu übereinstimmend davon, dass ihnen bereits in Kindertagen die Verantwortung für die späteren beruflichen Möglichkeiten zugewiesen wurde und sie stets dazu angehalten worden sind, eigenverantwortlich für sich und zum Wohl Anderer zu lernen. Die rigiden Bahnen des institutionellen Bildungssystems oder unter Umständen auch der häuslichen Umgebung in den Herkunftsfamilien stehen dem aber oft entgegen.

Im Bereich der symbolisch-materiellen Objektivationen als Stabilisatoren des Bedürftigkeitsdispositivs drängen sich die Artefakte in den Vordergrund, die unmittelbar mit den hilfedistribuierenden Institutionen verbunden sind. Die Verwaltungen, Arbeitsagenturen und Jobcenter bilden das Vermittlungsfeld dieser Objektivationen. Neben sämtlichen Dokumenten, die zu unterschreiben oder beizubringen sind, sind es auch die baulichen und architektonischen Gegebenheiten und bürokratische Settings im Allgemeinen, die benannt werden. Die Eingliederungsvereinbarungen manifestieren hier z. B. die Bringschuld der Bedürftigen, zu der sie per Unterschrift verpflichtet werden. Die Unterschrift an sich fällt dabei in den Bereich der ‚Freiwilligkeit', womit an das sozialstaatliche Paradigma der Autonomie angeknüpft wird. Bei Nichtleistung der Unterschrift drohen aber bereits Sanktionen, so dass die Eingliederungsvereinbarung als Objektivation mehr als ‚papiergewordenen Machtdemonstrationen' erscheint denn als Zusammenarbeitsvertrag. Für die Vermittlung von Bedürftigkeit haben sie damit insofern Belang, als sie den Adressat*innen die eindeutige Position des Machtunterworfenen zuweisen. In einen Gegensatz dazu wird die wahrgenommene Handlungsfreiheit außerhalb dieser Machtbeziehungen gebracht, die durch den Verzicht ermöglicht wird. Dies ist auch anhand der situativen Beschreibungen der Architektur der Arbeitsverwaltung mit ihren vorgegeben (Lauf-)Wegen zu rekonstruieren, die in einem Kontrast zu den freien Bewegungsmöglichkeiten des Lebens außerhalb dieser Strukturen gekennzeichnet sind. Im Alltag des Verzichts spielen dann weder die ‚papiergewordenen' Zwänge der Arbeitsvermittlung, die einen Bedürftigkeitsstatus markieren, noch die dadurch konstituierte Bedrohungslage des Verlusts der eigenen Autonomie und Müdigkeit durch Einnahme der Subjektfigur des Hartz-IV-Empfangenden eine Rolle.

Mit dem Verzicht als Ausgang aus dem Bedürftigkeitsdispositiv ist auf diese Weise eine mehrdimensionale subjektive Freiheit von den Zwängen verbunden, die für die Verzichtenden mit der Kategorisierung als bedürftig einhergehen: Bewegungsfreiheit, Freiheit, über die eigene Lebenszeit zu verfügen, die Freiheit vor Stigmatisierung und Herabwertung und die Freiheit von permanenter Bedrohung und Unsicherheit. Welche Konnotationen genau mit Bedürftigkeit verbunden sind, hängt dabei ab von den biografischen und persönlichen Dispositionen und den damit verbundenen Wahrnehmungsgrundlagen sozialstruktureller Kategorien, aber auch von den lebensweltlichen Umständen im weiteren Lebensverlauf. So zeigt sich, dass die Subjektkonstitutionen der Verzichtenden auch durch eine Transformation ihrer Grundorientierungen geprägt sind. Wie die folgende Abbildung, die die Abbildung aus Kapitel 8.1.1 noch einmal aufgreift, zeigt, sind die Interviewpersonen schematisch in der Lebenssituation des Verzichts in Richtung der Grundorientierung Emanzipation oder Experiment gerückt. Die Herkunftsmilieus sind hier grau unterlegt, die Milieuzuordnung in der Situation des Verzichts ist in den weißen Kästen zu sehen. Ihre Erfahrungen mit dem Sozialleistungssystem und ihre unterschiedlichen Motive, auf dessen Unterstützung zu verzichten, scheinen gleichzeitig auch dazu geführt zu haben, dass neue Handlungsweisen und eine Umdeutung des Selbst entstehen mussten. Bezeichnenderweise betrifft das nicht die Erzählung von Suzanna Klodzig, deren Grundorientierung in der unabsichtlich entstandenen Verzichtssituation im Bereich der ‚Verwurzelung' verblieben ist.

Abbildung 4: Milieutransformationen der Verzichtenden

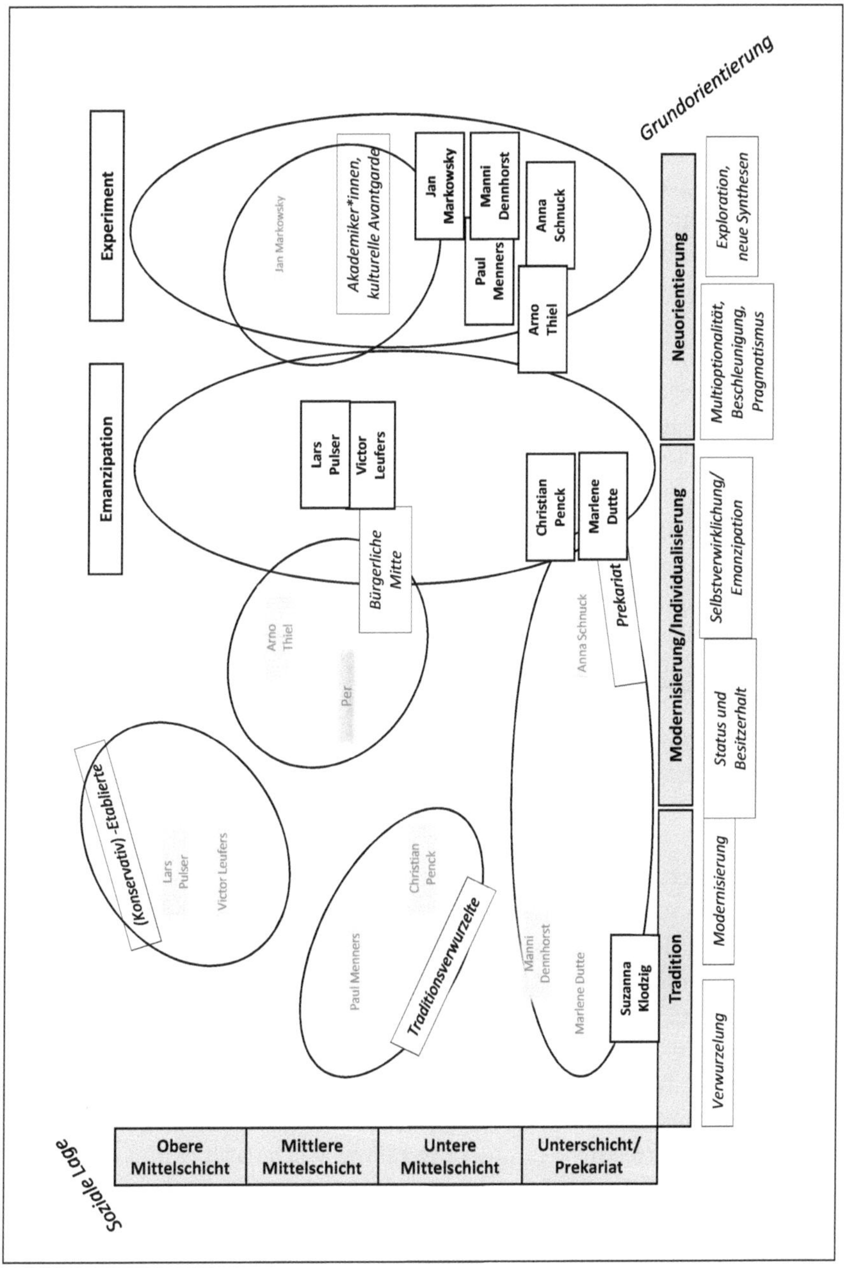

Es hat sich gezeigt, dass die Bearbeitungsweisen der wahrgenommenen bedürftigkeitsbezogenen Adressierungen, Responsibilisierungen und Fremdpositionierungen einerseits von den jeweiligen Sozialisationserfahrungen, andererseits aber auch von den gegenwartsbezogenen Situationsdeutungen und auch von den Erwartungen an die Zukunft abhängen, die sich dann im Rahmen tatsächlicher Subjektivierungsweisen niederschlagen. In diesem Sinne hat die Erfahrung der eigenen Bedürftigkeit offenbar zu einem Wandel der Grundorientierungen und Bewusstseinsformen geführt, denn es ist sämtlich eine Neuorientierung in Richtung Emanzipation und Experiment zu beobachten. ‚Emanzipiert' haben sich hier vor allem Lars Pulser, Viktor Leufers sowie Christian Penck und Marlene Dutte. Während die einen sich unterschiedlich ausgeprägt von dem dominanten Normkontext des traditionell geprägten Elternhauses – zumindest partiell – losgesagt haben, haben sich Herr Penck und Frau Dutte von den von ihnen als gewaltförmig erlebten Strukturen des Arbeitsvermittlungssystems befreien können. Dabei kann bei ihnen auch von einer nachhaltigen Sicherung ihrer neuen Wehrhaftigkeit gesprochen werden, denn beide halten den Kontakt zu Beratungsinstitutionen und lassen sich bei Ämterangelegenheiten unterstützen. Die anderen Verzichtenden sind in ihrer Lebensform experimentell unterwegs und probieren neue Wege des Zusammen- oder Überlebens. In unterschiedlichen Abstufungen verbinden sich diese neuen Wege mit einer Abkehr von der Identität als Sozialstaasbürger*in nach Maßgabe geltender Paradigmen, der oder die maßgeblich auf das Arbeitsmarkt- oder Sozialleistungssystem als die Instanzen der Verteilung gesellschaftlicher Lebenschancen angewiesen ist. Dies lässt die Vermutung zu, dass im Bedürftigkeitsdispositiv auch Neues entsteht – neue Lebensformen, neue Subjektfiguren und neue Ausbildungsweisen von Selbstverhältnissen. Hieraus lassen sich nun weitergehend auch Schlüsse hinsichtlich des Wandels der Verortung von Bedürftigkeit in Prozessen der Subjektivierung treffen.

8.3.2 Bedürftige Subjektivation im Wandel

Wenn wie hier davon ausgegangen wird, dass Subjektnormen und Subjektivierungsweisen immer das Produkt einer jeweiligen gesellschaftlichen Ausrichtung darstellen, dann kann die Lokalisierung der Subjektkonstitutionen im Bedürftigkeitsdispositiv Aufschlüsse über die Macht-Wissens-Relationen der Gegenwartsgesellschaft liefern. So werden hier einerseits die Anforderungen an die Sozialstaatssubjekte deutlich, aber andererseits zeigen sich durch ihre Bezugnahmen auf den kreierten Anforderungsrahmen auch darüber hinausweisende Praxen der Konversion gegebener Machtverhältnisse und eröffnen so prospektiv den Blick auf Tendenzen der Subjektivierung. Der Verzicht offenbart dabei zum einen die Multioptionalität der Selbstentwürfe, weist aber auch auf die Risiken hin, die insbesondere im Armutsbereich damit einhergehen.

Es ist nun die Frage zu stellen, wie die zeitlich-kulturellen Voraussetzungen des Bedürftigkeitsdispositivs auf die Selbstkonstitutionsprozesse der Menschen einwirken und wie sich hieraus im Rahmen eines Wandels der Wissenskategorien erneuerte Grundlagen einer Sozialstruktur bilden. Als kategoriale Wissensstruktur, die eng mit dem Bedürftigkeitsbegriff verbunden ist, hat sich hier die dichotome Vorstellung von würdiger und unwürdiger Armut herausgestellt, die sich im Laufe der Modernisierung als zentraler moralischer Bezugspunkt von Bedürftigkeitsdefinitionen gezeigt hat. Damit verbunden sind weitere Klassifikationen der menschlichen Konstitution in gesund vs. krank, nichtbehindert vs. behindert, mündig vs. unmündig, arbeitsfähig vs. arbeitsunfähig, ausgebildet vs. unausgebildet, nicht-kriminell vs. kriminell, nicht-süchtig vs. süchtig, erfolgreich vs. gescheitert – um nur einige der hier hervorgetretenen Begriffspaare zu nennen. Von den Verzichtenden wird die Annahme des Bedürftigkeitsstatus je mit den negativen Kategorien verbundenen, deren Askription sie für sich negieren, wobei die Konnotationen von den persönlichen und biografischen Dispositionen abhängen. Hier zeigt sich, dass Bedürftigkeit von den Verzichtenden überwiegend nicht als natürlicher Bestandteil einer humanen Grundkonstitution gedeutet wird. Da sie ein Gegenstand von ‚Profis' ist, denn sie wird durchgerechnet, vermessen, mit Normalitätsgrenzen unterlegt, an Vergleichsgruppen ausgerichtet, dadurch statistisch manifestiert und innerhalb eines weit ausdifferenzierten institutionellen Komplexes vermittelt, wird sie offenbar zunehmend von ihrer Eigenschaft als menschliche Formierungsgrundlage entkoppelt.

Hierdurch wird ein beständiges Widerspruchsfeld konstituiert, in dem zwei Verständnisse von Bedürftigkeit in einem diametralen Gegensatz stehen. Würde Bedürftigkeit als anthropologische Tatsache gesehen, würde damit ein existenzielles Angewiesensein einhergehen. Wird sie als soziale Strukturkategorie ausgelegt, dann wird Bedürftigkeit zu einer durch eigenverantwortliches Handeln *umgänglichen* Lebenslage, womit auch die Angewiesenheit in und auf soziale Beziehungen hinter das Motiv des Auf-sich-selbst-Verlassens zurücktritt. Das Zitat von der Interviewpartnerin Anna Schnuck, das der Einleitung dieser Forschungsarbeit vorangeschickt wurde, verdeutlicht die weitreichenden Konsequenzen dieses Spannungsfeldes:

> *„Also es ist grundsätzlich erstmal gut, zur Eigenverantwortung erzogen zu werden. Aber das sollte auf gar keinen Fall ein Grund sein, Leuten zu erzählen, du bist eine Schande, weil du es nicht geschafft hast, dich selber über Wasser zu halten. Weil, das ist menschlich einfach nicht möglich. An irgendeinem Punkt brauchen wir immer die Hilfe von anderen. Und das sollte ein ganz fester Teil sein davon, wie eine Gesellschaft aufgebaut ist und wie Leute erzogen werden. […] Du bist ein Mensch, du hast Bedürfnisse, ist doch klar." (Anna Schnuck, Zeile 457–462)*

Im Anschluss an Judith Butler, die in ihren Essays zum *gefährdeten Leben* (2005, 48 ff.) genau diese Gegensätzlichkeit aufgreift, lässt sich ein weiterer sozialtheoretischer Bogen spannen. Butler bezieht sich hier auf eine grundsätzliche Verletzbarkeit oder Vulnerabilität „einerseits als quasi-anthropologische, andererseits als sozialtheoretische Figur" (Dederich 2020), wobei sie von einer „allgemeinen, menschlichen Verletzbarkeit" (Butler 2005, 48, zit. n. Dederich 2020), „einer Verletzbarkeit, die mit dem Leben selbst entsteht" (ebd.) spricht. Die Annahme der Bedürftigkeit als rein sozialtheoretische Figur, die in ihrer historisch-diskursiven Entwicklung negativ aufgeladen wurde und mit oben genannten Dichotomien besetzt wurde, geht dabei auch einher mit einer Entkopplung des Menschen von seiner sozialen Umwelt. Auch tritt so das natürliche Angewiesensein auf andere hinter die ‚solitäre Präparierung' des Einzelnen zurück. Mit Judith Butler kann hier davon gesprochen werden, dass auf diese Weise eine beständige Leugnung der menscheneigenen Existenz an sich eintritt:

> Wenn mein Schicksal ursprünglich oder letztlich von deinem nicht zu trennen ist, dann ist das „wir" von einer Beziehungsförmigkeit durchwoben, gegen die wir kaum argumentieren können; oder genauer gesagt, wir können zwar dagegen argumentieren, aber wir würden damit etwas Grundlegendes an den sozialen Voraussetzungen unserer Formierung leugnen. (Butler 2005, 39)

Gleichzeitig ist es aber genau diese Form der Responsibilisierung für den (unsichtbaren) Anderen, die als Regierungstechnik des neosozialen Staats eintritt und gegen die die so Adressierten kaum argumentieren können, weil sie sich sonst als gesellschaftsfern oder verantwortungslos brandmarken würden. Die sozialstaatlichen Formierungsversuche, die hier subjektivierend wirksam werden, drängen darauf, die eigene Bedürftigkeit zu überwinden und gleichzeitig durch eigenverantwortliches Handeln zu demonstrieren, dass die Bedürftigkeit der *Gemeinschaft* anerkannt wird – aber eben nicht aus solidarischen oder philanthropischen Gründen, sondern als Ausdruck der Affirmation neosozialer Anforderungen. Die Überwindung der Bedürftigkeit wäre auf dieser Grundlage aber eine quasi transhumanistische Fiktion, deren Erfüllung zum Verlust der eigenen Menschlichkeit führen würde.

Hier lässt sich noch einmal an die Genese des Bedürftigkeitsbegriffs, wie sie in den ersten Kapiteln dieser Arbeit aufgefächert wurde, anknüpfen. Während der Vormoderne, definiert durch klare Standesgrenzen, innerhalb derer die Bedürftigen zwar mehr oder weniger klar exkludiert waren, war materielle Armut nicht automatisch negativ im Sinne einer Schuldzuweisung an die Betroffenen belegt und vielmehr ein *normaler* und natürlicher, gottgewollter gesellschaftlicher Zustand, wobei die Hilfe durch die Reichen eine feststehende, nicht-formalisierte auf Begegnung beruhende gesellschaftliche Praxis darstellte. Mit dem Übergang zur Neuzeit, dem Umgreifen der Pest und spätestens zur Zeit der Reformation und dem gesteigerten Wert der Arbeit wandelte sich dann zunehmend das Armutsbild – die Armen wurden zunehmend in würdig und unwürdig unterteilt und ihre individuelle Armut als gesellschaftliches Problem konstituiert. Zu dieser Zeit begann auch die strikte Regulierung aller Lebensbereiche langsam zu schwinden und die gesellschaftliche Ordnung der kapitalistischen Industriegesellschaft konnte so an bestehende organisationale Prinzipien anknüpfen, die ihre Festigung und Verstetigung begünstigte. Mit Einrichtung der Sozialversicherung trat nun eine neue Subjektfigur hervor. Der Sozialstaatsbürger (zu dieser Zeit der männliche Arbeiter) war mit den neu entstandenen Bürgerrechten ausgestattet und konnte im Bedarfsfall Leistungen der Sozialversicherung erhalten, wobei diese Rechte (mit Unterbrechung durch den Nationalsozialismus) weiter gestärkt und auf andere Personengruppen ausgeweitet wurden und durch die Sozialhilfe nach dem BSHG den Charakter einer bedarfsorientierten Sicherung des Existenzminimums erhalten haben. Die Agenda 2010 war nun sukzessive darauf ausgelegt, eine*n Aktivbürger*in als geltende Subjektnorm zu etablieren. So wurde die in dieser Untersuchung häufig auftauchende Sozialfigur des Hartz-IV-Empfangenden geschaffen, die ein zu vermeidendes Gegenbild zur Identität des gewollten Aktivbürgers darstellt. Während die Subjektivation als Sozialstaatsbürger*in darauf ausgelegt ist, die vorteilhaften, freiheitsstiftenden Elemente zu betonen, die der Sozialstaat und das Sozialversicherungswesen vorhalten, verweist die Subjektivation zur „Eigenverantwortung in Sozialverantwortung" (Lessenich 2020) des neosozialen Staates mutmaßlich in einem stärkeren Ausmaß als zu früheren Zeiten darauf, dass die Entgegennahme sozialstaatlicher Hilfen zu Lasten aller anderen geht und damit zu vermeiden sei. Die Subjektivierungsweise Sozialstaatsbürger*in trägt somit einen natürlichen Anspruch auf Sozialleistungen durch eine dem Menschen eigene unumgängliche Bedürftigkeit in sich, während der oder die Aktivbürger*in dieses Merkmal scheinbar aus eigener Kraft umgehen kann – wenn er oder sie es nur genug will. Im Datenmaterial dieser Untersuchung sind beide Begründungsmuster ersichtlich, was darauf hindeutet, dass sie sich aneinander angelagert haben und nun in all ihrer Gegensätzlichkeit durch das dem Bedürftigkeitsdispositiv eigene System aus Sicherheit und Bestrafung gestützt und vermittelt werden.

Wie auch die Ausführungen zur Milieutransformation nahelegen, versichert der Verzicht den Verzichtenden, dass eine Bedürftigkeit – und zwar weder anthropologisch noch sozialethisch – nicht vorliegt und dass die einhergehenden Formierungsversuche sie nicht betreffen, da sie sich auf andere Weise verstehen und verorten können. Der Verzicht wird auf diese Weise auch zur Umwendung zu sich selbst und Abwendung von dem dominanten kategorialen Wissen, das mit Bedürftigkeit verbunden ist, und den damit einhergehenden Machtstrukturen. Der Eindimensionalität der Bedürftigkeits-Position wird so einerseits das eigene Potenzial entgegengesetzt, sich im gesellschaftlichen Gefüge mehrfach positionieren *zu können*, und andererseits wird gezeigt, dass man schon längst mehrfach positioniert *ist*. Mit Foucault kann hier von einer Selbstpraxis der Umwendung zu sich selbst gesprochen werden, deren Ziel es ist, „eine Reihe von Selbstverhältnissen herzustellen", die eine kritische, eine kämpferische und eine therapeutische Funktion haben (vgl. Foucault 2005, 427 f.). In der Hermeneutik des Subjekts benennt Foucault als Voraussetzung dieser Selbstpraxen das „wahre Reden", zu dessen Aneignung es einiger Übungen bedarf, die durch die Narrationen der Verzichtenden offenkundig geworden sind (Foucault 2005, 431). Dazu gehört, sich die ‚schlimmstmögliche' Situation, die durch eine Handlung eintreten könnte, als gegeben real vorzustellen. Die Imagination, ohne finanzielle Mittel und ohne Obdach zu sein, gehört bei den Interviewpersonen dieser Untersuchung häufig zum Verzicht auf Sozialleistungen dazu. Aus der daraus erwachsenen Erfahrung – entweder der Fall kann durch eigenen Kampf abgewendet werden oder der Fall tritt ein und es zeigt sich dennoch ein Ausweg – scheint dann eine weitere Rückbesinnung auf sich selbst vollzogen zu werden. Auch die anderen Übungen – z. B. Entbehrung, körperliche Widerstandsfähigkeit, Selbstkontrolle – gehören zur alltäglichen Lebenswelt der Verzichtenden. Und selbst die „Krönung dieser Übungen", das „Einüben des Todes" (ebd. 437), ist Bestandteil der Narrationen, z. B. in Jan Markowskys Schilderung seines Suizidversuchs. Einher geht diese Umwendung zu sich hier offenbar einerseits mit einer „taktischen Umdeutung kategorialen Wissens" (Schulz 2017, Abschn. 4), die darauf ausgelegt ist, sich emanzipativ oder experimentell außerhalb des Bedürftigkeitsdispositivs zu positionieren. Dies geschieht auch aufgrund der Mehrfachpositionalität im sozialen Gefüge und der inhärenten Möglichkeit, Handlungsspielräume zu aktivieren, die zum Beispiel aus anderen Dispositiven bzw. Wissenskulturen stammen. So greifen z. B. Per und Arno Thiel auf ihr ‚gegenkulturelles Wissen' (vgl. Yinger 1984) zurück, bedienen sich der dort bewährten Strategien und setzen diese dem Bedürftigkeitsdispositiv entgegen. Anna Schnuck und Paul Menners sind im Rahmen der sozialistischen Selbsthilfe eingewoben in eine Alternativkultur mit eigenen Grundlagen und eigenen Kategorien, die das Bedürftigkeitsdispositiv obsolet machen. Und auch Marlene Dutte und Christian Penck, die die Erzählungen präsentiert haben, die von schwerwiegenden Benachteiligungserfahrungen gekennzeichnet sind, haben ihr ‚Rückzugsdispositiv' gefunden. So bewegt sich Christian Penck überwiegend im Medizinsystem und findet dort therapeutische Unterstützung. Das dispositive Wissen, das er von dort nutzt, legt ihm den Selbstschutz aufgrund seiner psychischen Erkrankung nahe und auf dieser Grundlage entzieht er sich der Zuschreibung von Bedürftigkeit und dem institutionellen Komplex dahinter.

Ferner ist auch deutlich geworden, dass eine zunehmende Diskursivierung des Verzichts mit einer zunehmenden Kritik an gegebenen sozialstaatlichen Verhältnissen einhergeht, wobei es jene Kritik ist, die Foucault als Inhalt der ‚wahren Rede' markiert. So führt er in der *Regierung des Selbst und des Anderen* aus, dass es sich hier um „eine Freiheit der Handlung, bei der das Subjekt die Wahrheit sagt, aber auch eine Freiheit des Bündnisses, durch das das sprechende Subjekt sich an das Gesagte und die Äußerung der Wahrheit bindet" (Foucault 2009, 93), handelt. Im Datenmaterial dieser Untersuchung wird offenkundig, dass, je präsenter den Interviewpersonen der Verzicht ist und je reflektierter er als Teil der eigenen Lebensform gesehen wird, desto nachdrücklicher wird die Kritik an den gegenwärtigen Verhältnissen auch mit dem Bestreben gekoppelt, direkt an einer Veränderung mitzuwirken. Den ‚Feind zu lokalisieren' fällt dabei insbesondere jenen nicht schwer, die sich einer unterdrückten Gruppe zuordnen, deren ungerechte Position sie erkannt haben und mit ihrem Handeln versuchen, diese von ihnen als unrecht empfundenen Verhältnisse umzukehren. Vor allem die Interviewpersonen, die bis zur Situation des Verzichts dem Sozialstaat eher affirmativ oder gleichgültig gegenübergestanden haben, stehen der Übermacht des Systems orientierungslos gegenüber und ziehen sich von ihm zurück, ohne eine Änderung herbeiführen zu wollen. Michael Hardt und Antonio Negri haben diese spezifische Form des Rückzugs in ihrem Werk *Empire* beschrieben. Demnach hat die Ausbeutung in der Gegenwart keinen Ort mehr und der Ursprung der Unterdrückung ist für den Einzelnen angesichts der tiefverwurzelten, allgegenwärtigen Machtstrukturen nicht mehr klar erkennbar. Weil Hardt/Negri in den Widerstandshandlungen der Unterdrückten einen Automatismus erkennen, erwächst hieraus, was sie „subtraction and defection" (Hardt/Negri 2003, 212) nennen:

> Whereas in the disciplinary era sabotage was the fundamental notion of resistance, in the era of imperial control it may be desertion. Whereas being-against in modernity often meant a direct and/or dialectical opposition of forces, in postmodernity being-against might well be most effective in an oblique or diagonal stance. Battles against the Empire might be won through subtraction and defection. (Hardt/Negri 2003, 212)

Ernesto Laclau (2015) sieht in dem Automatismus, den Hardt/Negri den Widerstandshandlungen beimessen, einen „antipolitical bias" (Laclau 2015, 220) begründet und ergänzt, dass Widerstand vielmehr als „complex social construction that has conditions of possibility external to itself" (Laclau 2015, 220) zu konzipieren sei. Demnach benötigt die Fähigkeit und der Wille zu widerstehen unweigerlich „a set of subjective transformations that are only the product of the struggle themselves *and that can fail to take place*" (ebd., Herv. i. Org.). Die Narrationen der Verzichtenden hier lassen beides erkennen und hier schließt sich der Kreis zu den Foucault'schen Ausführungen zur Umwendung zu sich selbst und den damit einhergehenden Selbstpraxen und Übungen, die zur ‚wahren Rede' befähigen sollen. Es wäre wünschenswert, diesen Analysepfad auch künftig unter den Fragen danach weiter zu verfolgen, wie subjektive Transformationen, Kritik, das Wahr-Sprechen und die Wissens- und Wahrheitsproduktion insbesondere im Armutsbereich zusammenhängen und welche Konsequenzen zur Geltung kommen.

Was sagen diese eher lose zusammengestellten Eckpunkte aus den Ergebnissen und ihre theoretische Anbindung aber nun über einen Wandel der Selbstverhältnisse durch die Annahme eines Bedürftigkeitsdispositivs aus?

Prozesse des Wandels lassen sich hier erstens in der Redefinition von Bedürftigkeit von einer anthropologischen Kategorie zu einer sozialtheoretischen Figur beobachten. Mit dem Übergang zu einem Bedürftigkeitsdispositiv, das darauf ausgelegt ist, Bedürftigkeit nach festgelegten Parametern zu definieren, zu formalisieren und als individuell vermeidbare Lebenslage im öffentlichen Bewusstsein zu verankern, wird die soziale Welt von der Last, Bedürftigkeit bei anderen zu erkennen, sukzessive befreit. Fragen der eigenen natürlichen Verletzbarkeit und der der anderen werden so verdrängt und der Arme kann stets darauf festgelegt werden, dass er sich doch nur als bedürftig anerkennen lassen müsse, um nicht mehr arm zu sein.

Hiermit scheint auch die ehemals „zusichernde Mentalität" (Bourdieu 2014, 634), die das Bewusstsein der Menschen innerhalb von Sozialversicherungsstaaten einst prägte, zunehmend zu erodieren und es kann von einer Rückkehr zu moralisch-individuellen Schuldzuschreibungen an Armutsbetroffene gesprochen werden. Alte Bilder von Armut und Bedürftigkeit wirken hier fort und lagern sich an die neuen Paradigmen des Sozialstaats an. Der Verzicht als Selbsttechnik der Begrenzung übergreifender Machtverhältnisse und Umkehr zu sich selbst zeigt aber auch, dass es möglich ist, dem Bedürftigkeitsdispositiv zu entgehen. Selbst-unschädlich geschieht dies offenbar vor allem dann, wenn sich experimentellen Lebensformen und neuen Synthesen zugewendet wird. Hierbei kann aber nicht von einem sich ausschließenden Verhältnis zwischen Widerstand und Affirmation gesprochen werden, denn sie erscheinen hier größtenteils als Parallelkonzepte. Selbst wenn sich der Verzicht diskurswirksam gegen eine hegemoniale Subjektnorm wendet, gehen mit ihm auch immer Effekte einher, die der neosozialen Diktion entsprechen. Hier ist nach der systemstabilisierenden Funktion des Verzichts zu fragen, eine Annahme, die im Sinne der These, dass die hegemoniale Wissensordnung des Neoliberalismus es wie keine andere Regierungsart schafft, Widerstände in sich aufzunehmen und für den Selbsterhalt zu nutzen, weitere Betrachtung erfahren könnte (vgl. Kastner 2008). Denn am Ende tut der Verzichtende doch, was der neosoziale Staat verlangt: sich zum Wohle aller um sich selbst kümmern. Die dazu nötigen Handlungsspielräume variieren dabei nach ihren sozialen Lebensumständen, ihren Benachteiligungserfahrungen und persönlichen Dispositionen. Verwiesen wird auf diese Weise auch auf die ungleich verteilten, mit der Zuerkennung und Abwehr einer formalen Bedürftigkeit verbundenen Bedrohungen, denen die Gesellschaftsmitglieder qua ihrer sozialen Position verschieden ausgesetzt sind. So zeigen die Ergebnisse dieser Studie, dass insbesondere die Personen, die ohnehin aufgrund von sozialen

Ungleichheitsdimensionen benachteiligt sind, durch den Verzicht existenzielle Bedrohungslagen erfahren. Dies führt nun direkt auch zu den Funktionen und (nicht-) intendierten Nebenfolgen des Bedürftigkeitsdispositivs, die im folgenden Kapitel erörtert werden.

8.3.3 Funktion und (nicht) intendierte Nebenfolgen

Die ursprüngliche Funktion des Bedürftigkeitsdispositivs war die Rationalisierung der Fürsorge, um die Versorgung der Armen, insbesondere in den Städten, organisierbar und kontrollierbar zu halten. Es legt fest, wem nach welchen Kriterien welche durch die Allgemeinheit erwirtschafteten Ressourcen zustehen. Hierzu wurde ein umfassender Komplex an Institutionen und Organisationen eingerichtet, die im hier dargelegten Verständnis zusammengenommen das Bedürftigkeitsdispositiv konstituieren. Aber – und das ist im hiesigen Kontext bedeutsamer – es hat auch die Funktion, eine gouvernementale Regierungstechnik zu vermitteln und zu stützen, die darauf beruht, der Gesamtgesellschaft die Grenze zur Armut ins Bewusstsein zu rufen. Bedürftigkeit als Status markiert in diesem Sinne eine für jeden wahrnehmbare Normalitätsgrenze: Nicht bedürftig heißt, dass die zur Verfügung stehenden Mittel ausreichen, um das Existenzminimum allein zu bestreiten, bedürftig heißt, fundamental angewiesen zu sein auf die Unterstützung des Sozialversicherungsstaates und damit auf die Ressourcen der Gesamtgesellschaft. Diejenigen oberhalb der Grenze sehen sich der Gefahr ausgesetzt, unterhalb der Linie angesiedelt zu werden, und tun alles, um ihren Status zu erhalten. Die Bedürftigen indes arbeiten daran, sich eines Tages – zumindest partiell – oberhalb der Grenze wähnen zu können.

Dabei sind die das Dispositiv stabilisierenden Institutionen heute stark ausdifferenziert und halten für nahezu jede Gruppe von Bedürftigen ein eigenes Leistungsspektrum und ein eigenes Angebot vor, wobei ein System aus öffentlichen, kirchlichen und privaten Anbietern die Angebote trägt. Folgt die Leistungsdistribution dem Sozialversicherungsprinzip, entstammen die Finanzmittel der Sozialversicherungskasse (z. B. Kranken-, Unfall-, Pflegeversicherung), werden Leistungen als ‚Fürsorge' gewährt, werden sie über steuerliche Abgaben getragen. Das handlungsleitende und Sozialrecht kodifizierende Sozialgesetzbuch I unterscheidet die Leistungsarten der sozialen Daseinsvorsorge in Dienst –, Sach- und Geldleistungen. Sämtliche Leistungsarten kommen in beiden eingeführten Finanzierungsarten (Sozialversicherungs- und Fürsorgeprinzip) vor und werden zum Teil von je spezialisierten Institutionen an die Bevölkerung vermittelt, denen wiederum ein eigener bürokratischer Apparat als Bestandteil des Bedürftigkeitsdispositivs zugrunde liegt. Im Policy Regime des Bedürftigkeitsdispositivs stehen demnach heute verschiedenste ideologische, finanzielle und monopolistische

Interessenslagen nebeneinander, in denen Armutsbekämpfung zuweilen eine strategische Funktion erhält.

Die Fragmentierungen, die damit einhergehen, werden in den Interviews deutlich, denn zu den zentralen Bezugspunkten in den Erzählungen gehören die spezifischen Inkohärenzen und Inkonsistenzen, die auf der personalen Ebene der Verzichtenden wirksam werden. Das Mitwirkungs-Paradigma und die damit verbundene Einforderung von Eigenverantwortung zur Beseitigung oder Verminderung der eigenen Bedürftigkeit spielt hier als Paradigmen-Inkonsistenz eine dominante Rolle. Hiermit verbunden ist der empfundene Widerspruch zwischen der Einforderung von beständiger Aktivität und Flexibilität bei gleichzeitiger Voraussetzung von Passivität im Hinnehmen von Entscheidungen. Bedürftige, so die damit verbundenen Anforderungen, haben nicht über die Sinnhaftigkeit von Verwaltungsabläufen oder Ämterentscheidungen zu reflektieren und auch die auferlegten Anforderungen sind nicht in Frage zu stellen. Die frühe Vermittlung von Eigenverantwortung, Aktivität und Autonomie verlangt aber insbesondere diese Reflexionsfähigkeit als wichtiges Element moderner Subjektkonstitution. Schon in der Primärsozialisation spielt Eigenverantwortung eine wichtige Rolle und die Ausbildung einer eigenverantwortlichen Entscheidungskultur ist auch in sozialstaatlichen Bezügen erforderlich. Innerhalb der Beziehungen zwischen Bedürftigen und sozialstaatlichen Institutionen sind es aber besonders diese Eigenschaften, deren Demonstration unter Umständen zu Nachteilen für die Bedürftigen führt. Offenbar stehen sich hier die Subjektivation als Sozialstaatsbürger*in, mit der ein Anspruchsdenken gegenüber dem Sozialstaat im Bedarfsfall einhergeht, und die Subjektivation im aktivierungspolitischen Sinne, die das Anspruchsdenken unter dem Verweis, dass die Inanspruchnahme von Sozialleistungen der Gesamtgesellschaft schadet, fundamental entgegen. Dem zugrunde liegt wiederum eine Intransparenz der Verwaltungsvorgänge, die mitunter auch zu Verschwörungsdanken führt, damit die Zusammenhänge individuell plausibilisiert werden können (vgl. Anton et al. 2014). Individuell scheint so auch die Empfänglichkeit für antirationalistische Ressentiments gegenüber dominanten Formen der Armutsbekämpfung und Arbeitslosenpolitik zu wachsen.

Mit Andreas Reckwitz, der ausführt, dass dominierende Paradigmen dann in die Krise geraten, wenn sie keine adäquaten Antworten mehr auf sozio-ökonomische, sozio-kulturelle und demokratiepraktische Probleme liefern (vgl. Reckwitz 2019, 248 f.), kann hier prognostisch vom Beginn des Niedergangs der gegenwärtig dominierenden sozialstaatlichen Leitbilder gesprochen werden. Dies betrifft auch das Legitimations- und Begründungsmuster des Sozialstaats, welches in Deutschland am häufigsten als Existenzgrundlage des Sozialstaats beschrieben wird – die soziale Gerechtigkeit (vgl. Hilmer et al. 2017). ‚Gerechtigkeit' als normative Begründung sozialstaatlicher Handlungspraxen wird auch im Rahmen der Interviews dieser Untersuchung angeführt und es wurde herausgestellt, wie unterschiedlich die normativen Vorstellungen von Gerechtigkeit sind, die allein durch die hier befragten Personen konstruiert wurden. Wie Wolfgang Kersting (2005, 105) ausführt, gehört die Frage nach der „gerechten Art und Weise" der Verteilungsprinzipien steuerfinanzierter Sozialleistungen zu den „dunkleren Zonen des moralischen Bewusstseins", da „keinerlei geteilte Überzeugungen [...] eine gesicherte Wissensgrundlage bilden", und auch Franz Xaver Kaufmann erkennt im Gerechtigkeitsbegriff eine nicht aufzulösende Uneindeutigkeit und ein hohes Dissens-Potenzial, das vor allem in seinem heterogenen Bedeutungsgehalt begründet liegt (vgl. Kaufmann 2015, 35 f.). Es ist aber dennoch tief in das Bewusstsein der Sozialstaatsbürger*innen diffundiert und die verschiedenen Gerechtigkeitsauffassungen scheinen eine gesellschaftliche Desintegration sichtbar werden zu lassen.

Spaltungstendenzen lassen sich zudem durch die unterschiedliche Behandlung der Bedürftigen in den Jobcentern erkennen, ein Vorgang, der auch als „Creaming-the-poor-Effekt" (vgl. Miller et al. 1970) bekannt ist und der in dieser Untersuchung mehrfach evident wurde. Michael Lipsky (s. Kap. 2.3) benennt diesen Effekt als unweigerliche Folge der administrativen Handlungsspielräume der ‚Street-Level-Bureaucrats', die in Vertretung des Staates in direktem Bürger*innenkontakt stehen. Gemeint ist hier die Bevorteilung der ‚vielversprechendsten' Bedürftigen gegenüber jenen, die die wenigsten Chancen auf (Re-)Integration in die Welt der Nicht-Bedürftigen haben. Im Bedürftigkeitsdispositiv wird diese Praxis durch regelhaftes institutionelles Handeln ebenso gestützt wie durch architektonische Trennungen der Bedürftigen-Gruppen und die Objektivationen der Machtrelationen. Die Rekonstruktion von Creaming-Effekten aus Sicht der Betroffenen könnte weitere Einsichten in strukturelle Defizite in der Praxis der Arbeitsvermittlung liefern. Der Blick auf internationale Entwicklungen zeigt, dass derlei Problematiken heute bereits offen angegangen werden und Maßnahmen der Gegensteuerung – die auch die Nichtinanspruchnahme von Sozialleistungen vermindern sollen – als getestet und verifiziert beschrieben werden können. Vor allem in der Digitalisierung von Verwaltungsvorgängen wird eine große Chance gesehen, Zugangsbarrieren zum sozialstaatlichen Unterstützungssystem im Sinne einer ‚ethical governance' und der Ko-Konstitution sozialer Leistungen abzubauen (vgl. Needham 2008; Mäntysalo 2015; Lundberg/Syltevik 2016).

Es lässt sich ferner festhalten, dass durch die Markierung von Bedürftigkeitsgrenzen durch ‚objektive Instanzen' offenbar all jene Formen der Armutslinderung und Armutsbewältigung gefährdet werden, die aus den Kreisen der marginalisierten Gesellschaftsmitglieder selbst entstehen. Ihre Strategien und die Wissensvorräte, auf denen diese Strategien beruhen, werden so nicht als legitim anerkannt und die herrschenden Meinungen davon, wie Armut am besten zu begegnen sei, verfestigen sich. Das Bedürftigkeitsdispositiv bleibt auf diese Weise nicht folgenlos für die Art und Weise, wie neues Wissen über Armut und Bedürftigkeit hergestellt wird. Im Anschluss an die ‚subaltern Studies' (vgl Spivak et al. 2011) und die Frage nach den Voraussetzungen, unter denen legitimes

Wissen hergestellt und Kritik an herrschenden Zuständen strukturell gehört wird, ist auch die Kategorie der Bedürftigkeit daraufhin zu untersuchen. Um diese Problematik zu illustrieren, ist ein Blick in die Indikatorik hilfreich, die die Bundesregierung in ihren Armuts- und Reichtumsberichten zugrunde legt und die so den öffentlichen Diskurs zu bedürftigen Lebenslagen mit bestimmt. Unterschieden werden hier elf Indikatoren, die dazu geeignet sein sollen, ein Leben in Armut zu beschreiben. Dazu gehören die Armutsrisikoquote, eine Simulation der Armutsrisikoquote ohne Sozialtransfers sowie Angaben zu Menschen, die langzeitarbeitslos oder trotz Erwerbsarbeit armutsgefährdet sind. Außerdem wird die Mindestsicherungsquote erhoben und damit dargestellt, wie hoch der Anteil an Personen ist, die nur aufgrund ihrer Inanspruchnahme des Sozialleistungssystems das sozio-ökonomisch festgelegte Existenzminimum erreichen. Auch die Quoten vorgelagerter Leistungen (Wohngeld, Kinderzuschlag, Bafög) werden aufgeführt sowie Überschuldung, Wohnungslosigkeit und Bildungsindikatoren (frühe Schulabgänge und Berufsausbildungslosigkeit). Lediglich der Indikator „materielle Deprivation" scheint einen Hinweis auf die tatsächliche Alltagserfahrung von Armut und Bedürftigkeit geben zu können, dient er doch explizit der „Identifikation individueller Mangelsituationen" (BMAS 2021, 464). Die Daten innerhalb dieses Indikators beruhen auf der EU-Statistik über Einkommen und Lebensbedingungen (EU-SILC) und zeigen an, ob die Befragten Entbehrungen in einer von neun normativ gesetzten Ressourcen oder Gütern aufweisen. Unterschieden werden hier die Versorgung mit Wasser/Strom und Heizung, die Möglichkeit, auch unerwartete Ausgaben zu tätigen und einmal im Jahr einen Urlaub an einem anderen Ort machen zu können, jeden zweiten Tag mit einer Mahlzeit mit ausreichender Proteinzufuhr versorgt zu sein und über ein Auto, eine Waschmaschine, einen Farbfernseher sowie ein Telefon zu verfügen. Nach den Daten aus dem Jahr 2019 leben rund die Hälfte der befragten erwerbslosen Personen mit erheblichen Einschränkungen, das heißt mit materiellen Entbehrungen in mindestens drei der neun Bereiche. Teilhabebeschränkungen, so zeigen aber auch die hiesigen Ergebnisse, sind derart wandelbar und abhängig von jenen, die sie erfahren, dass sie kaum über eine solche Indikatorik allein abgebildet werden können. Insgesamt wird durch die Zentrierung auf Indikatoren ohne Berücksichtigung der subjektiven Dimension einerseits deutlich, dass eine umfassende, lebenslagenorientierte Abbildung, Analyse und Interpretation von Armutseffekten so nicht leistbar ist. Andererseits wird hier auch die Kritik an den standardisierten Formen der Armutsbekämpfung fassbar, denn der Interpretation von Bedürftigkeit im Lichte normativer Setzungen fehlt sowohl ein kontextuelles Verständnis von Bedürfnissen, ein komplexes Armutsverständnis als auch der Grundsatz, dass Armutslinderung aus der marginalisierten Bevölkerung selbst definiert werden kann. Insbesondere die Analytik der strukturellen Entstehungsprozesse von Benachteiligung und Exklusion bleiben so außen vor. Ausschluss wird hier auch zum Ausschluss marginalisierter Bevölkerungsgruppen von den legitimen Sprecher*innenpositionen, die an der Konstitution kategorialer Wissensformen (z. B. bedürftig vs. nicht bedürftig, der Hilfe würdig vs. unwürdig) beteiligt sind, von der auch weitere gesamtgesellschaftliche Entwicklungstendenzen abhängen. Eine Perspektivumkehr, wie sie hier vorgenommen wurde, kann daher als ein Ansatzpunkt gesehen werden, wie Armut von ihren Effekten der sozialen Ausgrenzung her zu verstehen ist, in dem an den benachteiligend wirkenden Strukturen angesetzt wird, unter denen Sozialpolitik, ihre Kategorien und Entscheidungen entstehen und von den Menschen rezipiert, kritisiert, bearbeitet, genutzt oder nicht genutzt werden.

9 Fazit

Diese Forschungsarbeit war einem – angesichts seiner weiten Verbreitung – selten beachteten sozialen Phänomen gewidmet: dem Verzicht formal Bedürftiger auf sozialstaatliche Unterstützung. Ausgangslage der Überlegungen bildete dabei nicht das Bestreben, individuellen Verzicht aus seinen Motivlagen heraus erklären zu wollen, sondern dem zugrundeliegenden Bedingungsgefüge näherzukommen. Dazu wurden Annahmen aus dem sozialkonstruktivistischen Paradigma der Soziologie und der Hermeneutischen Wissenssoziologie mit dem poststrukturalistischen Impetus nach dem Vorbild der Wissenssoziologischen Diskursanalyse und der darauf aufbauenden Interpretativen Subjektivierungsanalyse gekoppelt. Die Diskrepanz zwischen dem wahrgenommenen Anforderungsrahmen des Sozialstaats und den tatsächlichen Subjektivierungsweisen der Verzichtenden wurde als erkenntnisleitende Heuristik ins Analysezentrum gestellt. Zur Abstraktion der Ergebnisse half die dispositivtheoretische Perspektive dabei, die vorgefundenen Gleichförmigkeiten zu systematisieren, gesellschaftstheoretisch zu fundieren und vor dem Hintergrund der theoretischen Grundlagen als Bedürftigkeitsdispositiv zu diskutieren.

Der Ausgangspunkt der theoretischen Aufarbeitung lag in einer historisch-begriffsgenetischen Einordnung des sozialstaatlichen Kernbegriffs Bedürftigkeit, der als logische Kategorie und Zuweisung an von Armut betroffene Personen darüber entscheidet, ob ein individueller Anspruch auf Sozialleistungen besteht. Die historisch zu verankernden diskursiven Verhandlungen über die Grenzen der Bedürftigkeit bestimmen demnach darüber, wer als der Hilfe, finanziert aus gesamtgesellschaftlich erwirtschafteten Mitteln, ‚würdig' angesehen wird und wer nicht. So wird die kulturelle Moralität einer Gegenwartsgesellschaft in der sozialstaatlichen Kategorie Bedürftigkeit manifest. Gegenwärtig liegen das ausgewiesene Ziel und die Legitimationsbasis sozialstaatlicher Intervention vor allem in der Herstellung gleicher sozialer Teilhabechancen für alle Mitglieder der Gesellschaft. Wer aufgrund festgelegter Parameter als bedürftig anerkannt ist, dem steht ein sozialstaatliches Leistungsspektrum zur Verfügung, das dementsprechend dazu befähigen soll, gleichberechtigt an der Gesellschaft teilhaben zu können. Im Sinne der subjektivierungstheoretischen Perspektive dieser Untersuchung hat sich die Frage aufgedrängt, was die Menschen eigentlich nun auf dieser Grundlage machen, das heißt, wie die logisch-moralischen Kategorien des Sozialstaats in die Selbstverhältnisse der Menschen übersetzt werden und welche gesamtgesellschaftlichen Rückkopplungseffekte hieraus entstehen. Grundsätzlich galt es daher zunächst theoretisch nach der Möglichkeit ‚sozialstaatlicher Subjektivierungsweisen' zu fragen. Die theoretische Aufarbeitung dazu in Kapitel 3 lieferte dementsprechend das begriffliche Grundgerüst für die empirische Untersuchung des Verzichts als Element tatsächlicher Subjektivierungsweisen im sozialstaatlichen Gefüge. Zunächst wurde im Rückgriff auf Michel Foucaults Theoriegebäude der sozialstaatliche Rahmen der Subjektivierung anhand der Begriffe Gouvernementalität, Diskurs und Dispositiv dargestellt und die dispositvanalytische Herangehensweise nach Bührmann/Werner Schneider als erkenntnisstiftende Forschungsperspektive für das empirische Herangehen ermittelt. Im Rückgriff auf das Subjektverständnis der Hermeneutischen Wissenssoziologie und die Ausdifferenzierungen der Forschungsheuristiken in der Wissenssoziologischen Diskursanalyse sowie in der neueren Subjektivierungsforschung – insbesondere der Interpretativen Subjektivierungsanalyse – wurde der spezifische Eintrittspunkt der Empirie entwickelt. Verzichtende Bedürftige, so die Annahme, scheinen spezifische Anforderungen des modernen Sozialstaats zu negieren und in ihren alltäglichen Lebensvollzügen daher Wege abseits des Sozialleistungs- und Arbeitsmarktsystems für sich zu erschließen. Damit sagen sie auch etwas über die Funktionsweisen und die Legitimation des gegenwärtigen sozialstaatlichen Systems aus und durch dessen analytische Betrachtung wird eine Perspektivumkehr erreicht. Nicht die Gründe des Verzichts stehen im Fokus, sondern die Fragmentierungen des neoliberal transformierten Sozialleistungssystems sowie die Hindernisse der Inanspruchnahme sozialstaatlicher Ressourcen und deren gesellschaftliche Konsequenzen sowie damit zusammenhängende drängende Herausforderungen im Feld der Armutsbekämpfung. Angesetzt wird so dort, wo Handlungsmächtigkeit sich bereits deutlich gezeigt hat: in der aktiven Verweigerung eines zustehenden Rechts, dass aus einer externen Perspektive erst einmal als vorteilhaft für den Rechteinnehabenden erscheint. Die hier angelegte Perspektive operationalisiert damit eine neue Betrachtungsweise von Benachteiligung und eröffnet darüber hinaus auch methodisch einen Weg, um ermöglichende und begrenzende Kontexte für die Herstellung gleicher Teilhabemöglichkeiten ‚von den Menschen her' zu denken und zu erfassen. Der Ansatzpunkt am Unterlassen einer Handlung, die objektiv als vorteilhaft für die Akteur*innen eingeordnet wird, und die Untersuchung dieses Unterlassens mit der hier angewandten Verbindung aus subjektivierungs- und dispositivanalytischer Perspektive scheint dementsprechend auch lohnend für den Transfer auf andere von Machtrelationen durchzogene Felder und gegenwärtige soziale Problemlagen. In Frage kommen hier sämtliche Bereiche, in denen Menschen ihnen zugedachte Rechte nicht ausüben oder sich ihnen bietende Chancen nicht nutzen.

Das Ausüben sozialer Rechte kann dabei als grundlegende Voraussetzung gelten, auch die Grundrechte in Anspruch zu nehmen, wovon wiederum das Konzept der Teilhabe – bzw. der gleichen Teilhabemöglichkeiten – fundamental abhängig ist (vgl. Spindler 2004; Welti 2011; Rudolf 2017). Ein Ansatz, um gezielt Teilhabebeschränkungen in den Blick zu nehmen, stammt aus der menschenrechtsbasierten Berichterstattung über die Lebenslagen von Menschen mit Beeinträchtigungen und Behinderungen, die seit 2009 von der UN-Behindertenrechtskonvention geleitet wird. Dieser Konkretisierung der Menschenrechte für die Lebenslagen von Menschen mit Behinderungen liegt ein Paradigmenwechsel zugrunde, demzufolge gezielt in den die Individuen umgebenden Kontextfaktoren nach Strukturelementen gesucht wird, die die Menschen an ihrem Menschenrecht auf Inklusion und Teilhabe behindern. Die Stimme der Betroffenen ist hier systematisch in die Messung der Teilhabemöglichkeiten und -grenzen eingelassen. Dieser Ansatz könnte deshalb auch für den Armutsbereich interessant sein, weil er eine „radikale Abkehr von einer an Bedürftigkeit orientierten Fürsorge- und Wohlfahrtspolitik" (Huster et al. 2018, 5) bedeutet und sich an einem Verständnis orientiert, das die (beeinträchtigten) Menschen „als Träger unveräußerlicher Bürgerrechte versteht und ihnen a priori originäre Teilhaberechte zugesteht" (ebd.). Nicht die ‚bedürftigen' Akteure müssen somit ihre Ansprüche nachweisen, sondern vom Grundsatz her muss Politikgebung so ausgestaltet sein, dass Teilhabe prinzipiell für jeden möglich sein sollte.

Dies bedingt eine Konzeption des Menschen als Träger von unveräußerlichen Menschenrechten, die aber dann ihrerseits nicht als feststehende Konstante begriffen, sondern potenziell veränderlich entworfen werden müssen. Angelika Poferl (2018) konzipiert ein dementsprechendes Verständnis des Menschen als Menschenrechtssubjekt und adressiert die Problematik aus einer kosmopolitischen Perspektive. Hierbei zeigt sie auf, dass die sozialkonstruktivistische Grundlage der Menschenrechte auch darin liegt, dass der Mensch ein zu Leiden fähiges, verletzbares Wesen ist, welches eine unteilbare Würde besitzt und darüber hinaus mit „cosmopolitan entitlements" (Poferl 2018, 10) ausgestattet ist:

> The thought, feeling and action underlying the framework of human rights always have the potential to be a gesture of re-humanization; one that allows people not just to be born and to exist in society, but to live and to participate in this world, which is always a secular creation. The symbolic language – or ‚imperative' or ‚doctrine' – of human rights, understood in a cosmopolitan sense, is an answer to a fundamental problem: it gains its significance from the fragility of human existence (Poferl 2018, 11).

Hier lässt sich direkt mit den Ergebnissen anschließen, die durch die hier angelegte, dispositvanalytische Perspektive generiert wurden. In diesem Zuge wurde ein Bedürftigkeitsdispositiv als Macht-Wissens-Komplex beschrieben, welches den Subjektivierungsweisen der Verzichtenden zugrunde liegt. Will man diesen gegenwartsanalytisch herunterbrechen, so wird vor allem die Denaturalisierung von Bedürftigkeit als Komponente der Selbstkonstitution moderner Individuen durch das Aufkommen der Bedürftigkeit als sozialstatistischer Kategorie deutlich. Hiermit einher ging die Suggestion der Möglichkeit, dass Bedürftigkeit ‚endlich' ist und durch Eigeninitiative und Eigenverantwortlichkeit überwindbar sei. Die genuine Sozialverantwortlichkeit angesichts eines Mangels an protektiven Institutionen wich in diesem Sinne einer ‚neosozialen' Sozialverantwortlichkeit, im Zuge derer die Verantwortungsübernahme für sich und andere als Regierungstechnologie in Erscheinung tritt. Die Abkehr von einer offenbar nicht mehr zeitgemäßen Kategorisierung von Menschen als bedürftig oder nicht bedürftig könnte im Feld einer inklusiven Teilhabepolitik auf diese Weise auch dazu führen, gegenseitige Verantwortlichkeit zu re-naturalisieren und die Legitimationsgrundlage des Sozialstaats zu stärken.

Wie diese Untersuchung gezeigt hat, ist dies aber nur möglich, wenn Verletzbarkeit und Bedürftigkeit als Gegebenheiten anerkannt werden, ohne deren Überwindungsmöglichkeit zu vermitteln. Die solitäre Präparierung des Menschen westlicher spätkapitalistischer Gesellschaften kann in diesem Sinne nur dann aufgegeben werden, wenn den Menschen die Angst vor der eigenen Bedürftigkeit genommen wird. Angesichts der drängenden gegenwärtigen Herausforderungen, die sämtlich auf die grundsätzliche Verwundbarkeit des Menschen hinweisen, scheint eine Rückbesinnung auf eine Sozialverantwortung jenseits neosozialer Paradigmen und in Annahme eigener und fremder Bedürftigkeiten ein wichtiges Element möglicher Lösungen zu sein.

Literaturverzeichnis

Alheit, Peter (2010): Identität oder „Biographizität"? Beiträge der neueren sozial- und erziehungswissenschaftlichen Biographieforschung zu einem Konzept der Identitätsentwicklung. In: Griese, B. (Hrsg.): Subjekt – Identität – Person? Reflexionen zur Biographieforschung. 1. Aufl. Wiesbaden: VS Verl. für Sozialwiss, S. 219–249.

Alkemeyer, Thomas/Buschmann, Nikolaus/Michaeler, Matthias (2015): Kritik der Praxis. Plädoyer für eine subjektivierungstheoretische Erweiterung der Praxistheorien. In: Alkemeyer, T./Schürmann, V./Volbers, J. (Hrsg.): Praxis denken. Wiesbaden: Springer Fachmedien Wiesbaden, S. 25–50.

Allex, Anne (Hrsg.) (2017): Sozialrassistische Verfolgung im deutschen Faschismus. Kinder, Jugendliche, Frauen als sogenannte „Asoziale" – Schwierigkeiten beim Gedenken. 1. Auflage. Materialien der AG SPAK, M 318. Neu-Ulm: AG SPAK Bücher.

Angermüller, Johannes (2005): Sozialwissenschaftliche Diskursanalyse in Deutschland. Zwischen Rekonstruktion und Dekonstruktion. In: Keller, R. (Hrsg.): Die diskursive Konstruktion von Wirklichkeit. Zum Verhältnis von Wissenssoziologie und Diskursforschung. Erfahrung – Wissen – Imagination, Bd. 10. Konstanz: UVK-Verl.-Ges, S. 23–49.

Angermüller, Johannes/van Dyk, Silke (2010): Diskursanalyse meets Gouvernementalitätsforschung. Zur Einführung. In: Angermüller, J./van Dyk, S. (Hrsg.): Diskursanalyse meets Gouvernementalitätsforschung. Perspektiven auf das Verhältnis von Subjekt, Sprache, Macht und Wissen. 1. Aufl. Sozialwissenschaften 2010. Frankfurt am Main: Campus-Verlag, S. 7–23.

Anton, Andreas/Schetsche, Michael/Walter, Michael K. (2014): Einleitung: Wirklichkeitskonstruktion zwischen Orthodoxie und Heterodoxie – zur Wissenssoziologie von Verschwörungstheorien. In: Anton, A./Schetsche, M. T./Walter, M. (Hrsg.): Konspiration. Soziologie des Verschwörungsdenkens. Wiesbaden: Springer VS, S. 9–25.

Ayaß, Wolfgang (1995): „Asoziale" im Nationalsozialismus. Stuttgart: Klett-Cotta.

Baecker, Gerhard (2020): Anpassung des Regelbedarfs der Grundsicherung: Schwachstelle Statistikmodell? http://www.sozialpolitik-aktuell.de/files/sozialpolitik-aktuell/_Politikfelder/Sozialstaat/Datensammlung/PDF-Dateien/abbIII43_Thema_Monat_12_2020.pdf [Zugriff: 11.04.2021].

Bakoben, Sandrine/Rumpel, Andrea/Schlee, Thorsten (2019): Koproduktion lokaler Sozialpolitik für und durch Geflüchtete. Wege in die sozialen Dienste. DuEPublico: Duisburg-Essen Publications online, University of Duisburg-Essen, Germany.

Bareis, Ellen (2012): Nutzbarmachung und ihre Grenzen – (Nicht-)Nutzungsforschung im Kontext von sozialer Ausschließung und der Arbeit an der Partizipation. In: Schimpf, E./Stehr, J. (Hrsg.): Kritisches Forschen in der Sozialen Arbeit. Gegenstandsbereiche – Kontextbedingungen – Positionierungen – Perspektiven. Perspektiven kritischer Sozialer Arbeit, Band 11. Wiesbaden: VS Verlag für Sozialwissenschaften, S. 291–314.

Bareis, Ellen/Cremer-Schäfer, Helga (2008): Reproduktionsstrategien in Situationen der Armut und die Reproduktion der Armutsfeindlichkeit. In: Alisch, M./May, M. (Hrsg.): Kompetenzen im Sozialraum. Sozialraumentwicklung und -organisation als transdisziplinäres Projekt. Verlag Barbara Budrich, S. 109–132.

Bareis, Ellen/Cremer-Schäfer, Helga (2012): Empirische Alltagsforschung als Kritik Grundlagen der Forschungsperspektive der „Wohlfahrtsproduktion von unten". Adressaten, Nutzer, Agency. Springer Fachmedien Wiesbaden. http://dx.doi.org/10.1007/978-3-531-19007-5_9.

Bareis, Ellen/Cremer-Schäfer, Helga (2013): Episoden sozialer Ausschließung. Definitionskämpfe und widerständige Praktiken. Festschrift zum 65. Geburtstag von Helga Cremer-Schäfer. 1. Aufl. Münster: Westfälisches Dampfboot.
Bareis, Ellen/Cremer-Schäfer, Helga/Klee, Shalimar (2015): Arbeitsweisen am Sozialen. Die Perspektiven der Nutzungsforschung und der Wohlfahrtsproduktion „von unten“. In: Bareis, E./Wagner, T. (Hrsg.): Politik mit der Armut. Europäische Sozialpolitik und Wohlfahrtsproduktion „von unten“. 1. Aufl. Münster: Westfälisches Dampfboot, S. 310–340.
Bauman, Zygmunt (2006): Verworfenes Leben. Die Ausgegrenzten der Moderne. 2. Auflage. Hamburg: Hamburger Edition.
Beck, Ulrich (1986): Risikogesellschaft. Auf dem Weg in eine andere Moderne. Frankfurt am Main: Edition Suhrkamp.
Beck, Ulrich/Giddens, Anthony/Lash, Scott (1996): Reflexive Modernisierung. Eine Kontroverse. Frankfurt am Main: Edition Suhrkamp.
Becker, Irene (2014): Wie die Hartz-IV-Sätze klein gerechnet wurden: Das Grundsicherungsniveau als Ergebnis von normativen Setzungen und Empirie. In: Soziale Sicherheit. Frankfurt, M. 63, 3, S. 93–102.
Becker, Irene (2015): Der Einfluss verdeckter Armut auf das Grundsicherungsniveau. Arbeitspapier 309. Düsseldorf.
Becker, Irene (2016): Soziokulturelles Existenzminimum. Neuermittlung der Regelbedarfe nach altem Muster. Regelbedarfe müssten eigentlich wesentlich höher ausfallen. In: Soziale Sicherheit. Frankfurt, M. S. 461–466.
Becker, Irene/Hauser, Richard (2003): Nicht-Inanspruchnahme zustehender Sozialhilfeleistungen (Dunkelzifferstudie). Endbericht zur Studie im Auftrag des Bundesministeriums für Gesundheit und Soziale Sicherung.
Becker, Irene/Hauser, Richard (2005): Dunkelziffer der Armut. Ausmaß und Ursachen der Nicht-Inanspruchnahme zustehender Sozialhilfeleistungen. Forschung aus der Hans-Böckler-Stiftung. Berlin: Ed. Sigma.
Beer, Raphael/Sievi, Ylva (2010): Subjekt oder Subjektivation? Zur Kritik der Subjekttheorie von Andreas Reckwitz. In: Österreichische Zeitschrift für Soziologie 35, 1, S. 3–19.
Berner, Frank (2009): Der hybride Sozialstaat. Die Neuordnung von öffentlich und privat in der sozialen Sicherung. 1. Aufl. Theorie und Gesellschaft, Band 69. Frankfurt am Main: Campus Verlag GmbH.
Bitzan, Maria/Bolay, Eberhard/Thiersch, Hans (Hrsg.) (2006): Die Stimme der Adressaten. Empirische Forschung über Erfahrungen von Mädchen und Jungen mit der Jugendhilfe. Edition soziale Arbeit. Weinheim: Juventa-Verlag.
BMAS (2021): Der 6. Armuts- und Reichtumsbericht. Entwurfsstand 18. Januar 2021. Online: https://www.sozialpolitik-aktuell.de/files/sozialpolitik-aktuell/_Politikfelder/Einkommen-Armut/Dokumente/2021_01_Entwurf_6.Armuts_Reichtumsbericht21.pdf (letzter Zugriff 16.09.2021).
Bogedan, Claudia/Bothfeld, Silke/Leiber, Simone (2009): Fragmentierung des Bismarck'schen Sozialstaatsmodells? Ein Vorschlag zur Erfassung von Wandel in Sozialversicherungsländern. In: Sozialer Fortschritt, 5.
Bolte, Karl Martin (1997): „Subjektorientierte Soziologie“ im Rahmen soziologischer Forschung – Versuch einer Verortung. In: Voß, G. G./Pongratz, H. J. (Hrsg.): Subjektorientierte Soziologie. Karl Martin Bolte zum siebzigsten Geburtstag. Wiesbaden, s. l.: VS Verlag für Sozialwissenschaften, S. 31–41.
Bongaerts, Gregor (2008) Verhalten, Handeln, Handlung und soziale Praxis. In: Raab, Jürgen et al. (Hrsg.): Phänomenologie und Soziologie. VS Verlag für Sozialwissenschaften, S. 223–232.
Borchert, Jens/Lessenich, Stephan (2004): „Spätkapitalismus“ revisited: Claus Offes Theorie und die adaptive Selbsttransformation der Wohlfahrtsstaatsanalyse. In: Zeitschrift für Sozialreform 50, S. 563–583.

Bosančić, Saša (2013): Subjektivierungsweisen als diskursive und kommunikative Identitätskonstruktionen. In: Keller, R./Reichertz, J./Knoblauch, H. (Hrsg.): Kommunikativer Konstruktivismus. Theoretische und empirische Arbeiten zu einem neuen wissenssoziologischen Ansatz. Wissen, Kommunikation und Gesellschaft, Schriften zur Wissenssoziologie. Wiesbaden: Springer, S. 185–206.
Bosančić, Saša (2014): Arbeiter ohne Eigenschaften. Über die Subjektivierungsweisen angelernter Arbeiter. Theorie und Praxis der Diskursforschung. Wiesbaden, Germany: Springer VS.
Bosančić, Saša (2016): Zur Untersuchung von Subjektivierungsweisen aus wissenssoziologisch-diskursanalytischer Perspektive. In: Bosančić, S./Keller, R. (Hrsg.): Perspektiven wissenssoziologischer Diskursforschung. Theorie und Praxis der Diskursforschung. Wiesbaden: Springer VS, S. 95–119.
Bosančić, Saša (2017): Selbst-Positionierung zwischen Reflexivität, Eigen-Sinn und Transformation. Die Forschungsperspektive der Interpretativen Subjektivierungsanalyse. Beitrag zur Ad-Hoc-Gruppe „Normen des Subjektseins und ihre Konstitutionsbedingungen. Neue Perspektiven der Subjektivierungsforschung“. Online: https://publikationen.soziologie.de/index.php/kongressband_2016/article/view/632. Letzter Zugriff 16.09.2021.
Bosančić, Saša (2019): Die Forschungsperspektive der Interpretativen Subjektivierungsanalyse. In: Geimer, A./Amling, S./Bosančić, S. (Hrsg.): Subjekt und Subjektivierung. Empirische und theoretische Perspektiven auf Subjektivierungsprozesse. Wiesbaden, Germany: Springer, S. 43–65.
Bosančić, Saša/Keller, Reiner (2016): Einleitung: Perspektiven wissenssoziologischer Diskursforschung. In: Bosančić, Saša/Keller, Reiner (Hrsg): Perspektiven wissenssoziologischer Diskursforschung. Theorie und Praxis der Diskursforschung. Wiesbaden: Springer VS. S. 1–11.
Bosančić, Saša/Pfahl, Lisa/Traue, Boris (2019): Empirische Subjektivierungsanalyse: Entwicklung des Forschungsfeldes und methodische Maximen der Subjektivierungsforschung. In: Bosančić, S./Keller, R. (Hrsg.): Diskursive Konstruktionen. Wiesbaden: Springer Fachmedien Wiesbaden, S. 135–150.
Bourdieu, Pierre (2014): Über den Staat. Vorlesungen am Collège de France 1989–1992. 1. Aufl. Berlin: Suhrkamp.
Bröckling, Ulrich (2003): You are not responsible for being down, but you are responsible for getting up. Über Empowerment. In: Leviathan 31, 3, S. 323–344.
Bröckling, Ulrich/Krasmann, Susanne/Lemke, Thomas (Hrsg.) (2000): Gouvernementalität der Gegenwart. Studien zur Ökonomisierung des Sozialen. 1. Auflage. Suhrkamp-Taschenbuch Wissenschaft, Band 1490. Frankfurt am Main: Suhrkamp.
Bruckmeier, Kerstin/Wiemers, Jürgen (2011): A new targeting – a new take-up? Non-take-up of social assistance in Germany after social policy reforms. IAB Discussion Paper. Nürnberg.
Bude, Heinz (2008): Die Ausgeschlossenen. Das Ende vom Traum einer gerechten Gesellschaft. München: Carl Hanser Verlag.
Bührmann, Andrea D. (2005): Das Auftauchen des unternehmerischen Selbst und seine gegenwärtige Hegemonialität. Einige grundlegende Anmerkungen zur Analyse des (Trans-)Formierungsgeschehens moderner Subjektivierungsweisen. In: Forum qualitative Sozialforschung. DOI: 10.17169/fqs-6.1.518.
Bührmann, Andrea D. (2012): Das unternehmerische Selbst: Subjektivierungsform oder Subjektivierungsweise? In: Keller, R./Schneider, W./Viehöver, W. (Hrsg.): Diskurs – Macht – Subjekt. Theorie und Empirie von Subjektivierung in der Diskursforschung. 1. Aufl. Interdisziplinäre Diskursforschung. Wiesbaden: VS Verl. für Sozialwiss, S. 145–164.
Bührmann, Andrea D./Schneider, Werner (2007): Mehr als nur diskursive Praxis? Konzeptionelle Grundlagen und methodische Aspekte der Dispositivanalyse. *Historical Social Research,* 33(1), 108–141. https://doi.org/10.12759/hsr.33.2008.1.108-141.
Bührmann, Andrea D./Schneider, Werner (2008): Vom Diskurs zum Dispositiv. transcript Verlag.

Busch, Ulrich/Land, Rainer (2013): Teilhabekapitalismus. Aufstieg und Niedergang eines Regimes wirtschaftlicher Entwicklung am Fall Deutschland 1950 bis 2010; ein Arbeitsbuch. Norderstedt: Books on Demand.

Buslei, Hermann/Geyer, Johannes/Haan, Peter/Harnisch, Michelle (2019): Starke Nichtinanspruchnahme von Grundsicherung deutet auf hohe verdeckte Altersarmut. DIW – Deutsches Institut für Wirtschaftsforschung.

Butler, Judith (2001): Psyche der Macht: das Subjekt der Unterwerfung. Frankfurt am Main: Suhrkamp.

Butler, Judith (2005): Gefährdetes Leben. Politische Essays. 5. Auflage. Edition Suhrkamp, Band 2393. Frankfurt am Main: Suhrkamp.

Castel, Robert (2008): Die Metamorphosen der sozialen Frage. Eine Chronik der Lohnarbeit. Konstanz: UVK Verlagsgesellschaft.

Castel, Robert/Dörre, Klaus (Hrsg.) (2009): Prekarität, Abstieg, Ausgrenzung. Die soziale Frage am Beginn des 21. Jahrhunderts. Frankfurt am Main: Campus-Verl.

Chassé, Karl August (1995): Armut im ländlichen Raum. Sozialhilfe und Arbeitslosigkeit im Umbruch. Online: https://www.fb03.uni-frankfurt.de/50821696/chasse__1995.pdf (Letzter Zugriff 16.09.2021).

Chassé, Karl August (2008): Überflüssig. Armut, Ausgrenzung, Prekarität. Überlegungen zu einer Zeitdiagnose. In: Bütow, B./Chassé, K. A./Hirt, R. (Hrsg.): Soziale Arbeit nach dem Sozialpädagogischen Jahrhundert. Positionsbestimmungen Sozialer Arbeit im Post-Wohlfahrtsstaat. Opladen, Farmington Hills, MI: Verlag Barbara Budrich, S. 59–77.

Chiapello, Eve/Knoll, Lisa (2020): Social Finance and Impact Investing. Governing Welfare in the Era of Financialization. GESIS – Leibniz-Institut für Sozialwissenschaften. Historical Social Research, 45(3), 7–30.

Cremer-Schäfer, Helga (2004): Nicht Person, nicht Struktur: soziale Situation! In: Kessl, F./Otto, H.-U. (Hrsg.): Soziale Arbeit und Soziales Kapital. Zur Kritik lokaler Gemeinschaftlichkeit. Wiesbaden: VS Verlag für Sozialwissenschaften, S. 169–183.

Cremer-Schäfer, Helga (2006): Not macht erfinderisch. Zu der Schwierigkeit, aus der Moral der alltäglichen Kämpfe um Teilhabe etwas über die Umrisse einer Politik des Sozialen zu lernen. In: Widersprüche, 99, S. 51–66.

Dederich, Markus (2020): Anerkennung und Vulnerabilität. Inklusionspädagogische Überlegungen in Anschluss an Butler und Levinas. In: Zeitschrift für Inklusion. Online: https://www.inklusion-online.net/index.php/inklusion-online/article/view/554/402 (Letzter Zugriff 16.09.2021).

Deppermann, Arnulf (2013): Interview als Text vs. Interview als Interaktion. In: Forum: Qualitative Sozialforschung 14(3). http://nbn-resolving.de/urn:nbn:de:0114-fqs1303131 (letzter Zugriff 16.09.2021).

Der Paritätische (2018): Wer die Armen sind. Der Paritätische Armutsbericht 2018. Berlin.

Deutscher Bundestag – 19. Wahlperiode (2018): Antwort der Bundesregierung auf die Kleine Anfrage der Abgeordneten Dr. Wolfgang Strengmann-Kuhn, Beate Müller-Gemmeke, Sven Lehmann, weiterer Abgeordneter und der Fraktion BÜNDNIS 90/DIE GRÜNEN – Drucksache 19/2211 –. Erwerbstätige Arme in Deutschland.

Deutsche Gesellschaft für Soziologie und Berufsverband deutscher Soziologinnen und Soziologen (2017) Ethik-Kodex der Deutsche Gesellschaft für Soziologie (DGS) und des Berufsverbandes Deutscher Soziologinnen und Soziologen (BDS). Online: https://soziologie.de/dgs/ethik/ethik-kodex (Letzter Zugriff 16.09.2021).

Dimmel, Nikolaus (1989): Armutspotential zwischen Nichtinanspruchnahme und Repression. Sozialhilfepraxis im Magistrat Salzburg (Österreich) aus rechtstatsächlicher Sicht. In: Hoffmann-Nowotny, H.-J. (Hrsg.): Kultur und Gesellschaft. Gemeinsamer Kongress der Deutschen, der Österreicher und der Schweizerischen Gesellschaft für Soziologie, Zürich 1988 Beiträge der Forschungskomitees, Sektionen und Ad-hoc-Gruppen. Zürich: Seismo, S. 315–317.

Dimmel, Nikolaus (2008): Im toten Winkel des Wohlfahrtsstaates: soziologische Aspekte der Nichtinanspruchnahme von Sozialhilfe. In: Dimmel, N. (Hrsg.): Handbuch Armut in Österreich. Innsbruck: Studien Verlag, S. 302–316.

Dimmel, Nikolaus (2014): Zur moralischen Ökonomie sozial randständiger Lebensformen. In: Dimmel, N./Schenk, M./Stelzer-Orthofer, C. (Hrsg.): Handbuch Armut in Österreich. 2., vollst. überarb. und erw. Aufl. Innsbruck: Studien-Verl., S. 451–477.

Dingeldey, Irene (2010): Agenda 2010: Dualisierung der Arbeitsmarktpolitik. In: Aus Politik und Zeitgeschichte 48, S. 18–32.

Dörre, Klaus/Scherschel, Karin/Booth, Melanie (Hrsg.) (2013): Bewährungsproben für die Unterschicht? Soziale Folgen aktivierender Arbeitsmarktpolitik. International labour studies.

Dübgen, Franziska (2010): „Respect the Poor“? Postkoloniale Perspektiven auf Armut. In: PERIPHERIE 30, 120, S. 452–477.

Engels, Dietrich (o.J.): Nicht-Inanspruchnahme zustehender Sozialhilfeleistungen. https://www.isg-institut.de/download/Duzi-zsf.pdf (Letzter Zugriff 16.09.2021).

Engels, Dietrich/Sellin, Christine (2000): Vorstudie zur Nicht-Inanspruchnahme zustehender Sozialhilfeleistungen. ISG Sozialforschung und Gesellschaftspolitik GmbH, Köln.

Esping-Andersen, Gøsta (1990): The three worlds of welfare capitalism. Repr. Princeton, N.J: Princeton Univ. Press.

Eurofund (2015): Access to social benefits. Reducing non-take-up. EF, 15/36. Luxembourg: Publications Office of the European Union.

Ferber, Christian von/Kaufmann, Franz-Xaver (Hrsg.) (1977): Soziologie und Sozialpolitik. Kölner Zeitschrift für Soziologie und Sozialpsychologie Sonderheft, Band 19. Opladen: Westdt. Verl.

Fischer, Wolfgang, Kohli, Martin (1987): Biographieforschung. In: Voges, W. (eds) Methoden der Biographie- und Lebenslaufforschung. Biographie und Gesellschaft, vol 1. VS Verlag für Sozialwissenschaften.

Flick, Uwe (2011): Das Episodische Interview. Empirische Forschung und Soziale Arbeit. Wiesbaden: VS Verlag für Sozialwissenschaften.

Föcking, Friederike (2009): Fürsorge im Wirtschaftsboom. Die Entstehung des Bundessozialhilfegesetzes von 1961. (zugl.: München, Univ., Diss., 2002–2003). Studien zur Zeitgeschichte, Band 73. München: Oldenbourg.

Foucault, Michel (1978): Dispositive der Macht. Über Sexualität, Wissen und Wahrheit. Berlin: Merve Verlag.

Foucault, Michel (1981): Archäologie des Wissens. 17. Auflage. Frankfurt am Main: Suhrkamp.

Foucault, Michel (1992): Was ist Kritik. Berlin: Merve.

Foucault, Michel (2004): Die Geburt der Biopolitik. Vorlesung am Collège de France 1978–1979. Geschichte der Gouvernementalität. Frankfurt a. M.: Suhrkamp.

Foucault, Michel (2005): Schriften in vier Bänden. Dits et Ecrits. Band IV 1980–1988. Frankfurt a. M.: Suhrkamp.

Foucault, Michel (2006) Sicherheit, Territorium, Bevölkerung. Geschichte der Gouvernementalität I. Vorlesungen am Collège de France 1977/1978. Frankfurt am Main: Suhrkamp.

Foucault, Michel (2009): Hermeneutik des Subjekts. Vorlesungen am Collège de France (1981/82). Frankfurt am Main: Suhrkamp.

Geimer, Alexander/Amling, Steffen/Bosančić, Saša (2019): Einleitung: Anliegen und Konturen der Subjektivierungsforschung. In: Geimer, A./Amling, S./Bosančić, S. (Hrsg.): Subjekt und Subjektivierung. Empirische und theoretische Perspektiven auf Subjektivierungsprozesse. Wiesbaden, Germany: Springer, S. 1–19.

Geißler, Rainer (2013): Die Sozialstruktur Deutschlands. Zur gesellschaftlichen Entwicklung mit einer Zwischenbilanz zur Vereinigung. Wiesbaden: VS Verlag für Sozialwissenschaften.

Glaser, Barney & Strauss, Anselm (1998): *Grounded Theory. Strategien qualitativer Forschung.* Göttingen: Hans Huber. [Orig. 1967].

Globisch, Claudia/Madlung, Fabian (2017): Aktivierende Sozialpolitik zwischen Systemimperativ und Eigensinn: Eine Untersuchung der Effekte und Aneignungen der Bedarfsorientierten Mindestsicherung in Österreich. In: Österreichische Zeitschrift für Soziologie 42, 4, S. 321–343.

Globisch, Claudia (2018): Relationale Autonomie und Sozialpolitik – eine Soziologie der Kritik. In: Bohmann, U./Börner, S./Lindner, D./Oberthür, J./Stiegler, A. (Hrsg.): Praktiken der Selbstbestimmung. Zwischen subjektivem Anspruch und institutionellem Funktionserfordernis. Wiesbaden: Springer VS.

Goedemé, Tim/Janssens, Julie (2020): The concept and measurement of non-take-up. An overview with a focus on the non-take-up of social benefits. Deliverable 9.2, InGRID-2 project 730998 – H2020. Leuven.

Götsch, Monika/Kessl, Fabian (2017): Editorial: Leben im transformierten Sozialstaat. Forschungsperspektiven aus der Sozialpolitik und der Sozialen Arbeit. In: Sozialer Fortschritt 66, S. 3/4.

Goul Andersen, J. (1999): Changing labour markets, new social divisions and welfare state support. In: Svallfors, S./Taylor-Gooby, P. (Hrsg.): The end of the welfare state? Responses to state retrenchment. London: Routledge, S. 13–33.

Graßhoff, Günther (Hrsg.) (2011): Adressaten, Nutzer, Agency: Akteursbezogene Forschungsperspektiven in der Sozialen Arbeit. 1., neue Ausg. Wiesbaden: VS Verl. für Sozialwiss.

Groenemeyer, Axel (2008): Institutionen der Normativität. In: Groenemeyer, A./Wieseler, S. (Hrsg.): Soziologie sozialer Probleme und sozialer Kontrolle. Realitäten, Repräsentationen und Politik. Wiesbaden: VS Verlag für Sozialwissenschaften/GWV Fachverlage GmbH, Wiesbaden.

Groenemeyer, Axel/Ratzka, Melanie (2012): Armut, Deprivation und Exklusion als soziales Problem. In: Albrecht, G./Groenemeyer, A. (Hrsg.): Handbuch soziale Probleme. 2., überarb. Aufl. Wiesbaden: Springer VS, S. 367–432.

Groenemeyer, Axel; Kessl, Fabian (2013): Die „neue Almosenökonomie" – ein neues System der Armutshilfe? In: Karin Böllert, Nicole Alfert und Marc Humme (Hg.): Soziale Arbeit in der Krise. Pädagogisches Krisengebiet? Wiesbaden: VS Verlag für Sozialwissenschaften, S. 17–34.

Grunow, Dieter (Hrsg.) (2014): Gesundheit und Behinderung im familialen Kontext. München: Deutsches Jugendinstitut.

Grunow, Dieter (2006): Verwaltungshandeln in Politikfeldern. Ein Studienbuch. Unveränd. Nachdr. der 1. Aufl. Wiesbaden: VS Verl. für Sozialwissenschaften.

Grunow, Dieter/Pamme, Hildegard/Köhling, Karola/Lanfer, Jens/Wißling, Sandra (Hrsg.) (2011): Vereinbarte Verbindlichkeit im administrativen Mehrebenensystem. Kommunalisierung im Sozialsektor. 1. Auflage. Wiesbaden, Germany: VS Verlag.

Hardt, Michael/Negri, Antonio (2003): Empire. 13. Auflage. Cambridge, Mass.: Harvard Univ. Press.

Hartmann, Helmut (1981): Sozialhilfebedürftigkeit und „Dunkelziffer der Armut". Bericht über d. Forschungsprojekt zur Lage potentieller Sozialhilfeberechtigter. Schriftenreihe des Bundesministers für Jugend, Familie und Gesundheit, Bd. 98. Stuttgart, Berlin, Köln, Mainz: Kohlhammer.

Hartmann, Helmuth (1985): Armut trotz Sozialhilfe: zum Streit um die Konkretisierung der Bedarfsdeckung. In: Leibfried, S./Tennstedt, F. (Hrsg.): Politik der Armut und die Spaltung des Sozialstaats. Edition Suhrkamp, Band 1233. Frankfurt am Main: Suhrkamp, S. 169–189.

Haunschild, Meike (2018): „Elend im Wunderland". Dissertation. Tectum – ein Verlag in der Nomos Verlagsgesellschaft.

Hauser Richard (2018): Das Maß der Armut: Armutsgrenzen im sozialstaatlichen Kontext. In: Huster EU., Boeckh J., Mogge-Grotjahn H. (Hrsg.) Handbuch Armut und soziale Ausgrenzung. Springer VS, Wiesbaden.

Heiter, Bernd (2008): „… nicht dermaßen regiert zu werden". Über juridische Formen, Hartz IV und Widerstandspraktiken. In: Hechler, D./Philipps, A. (Hrsg.): Widerstand denken. Michel Foucault und die Grenzen der Macht. Sozialtheorie. s. l.: transcript Verlag, S. 57–74.

Helfferich, Cornelia (2011): Die Qualität qualitativer Daten. Manual für die Durchführung qualitativer Interviews. 4., überarbeitete Auflage. Wiesbaden: VS Verlag für Sozialwissenschaften.
Hernanz, Virginia/Malherbet, Franck/Pellizzari, Michele (2004): Take-Up of Welfare Benefits in OECD Countries. A Review of the Evidence. http://dx.doi.org/10.1787/525815265414.
Hilmer, Richard/Kohlrausch, Bettina/Müller-Hilmer, Rita/Gagné, Jérémie (2017): Einstellung und soziale Lebenslage. Eine Spurensuche nach Gründen für rechtspopulistische Orientierung, auch unter Gewerkschaftsmitgliedern (Hans-Böckler-Stiftung, Working Paper Forschungsförderung Nr. 044, August 2017), Düsseldorf.
Hippel, Wolfgang von (2013): Armut, Unterschichten, Randgruppen in der frühen Neuzeit. 2., aktualisierte und um einen Nachtr. erw. Aufl. Enzyklopädie deutscher Geschichte, Band 34. München: Oldenbourg.
Hirschman, Albert O. (1970): Exit, Voice, and Loyalty. Responses to Decline in Firms, Organisations and States, Band 10. Cambridge and London: Harvard University Press.
Hirschman, Albert O. (1978): Exit, Voice, and the State. In: World Politics 31, 1, S. 90–107.
Hirschman, Albert O. (1980): „Exit, Voice, and Loyalty“: Further Reflections and a Survey of Recent Contributions. In: The Milbank Memorial Fund Quarterly. Health and Society, 58, 3, S. 430–453.
Hitzler, Ronald/Reichertz, Jo/Schröer, Norbert (Hrsg.) (1999): Hermeneutische Wissenssoziologie. Standpunkte zur Theorie der Interpretation. Konstanz: UVK.
Hitzler, Ronald. 1999. Konsequenzen der Situationsdefinition. Auf dem Weg zu einer selbstreflexiven Wissenssoziologie. In *Hermeneutische Wissenssoziologie. Standpunkte zur Theorie der Interpretation*, Hrsg. Ronald Hitzler, Jo Reichertz, und Norbert Schröer, 289–308. Konstanz: UVK.
Hörning, Karl H./Reuter, Julia (2004): Soziale Praxis zwischen Beharrung und Neuschöpfung. Ein Erkenntnis- und Theorieproblem. In: Reuter, J./Hörning, K. H. (Hrsg.): Doing Culture. Neue Positionen zum Verhältnis von Kultur und sozialer Praxis. Sozialtheorie. s. l.: transcript Verlag, S. 19–39.
Hümbelin, Oliver (2016): Nichtbezug von Sozialhilfe: Regionale Unterschiede und die Bedeutung von sozialen Normen. University of Bern Social Sciences Working Paper, 21. Bern: Universität Bern.
Husserl, Edmund/Sowa, Rochus (2008): Die Lebenswelt. Auslegungen der vorgegebenen Welt und ihrer Konstitution. Texte aus dem Nachlass (1916–1937). Husserliana, Band 39. New York: Springer; Kluwer.
Huster, Ernst-Ulrich/Boeckh, Jürgen/Mogge-Grotjahn, Hildegard (2018): Armut und soziale Ausgrenzung: Ein multidisziplinäres Forschungsfeld. In: Huster, E.-U./Boeckh, J./Mogge-Grotjahn, H. (Hrsg.): Handbuch Armut und soziale Ausgrenzung. 3., aktualisierte und erweiterte Auflage. Wiesbaden: Springer Fachmedien Wiesbaden, S. 3–27.
Jürgens, Kerstin (2009): Arbeits- und Lebenskraft. VS Verlag für Sozialwissenschaften. http://dx.doi.org/10.1007/978-3-531-91730-6.
Jütte, Robert (2000): Arme, Bettler, Beutelschneider. Eine Sozialgeschichte der Armut in der Frühen Neuzeit. Weimar: Böhlau.
Kastner, Jens (2008): (Was heißt) Gegen-Verhalten im Neoliberalismus? In: Hechler, D./Philipps, A. (Hrsg.): Widerstand denken. Michel Foucault und die Grenzen der Macht. Bielefeld: transcript Verlag, S. 39–56.
Kaufmann, Franz-Xaver (2003): Varianten des Wohlfahrtsstaats. Der deutsche Sozialstaat im internationalen Vergleich. Orig.-Ausg., 1. Aufl. Edition Suhrkamp, Band 2301. Frankfurt am Main: Suhrkamp.
Kayser, Hilke/Frick, Joachim R. (2000): Take it or leave it: (Non-) take-up behavior of social assistance in Germany. DIW Discussion Papers. Berlin.
Keller, Reiner (Hrsg.) (2005): Die diskursive Konstruktion von Wirklichkeit. Zum Verhältnis von Wissenssoziologie und Diskursforschung. Erfahrung – Wissen – Imagination, Bd. 10. Konstanz: UVK-Verl.-Ges.

Keller, Reiner (2008): Diskurse und Dispositive analysieren. Die Wissenssoziologische Diskursanalyse als Beitrag zu einer wissensanalytischen Profilierung der Diskursforschung. In: Historical Social Research 33, 1, S. 73–107.
Keller, Reiner (2010): Nach der Gouvernementalitätsforschung und jenseits des Poststrukturalismus? Anmerkungen aus Sicht der Wissenssoziologischen Diskursanalyse. In: Angermüller, J./van Dyk, S. (Hrsg.): Diskursanalyse meets Gouvernementalitätsforschung. Perspektiven auf das Verhältnis von Subjekt, Sprache, Macht und Wissen. 1. Aufl. Sozialwissenschaften 2010. Frankfurt am Main: Campus-Verl., S. 43–71.
Keller, Reiner (2010a): Wandel von Diskursen – Wandel durch Diskurse. Das Beispiel der Umwelt- und Risikodiskurse seit den 1960er Jahren. In: Landwehr, A. (Hrsg.): Diskursiver Wandel. Interdisziplinäre Diskursforschung. Wiesbaden: VS Verl. für Sozialwiss.
Keller, Reiner (2011): Wissenssoziologische Diskursanalyse. Interdisziplinäre Diskursforschung. Wiesbaden: Springer Fachmedien.
Keller, Reiner (2012): Der menschliche Faktor. Über Akteur(inn)en, Sprecher(inn)en, Subjektpositionen, Subjektivierungsweisen in der Wissenssoziologischen Diskursanalyse. In: Keller, Reiner/Schneider, Werner/Viehöver, Willy (Hrsg.): Diskurs – Macht – Subjekt. Theorie und Empirie von Subjektivierung in der Diskursforschung. Wiesbaden: VS Verlag für Sozialwissenschaften.
Keller, Reiner (2014): Assoziationen. Über Subjektprobleme des Poststrukturalismus und die Perspektive der Wissenssoziologischen Diskursanalyse. In: Poferl, A./Schröer, N. (Hrsg.): Wer oder was handelt? Wiesbaden: Springer Fachmedien Wiesbaden, S. 67–94.
Keller, Reiner/Bosančić, Saša (2017): Conchita Wurst oder: Warum ich (manchmal) ein(e) Andere(r) ist. In: Spies, T./Tuider, E. (Hrsg.): Biographie und Diskurs. Methodisches Vorgehen und methodologische Verbindungen. Theorie und Praxis der Diskursforschung. Wiesbaden: Springer VS, S. 23–42.
Keller, Reiner/Poferl, Angelika (2017): Soziologische Wissenskulturen zwischen individualisierter Inspiration und prozeduraler Legitimation. Zur Entwicklung qualitativer und interpretativer Sozialforschung in der deutschen und französischen Soziologie seit den 1960er Jahren. In: Forum: Qualitative Sozialforschung 17, 1.
Keller, Reiner/Schneider, Werner (2020): Wissenssoziologische Diskurs- und Dispositivforschung: Zur machtanalytischen. Rekonstruktion der Vorauslegung der alltäglichen Auslegung. In: Hitzler, R./Reichertz, J./Schröer, N. (Hrsg.): Kritik der Hermeneutischen Wissenssoziologie. 1. Auflage. Weinheim Basel, Grünwald: Beltz Juventa; Preselect.media.
Kessl, Fabian (2007): Wozu Studien zur Gouvernementalität in der Sozialen Arbeit? Von der Etablierung einer Forschungsperspektive. In: Anhorn, R./Bettinger, F./Stehr, J. (Hrsg.): Foucaults Machtanalytik und Soziale Arbeit: Eine kritische Einführung und Bestandsaufnahme. Wiesbaden: VS Verlag für Sozialwissenschaften, S. 203–225.
Kessl, Fabian/Otto, Hans-Uwe (2011): Soziale Arbeit und soziale Dienste. Handbuch Soziale Dienste. VS Verlag für Sozialwissenschaften. http://dx.doi.org/10.1007/978-3-531-92091-7_20.
Kessl, Fabian (2013): Diskursanalytische Hinweise zu akteursbezogenen Forschungsperspektiven. In: Graßhoff, Günther (Hrsg.) (2011): Adressaten, Nutzer, Agency: Akteursbezogene Forschungsperspektiven in der Sozialen Arbeit. Wiesbaden: VS Verlag für Sozialwissenschaften. S. 307–317.
Kjetil G. Lundberg/Liv Johanne Syltevik (2016): Everyday interaction at the front-line. The case of the Norwegian all-in-one bureaucracy. In: Journal of Organizational Ethnography 2, 5, S. 152–166.
Klammer, Ute/Leiber, Simone/Leitner, Sigrid (2017): Leben im transformierten Sozialstaat: Sozialpolitische Perspektiven auf Soziale Arbeit. In: Soziale Passagen 9, 1, S. 7–21.
Kohli, Martin (1985): Die Institutionalisierung des Lebenslaufs: Historische Befunde und theoretische Argumente, Kölner Zeitschrift für Soziologie und Sozialpsychologie, 37, 1–29.
Krampitz, Karsten (1999): Anfänge der Rationalisierung des Armenwesens. Am Beispiel der Nürnberger Bettelordnungen aus dem 14. und 15. Jahrhundert. https://www.drstefanschneider.de/armut-a-wohnungslosigkeit/dokumente/1426-krampitz-karsten-armenwesen.html.

Krasmann, Susanne (2003): Die Kriminalität der Gesellschaft. Zur Gouvernementalität der Gegenwart. Zugl.: Hamburg, Univ., Habil.-Schr., 2003. Theorie und Methode Sozialwissenschaften. Konstanz: UVK Verl.-Ges.
Kronauer, Martin (1996): „Soziale Ausgrenzung“ und „Underclass“: Über neue Formen der gesellschaftlichen Spaltung. In: SOFI Soziologisches Forschungsinstitut Göttingen (Hrsg.): SOFI-Mitteilungen Nr. 24/1996.
Kronauer, Martin (2002): Die neue soziale Frage: Armut und Ausgrenzung in der Großstadt heute. In: Walther, U.-J. (Hrsg.): Soziale Stadt – Zwischenbilanzen. Ein Programm auf dem Weg zur Sozialen Stadt? Wiesbaden: VS Verlag für Sozialwissenschaften, S. 45–56.
Kronauer, Martin (2010): Inklusion – Exklusion. Eine historische und begriffliche Annäherung an die soziale Frage der Gegenwart. In: Kronauer, Martin [Hrsg.]: Inklusion und Weiterbildung. Reflexionen zur gesellschaftlichen Teilhabe in der Gegenwart. Bielefeld: Bertelsmann, S. 24–58.
Kronauer, Martin (2014): Autonomie in der Krise. In: Westfälisches Dampfboot, Zeitschrift für kritische Sozialwissenschaft. PROKLA, Band 176, S. 431–443.
Krüger, Oliver (2019): Das Gute im Sozialen. Eine perfektionistische Grundlegung des Sozialstaats. Frankfurt/New York: Campus Verlag.
Kruse, Jan (2004): Reader zum Seminar „Einführung in die qualitative Sozialforschung/Biografieforschung“ im Sommersemester 2004 an der Universität Freiburg, Institut für Soziologie.
Kruse, Jan (2009): Qualitative Sozialforschung – interkulturell gelesen: Die Reflexion der Selbstauslegung im Akt des Fremdverstehens [30 Absätze]. Forum Qualitative Sozialforschung / Forum: Qualitative Social Research, 10(1), Art. 16, http://nbn-resolving.de/urn:nbn:de:0114-fqs0901162.
Kruse, Jan (2014): Qualitative Interviewforschung. Ein integrativer Ansatz. Grundlagentexte Methoden. Weinheim: Beltz Juventa.
Kuhlmann, Nele/Ricken, Norbert/Rose, Nadine/Otzen, Anne (2017): Heuristik für eine Adressierungsanalyse in subjektivationstheoretischer Hinsicht. In: *Vierteljahrsschrift für wissenschaftliche Pädagogik* 93 (2017), Heft 2, S. 234–235.
Kuhlmann, Nele/Sotzek, Julia (2019): Situierte (Geschichte der) Subjektivierung im Unterricht. In: Geimer, A./Amling, S./Bosančić, S. (Hrsg.): Subjekt und Subjektivierung. Empirische und theoretische Perspektiven auf Subjektivierungsprozesse. Wiesbaden: Springer, S. 113–142.
Laclau, Ernesto (Hrsg.) (2015): Post-marxism, populism and critique. Edited by David Howarth. Routledge innovators in political theory, Band 5. London: Routledge.
Laclau, Ernesto/Mouffe, Chantal (Hrsg.) (2000): Hegemonie und radikale Demokratie. Zur Dekonstruktion des Marxismus. Wien: Passagen-Verlag.
Laenen, Tijs/Rosetti, Federica/van Oorschot, Wim (2019): Why deservingness theory needs qualitative research. Comparing focus group discussions on social welfare in three welfare regimes. SPSW Working Paper Series, Band 1.
Lehnert, Katrin (2009): „Arbeit, nein danke“!? Das Bild des Sozialschmarotzers im aktivierenden Sozialstaat. Zugl.: Berlin, Humboldt-Univ., Magisterarbeit, 2006. Münchner ethnographische Schriften, Band 3. München: Utz.
Leibfried, Stephan (2003): Sozialpolitikforschung und Wohlfahrtsdemokratie: Entwicklungen und Perspektiven. *ZeS Report*, 8(2), 3–9. https://nbn-resolving.org/urn:nbn:de:0168-ssoar-380462.
Leisering, Lutz (2001): Die beste aller Welten? Die soziologische Kritik am Wohlfahrtsstaat. In: Mayer, K. U. (Hrsg.): Die beste aller Welten? Marktliberalismus und Wohlfahrtsstaat als Konstruktionen sozialer Ordnung, Frankfurt/New York: Campus.
Leisering, Lutz/Voges, Wolfgang (1992): Erzeugt der Sozialstaat seine eigene Klientel? Eine theoretische und empirische Analyse von Armutsprozessen. In: Leibfried, S./Voges, W. (Hrsg.): Armut im modernen Wohlfahrtsstaat. Kölner Zeitschrift für Soziologie und Sozialpsychologie, Band 32. Opladen: Westdeutscher Verlag, S. 446–472.

Leithäuser, Thomas (1976): Kapitalistische Produktion und Vergesellschaftung des Alltags. In: Lorenzer, A./Leithäuser, T./Heinz, W. R. (Hrsg.): Produktion, Arbeit, Sozialisation. 1. Aufl. Edition Suhrkamp, Band 873. Frankfurt am Main: Suhrkamp, S. 48–69.
Lemke, Thomas (2000): Neoliberalismus, Staat und Selbsttechnologien. Ein kritischer Überblick über die governmentality studies. In: Politische Vierteljahresschrift 41, 1, S. 31–47.
Lenze, Anne (2015): Armut und Unterversorgung aus rechtswissenschaftlicher Sicht: Das menschenwürdige Existenzminimum als wichtigste Konstruktionslinie des Sozial-, Steuer- und Unterhaltsrechts. In: Grundlagen und Herausforderungen des Sozialstaats – Denkschrift 60 Jahre Bundessozialgericht.
Lenze, Anne (2017): Auf ein Neues: Beitragsgerechtigkeit in der Sozialversicherung. In: Grundlagen und Herausforderungen des Sozialstaats – Denkschrift 60 Jahre Bundessozialgericht.
Lessenich, Stephan (Hrsg.) (1998): Welten des Wohlfahrtskapitalismus. Der Sozialstaat in vergleichender Perspektive. Theorie und Gesellschaft, Band 40. Frankfurt Main u. a.: Campus-Verl.
Lessenich, Stephan (Hrsg.) (2003): Wohlfahrtsstaatliche Grundbegriffe. Historische und aktuelle Diskurse. Theorie und Gesellschaft, Band 52. Frankfurt/Main u. a.: Campus.
Lessenich, Stephan (2008): Die Neuerfindung des Sozialen. Der Sozialstaat im flexiblen Kapitalismus. X-Texte zu Kultur und Gesellschaft.
Lessenich, Stephan (2009): Aktivierungspolitik und Anerkennungsökonomie. In: Soziale Passagen 1, 2, S. 163–176.
Lessenich, Stephan (2010): Soziologie der Sozialpolitik. In: Kneer, G./Schroer, M. (Hrsg.): Handbuch Spezielle Soziologien. Wiesbaden: VS Verlag für Sozialwissenschaften/GWV Fachverlage GmbH Wiesbaden.
Lessenich, Stephan (2020) Allein solidarisch? Über das Neosoziale an der Pandemie. In: Volkmer, Michael/Werner, Karin: Die Corona-Gesellschaft: Analysen zur Lage und Perspektiven für die Zukunft, Bielefeld: transcript Verlag S. 177–184.
Levy, René (1977): Der Lebenslauf als Statusbiographie. Die weibliche Normalbiographie in makrosoziologischer Perspektive. Enke-Sozialwissenschaften. Stuttgart: Enke.
Lindenberger, Thomas/Lüdtke, Alf/Kończal, Kornelia (Hrsg.) (2018): Eigen-Sinn. Poznańska Biblioteka Niemiecka, Band 48. Poznań: Wydawnictwo Nauka i Innowacje.
Link, Jürgen (1996): Versuch über den Normalismus. Wie Normalität produziert wird. Wiesbaden: VS Verlag für Sozialwissenschaften.
Link, Jürgen/Sarrazin, Thilo (2013): Normale Krisen? Normalismus und die Krise der Gegenwart. Konstanz: Konstanz University Press.
Lipsky, Michael (2010): Street-level bureaucracy. Dilemmas of the individual in public services. [Expanded ed.]. New York: Russell Sage Foundation.
Lutz, Helma/Schiebel, Martina/Tuider, Elisabeth (Hrsg.) (2018): Handbuch Biographieforschung. Wiesbaden: Springer VS.
Lüders, Kilian/Schröder, Wolfgang (2020): Die Legitimität des Sozialstaats. In: Kneip, S./ Merkel, W./Weßels, B. (Hrsg.): Legitimitätsprobleme. Wiesbaden: Springer Fachmedien Wiesbaden.
Lüdtke, Alf (1993): Eigen-Sinn. Fabrikalltag, Arbeitererfahrungen und Politik vom Kaiserreich bis in den Faschismus; Ergebnisse. Hamburg: Ergebnisse-Verl.
Ludwig-Mayerhofer, Wolfgang (2009): Exklusion als soziologisches Konzept. In: sozialersinn 10, 1, S. 3–28.
Mansbridge, Jane J./Morris, Aldon (2001): Oppositional Consciousness. The Subjective Roots of Social Protest. Chicago: University of Chicago Press.
Mäntysalo/Venla (2015): The importance of transparency in ethical governance: current research and finnish citizens' perceptions. In: Administrative Culture 16, 1, S. 48–67.
Marshall, Thomas Humphrey (1992): Bürgerrechte und soziale Klassen. Zur Soziologie des Wohlfahrtsstaates. Theorie und Gesellschaft, Band 22. Frankfurt/Main: Campus-Verl.
Mayer, Karl Ulrich (1987): Lebenslaufforschung. Methoden der Biographie und Lebenslaufforschung. Opladen: Leske + Budrich.

Merkel, Wolfgang/Kneip, Sascha/Weßels, Bernhard (2020): Zusammenfassung und Ausblick: Die neue Zerbrechlichkeit der Demokratie. In: Kneip, S./Merkel, W./Weßels, B. (Hrsg.): Legitimitätsprobleme. Wiesbaden: Springer Fachmedien.
Michel de Certeau (1988) Die Kunst des Handelns. Berlin: Merve.
Miller, S. M./Roby, Pamela/de Vos van Steenwijk, Alwine A. (1970): Creaming the poor. Transaction 7, S. 38–45.
Mohr, Katrin (2007): Soziale Exklusion im Wohlfahrtsstaat. Arbeitslosensicherung und Sozialhilfe in Großbritannien und Deutschland. Teilw. zugl.: Göttingen, Univ., Diss., 2005. 1. Aufl. Wiesbaden: VS Verl. für Sozialwiss.
Mohr, Simon/Schone, Eva Lena/Ziegler, Holger (2014): Responsibilisierung. In: Düring, D./ Krause, H.-U./Peters, F./Rätz, R./Rosenbauer, N./Vollhase, M. (Hrsg.): Kritisches Glossar Hilfen zur Erziehung. Grundsatzfragen, Band 51. Frankfurt am Main: Internationale Gesellschaft für Erzieherische Hilfen.
Mönch, Kathrin (2018): Arbeit, Subjekt, Widerstand. Eine Genealogie der Subjektivierung zum Arbeiten. 1. Auflage. Gesellschaft der Unterschiede, Band 47. Bielefeld: Transcript.
Moore, Barrington (1978): Injustice. The social bases of obedience and revolt. London: Macmillan Press.
Moore, Barrington (1993): Social origins of dictatorship and democracy. Lord and peasant in the making of the modern world. Boston, Mass.: Beacon Press.
Nadai, Eva (2017): Asymmetrische Responsibilisierung oder wie man Arbeitgeber vom Wert von „Behinderten“ überzeugt. In: Bilgi, O./Frühauf, M./Schulze, K. (Hrsg.): Widersprüche gesellschaftlicher Integration. Zur Transformation Sozialer Arbeit. Transformation des Sozialen – Transformation Sozialer Arbeit, Band 4. Wiesbaden: Springer VS, S. 111–128.
Needham, Catherine (2008): Citizens, Consumers and Co-producers. In: Kurswechsel 2, S. 7–16.
Oelerich, Gertrud/Schaarschuch, Andreas (2005) (Hrsg.): Soziale Dienstleistungen aus Nutzersicht. Zum Gebrauchswert Sozialer Arbeit. München: Ernst Reinhardt Verlag.
Oelkers, Nina (2013): Responsibilisierung oder Verantwortungsaktivierung in der Sozialen Arbeit. In: Richter, M./Oelkers, N. (Hrsg.): Aktuelle Themen und Theoriediskurse in der Sozialen Arbeit. 1st, new ed., RES HUMANAE Arbeiten für die Pädagogik, Band 11. Frankfurt a. M: Peter Lang GmbH Internationaler Verlag der Wissenschaften, S. 163–174.
Oelkers, Nina/Richter, Martina (2009): Re-Familialisierung im Kontext post-wohlfahrts-staatlicher Transformationsprozesse und Konsequenzen für die Soziale Arbeit. In: Kurswechsel, 3, S. 35–46.
Offe, Claus (1984): Contradictions of the welfare state. Studies in contemporary German social thought. Cambridge, Mass.: MIT Press.
Offe, Claus (2000): The German Welfare State: Principles, Performance and Prospects After Unification. In: Thesis Eleven, 63, S. 11–37.
Pankoke, Ekkart/Sachße, Christoph (1992): Armutsdiskurs und Wohlfahrtsforschung. Zum deutschen Weg in die industrielle Moderne. In: Leibfried, S./Voges, W. (Hrsg.): Armut im modernen Wohlfahrtsstaat. Kölner Zeitschrift für Soziologie und Sozialpsychologie, Band 32. Opladen: Westdeutscher Verlag, S. 149–173.
Pfahl, Lisa (2011): Techniken der Behinderung. Der deutsche Lernbehinderungsdiskurs, die Sonderschule und ihre Auswirkungen auf Bildungsbiografien. Disability Studies, Bd. 7. Bielefeld: transcript.
Pfahl, Lisa/Traue, Boris (2012) Die Erfahrung des Diskurses. Zur Methode der Subjektivierungsanalyse in der Untersuchung von Bildungsprozessen. In: Keller, Rainer/Truschkat, Inga (Hrsg.): Methodologie und Praxis der wissenssoziologischen Diskursanalyse. Wiesbaden: Springer VS, S. 425–450.
Poferl, Angelika (2004) Die Kosmopolitik des Alltags. Berlin (Sigma).
Poferl, Angelika (2009) Orientierung am Subjekt? Eine konzeptionelle Reflexion zur Theorie und Methodologie reflexiver Modernisierung. In: Böhle, Fritz/Weihrich, Margit (Hrsg.): Handeln unter Unsicherheit. Wiesbaden: Springer VS, S. 231–263.

Poferl, Angelika (2010): Die Einzelnen und ihr Eigensinn. Methodologische Implikationen des Individualisierungskonzepts. In: Berger, P. A./Hitzler, R. (Hrsg.): Individualisierungen. Ein Vierteljahrhundert jenseits von Stand und Klasse? 1. Aufl. Sozialstrukturanalyse. Wiesbaden: VS, Verl. für Sozialwissenschaften, S. 291–309.

Poferl, Angelika (2018): Cosmopolitan entitlements. The construction and constitution of human beings as human rights subjects. In: Transnational Social Review 8, 1, S. 79–92.

Poferl, Angelika/Schröer, Norbert (Hrsg.) (2014): Wer oder was handelt? Wiesbaden: Springer Fachmedien.

Poferl, Angelika/Schröer, Norbert (2020): Das scheiternde Subjekt. Zur Soziologie des (Un-) Möglichkeitssinns. In: Hitzler, Ronald/Reichertz, Jo/Schröer, Norbert (Hrsg.): *Kritik der Hermeneutischen Wissenssoziologie.* Weinheim/Basel: Beltz Juventa, S. 164–178.

Reckwitz, Andreas (2008): Subjekt. Einsichten. Themen der Soziologie. 1 Auflage. Einsichten. Themen der Soziologie. Bielefeld: transcript Verlag.

Reckwitz, Andreas (2019): Das Ende der Illusionen. Politik, Ökonomie und Kultur in der Spätmoderne. Erste Auflage. Edition Suhrkamp. Berlin: Suhrkamp.

Reichertz, Jo (2020): Hermeneutische Wissenssoziologie im Wandel. Vom Sozialkonstruktivismus zum Kommunikativen Konstruktivismus. In: Hitzler, Ronald/Reichertz, Jo/Schröer, Norbert (Hrsg.): Kritik der Hermeneutischen Wissenssoziologie. Weinheim/Basel: Beltz Juventa. S. 39–52.

Reuter, Julia/Hörning, Karl H. (Hrsg.) (2004): Doing Culture. Neue Positionen zum Verhältnis von Kultur und sozialer Praxis. Sozialtheorie. s. l.: transcript Verlag.

Roosma, Femke/van Oorschot, Wim/Gelissen, John (2016): The Achilles' heel of welfare state legitimacy: perceptions of overuse and underuse of social benefits in Europe. In: Journal of European Public Policy 23, 2, S. 177–196.

Rose, Nadine (2019) Erziehungswissenschaftliche Subjektivierungsforschung als Adressierungsanalyse. In: Geimer A., Amling S., Bosančić S. (eds) Subjekt und Subjektivierung. Springer, Wiesbaden.

Rose, Nadine/Ricken, Norbert (2018): Interaktionsanalyse als Adressierungsanalyse – eine Perspektive der Subjektivationsforschung. In: Heinrich, M./Wernet, A. (Hrsg.): Rekonstruktive Bildungsforschung. Zugänge und Methoden. Rekonstruktive Bildungsforschung, Band 13. Wiesbaden: Springer VS, S. 159–175.

Rose, Nikolas (2000): Tod des Sozialen? Eine Neubestimmung der Grenzen des Regierens. In: Bröckling, U./Krasmann, S./Lemke, T. (Hrsg.): Gouvernementalität der Gegenwart. Studien zur Ökonomisierung des Sozialen. 1. Auflage. Suhrkamp-Taschenbuch Wissenschaft, Band 1490. Frankfurt am Main: Suhrkamp.

Roth, Wolff-Michael/Unger, Hella von (2018): Current Perspectives on Research Ethics in Qualitative Research. Forum Qualitative Sozialforschung/Forum: Qualitative Social Research, Vol 19, No 3 (2018).

Rudolf, Beate (2017): Teilhabe als Menschenrecht – eine grundlegende Betrachtung. In: Diehl, E. (Hrsg.): Teilhabe für alle?! Lebensrealitäten zwischen Diskriminierung und Partizipation. Schriftenreihe/Bundeszentrale für Politische Bildung, Band 10155. Bonn: bpb, Bundeszentrale für politische Bildung, S. 13–44.

Schäfer, Gerhard K. (2012): Geschichte der Armut im abendländischen Kulturkreis. In: Huster, E.-U./Boeckh, J./Mogge-Grotjahn, H. (Hrsg.): Handbuch Armut und soziale Ausgrenzung. 2., überarb. und erw. Aufl. Wiesbaden: Springer VS, S. 221–242.

Schäfer, Hilmar (2013): Die Instabilität der Praxis. Reproduktion und Transformation des Sozialen in der Praxistheorie. Zugl.: Frankfurt (Oder), Univ., Diss., 2012. 1. Aufl. Velbrück Wissenschaft. Weilerswist: Velbrück Wiss.

Schenk, Martin (2009): Armselige Leistungen für arme Bürger. https://www.armutskonferenz.at/files/schenk_armselige_leistungen-2009.pdf [Zugriff: 23.07.2021].

Schulz, Miklas (2017): Intersektionalität im Widerstand. Mehrfachpositioniertheit am Beispiel des Zusammenspiels von sozialer Herkunft und Behinderung. In: ZDfm – Zeitschrift für Diversitätsforschung und -management, 1.

Schütz, Alfred (1932): Der sinnhafte Aufbau der sozialen Welt. Eine Einleitung in die verstehende Soziologie. Wien: Julius Springer.

Schütz, Alfred (1971): Das Problem der Relevanz. Frankfurt/M: Suhrkamp.

Schütz, Alfred/Luckmann, Thomas (1979): Strukturen der Lebenswelt. Soziologische Texte, Bd. 1. Neuwied, Darmstadt: Luchterhand.

Schütze, Fritz (2006): Verlaufskurven des Erleidens als Forschungsgegenstand der interpretativen Soziologie. In: Krüger HH., Marotzki W. (eds) Handbuch erziehungswissenschaftliche Biographieforschung. VS Verlag für Sozialwissenschaften.

Scott, James C. (1985): Weapons of the Weak. Everyday Forms of Peasant Resistance. New Haven/London: Yale University Press.

Scott, James C. (2000): The moral economy of the peasant. Rebellion and subsistence in Southeast Asia. New Haven: Yale Univ. Press.

Simmel, Georg (1908): Soziologie: Versuch über die Formen der Vergesellschaftung. Leipzig: Verlag von Duncker & Humblot.

Soeffner, Hans-Georg (2004): Auslegung des Alltags – Der Alltag der Auslegung. Zur wissenschaftlichen Konzeption einer sozialwissenschaftlichen Hermeneutik. 2. Auflage. Konstanz: UVK/Utb.

Spies, Tina (2009): Diskurs, Subjekt und Handlungsmacht. Zur Verknupfung von Diskurs- und Biografieforschung mithilfe des Konzepts der Artikulation [70 Absatze]. *Forum QualitativeSozialforschung / Forum: Qualitative Social Research, 10*(2), Art. 36, http://nbnresolving.de/urn:nbn:de:0114-fqs0902369.

Spies, Tina (2019): Diskursanalyse und Biographieforschung: eine empirische Doppelperspektive, in: Gerhard Jost/Marita Haas (Hrsg.), Handbuch zur Soziologischen Biographieforschung. Grundlagen für die methodische Praxis, Opladen, Toronto: Barbara Budrich, S. 213–233.

Spindler, Helga (2004): Individuelle Rechte im Sozial- und Arbeitsrecht als Voraussetzung für die Ausübung von Grundrechten. In: Komitee für Grundrechte und Demokratie (Hrsg.) Eine Politik sozialer Menschenrechte in Zeiten von Verarmung und Repression, April 2004, S. 77–86.

Spivak, Gayatri Chakravorty/Joskowicz, Alexander/Nowotny, Stefan/Steyerl, Hito (2011): Can the subaltern speak? Postkolonialität und subalterne Artikulation. Unveränd. Nachdr. Es kommt darauf an, Band 6. Wien: Turia + Kant.

Steinert, Heinz (1985): Zur Aktualität der Etikettierungs-Theorie. In: 22. Deutscher Soziologentag 1984. VS Verlag für Sozialwissenschaften, S. 314.

Steinert, Heinz (2007): Sozialstaat und soziale Ausschließung. In: Mackert, J./Müller, H.-P. (Hrsg.): Moderne (Staats)Bürgerschaft. Nationale Staatsbürgerschaft und die Debatten der Citizenship Studies. 1. Aufl. Wiesbaden: VS Verl. für Sozialwiss, S. 147–165.

Steinführer, Annett (2015): Bürger in der Verantwortung. Veränderte Akteursrollen in der Bereitstellung ländlicher Daseinsvorsorge. In: Raumforschung und Raumordnung 73, 1, S. 5–16.

Strauss, Anselm L. & Corbin, Juliet (1996): Grounded Theory: Grundlagen qualitativer Sozialforschung. Weinheim: Beltz/Psychologie Verlags Union. [Orig. 1990].

Strübing, Jörg/Hirschauer, Stefan/Ayaß, Ruth/Krähnke, Uwe/Scheffer, Thomas (2018): Gütekriterien qualitativer Sozialforschung. Ein Diskussionsanstoß. In: Zeitschrift für Soziologie 47, 2, S. 83–100.

Stuber, Jennifer/Schlesinger, Mark (2006): Sources of stigma for means-tested government programs. In: Social science & medicine 63, 4, S. 933–945.

Subramani, Supriya (2019): Practising reflexivity: Ethics, methodology and theory construction. In: Methodological Innovations 12, 2, 205979911986327.

Sünker, Heinz (2018): Kritik des Alltagslebens. Alltagsleben und das Phänomen der Entfremdung im Blick der marxistischen Erkenntnisphilosophie. In: Soziale Passagen 10, 1, S. 141–156.

Swaan, Abram de (1993): Der sorgende Staat. Wohlfahrt, Gesundheit und Bildung in Europa und den USA der Neuzeit. Wohlfahrtspolitik und Gesellschaftstheorie, Band 1. Frankfurt/Main: Campus-Verl.

Tabin, Jean-Pierre/Leresche, Frédérique (2016): Le non-recours aux prestations sociales, ce mystère. https://www.reiso.org/articles/themes/politiques/442-le-non-recours-aux-prestations-sociales-ce-mystere (Letzter Zugriff: 20.07.2021).

Thompson, E. P. (1971): The moral economy of the English crowd in the eighteenth century. In: Past and Present 50, 1, S. 76–136.

Tuider, Elisabeth (2007): Diskursanalyse und Biographieforschung. Zum Wie und Warum von Subjektpositionierungen. In: Forum qualitative Sozialforschung 8, 2, Artikel 6.

Ullrich, Carsten G. (2003): Wohlfahrtsstaat und Wohlfahrtskultur. Zu den Perspektiven kultur- und wissenssoziologischer Sozialpolitikforschung.

Unger, Hella von (2021): Ethical Reflexivity as Research Practice. GESIS – Leibniz-Institut für Sozialwissenschaften.

van Oorschot, Wim (1996): Modelling non-take-up: The interactive model of multi-level influences and the dynamic model of benefit receipt. In: W. J. H. van Oorschot (Ed.), New perspectives on the non-take-up of social security benefits. TISSER Studies. Tilburg: Tilburg University Press, S. 7–59.

van Oorschot, Wim (2000): Who should get what, and why? On deservingness criteria and the conditionality of solidarity among the public. In: Policy and Politics: Studies of local government and its services 28, 1, S. 33–48.

van Oorschot, Wim: Targeting welfare: On the functions and dysfunctions of means-testing in social policy. In: Townsend, P. & Gordon, D. (eds.), World poverty: New policies to defeat an old enemy, Policy Press, Bristol, S. 171–193.

van Oorschot, Wim (2006): Making the difference in social Europe: deservingness perceptions among citizens of European welfare states. In: Journal of European Social Policy 16, 1, S. 23–42.

van Oorschot, Wim (2013): Comparative welfare state analysis with survey-based benefit recipiency data. In: European Journal of Social Security 15, 3, S. 224–248.

van Oorschot, Wim/Roosma, Femke/Gelissen, John (2014): Perceptions of Mistargeting of Social Security Benefits in European Countries. In: Bulletin luxembourgeois des questions sociales Nr. 30, S. 21–46.

van Oorschot, Wim/Roosma, Femke/Meuleman, Bart/Reeskens, Tim (Hrsg.) (2017): The social legitimacy of targeted welfare. Attitudes to welfare deservingness. Globalization and welfare. Cheltenham, UK, Northampton, MA.

van Rießen, Anne/Jepkens, Katja (2020): Nutzen, Nicht-Nutzen und Nutzung Sozialer Arbeit. Wiesbaden: Springer Fachmedien Wiesbaden.

Vobruba, Georg (1997): Autonomiegewinne. Sozialstaatsdynamik, Moralfreiheit, Transnationalisierung. Dt. Erstausg. Passagen Gesellschaft. Wien: Passagen-Verl.

Vobruba, Georg (2009): Die Gesellschaft der Leute. Kritik und Gestaltung der sozialen Verhältnisse. 1. Aufl. Neue Bibliothek der Sozialwissenschaften. Wiesbaden: VS Verlag für Sozialwissenschaften/GWV Fachverlage.

Vobruba, Georg (2014): Es gibt Ausnahmen. In: WSI-Mitteilungen 67, 4, S. 256.

Voß, G. G./Pongratz, H. J. (1998): Der Arbeitskraftunternehmer. Eine neue Grundform der „Ware Arbeitskraft“? KZfSS, 50 (1), 131–158.

Voß, G. Günter (2020): Der arbeitende Nutzer. Über den Rohstoff des Überwachungskapitalismus. Frankfurt, New York: Campus Verlag.

Wacquant, Loïc (2009): Bestrafen der Armen. Zur neoliberalen Regierung der sozialen Unsicherheit. Opladen: Budrich.

Warin, Philippe (2014): What is the non-take-up of social benefits? http://www.booksandideas.net/What-is-the-Non-Take-up-of-Social.htm. (Letzter Zugriff 15.06.2019).

Warin, Philippe (2016): The Non-take-up: Definition and Typologies. https://hal.archives-ouvertes.fr/hal-01419351. (Letzter Zugriff 15.06.2019).

Warin, Philippe/Catrice-Lorey, Antoinette (2016): Le non-recours aux politiques sociales. Libres cours Politique. Fontaine: Presses universitaires de Grenoble.
Weidekamp-Maicher, M. (2010): Lebensqualität und Lebenslauf – eine nützliche Verschränkung für eine soziale Lebenslaufpolitik? In G. Naegele (Hrsg.), Soziale Lebenslaufpolitik, S. 174–214. Wiesbaden: VS Verlag.
Welti, Felix (2011): Teilhabe im sozialen Rechtsstaat. In: Soziale Passagen 3, 2, S. 201–216.
Winter, Rainer (2008): Widerständige Sozialität im postmodernen Alltagsleben: Das Projekt der Cultural Studies und die poststrukturalistische Diskussion. In: Thomas, T. (Hrsg.): Medienkultur und soziales Handeln. 1. Aufl. Medien – Kultur – Kommunikation. Wiesbaden: VS-Ver. für Sozialwissenschaften.
Wissenschaftliche Dienste des Deutschen Bundestags (2016): „Asoziale" im Nationalsozialismus WD1 – 3000 – 026/16.
Wissenschaftliche Dienste des Deutschen Bundestags (2017): Auswirkungen von Sanktionen im SGB II. Überblick über qualitative Studien in Deutschland.
Wolf, Michael (2007): Sozialpolitik und Soziale Arbeit jenseits des Wohlfahrtsstaats: Leben auf eigenes Risiko. In: UTOPIEkreativ, 206, S. 1153–1170.
Wolff, Joachim/Moczall, Andreas (2012): Übergänge von Alg-II-Beziehern in die erste Sanktion Frauen werden nur selten sanktioniert. IAB-Forschungsbericht. Nürnberg.
Yinger, John Milton (1984): Countercultures. The promise and peril of a world turned upside down. 1. Free Press paperback ed. New York, NY: Free Press.
Yollu-Tok, Aysel (2010): Die fehlende Akzeptanz von Hartz IV. Eine Realanalyse individuellen Verhaltens jenseits des Homo-oeconomicus-Modells. Zugl.: Koblenz-Landau (Pfalz), Univ., Diss., 2009. 1. Aufl. Wirtschafts- und Sozialpolitik, Band 1. Baden-Baden: Nomos.
Zahradnik, Franz/Schreyer, Franziska/Moczall, Andreas/Gschwind, Lutz/Trappmann, Mark (2016): Wenig gebildet, viel sanktioniert? Zur Selektivität von Sanktionen in der Grundsicherung des SGB II. In: Zeitschrift für Sozialreform 62, 2, S. 141–180.
Zbick, Heike (2017): Die Rolle der Fürsorge im Nationalsozialismus am Beispiel der „Asozialenpolitik". In: Allex, A. (Hrsg.): Sozialrassistische Verfolgung im deutschen Faschismus. Kinder, Jugendliche, Frauen als sogenannte „Asoziale" Schwierigkeiten beim Gedenken. 1. Auflage. Materialien der AG SPAK, M 318. Neu-Ulm: AG SPAK Bücher, S. 42–99.
Zur Nieden, Susanne (2009): „Unwürdige" Opfer – zur Ausgrenzung der im Nationalsozialismus als „Asoziale" Verfolgten in der DDR. In: Diercks, H. (Hrsg.): Ausgegrenzt. „Asoziale" und „Kriminelle" im nationalsozialistischen Lagersystem. Beiträge zur Geschichte der nationalsozialistischen Verfolgung in Norddeutschland, H. 11. Bremen: Ed. Temmen, S. 138–148.